光明社科文库
GUANGMING DAILY PRESS:
A SOCIAL SCIENCE SERIES

·经济与管理书系·

村社集体经济发展与共同富裕

申云　等｜著

光明日报出版社

图书在版编目（CIP）数据

村社集体经济发展与共同富裕 ／ 申云等著．--北京：
光明日报出版社，2024.5
ISBN 978－7－5194－7970－1

Ⅰ．①村… Ⅱ．①申… Ⅲ．①农村经济—集体经济—
研究—中国②农民—共同富裕—研究—中国 Ⅳ.
①F321.32②F124.7

中国国家版本馆 CIP 数据核字（2024）第 102810 号

村社集体经济发展与共同富裕
CUNSHE JITI JINGJI FAZHAN YU GONGTONG FUYU

著　　者：申云 等			
责任编辑：杨　娜		责任校对：杨　茹　董小花	
封面设计：中联华文		责任印制：曹　净	

出版发行：光明日报出版社

地　　址：北京市西城区永安路 106 号，100050

电　　话：010-63169890（咨询），010-63131930（邮购）

传　　真：010-63131930

网　　址：http://book.gmw.cn

E － mail：gmrbcbs@gmw.cn

法律顾问：北京市兰台律师事务所龚柳方律师

印　　刷：三河市华东印刷有限公司

装　　订：三河市华东印刷有限公司

本书如有破损、缺页、装订错误，请与本社联系调换，电话：010-63131930

开　　本：170mm×240mm

字　　数：377 千字　　　　　　　印　　张：21

版　　次：2024 年 5 月第 1 版　　印　　次：2024 年 5 月第 1 次印刷

书　　号：ISBN 978－7－5194－7970－1

定　　价：99.00 元

本书著者[*]

申　云　李京蓉　谢　虹　蒋远胜　贾　晋

景艳茜　洪程程　卢　跃　王　燕　刘彦君

---

* 本书著者中李京蓉与贾晋的工作单位是西南财经大学，谢虹的工作单位是重庆綦江高新技术产业开发区管理委员会，其余著者单位均为四川农业大学。

鸣　谢

本书为国家社会科学基金一般项目"数字普惠金融助力乡村产业高质量融合发展机理、效应与政策研究"（23BJL103）、四川省自然科学基金面上项目"成渝地区双城经济圈数字农业供应链金融增信机制及风险治理研究"（2023NSFSC0522）、中国博士后科学基金面上项目"脱贫地区农村集体经济发展促进共同富裕的实现机制与路径研究"（2023M732502）、四川省社会科学基金一般项目"数字普惠金融助力四川脱贫县盘活集体扶贫资产的效果评价及提升策略研究"（SCJJ23ND170）、四川省天府"青城计划"人才项目；四川天府新区乡村振兴研究院揭榜挂帅项目"天府新区乡村产业发展体系与农产品质量安全控制体系研究"（XZY1-18）和四川省社科联重点研究基地——社会治理创新研究中心重点项目"城乡融合背景下四川省新型农村社区'三社联动'协同治理机制研究"（SHZLZD2305）的阶段性研究成果，感谢以上项目的资助和支持。

序

共同富裕是社会主义的本质要求，也是中国式现代化的重要特征。发展壮大村社集体经济，在高质量发展中促进共同富裕是时代发展的重要体现，也是发挥社会主义公有制制度优势、促进农民农村共同富裕的必然要求，对于巩固和发展农村公有制经济，将社会主义公有制的制度优势转化为推动乡村全面振兴、实现共同富裕的强大动力。同时，发展壮大新型集体经济，也是畅通城乡要素循环、促进城乡共同富裕的迫切需要。村社集体经济发展好的地区，农民收入水平、城乡公共服务均等化和一体化水平往往较高，城乡差距也相对较小。发展壮大村社集体经济，有利于发挥集体经济组织优势，通过资源整合、要素集聚、规模提升，盘活农村"沉睡"资源资产，提升乡村自我发展能力，缩小城乡发展差距，实现城乡融合发展和共同富裕。此外，发展壮大新型集体经济，也是维护农民合法财产权益、促进农民共同富裕的有效途径。农村集体资产是农民群众作为集体成员的主要财产，涉及农民群众的切身利益，不仅有利于维护农民土地承包权、宅基地使用权、集体收益分配权等财产权益，增加财产性收入，而且有利于改善农村基础设施建设和公共服务，让农民群众成为集体经济发展的参与者、受益者，带领农民走向共同富裕。

非常高兴看到由申云老师及其团队的研究成果《村社集体经济发展与共同富裕》一书的出版，该书也是他在澳大利亚阿德莱德大学访学期间所形成的重要研究成果。该书立足于全面乡村振兴和助推农民农村共同富裕的战略背景，理论上建构了村社集体经济发展"共有-共建-共享-共富"的理论分析框架，通过聚焦村社集体经济产权制度改革创新体系、乡村产业融合发展体系、村社集体经济利益联结和共享分配体系，探索以农民股份合作社与农村集体经济有效衔接为核心的村社集体经济共同体如何发挥包容性发展机制、产业融合机制、激励约束机制、区域协调机制、共富保障机制等来实现农民农村共同富裕的目标，揭示了村社集体经济发展促进农民农村共同富裕的实现机制，为有效推进小农户衔接村社集体经济协同发展来实现共同富裕提供理论依据。同时，借鉴国内外村社集体经济发展促进农民农村共同富裕的典型经验及模式创新，比较村社集体经济促进农民农村共同富裕的有效模式及制度创新成效，提出村社集体经济促进农民农村共同富裕的有效路径和政策调控措施，为全面推进乡村振兴助力农民农村共同富裕提供可资借鉴的模式参考和经验证据。

总体来看，全书体系完整、结构清晰、观点鲜明、逻辑严谨、论证有力、资料翔实、结论科学，将规范研究和实证研究、定性研究与定量研究相结合，提出了具有科学性、前瞻性、针对性和可操作性的政策建议，对于发展壮大村社集体经济来助力乡村振兴和农民农村共同富裕具有重要理论和现实意义，是一部理论研究与实践前沿紧密结合的力作，主要特色体现在以下三个方面：

第一，学术的前瞻性。尽管村社集体经济发展在国内外已经形成了较多研究成果，且在脱贫攻坚和乡村振兴有效衔接期也有较多实践探索，但系统性构建村社集体经济发展与农民农村共同富裕的理论分析框架，并对其进行机理分析、实证检验和国内外案例对比的研究则相对匮乏。该研究重点关注村社集体经济发展促进农民农村共同富裕的机制，从要素融合、产业融合与制度融合层面探索性的将"小农户"与村社集体经济有效衔接，形成集体经济发展合力助力农民农村共同富裕。这既是发展村集体经济的本质要求，也是优化村社要素资源整合这一生产关系来适应农村新质生产力发展要求，既为丰富和调适脱贫攻坚与乡村振兴有效衔接机制提供重要的理论支撑，也为探索农业农村新质生产力与生产关系的协同提供了新思路，具有明显的前瞻性、探索性和学科交叉性。

第二，研究视角新颖，拓展了公有制和村社集体经济层面助力农民农村共同富裕的理论基础。从"小农户"与村社集体利益联结和市场联结的视角作为探索壮大村社集体经济共同体的一个交叉点，率先提出村社集体经济"要素-产业-制度"衔接为核心的利益共同体发展思路，提出了"共有-共建-共享-共富"的理论框架，较为系统地阐述了其助力共同富裕的包容性发展机制、产业融合机制、激励约束机制、区域协调机制、共富保障机制等，有利于弥补村社集体经济的共同富裕理论研究滞后于实践发展的不足，对深化村社集体经济内生发展动能和利益联结机制具有一定的开拓之功。

第三，研究内容富有创新性，研究实践指导意义较强。紧扣村社集体经济在政治功能和经济功能的有效协同为核心，率先围绕农民的劳动收入（经营性收入和工资性收入）受个人能力的约束，财产性收入发展不足的困境，以激活村社集体资产和"唤醒"乡村沉睡资源为目的进行深入、系统的研究并有所突破。同时，借鉴国内外村社集体经济发展促进农民农村共同富裕的典型经验及模式创新做法，提出村社集体经济促进农民农村共同富裕的有效路径和政策调控举措，在一定程度上弥补了论述性探讨居多、实证研究较少，定性阐述为主、定量分析缺乏等研究不足之处，为中西部地区脱贫地区乃至中国创新村社集体经济发展模式和路径提供新思路和科学依据。

村社集体经济发展作为农民农村实现共同富裕的重要途径，是当前学术研究和实践前沿的重大课题，特别是处于县域城乡融合发展、改革收入分配制度助力经济高质量发展的关键时期，需要越来越多的专家学者、政策制定者和实践者积极持续关注、参与和推动，不断深化研究和扩大成果分享，为推动中国式现代化和全面推进乡村振兴做出积极贡献。

Alec Zuo 教授签名：

The University of Adelaide

2024 年 3 月于澳大利亚

摘　　要

　　实现共同富裕既是社会主义的本质要求，也是全面推进乡村振兴和实现农业农村现代化的必然选择。本书立足于全面乡村振兴和助推农民农村共同富裕的战略背景，基于新时代中国特色社会主义理论体系，构建村社集体经济发展"共有—共建—共享—共富"的理论分析框架，通过聚焦村社集体经济产权制度改革创新体系、乡村产业融合发展体系、村社集体经济利益联结和共享分配体系，探索以农民股份合作社与农村集体经济有效衔接为核心的村社集体经济共同体如何发挥包容性发展机制、产业融合机制、激励约束机制、区域协调机制、保障机制等来实现农民农村共同富裕的目标，揭示其促进农民农村共同富裕的实现机制，为有效推进小农户衔接村社集体经济协同发展实现共同富裕提供理论依据。同时，借鉴国内外村社集体经济发展促进农民农村共同富裕的典型经验及模式创新，比较村社集体经济促进农民农村共同富裕的有效模式及制度创新成效，提出村社集体经济促进农民农村共同富裕的有效路径和政策调控举措，为全面推进乡村振兴、助力农民农村共同富裕提供可资借鉴的模式参考和经验证据。本书主要内容包括以下几个方面。

　　第一，搭建了村社集体经济发展促进农民农村共同富裕的理论分析框架。通过构建以"共有—共建—共享—共富"为逻辑主线的村社集体经济发展促进农民农村共同富裕的理论分析框架，阐述了村社集体经济相关内涵与促进农民农村共同富裕的理论基础、现实意义及重点任务，基于村社集体经济促进农民农村共同富裕的发展现状和典型模式，揭示目前村社集体经济发展促进农民农村共同富裕面临的主要困境和现实挑战，提出构建和优化村社集体经济发展促进农民农村共同富裕的政策支撑体系是积极化解农村区域内部不平衡不充分发展、要素流动不畅的重要手段。构建了围绕村社集体经济基础设施建设、村社集体经济产权制度改革、村社集体经济发展与农业多功能性有机衔接、村社集体经济内部治理与利益分配共享机制有效衔接促进农民农村共同富裕的理论体系。

第二，揭示了村社集体经济发展促进农民农村共同富裕的作用机理。基于村社集体经济发展视角，重点聚焦村社集体经济在产业融合、制度嵌入、区域协同发展等方面的运作机理，并分别从包容性发展机制、产业融合机制、激励约束机制、区域协调机制、保障机制等层面探讨村社集体经济共同体促进农民农村共同富裕的实现机制。针对不同模式下的村社集体经济，深入探讨不同集体经济促进农民农村共同富裕机制的异质性影响。透过合作经济理论、委托代理理论、交易费用理论及增权赋能理论，构建以"农社"互动、"产社"协同、"村社"联结为核心内容的农民农村共同富裕实现机制，对于揭示小农户与村社集体经济利益联结程度差异视角下缩小村社区域发展差距和村社农户内部发展差距提供理论支撑。

第三，比较检验了村社集体经济发展促进农民农村共同富裕的作用效果。在乡村振兴助推农民农村共同富裕的现实背景下，采用倾向得分匹配-双重差分法（PSM-DID）、两阶段最小二乘法（2SLS）、工具变量法（instrumental variable）、仿真模拟法（simulation method）、自然实验法（natural experiment）等研究方法，针对不同类型、不同地区的村社集体经济发展状况，测度其促进农民农村的共同富裕水平，并检验异质性农户在村社集体经济发展过程中的共同富裕效应。在此基础上，重点聚焦村社集体经济发展促进农民农村共同富裕在产业融合、制度嵌入、区域协同发展等方面的作用机制，揭示村社集体经济在推进农村产业融合升级、实现基本公共服务均等化、统筹区域协调发展等层面的内在机理，为探索不同村社集体经济推进农民农村实现共同富裕的模式创新及有效路径提供经验证据。

第四，探索了村社集体经济发展促进农民农村共同富裕的模式创新及实现路径。基于德国政府主导的多层级过渡型农业生产合作社、日本农协主导的"一村一品"特色农业型、美国"市场主导+限权倒逼型"、韩国政府主导的新乡村运动释权赋能型、印度政府主导的"多维度扶持政策"型等国外村社集体经济发展促进农民农村共同富裕的实践模式创新，对其运行流程、经验做法进行比较分析，探索国外村社集体经济发展促进农民农村共同富裕的有效模式及其共性规律，为我国村社集体经济发展提供经验镜鉴，进一步为我国村社集体经济发展促进农民农村共同富裕提供模式创新及优化路径选择。

面对当前我国经济发展不平衡不充分的现状，为补齐农业农村发展短板、促进农民可持续增收、缩小城乡收入差距和区域差距，通过壮大农村集体经济，优化集体资产股份量化、灵活经营、利益共享机制，实现村社集体要素、产业和制度的改革创新，赋能村社集体经济发展，促进农民农村共同富裕。研究结果如下。

第一，推动村社集体经济发展是实现农民农村共同富裕的重要途径。首先，发展村社集体经济有利于聚合生产要素和提供坚实的物质基础。通过发展村社集体经济，提升小农户的组织化程度，实现农民农村资源有效整合，优化"表层生产关系"，揭示村社集体经济组织模式及其运行机制，强化村社集体经济的社会与政治功能，为实现农民农村共同富裕提供坚实的物质基础。其次，村社集体"四项权能"制度创新为赋能村社集体经济发展提供了制度保障。调动多元主体的积极性，使其共同参与村社集体经济的建设过程，以此推动农村资源的有效配置，从而激活各类主体并完善村社集体制度，对农村集体经济组织成员进行释权赋能：以明晰产权、放活经营权、增强激励权能、保障剩余索取权为制度改革逻辑，为农民农村共同富裕提供制度赋能保障。最后，村社集体经济释权赋能为村社集体经济共同体高效运行，健全监督机制和激励约束机制，强化村社集体经济发展过程中人、财、物的有效管理，实行民主决策，有效保障成员的剩余索取权，为村社集体经济"做大蛋糕""分好蛋糕"的激励约束相容制度设计，保障村社集体利益合理分配提供了现实可能。

第二，村社集体经济共同体是农村区域实现产业融合、制度嵌入、区域协同发展的重要抓手。首先，村社集体经济通过数字技术嵌入乡村产业融合发展，并依托数字乡村建设发挥数字技术，实现信息流、物流、资金流的有效联动，激活不同经营主体、企业等市场主体，推动农业产业内部之间的相互延伸和产业之间的相互融合发展，实现产业转型升级。其次，通过推动村社集体经济内部道路基础设施和新基建的投入，促进县域村社产业融合发展基础设施优化来串联相关制度体系及公共服务配套的互联互通，进一步实现不同区域之间的制度融合。最后，以村社集体经济发展为切入点，建立常态化区域互帮、县域统筹村社集体互助发展协同机制，统筹县域内城乡协同发展。

第三，从合作经济理论和增权赋能理论的视角厘清村社集体经济发展促进农民农村共同富裕的实现机制。基于合作经济理论、委托代理理论、交易费用理论和增权赋能理论，揭示农户、村社集体经济双方之间的合作效用及福利变化情况，并实证检验村社集体经济促进农民农村共同富裕的传导机制——包容性发展机制、产业融合机制、激励约束机制、区域协调机制、保障机制，并对村社集体经济发展在产业融合与制度融合过程中助推农民农村共同富裕的作用机理和效果进行测度及实证检验。提出村社集体经济共同体在土地资源整治、物质资本、人力资本、技术推广等各类生产要素资源融合，明晰产权与放活经营权赋能增权激励，保障集体资产剩余索取权，构建"村集体党支部+公司型龙头企业（或者职业经理人）＋农民集体经济组织"等市场化运作模式，盘活农村沉睡资产，破解现阶段新型农业经营主体市场化程度低下等问题，丰富中国村社集体经济发展与共同富裕相关研究内涵。

第四，农业生产要素错配会直接或间接影响农户资源配置效能，引起农户收入流动及收入极化现象。改革开放以来，农户收入流动在缓解村社集体内部长期收入差距方面的作用呈现出先下降后小幅上升的特征，但总体呈下降趋势，农户收入阶层固化现象仍较为严峻。农村劳动力流动使就业结构发生较大变化。其中，兼业农户和外出务工农户的收入极化程度较高，而规模种植农户及小规模农户的收入极化程度变化较小。就业结构的改变一定程度上导致了流动人口收入极化水平上升，家庭就业结构的差异可以解释收入极化水平的90%。在农业生产要素错配中，劳动力资源错配占据主导地位，外出务工劳动力流动较多，农村内部基尼系数也随之下降，但其作用效果呈边际递减趋势；农业生产资本投入、土地投入和中间品投入的资源错配程度总体呈现小幅下降的趋势。政府支持（政府补贴）、家庭禀赋（劳动禀赋或土地禀赋）、教育禀赋（教育水平或专业技术）、社会资本（党员身份或干部身份）等均有利于提高农户收入流动水平，但其对农户阶层跃迁的作用效果呈下降趋势。

第五，以国内外村社集体经济发展为镜鉴，提出村社集体经济发展促进农民农村共同富裕的有效路径及改革方向。通过对比分析德国政府主导多层级过渡型农业生产合作社模式、日本农协主导发展"一村一品"特色农业型模式、美国"市场主导＋限权倒逼型"农民合作社模式、韩国政府主导新乡村运动释权赋能型模式、印度"政府主导＋多维度扶持政策"型模式等，对其运行流程、经验做法进行对比分析，探讨国外村社集体经济发展促进农民农村共同富裕模式创新及实践成效，提出以加快城乡产业融合，探索县域村社经济区与行政区分离，强化城乡经济共同体的空间协同，创新村社集体经营管理体制机制、运行机制和财富分配共享机制，打造村社集体经济文旅融合体和构建村社集体生态价值转化的社会化服务体系等对策建议，有效促进农民农村共同富裕。

目　录
CONTENTS

第一章

绪论

实现共同富裕不仅是社会主义的本质要求，也是我国全面推进乡村振兴和农业农村现代化发展的必然选择。壮大村社集体经济，不仅可以有效推进城乡区域协调发展和促进农民可持续增收，破解我国经济社会发展不平衡不充分的现实矛盾，还是实现城乡共同富裕目标和中华民族伟大复兴的重要路径。

第一节　农民农村共同富裕的时代背景

一、农民农村共同富裕的背景

自 1921 年中国共产党成立以来，就始终坚持以实现共产主义为最高理想和奋斗目标，通过全心全意为人民服务领导着中国人民进行革命、建设与改革，其根本初心就是实现全体人民共同富裕。1953 年，中共中央通过的《关于发展农业生产合作社的决议》明确提出，要让农民逐步摆脱贫困的状况，取得共同富裕与普遍繁荣的生活。1992 年，邓小平同志在南方视察的谈话中指出，社会主义的本质是发展与解放生产力，消灭剥削、消除两极分化，最终实现共同富裕。在决胜脱贫攻坚战和全面建成小康社会之后，我国社会整体生产力得到了极大的提升，人均国内生产总值不断攀升，我国从低收入国家迈入了中高等收入国家的行列，为实现共同富裕打下了良好的物质基础。但我国经济发展不平衡不充分的现实矛盾依然比较突出，特别是在城乡区域差距和收入差距层面。当前，我国社会主要矛盾已经转化为人民日益增长的美好生活需要和不平衡不充分的发展之间的矛盾，而促进共同富裕，最艰巨最繁重的任务仍然在农村。农民农村的共同富裕不仅关系到缩小城乡收入差距和实现农业农村现代化，还关乎中华民族伟大复兴这一根本目标能否顺利实现。

要素的投入对一个地区经济发展至关重要，而人又是当今社会最活跃的生产要素。在实现农民农村共同富裕的道路上，农民富裕是乡村振兴的根本，农村富裕则是缩小城乡差距实现中华民族伟大复兴的基石。首先，全体农民的共同富裕离不开农民收入的持续增长，降低脱贫农户返贫风险。虽然我国已经全面打赢了脱贫攻坚战，在现有贫困线标准下消除了绝对贫困，但相对贫困发生率依然偏高，脱贫农户贫困脆弱性依然较高。农村贫困人口的家庭收入构成中，来自政府的补贴占了很大一部分，低收入人群自我发展的能力较弱，一旦脱离了相应的政策扶持或者突发严重困难就很容易再次返贫。其次，快速城镇化带来城市低收入人口和相对贫困人口规模依然较大，隐形贫困人口成为制约共同富裕的重要人群。我国城镇化率自 2012 年的 52.57% 增至 2022 年的 65.22%，联合国则预计中国 2030 年城镇化率会接近 70.00%，但即便城镇化率达到 70.00% 的状况下依然还有 4 亿多农村人口，而且我国相对贫困人口大量集中在农村地区，这也使得农民共同富裕依然面临巨大挑战。最后，城乡人均可支配收入差距依然较大，农民的可持续发展能力依然较弱。从 2017 年到 2022 年间，我国城乡之间人均可支配收入差距的比例在逐年缩小（见表 1.1），但绝对收入差距依然在持续扩大，加之我国二元经济结构的影响，城乡之间在基础设施、社会公共服务、产业发展水平等众多方面存在明显差距，严重制约了农村地区的发展速度。如果要在 2035 年实现城乡差距显著缩小，不仅需要农村地区每年人均可支配收入增速要快于城镇，还需要不断加大农村基础设施和公共服务等方面的持续投入，不断缩小城乡硬件设施和公共服务等方面的差距。为了缩小城乡收入差距、更好地实现共同富裕，全面推进乡村振兴战略，加快城乡融合发展，成为实现共同富裕目标的必然要求。

表 1.1 人均可支配收入

	2017 年	2018 年	2019 年	2020 年	2021 年	2022 年
城镇（元）	36396	39251	42359	43834	47412	49283
农村（元）	13432	14617	16021	17131	18931	20133
城乡居民人均可支配收入比（%）	2.71	2.69	2.64	2.56	2.50	2.45

资料来源：中国统计年鉴。

二、村社集体经济共同体在农民农村共同富裕中的地位

村社集体经济共同体建设主要是把农村集体资产经营与农民合作社股份经

营有机结合，通过壮大农村集体经济，实现集体资产的产权共有、股份量化、灵活经营、利益共享，最终实现共同富裕。坚持村社集体经济规模化经营、实行产业多样化和发展壮大集体经济。比如，农户通过把承包地直接流转到村办的集体合作社或者村集体，再由村办合作社或者村集体统一规划整治后连片转包给种田能手、家庭农场或相关农业企业经营，实现"二次流转"或由集体自行经营，从而有效地解决和克服承包地由农民个体直接向种田能手、家庭农场或相关农业企业流转存在的议价难题与交易成本过高的缺陷。村社集体经济共同体建设的优势主要体现在以下几个方面。

（一）有利于保护农民的利益并推进村社集体资产的壮大与增值

相对于直接培育种植能手、家庭农场、非集体的合作社和相关农业企业等新型农业经营主体来承包集体资产，农户更相信村两委（村党支部委员会和村民委员会）领办组织的村集体合作社等经营主体，特别是对于部分脱贫后脆弱性较高的村庄，由于村民外出打工带来部分耕地抛荒或者无法出租等情况，通过承包地流转到村办合作社或者村集体，农户更愿意也更放心，因为流转收入更可靠且更有保障，无论流转后的经营是否成功，村集体都有能力应对和保护农户的合法权益，使得流转和规模经营也更加顺利、稳定、持续。此外，村社集体资产由于受到村民自发的监督，使村集体资产的培育和壮大具有一定的集体道德约束力，从而有利于保护村社成员的利益。

（二）有利于规划集约用地和实现农村集体资源的长效利用

承包地直接流转给种田能手、家庭农场或相关农业企业以后，村庄很难从总体上制订土地合理高效利用和乡村发展的长远规划，即使制订了，也很难有效落实，但是承包地如果流转到村办合作社或者村集体，就使村庄更有可能和条件从总体上制订与落实土地合理保护高效利用及乡村发展的长远规划。当农户闲置耕地先向村集体流转时，实行"两分两换"的改革（把宅基地和承包地分开、搬迁和土地流转分开，以宅基地置换城镇或者中心村房产，以土地承包经营权置换社会保障权或养老权），从而合理实行集中居住，更好地集约、节约利用土地，通过农村土地整治还能够扩大农村可利用的土地面积、拓展发展空间，推进工业化、城市化和农业、农村现代化，极其有利于农村的整体长远发展。

（三）有利于充分发挥村社集体统筹发展的作用

由于承包地流转到村办合作社或者村集体之后，普遍都会根据长远发展规划进行土地整治和用途管控，然后再成片转包给种田能手、家庭农场和相关农业企业进行自主经营，这样能够一举多得，既能够防止和消除农地抛荒，盘活流出户的土地资源，增加流出户的收益；又有利于对种田能手、家庭农场和相关农业企业实行农地的大规模成片流转，方便流入户的生产管理和规模经营，转变生产经营方式，实现高效的管理和运营，增加农产品品种，提高农产品质量和农业经营绩效；还能够实行轮耕、休耕，保护和改良土地资源；更有利于合理有效管控农地用途、保障粮食安全。

（四）有利于加快村社集体经济赋能乡村治理的现代化

村社集体经济将村社资源集约节约利用，不仅为壮大集体经济提供了更多的土地资源，而且能够释放农村劳动力，在集体内部根据土地特点等不同的自然条件，实行专业化分工协作，调动各类农户的生产积极性，提高劳动生产率，更好地利用土地等自然资源的不同特点和优势，实行三大产业融合、产业多样化经营，延长农业产业链，发展特色、绿色、优质、高效农业，提高农村经济效益，多渠道增加收入来源。逐步走向集体经营、大力发展村社集体经济共同体，农地不再向种田能手、家庭农场、非集体的合作社和相关农业企业流转，包括"二次流转"。村社集体经济的壮大，为村社内部成员的有效管理提供了有力的经济纽带。一方面，加强村社成员之间的利益联结，为村社成员在生产经营、技术推广、销售服务、品牌宣传、社员分红等方面提供了有力的利益联结可能；另一方面，村社集体内部成员依托村社经济资产收益分红及公益金，为乡村有效治理提供了强有力的资金支持。

三、村社集体经济发展促进农民农村共同富裕面临的困境

（一）村社集体产业融合发展水平偏低

乡村产业融合发展是指以第一产业为基础，不断融合二、三产业，延伸农业产业链、开发农业的多种功能，逐步形成农业新业态和价值链增值的动态发展过程。农业除了产品经济功能以外，还具有政治、社会、生态等方面的功能，在积极开拓农产品经济功能的同时，还要释放出生态环保、社会稳定、文化传承等多方面功能，围绕农业的多种功能实现产业融合发展。我国的发展经验也表明，要想解决农村的发展问题，不能单单依靠农业自身的力量，必须创新原有的农业发展模式，只有拓宽农业发展的深度与广度，才能实现农民稳步增收。当前，我国绝大部分农村地区的农业发展还是以传统模式为主，产业融合发展力度不够，现有的产业结构有待优化，农业发展与旅游、康养、教育等产业的互动较少，使农业的多功能性得不到充分发挥。在三次产业中，农业本身的利润就较低，产业融合力度不够，农民就无法从附加值较高的二、三产业中获得增值收益。同时，现有的融合进程也没有形成一种完善的利益共享、风险共担的机制，农户与各产业主体的利益联结度不高，缺乏共同可持续发展的动力。

（二）村社集体经济发展要素动力不足

要素的投入是一个区域发展的必要条件，主要包括人才、土地、资金三个方面，但是农村在经济发展的过程中，与其他产业相比，这三个方面的要素资源相对匮乏。人才方面，乡村发展离不开人才的引领，但由于农业的比较利益低下，随着城市化进程的加快，农村中的青壮年大量进城务工，农村对于年轻人的吸引力越来越弱，致使农业的基础劳动力流失严重，同时，高素质人才缺乏的情况加剧。实用型人才是先进生产力的代表，主要包括致富带头人、农业推广人员、农技人员等，其可以将现有的经验与技术更快速地传播给农民，转变他们的观念。但目前我国面临着农村实用型人才少且结构不优的问题亟待解决。土地方面，土地是农村最基本的生产资料，但土地用于非农产业的报酬远高于农业，农地不断地流失，同时，大量农民进城务工但土地的流转机制不健全，农民流转土地的收益得不到保障，土地撂荒现象严重，而一些需要土地的新型经营主体却得不到土地，难以进行规模化的生产，严重影响了农业现代化的进程。资金方面，国家对农业资金投入的总量有限，各个地方在使用过程中投入的结构存在不合理现象，没有突出重点，导致不仅投入少而且造成大量的资金被浪费，资金利用效率低下，农业持续健康发展得不到保障。再加上农业投资回收期长，收益低，同时农村地区的基础设施建设、金融政策、就业政策等还不够完善，企业资本不敢"下乡"，农村中外来资本也极度缺乏；农村的金融体制不合理。农业想要实现发展，规模化与机械化是必经之路，但这就意味着需要大量的资金投入，而金融机构在农村长期重吸储、轻放贷，不少农业新型经营主体都共同面临着贷款难的问题，部分经营主体还因为资金链的断裂而破产，严重影响了农民对于扩大生产规模的积极性。从事农业面临自然、市场双重风险，但目前我国的农业保险还在不断完善，覆盖并不全面，已有的保险主要集中在种植业，覆盖面小，赔付的水平低，难以发挥风险保障的作用。

（三）村社集体生态环境治理较差

近年来，随着经济的发展，人们对于美好生活需要的要求越来越高，农村人居环境矛盾问题日渐突出。推动农村地区的绿色发展，是实现乡村振兴进而实现农民共同富裕的必由之路。"绿水青山就是金山银山"是实现共同富裕道路上必须坚持的新理念，具体来说，就是要把山水田林湖草沙这些生产资料领域中的资源型生产资料资源要素化，使农村经济转化为生态经济，实现生态产业化与原有的产业生态化。但目前，我国农业发展中还是存在农民环境保护意识不强、农村管理制度不够等问题，农业发展还是依靠粗放型传统经营居多，导致农产品质量安全稳定性不高、农业面源污染严重、农村人居环境不理想。如何统筹规划山水田林湖草沙等生态系统化治理、农副产品安全保障、农村环境污染问题，构建高效、优质的农业生产系统，科学、合理的农业生态系统以及繁荣、美丽的新农村依然任重道远。

（四）村社集体公共基础设施建设差距和配套资金缺口大

农村经济发展不是依靠单一产业的发展就能腾飞，而是靠区域整体的发展。目前，我国村社集体公共基础设施还不完善。首先，村社集体公共基础设施建设资金不足。虽然每年国家各级投入的资金不少，但村社集体公共基础设施需求也在不断提高，全面推进乡村振兴对于高质量的村社基础设施条件和公共服务配套的投入巨大，资金缺口明显。其次，基础设施使用效率不高。我国行政村居民居住较为分散，基础设施在建设过程中缺乏统一的科学规划，往往是现在需要什么就建设什么，导致现有的农业基础设施远远不能满足当前的经济发展水平，使用效率不高。再次，不平衡不充分发展的问题仍然存在。由于财力有限，在资金进行分配时难免会出现不公正，造成新的不平衡与矛盾。最后，已有的基础设施维修保养的力度不够。我国当前农村地区对于基础设施重建轻保养的现象普遍存在，导致现有基础设施的产品运输途中的损耗增加，服务效率下降，使用寿命缩短，不得不进行更大规模的基础设施投资，加剧了基础设施对于农村地区经济发展的瓶颈效应。所以，要想更快地促进农村经济发展，必须完善农村基础设施体系。

第二节　村社集体经济发展促进农民农村共同富裕的内涵

一、新时代村社集体经济发展促进农民农村共同富裕的基本内涵

习近平新时代中国特色社会主义思想关于共同富裕的系列论述是基于以人民为中心的发展思想，坚持马克思主义科学理论与中国具体实际及中华优秀传统文化相结合的产物（葛道顺，2021）。新时代共同富裕是在继承马克思主义共

同富裕的思想基础上，结合中国特色社会主义实践创新发展而来的，是社会主义的本质要求在最新发展阶段的体现。共同富裕是社会主义的本质要求，是中国式现代化的重要特征，体现的是全体人民共同富裕，是人民群众物质生活和精神生活都富裕，不是少数人的富裕，也不是整齐划一的平均主义，要深入研究不同阶段的目标，分阶段促进共同富裕（习近平，2021）。

（一）新时代共同富裕是全体人民的全面富裕

新时代共同富裕是一个以所有人的富裕为目标的总体概念，即全体人民的整体富裕和全部地区的共同富裕，而不是少数人、少数地区的部分富裕，更不是什么利益集团、权势团体、特权阶层的个体富裕。一般而言，伴随生产力水平的提高，共同富裕不仅需要物质层面的富裕，还需要物质富裕与精神富裕并重发展。中国特色社会主义进入新时代，全体人民创造财富的能力较新中国成立伊始以及改革开放之初的水平，实现了跨越式的显著提升，社会主要矛盾也发生了重大变化。人们不仅关注经济领域获得感的差距，更注重政治、社会、文化等领域无形财富分配导致的精神满足感的差距缩小。所以，新时代的共同富裕兼顾了物质富裕与精神富裕的双重属性（丁任重、李标，2021）。

（二）新时代共同富裕是"共享"与"共建"的统一

从富裕的过程和结果两个角度来看，新时代的共同富裕是"共享"与"共建"的统一。其中，共建注重过程，是共同富裕的实现路径；共享强调结果，是共同富裕的目标指引（袁媛，2022）。一是通过共建共享引领实践发展。在以公有制为主体、多种所有制经济共同发展的基本经济制度框架下，共享既是权利，也是条件，还是社会生产力和生产关系发展的阶段产物。只有坚持共建共享理念，才能充分调动人民群众的劳动积极性、创造性，把财富蛋糕做大、分好，进而创造共同富裕的基本条件。二是保障人民共享发展成果。人民共享发展成果，可以从一定程度上缩小贫困差距、减缓两极分化。只有人民群众共享了改革发展成果，才有可能保证改革发展成果不被少数人攫取，才能保证共同富裕的实现（吕小亮、李正图，2021）。

（三）新时代实现共同富裕的过程需要阶段式前进

实现共同富裕是一项具有长期性、艰巨性、复杂性的系统工程，不可能一蹴而就，必须深入研究不同阶段的目标，分阶段促进全体人民共同富裕。必须始终坚持以人民为中心的发展思想，解决地区差距、城乡差距、收入差距、人与自然不和谐等问题，促进人的全面发展和社会全面进步，不断增强人民群众的公平感、获得感、幸福感、安全感。要坚持稳中求进、循序渐进、久久为功，要一件事情接着一件事情办，坚持一年接着一年干，分阶段促进共同富裕。从时间进程来看，新时代共同富裕与党的十九大对实现第二个百年奋斗目标做出的分两个阶段推进的战略安排具有一致性（方世南，2021）。

二、村社集体经济促进农民共同富裕的基本原则

（一）坚持统分结合的双层经营体制

家庭承包经营制度是我国农村基本土地经营制度，是我国农民在实践过程中的伟大创造。双层经营体制是指，保留集体经济统一指挥前提下的家庭自主经营，农村家庭承包经营是双层经营体制的基础。该体制最重要的特点就在于统一经营与分散经营相结合，发挥好集体协作优势来降低农户生产成本、交易成本，激发单个农户的生产积极性。另外，土地的所有权仍归集体，经营权下放到每家每户。该项安排有效防止了农民的两极分化，让农民对土地有自主决策的权利，成为相对独立的经营者，实现多劳多得。家庭成员间有血缘关系作为联结的纽带，稳定性更强、监督成本低。农业本身的特殊性使农业生产经营决策管理需要随时根据外部环境的变化及时做出调整，决策的效率相对较高。然而，家庭联产承包随着规模化经营的出现，使越来越多的村社集体经济"统"的功能不断弱化，集体经济治理能力和治理体系及其功能逐渐丧失。过于分散化的农业经营造成农业生产成本偏高，市场化竞争优势较弱，不利于农业农村现代化发展。目前，我国发展较好的农村中，既有能充分调动农民积极性的家庭经营与个体经营，又有发挥主导作用的强大集体经济作为支撑，实现了优势互补。十九届五中全会通过的《中共中央关于制定国民经济和社会发展第十四个五年规划和二〇三五年远景目标的建议》中提出，加快培育农民合作社、家庭农场等新型农业经营主体，对于健全城乡融合发展机制，推动城乡要素平等交换、双向流动，增强农业农村发展活力具有重要意义。

（二）坚持推动城乡融合发展

城乡融合发展是指，打破过去城乡分割的壁垒，对城乡之间的资源要素进行统一筹划，逐步缩小并消除城乡间的差别，形成共同发展、共同繁荣的新型城乡关系。推进城乡融合发展是破解我国当前主要矛盾不平衡不充分发展问题的最重要举措，是我国实现现代化的重要标志。西方国家城乡关系经历了乡育城镇、城乡分离、城乡融合三个阶段，并通过农业产业化与农业现代化发展，打破城乡分离的局面，走向城乡融合。所以，当前推动我国的农业发展是我国城乡融合发展的必由之路。同时，实现城乡融合是面对当前世界经济低迷大环境下，我国建立健全全国统一大市场的重要支撑。我国农村还有许多要素资源没有得到充分利用，提高这部分资源的利用率，可以增加农民收入，从而双向拉动内需，实现我国经济增长在城乡间的良性循环。

（三）坚持新发展理念的指导地位

新发展理念体现了我们党对于我国当前所处的新发展阶段的深刻认识，体现了我国未来的发展方向，是我国经济社会发展的基本遵循。所以，在农民实现共同富裕的道路上我们也必须坚持以新发展理念为指导。

创新与共同富裕。创新是引领发展的关键动力，要通过创新促进农业科技进步，提高农民的劳动生产率与资源利用率，增加农业的经济效益，实现农民增收。要通过创新农村的管理制度、产业发展方式，发挥好集体经济的作用，提高农村的经济活力。当然，对于创新最重要的还是培养一批具有创新精神的人才，带动整个农村经济发展。

协调与共同富裕。协调解决的是发展不平衡的问题，强调的是要补齐短板，增强发展的后劲。目前，城乡发展不协调已经成为我国经济长期可持续发展的重要制约因素，所以必须通过对城乡之间资源要素的统一筹划，加快农村社会、经济、文化等各方面的发展步伐，推动农业现代化，实现乡村振兴，走向共同富裕。

绿色与共同富裕。绿色强调要实现人与自然的和谐，实现可持续发展。农业是与自然联系最紧密的产业，自然条件的状况直接会影响农业的发展，这不仅关系到对于农业产出的影响，更关系到整个农村的可持续性发展问题。党的十九大报告写入了"绿水青山就是金山银山"的理念，深刻体现了党对经济发展规律的认识，揭示了保护生态环境其实就等于是在发展生产力。而相对于千篇一律的城镇来说，农村明显具有发展生态产业的优势。当前我国倡导的"三变"改革，也为农民通过发展生态产业实现增收提供了制度保障。所以，绿色发展能更好地贯彻"绿水青山就是金山银山"的这一理念，更好地促进农业供给侧结构性改革，使农村走出一条节约资源、环境友好的发展之路。

开放与共同富裕。我国改革开放的经验告诉我们，一个地区想要快速发展就必须提高自身的开放水平。贫困的乡村地区要不断向经济发展增速快的地区汲取发展经验，并结合自身的特点加以运用，打造好本地的特色产业。同时，利用互联网等新媒体资源，向外走出去，提高自己的知名度，塑造良好的地区形象，以拉动本地区经济发展，带动农民富裕。

共享与共同富裕。共享解决的是社会公平正义的问题，其内涵主要有全民共享、全面共享、共建共享与渐进共享四个方面。只要参与了共建，各方面的发展成果就都能共享。但共享发展也不是一蹴而就的，需要一个从低级到高级的过程。而目前我们发展处于从低级向高级过渡的阶段，要从过去强调把蛋糕做大转向实现把蛋糕分好，在实现这关键的转换中，必须注重农民在其中的获得感。

第三节　村社集体经济发展促进农民农村共同富裕的重点任务

一、完善村社集体经济发展的共富制度体系建设

脱贫攻坚与乡村振兴的有效衔接是实现农民农村共同富裕的基础。脱贫攻坚、乡村振兴与共同富裕间存在着密切的联系，农民要实现共同富裕，最重要的一点就是要解决好区域发展不平衡问题。而脱贫攻坚与乡村振兴都是我们解决发展不平衡问题的必要手段。2020 年，我们已经打赢了脱贫攻坚战，面对区域不平衡发展需要进一步去推动乡村振兴。在制定乡村振兴战略时，要针对环境的变化结合现有政策做出创新和包容性改革。也就是说，要延续脱贫攻坚战中成效较好的政策，保持各项涉农政策的基本稳定，防止因为政策的变化而出现规模性返贫的风险。巩固脱贫攻坚成果，不断创新农村产业发展模式及其政策制度体系，保证农民收入的快速提升；加强扶贫产业同乡村振兴产业规划的衔接，强化产业支撑的作用。乡村振兴在农村的产业发展问题上提出了更高要求，更加强调促进村社集体产业的高质量发展，特别是加快推动一、二、三产业的融合，壮大县域富民产业及其对农村劳动力就近就业的辐射带动能力，并吸引城市资本下乡，为农民可持续性增收创造有利条件。

二、做实城乡要素流动服务产业融合发展体系

目前，农村地区空心化现象严重，如何吸引城市资本、技术、人才等多种要素流向农村地区，通过要素的流动来促进城乡产业之间的有效融合，实现产业融合发展带动农业农村的高质量发展和城乡共同富裕。由于农村地区基础设施不完善、交通不便利、医疗就医保障能力弱等公共服务配套不足，进一步加大了城乡产业融合发展和产业链延伸的难度。对于回到农村的劳动力及时提供技能培训，使他们能够快速地掌握本地创业发展所需技能，增强返乡农民工人力资本。农村生活条件的改善对于农村青壮年的回流以及城市中人才资本的吸引十分重要。要加快完善农村的基础设施，加快生态宜居乡村的建设。让当代年轻人对农村精神生活产生向往，增加农村的吸引力。针对高素质人才，要加大对于高素质人才下乡的政策性补贴的同时，为其生活上提供便利，发展上提供通道，让各类下乡的人才没有后顾之忧。培育新型职业农民。加强宣传，确保人们愿意成为新型职业农民；设立新型农民的执业证书，并定期对职业农民进行培训，同时建立咨询中心，方便生产者在生产过程中遇见问题时随时进行咨询；重视对建立农村人才库的资金投入，搭建为民服务的农村人才库。为农村地区的长远发展打下人才基础。

首先，面对农地大量流失，要严守18亿亩耕地红线，确保我国的粮食安全。实行严格的耕地保护制度，强化日常巡察以及监督问责机制，坚决遏制耕地的非农化。加强政策宣传，增强群众保护耕地的意识，形成全社会参与耕地保护的良好氛围。其次，加快土地流转，促进流转方式的创新，充分利用土地确权的成果，建立县级产权交易中心，由该部门及时整理与发布土地流转相关信息，推动土地经营权流转进场，减少政府对土地定价的直接干预，充分发挥市场机制对于土地流转的作用，建立起规范的土地流转市场，有效保障农民权益。最后，增加农业资金投入的总量，对于不同渠道来源的资金使用要有不同的侧重点。政府投入的财政资金，重点用于促进农村可持续发展的基础设施建设或者是公共服务上；企业投入的资金，多用于该地区优势产业的发展上；农业自身投入的资金，则更多追求经济效益。完善农村金融市场的建设。建立健全农村金融市场相关的法律法规，为农村金融市场的运行提供制度上的保障。引入民间资本，允许民营资本在农村创立各种小额信贷公司，增加农民的贷款渠道。加快农村的信用体系建设。信用是降低交易成本最重要的内容，我国农村的信用体系建立时间较晚，加快农村的信用体系建设，不但可以减少金融机构的风险，让金融机构更愿意下乡，还可以更好地降低金融机构与农村经济主体之间由于信息不对称产生的交易成本过高的问题。完善农业保险体系。构建政策性农业保险制度，并积极探索私人资本进入农业保险领域的盈利模式，扩大农业保险覆盖的深度与广度。

三、增强产业融合发展制度体系

要素融合是产业融合发展的基础，而产业融合发展也需要强化制度保障体系的建设，特别是需要强化一、二、三产业间的融合创新，强化农业产业链和价值链的打造。同时，加快以县域经济发展为载体的城乡产业融合与公共服务保障体系的融合。县域经济发展是城乡经济社会一体化的重要表现，是缩小城乡、地区和群体差距的"交汇点"，可以显著增强发展成果的分享性。在制度融合体系构建层面，强化统筹职能来共建共享优化乡村产业结构。跟进生态保护补偿机制，区域化统筹农村产业发展布局，推广"组团联动""村落抱团"等做法，催生"农工商文旅"融合新产业、新业态塑造。构建集体经营纽带，通过政府统筹规划和村集体负责统一经营管理，完善村股份经济合作社公司化经营机制。探索集群带动机制，推进土地全域综合整治，加快农田集中流转，夯实"产业组团"规模；以产品为核心，建设产业链，构建区域、行业、企业三级品牌体系。在产业体系联动层面，高质高效打造乡村产业主体。增强人才创业活力，鼓励致富能人、农技人员等返乡入乡人员和"田秀才""土专家"创新创业；发挥村书记创业头雁效应，引导以承包、租赁等形式创办、领办家庭农场等新型农业经营主体。完善科技服务机制，培育高质量农业服务组织，深化首席农技推广专家制度，完善"专家+科技工作者+基层一线人员"的模式，培育和引导新型主体带动更多普通农户参与现代经营。培育农业龙头企业，因地制宜组建农业产业化联合体。继续推进农合联"三位一体"综合改革，将农户与其他市场主体相联通，进一步规范合约管理，鼓励新型经营主体与普通农户签订保护价合同，完善返利结算等农民增收形式，加快构建"农工商、产加销"一体化。此外，打造数字赋能乡村农业数字转型的新型农业生产经营体系，推动互联网、物联网、云计算、大数据与现代农业结合，提高农村数字赋能，加快农产品电商、直播经济等迭代升级，大力发展乡村共享经济等新业态，激发乡村经济发展新动能，为实现乡村振兴、推进共同富裕发展注入新活力。

第四节　村社集体经济发展在农民收入分配格局中的作用

改革开放以来，我国建立起了社会主义市场经济制度，并逐步确立了以按劳分配为主体，多种方式并存的分配制度，这极大地促进了社会生产力的发展。但城乡发展不平衡不充分的突出问题依然是城乡收入差距较大，村社集体经济发展在促进收入三次分配过程中扮演着积极的作用，特别是，在重塑乡村财产性收入分配格局上，对于促进农民农村共同富裕具有重要意义。

一、提升村集体经济在农民初次收入分配中的地位

初次收入分配是指，国民收入中与生产要素密切相关的收入分配方式，其一般通过市场进行调节，强调效率优先，政府在其中发挥的作用相对较小，分配带来的结果是否公平与现有的要素市场是否完善紧密相关。我国目前的乡村

要素市场发展总体不太完善，以户籍制度为核心的一系列制度体系造成了城乡劳动力市场的分割，阻碍了劳动力的自由流动；政府对于一级土地市场的垄断，农民得不到土地增值收益等，农民缺乏有效的财产性收入，使城乡收入差距不断扩大。如何提高劳动报酬在初次分配的占比，核心在于打破城乡要素收入制度性壁垒，促进生产要素在城乡间的合理流动来实现城乡要素均衡配置。一方面，不断增加村社集体积累，不断增强"造血"功能，村集体经济收益应注重扩大再生产，特别是，对农民群众广泛参与、辐射带动作用强的项目优先列支，确保村集体经济不断发展壮大；另一方面，聘请专业经营管理人员，实施经营管理绩效与经营者收入挂钩。实行"基本报酬+绩效考核+集体经济发展创收奖励"的报酬补贴制度，具体由村集体经济组织成员代表会议决定，报酬在经营支出中列支，提升村社集体经营收益与人员报酬的有效衔接。

二、发挥村社集体利益联结与收益共享的收入再分配机制

收入再分配是指政府通过财政税收政策，对初次分配形成的收入格局进行调节，以减小收入差距，平衡分配关系，与初次分配强调效率不同，再分配更加注重分配公平。当前我国提倡的共同富裕，最重要的就是缩小城乡间的居民收入差距，仅靠初次分配的作用显然不够，加强财政转移支付与税收等再分配手段，对收入分配调节尤其是面向农民收入再分配的调节力度尤为必要。加大农村地区财政转移支付的力度，支持农村的基础设施建设，提高基本公共服务覆盖农民的广度与深度，让农民享有与城镇居民相同的发展权利。在村社集体经济利益联结和收益分配共享层面，一是盘活资源实现共享，由党组织牵头进行清产核资、确权登记、量化评估，把村集体土地、荒山、水面、房屋和贫困群众自有耕地、林地的承包经营权等，折价入股经营主体，逐步建立面向市场的现代产权制度，让"死资源"变成"活资产"，通过股权收益壮大集体经济，带动农民脱贫致富。二是深化乡村产权制度改革。建立共享分配机制，让村民变股东、收益变分红，让集体经济的发展成果惠及全体村民。同时，以农宅、旅游、种植、加工等为主体成立合作社，鼓励村民自愿入社，享受村集体资产的附加值。此外，将一部分资金用于农村公益事业，积极改善水、电、路、校等村社公共基础设施和公共服务配套，打造和美乡村。三是强化协同发展。在发展集体经济的同时，还要重视村风民风，树立村社集体共同体的良好口碑，优化投资环境，这也是决定村社集体经济发展壮大、吸引社会资本参与的基石。要认清村社集体的"共同"属性和"集体"共建、收益分配共享的本质特征，更好地壮大村社集体经济，助力农民农村共同富裕。

三、激发乡贤能人在村集体三次收入分配中的示范引领效应

三次收入分配是对于初次收入分配和收入再分配的一个补充,主要是高收入人群自愿以捐赠、慈善等形式对于社会财富进行再次分配,是道德力量主导的社会成员之间互助友爱的深刻体现,有利于弘扬社会主义核心价值观,促进社会和谐发展,这也是我国一直以来倡导的要以先富带后富发展理念的深刻体现。鼓励企业和非政府组织积极参与,扩大乡村慈善服务范围。对于进行社会捐赠的企业与个人进行税收减免,从而在提高企业与个人积极性的同时,也可以培养整个社会积极向善的氛围。三次收入分配主要依靠社会主导,重在充分发挥企业和非政府组织的积极作用。鼓励企业回乡参与乡村慈善,开展扶贫助力行动,把更多就业岗位和收益留在乡村、留给农民。优化非政府组织外部制度环境,充分发挥其在人才、专业技术方面的优势,拓宽其提供农村公共产品的范围。2016年颁布的《中华人民共和国慈善法》规定,"城乡社区组织、单位可以在本社区、单位内部开展群众性互助互济活动",这为乡村社区慈善提供了法理依据。未来应探索编制乡村慈善社区创建地方标准,丰富公益慈善参与渠道,广泛动员社会力量参与社区慈善,加强公益项目的信息公开和反馈。对于慈善机构的设置进行严格的资格审查,完善慈善组织的运营管理机制,提高其公信力。乡村慈善事业的发展离不开广大农民群众的积极参与,应将传统互帮互助的优良传统与现代慈善理念相结合,注重宣传引导,培育农民公益慈善意识,进一步调动他们从事公益慈善事业的积极性。不断拓展慈善捐赠途径,鼓励村民参与慈善活动,但必须充分尊重个人意愿。

第五节　村社集体经济发展促进农民农村 共同富裕的发展趋势

新时代下,推动农民农村共同富裕必然会促进城乡关系的良性健康发展,建立起城乡互补、城乡一体的均衡发展形态,激发国内市场消费潜力,加快构建以国内统一大市场和经济内循环为主体的新发展格局。

一、以村社集体经济发展衔接城乡要素合理流动

村社集体经济发展为吸纳和承载一定的劳动力就业与资金要素下沉提供了有效载体,为消除和缓解城乡二元经济结构与长期面临的劳动、资本要素单向流动

创造了有利条件。村社集体通过集合村社土地规模经营，加快发展特色旅游业或者精细农业，形成"一村一品"，促进农业产业化与产业融合化发展格局。此外，村社集体经济为农村金融体制改革和强化信贷支农助力实体产业发展提供了重要保障，特别是，拓宽了农村抵押资产变现渠道和提升了农民信贷可得性，增强了信贷机会均等化，为农村金融产品和服务创新提供了新的制度土壤。

二、快速推进产业融合构建县域村社集体联合发展体系

完善的基础设施建设是村社集体产业融合发展的基础，通过不断完善交通条件、生活服务、网络通信设施等基础设施条件，对于培育村社集体合作经济组织和壮大农业龙头企业，延长乡村全产业链和价值链，提升乡村产品技术含量和附加值，有效衔接城乡市场具有重要作用。随着村社集体股份合作社和集体资源、农户自身资源依托股份合作、技术联动和品牌价值共享等，实现村社集体所有权、经营权、剩余索取权等的适度分离，激发农民参与利益联结和收益分配共享的积极性，并不断规范村社民主管理和利益共享、风险共担机制，使农民在产业融合发展中的利益得到有效保障。充分利用好现代信息技术和数字技术在赋能数字农业与产业数字化融合中的内生动力，加快数字乡村产业链、信息链、物流链和价值链的深度融合。县域经济作为城镇经济与农村经济间的纽带，村社集体则是县域经济的最小单元，成为我国实现城乡之间产业融合发展的重要载体。因此，要强化县域经济在乡村振兴中的增长极作用，提高县域对于农村经济的辐射带动能力。促进县域内的产业发展，创造出能足够吸纳农村剩余劳动力就近工作的岗位数量，增加农民收入与幸福感，加快促进农业农村现代化步伐。

三、村社集体碳汇生态价值链促推生态经济价值转化

改善农村人居环境、建设美丽乡村是乡村振兴战略的重点任务之一。乡村有着明显区别于城市的自然风景、民俗民风等要素，要在坚持好"绿水青山就是金山银山"理念的前提下，充分利用好乡村生态资产要素的价值转化，推动农民增收致富。"绿水青山就是金山银山"理念给农村的发展打开了一个新的致富想象空间，新的要素空间自然也要求有新的分配格局，所以我们提倡三变改革——"资金变股金、资源变资产、村民变股东"，目的就是促进村民的共同开发，共同增收，实现生态资源开发的"空间正义"。目前，多地都在这一政策的指导下，继续加大对于农村人居环境的改善力度，提升农村的生活品质，打造特色宜居村落，促进农村生态产业的高速发展。这将是我国在未来很长一段时间内乡村奋斗希望实现的长期目标。

第二章

村社集体经济发展促进农民农村共同富裕的实现机制

第一节　理论基础与文献回顾

一、马克思关于共同富裕的理论探索

（一）共同富裕的基本内涵

马克思共同富裕思想具有明显的阶级性和社会主义道路指向性，其科学分析了资本主义如何通过剥削造成两极分化与阶级对立等矛盾，并对共同富裕的内涵、立场和发展规律进行了深刻阐述。马克思认为，"共同富裕"就是需要消除一切剥削制度与根除两极分化，在生产资料公有制的基础上，不断解放和发展生产力，实现全体人民劳动协作和自由全面发展。共同富裕作为人类社会的美好理想，马克思主义从一开始就旗帜鲜明地提出了共同富裕的发展目标，同时也成为社会主义实践的重要指南。马克思主义对人类社会发展的历史规律、资本主义阶级矛盾进行了深刻总结，并提出解放被压迫状态下的人，建立"自由人联合体"，实现人的自由全面发展。同时，马克思主义追求的从来不是少数人的富裕，而是全体社会成员的共同富裕，这是由马克思主义的群众史观与基本立场决定的。

（二）共同富裕的发展规律

1. 物质基础是实现共同富裕的重要基石

要实现人的全面自由发展，强大的物质基础是前提，并且这种物质基础强调的不是以一部分人对另一部分人的占有为前提，而是共同富裕，是一种以共建共享式为前提的富裕共同体。马克思、恩格斯强调消除生产的劳动产品等社会物质财富与劳动者的异化，是以生产力的巨大增长和高度发展为前提，创建

消灭剥削的共同富裕新社会（马克思等，2009）。历史唯物主义把人类的生产活动理解为人类最基本的也是最重要的实践活动，而人类生产活动的主要内容就是不断发展社会的物质生产力，人类从事物质生产活动以及其他一切社会活动的主要目的和动机，就是为了获得一定的物质利益，即追求物质福利和富裕水平的提高（邱海平，2016）。

2. 共同富裕是一个动态过程

共同富裕不是一蹴而就的，而是在社会经济发展过程中逐渐形成的。马克思在《哥达纲领批判》中提出，把共产主义社会划分为两个阶段，即"共产主义社会第一阶段"和"共产主义社会高级阶段"。这两个阶段都相应地在不同程度上向共同富裕靠近发展，在共产主义社会第一阶段，在生产资料公有制的基础上，普遍推行按劳分配方式。这种状态虽然具有不同的社会分工和个体差异，但是不会出现明显的贫富差距。在共产主义社会高级阶段，社会物质财富高度增长，人们精神境界高度提升，劳动本身成为生活的第一需要。那时，社会可以实现各尽所能、按需分配的原则。因此，社会主义共同富裕的实现也是一个不断运动的历史过程，要历史地、分阶段地把握共同富裕问题（田超伟，2022）。

3. 实现共同富裕具有历史必然性

马克思主义揭示了资本主义社会的经济运动规律，也是资本主义生产方式产生、发展和最终必然走向灭亡的规律。资本主义社会在发展中创造了大量的物质财富，但由于具有剥削性质的雇佣劳动制度的存在，资本家攫取了绝大部分的社会财富。以追求利润最大化为目标的资本逻辑以及生产资料的私人占有制，决定了资本主义制度下的生产目的。由于最大限度榨取剩余价值这一动机始终存在，工人阶级虽然是物质财富的创造者，但其贫困程度日益加深。因此，两极分化会随资本主义生产而不断扩大，这说明资本主义无法维持经济社会的长期运行（柳晓明、段学慧，2021）。但是资本主义经济发展为社会主义发展提供了物质基础。马克思主义理论和资本主义的发展实践都充分证明，要实现真正的全体人民共同富裕，只有在高度发达的社会生产力的基础上建立社会主义和共产主义的生产方式与经济制度。

二、西方发展经济学关于共同富裕的理论阐释

（一）合作经济理论

马克思合作经济理论是马克思、恩格斯在批判和继承空想社会主义合作思想，以及与形形色色的合作社改良主义的斗争中发展起来的，具有注重生产合作的传统。马克思、恩格斯认为，在制度条件方面，生产合作社是从资本主义向社会主义过渡的有效途径，从制度层面反映的是没有阶级对立；在组织形式方面，小农生产方式阻碍了生产力发展，而改造小农经济的有效举措只能是采取合作社的形式；在组织原则方面，广大劳动人民才是真正的合作社主体，在成立合作社时必须坚持自愿和示范的原则，在推进农民合作化的过程中要注重保护农民的利益，使他们实实在在地看到合作的好处，主动走上合作的道路；在分配方式方面，农民合作社对于农民的分配主要是以按劳分配为主（贺文华，2013）。合作经济理论对于促进农民农村共同富裕具有重要的指导意义。在实践中，中国共产党把马克思合作经济理论与中国特殊国情相结合，不断丰富和创新合作经济理论，创造了具有中国特色的集体经济（孔祥智，2020）。例如，农村集体经济组织通过发展集体经济实现多样化的联合与合作，坚持走集体化发展道路，提升小农户组织化程度，有效引导高度分散的农户顺利融入现代市场。同时，在推动农村经济发展的过程中把保障农民利益放在第一位，不断创新利益分配方式，增加农民收入。

（二）委托代理理论（不完全契约理论）

委托代理理论是美国经济学家伯利和米恩斯在20世纪30年代首次提出的，关于委托人与代理人之间的关系及其行为规则的理论。委托代理理论认为，当所有权与经营权分离时，产生了委托代理关系，但由于信息的不完全性，委托人常常不知道代理人会采取怎样的行为，或者即使知道也无法对代理人的行为进行有效监督，从而使得代理人不按照委托人的意图行事，导致委托人的利益遭受损失，出现委托--代理问题。

村社集体经济发展过程中存在着复杂的委托代理关系。集体经济组织成员委托集体经济组织行使集体资产的经营管理权利，壮大农村集体经济，增加成员收入。在传统农村集体经济组织中，农户是委托人，村委会（及党支部）是代理人，农户作为集体资产所有者，拥有所有权和收益权，并不直接参加资产的经营管理，村委会（及党支部）一般作为资产的直接管理者，代表村民行使决策权。代理人与委托人并非处于平等的市场地位，委托人村干部往往处于权力的核心，代理人农户处于权力的边缘，这种权力不对等的情况进一步增强了信息的不完全，在实践中，委托人（农户）难以对代理人（村干部）的资产管理行为进行有效监督，代理人积极性不高，经营能力弱，集体资产运营管理不规范、不透明，出现了委托代理问题，严重影响农村集体经济的发展。在新型农村集体经济中，成立股份经济合作社，资产以股份或份额的形式量化到集体成员，对村社集体经营土地或建设形成的资产，引入农民合作社等组织进行委托经营，农户仍然为委托方，村委会（及党支部）往往是监督方，实际经营者是专业合作社、农民职业经理人等，其中的代理结构得到了进一步约束，但在运行过程中仍需要不断创新运行机制，加强对代理人行为的监督，防止机会主义行为的发生。

（三）交易费用理论

交易费用理论是由科斯在《企业的性质》一文中首次提出的。该理论认为，企业与市场是执行相同职能且可以互相替代的资源配置机制。无论运用市场机制还是企业组织生产，都是存在交易成本的。企业能够在市场经济中存在，主要是因为企业可以将生产要素组合起来，共同参与市场交易，可以减少交易者的数量和摩擦，从而降低交易成本；另外是因为有些交易在企业内部进行，能够有效降低成本，节约费用。交易费用理论能够较好地解释农村集体经济组织带来的好处。我国人多地少，农业高度分散，大量的小农仍是农业的生产经营主体，当单一农户直接与市场进行交易时则会产生较高的交易成本。而农村集体经济组织作为"企业"出现时，一方面，在生产中可以联合金融结构建立农业供应链金融，有效解决农户信贷困难，减少单个农户与金融机构由于信息不对称带来的成本；另一方面，农村集体经济组织代表农村集体利益，能够为小农户的生产、销售和决策提供可靠的市场信息，减少信息搜寻成本。同时，在销售时，利用集体经济优势可以提高对市场的议价能力，降低交易成本，增加销售收入。

（四）增权赋能理论

增权赋权理论（Empowerment Theory）最早出现于美国学者巴巴拉·所罗门（Barbara Solomon）在1976年出版的《黑人之增权：社会工作与被压迫的社区》一书中，兴盛和发展于20世纪80年代以后。增权赋能的核心就是通过介入和案主的积极参与，挖掘与激发案主潜能，促进案主最大程度地掌握社会资源，从而改变自身不利处境，以实现人的权利和能力的提升。增权赋能理论认为，个人需要不足和问题的出现是由环境对个人的排挤与压迫造成的，社会工作者为服务对象提供的帮助并不是"赋予"服务对象权利，而是挖掘和激发他们的潜能，以对抗外在环境的压力。个人在与他人及环境的积极互动过程中，能够获得更大的对生活空间的掌控能力和自信心，以及促进环境资源和机会的运用，进一步改善自己状况，获得更多能力的过程。在发展集体经济过程中，存在村两委干部工作缺乏自主性和能动性，对上级政府有严重的依赖心理，农民主体性地位缺失，权利一定程度上受到侵害等问题。依据增权赋能理论，首先，应该加强村干部的思想教育，积极引导村两委、党员干部，特别是集体经济组织的负责人，主动认识到发展农村村级集体经济对促进农民农村共同富裕的积极意义。其次，挖掘村委干部的能力，充分发挥其作为党和政府联系农民的桥梁与纽带作用，赋予农民更多参事议事的机会，确保农户的主体性地位，从而调动农民的主动性和创造性。

三、村社集体经济产权内涵及促进共富的理论逻辑

（一）村社集体产权的概念界定

农村集体产权是由农村集体资金、资产和资源的存在引起的农村集体经济组织与其成员、成员与成员之间的权利关系（张应良、杨芳，2017）。农村集体产权制度理论就是围绕着农村主体之间的权利关系打造从而保障利益被农民所享受的一系列论述。集体产权制度改革一直是农村改革的主要抓手，在保障农民财产权益的基础上，如何将集体产权聚合并发挥其经济效应的同时又返利到集体成员身上，是集体产权制度改革面临的主要问题。农村集体经济组织作为农村集体资产的所有权者，既要统筹管理集体资产，通过集体资产产权的处置、交易、转让，使集体资产的财产权利得以实现，创造集体经济收益，又要实现集体成员获得收益分配的权利。

（二）村社集体产权制度改革的理论逻辑

1. 提高村社集体产权运用效率

农村集体产权社会化是社会主义初级阶段的产权社会化，其目的在于通过明晰产权，产权多元化，把产权与资金、技术等其他生产要素结合起来，促进生产发展；其动力是生产社会化，形成不同的生产方式和产权组织形式（周延飞，2018）。一方面，产权清晰界定才能有效降低交易成本，提供稳定预期，扩大产权交易规模与交易半径，激发市场活力；另一方面，产权界定和流转的相关制度打造，可以促进多方主体参与到村社集体经济发展中，提升农村生产社会化、规模化水平，从而盘活现有集体产权。

2. 保障农民集体经济组织成员权利

集体产权制度关乎集体组织中成员自身权利保障与产权利益共享两个方面的协同发展。而保障成员权利是基础前提，做好相应集体资产核查、组织成员确定从而确定相关主体权利关系，才能为股份量化、引入规模经营从而促进集

体经济发展做好铺垫。探索界定农村集体经济组织成员身份的具体办法；建立健全集体经济组织成员登记备案机制；依法保障集体经济组织成员享有的土地承包经营权、宅基地使用权、集体收益分配权，落实好农民对集体经济活动的民主管理权利。

3. 提高村社集体经济发展水平

农村集体产权制度理论是建立"归属清晰、权责明确、保护严格、流转顺畅"的现代产权制度，是激发农业农村发展活力的内在要求。通过农村集体产权改革，放活集体产权，推进集体产权流转，形成具有品牌化和集团化的新型集体经济，提升集体经济自生发展能力和市场对接能力。充分发挥集体经济的引导和带动作用，增强农户对集体经济发展的信心和支持度，使农村集体经济成为与农户风险共担和利益共享的市场主体，推进农村集体经济成为农民增收的主渠道（王宏波等，2017）。对于以农业为主的集体经济来说，农民对村级公共品供给的意愿和能力不足，农村集体经济承担村级公共品组织和供给的主要责任。通过农村集体产权改革，明确农村资源型资产、经营性资产和非经营性资产归属，充分赋予集体经济组织管理和开发集体资产的权利，使集体经济能够有效开发闲散资源，统筹整合各类财政涉农资金，扩大集体经济积累，实现村级公共品有效供给（李萍、王军，2018）。

四、村社集体经济发展促进农民农村共同富裕的实现逻辑

要实现农民农村共同富裕，发展新型村社集体经济必不可少。在党支部的领导下，村社集体经济组织将分散的农民组织起来，聚合土地、物质资本、人力资本、技术等各种生产要素和资源，明晰产权，放活经营权，增强激励权能，保障剩余索取权，构建"村集体党支部+公司型龙头企业（或者职业经理人）+农民集体经济组织"的运行机制，从而盘活了农村沉睡资产来增加农民收入，以实现农民农村共同富裕的目标。

（一）发展村社集体经济有利于整合各类生产要素并强化村社集体行动能力

从社会结构来看，我国小农户数量众多、分布广泛，组织化程度较低，以家庭经营为基础的小农户分散经营仍占较高比例，随着市场经济不断发展，小农户分散经营方式的问题逐渐暴露，农户经营规模小，生产效率低下，无法实现规模经济，抵抗自然和市场风险能力较差。尤其是在经济全球化的背景下，国外规模化生产的农产品涌入国内市场，挤占了一部分市场份额，国内市场的竞争将更加激烈，众多分散的小农户更加难以立足于市场。因此，小农户分散经营的方式不可能使大多数农民走上富裕的道路，发展壮大农村集体经济才是有效的途径，可由村集体牵头联合农户，形成农村集体经济组织，提升小农户的组织化程度。

从产权要素结构来看，在联合农户的基础上，要构建农民与其他经营主体的"利益共享、风险共担"利益联结机制，股权联结是一种较为有效的利益联结机制（陈学法，王传彬，2010），即在村党委的领导下，农户先以土地、资金、技术等生产要素入股，形成农民集体经济组织，然后由农民集体经济组织聘请职业经理人经营或者以总体股份形式入股农业企业，从而最终促成"村集体党支部+公司型龙头企业（或者职业经理人）+农民集体经济组织"模式，有效整合了资源，实现了生产资料从"分散"到"集中"。

从功能结构来看，纵观我国村社集体的发展过程可以发现，在合作社阶段，农民个体私有制转为集体所有制，形成了早期的初级合作社，提出"以粮为纲"，为国家早期工业化建设提供了支撑（简新华，聂长飞，2019）；在改革开放时期，农村实行"以家庭联产承包经营为基础、统分结合"的双层经营体制，村集体经济组织主要承担统一经营，自2006年取消农业税和"三提五统"以后，村集体"统"的功能逐渐丧失，充当"分"的角色在家庭经营中不断出现过度分散的状况，造成农业规模效应和总体收益偏低，村社生产关系逐渐弱化，尤其是随着我国劳动力转移制度的逐步放开和城市经济的发展，大量农村劳动力为了获得更高的收入向城市流动，农业种植人口数量逐渐减少，大多数农民与土地的生产关系被弱化。实践证明，过度强调"分"会导致农村的"空心化"，使得农村缺乏活力，因此，必须发展村社集体，强调"统"的作用，调整村社生产关系，即在"底层生产关系"农村产权关系调整下，促进"表层生产关系"农业经营组织模式及其运行机制的优化（吴军，黄涛，2020）。除此之外，村社集体还必须发挥其政治功能和社会功能，政治功能主要体现在村社集体在落实涉农政策、方针以及发挥党在群众中的思想引领作用中起到至关重要的作用，社会功能主要体现在农村基础设施建设、提供公共服务、村庄治理等方面。

从财政和科技赋能村社集体经济结构转型来看，政府每年投入大量的人力、物力、财力用于农村的发展，由于缺乏统一经营管理，资源的多头分散投入难以形成合力，造成财政资源未能有效配置，最终未取得应有的成效，加之农户分散经营耕作方式传统难以有效推广先进农业技术，机械化耕种水平低，生产成本高，影响了农民收益。而发展壮大农村集体经济有利于降低财政资金、农业技术内嵌成本，能够有效发挥两者的协同效应，从而实现由"输血式"向"造血式"转变。一方面，农村集体经济组织将承接的财政专项扶贫资金量化形成的集体经营性资产，统一管理，合理配置资源，使有限资产发挥最大的效用。在特定条件下可按照一定比例设立集体扶贫股，并以优先股的形式量化给贫困户，帮助真正贫困人口摆脱贫困。另一方面，村集体整合土地资源，连片流转闲置土地，进行规模化生产经营，有利于提高机械利用率、土地设施利用率，由粗放经营向集约经营转化，提高土地的利用率，尤其在现代农业发展背景下，借助于科技创新助力农业的发展，如运用互联网、区块链、云计算、人工智能等新兴技术，推动农业的高质量发展。因此，发展村社集体经济有利于聚合劳动力、土地、资本、技术等生产要素，调整农村结构，为实现农民农村共同富裕提供坚实的物质基础。

（二）四项权能制度赋能村社集体经济发展制度保障

在发展村社集体经济过程中，必须调动多元主体的积极性，共同参与村社集体经济的建设过程，以此推动农村资源的有效配置，而激活各类主体的关键在于完善村社集体制度，对农村集体经济组织成员进行赋能赋权。一是明晰产权。产权界定不清、关系模糊必然会影响集体经济组织的运行效率（孔祥智，2020）。因此，在实践中，必须坚持土地等集体资产所有制，村社集体资产归集体成员所有，以股份或份额的形式量化到集体成员，使得农村集体产权清晰到人、落实到户。二是放活经营权，在明晰产权的基础上，创新混合所有制形式，采用村社集体经济组织聘请能人（职业经理人）经营管理或者以集体资产入股参与龙头企业、跨行政区域的村村合作社等，探索混合经营的多种形式，盘活各类资源资产。三是增强激励权能。完善村社集体制度建设，构建农民与其他经营主体多元利益联结机制和激励约束机制，激发各类主体的积极性。同时，根据增权赋能理论，依托党支部的领导，加强村社成员的思想教育，发挥村社党建引领下所有成员的积极性和主观能动性，带动农户增收致富。四是保障剩余索取权。农村集体资产剩余索取权和剩余控制权的不匹配可能会导致农村集体资产的流失以及利用效率的损失（张浩、冯淑怡、曲福田，2021）。通常在实践中，农民的剩余索取权大于剩余控制权，农民只有索取剩余收益的权利，难以行使决策权、监督权和选举权。因此，为避免这种情况出现，发展村社集体经济时必须构建农户的参与管理机制，赋予村社成员的剩余控制权，坚持重大问题村集体民主集中决策，提高集体成员对资产的占有、使用、收益和分配的知情权、决策权、管理权、监督权，进而有效保障成员的剩余索取权。此外，在村社集体利润分配后,对于集体留存收益部分量化为股权分配至本村集体各成员,在分配过程中,可以因情而定,适度向对村社集体发展贡献大或者家庭较为贫困的成员倾斜。

(三)释权赋能助力村社集体经济高效运行提供可能

从整体运行结构来看,构建"村集体党支部+公司型龙头企业(或者职业经理人)+农村集体经济组织"的模式,村党支部发挥党组织的组织优势,在"自愿、有偿、公平、有序"的基础上,将分散在农户手中的资源转化为集体资产,成立股份经济合作社,资产以股份或份额的形式量化到集体成员,对村集体集中的土地或建设形成的资产,聘请能人(职业经理人)经营管理或者以集体资产入股参与龙头企业等组织进行委托经营,壮大农村集体经济,与此同时,发挥党组织在农村的影响力,管好村社集体经济发展过程中的人、财、物,健全监督机制和激励约束机制,实行民主决策,有效保障成员的剩余索取权,从而实现三者相互独立、相互监督、相互制约,保障村集体建设中各方的利益,为实现农民农村共同富裕提供现实可能(见图2.1)。

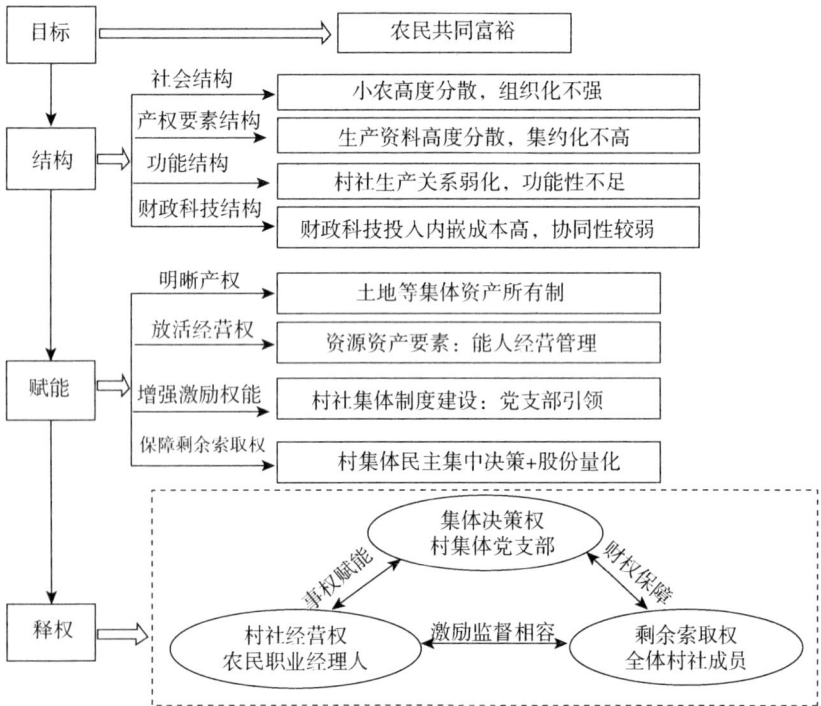

图 2.1 村社集体发展促进农民农村共同富裕的作用机制

第二节　村社集体经济发展促进农民农村共同富裕的包容性发展机制

一、村社集体产业融合互促协同机制

推动农村一、二、三产业融合发展，是促进农民持续增收，进而实现共同富裕的有效途径。一方面，产业融合通过吸引多元主体共同参与乡村产业发展，从而汇集多方发展资源流向农村，为农村产业发展注入新动力，形成互惠共享的新发展格局，实现产业融合成果普惠广大农民群体与和美乡村蓝图；另一方面，产业融合为提高农户个人生计资本，增强其内生发展动能提供了契机，通过引入现代化的运行机制，将原来分散化、低效率的个体农户集中起来，并提高农户劳动生产技能，拓展农业产业链来增强乡村产业附加值和农民的生产生活质量。

（一）村社集体产业链、供应链、价值链融合促进农业转型升级

农业产业链通过产业内部之间的相互延伸和产业之间的相互融合发展实现产业转型升级。首先，农业产业链外部延伸将农业与二、三产业相互融合，将农业的初级产品通过加工形成了多类型的消费品，通过加工后直接进入食品消费市场、饲料市场、原料市场等不同需求环节，有效带动初始农产品需求增加的同时提高了农产品生产端的质量控制，从而增加农产品附加值，使农民可以在产业链中获得更多收益，在保障优质农产品有效供给的同时提高生态环境质量。其次，农业产业结构调整有利于将农业生产技术、品种、资源要素等有效整合，通过规模种养殖、标准生产降低生产成本，促使农业生产更加高效，提高土地、劳动力生产效率，从而扩大农业生产，提高农业产业链融合的经济效益和社会效益。

在村社集体经济供应链端，通过信息流、物流、技术的双向快速流动，将不同经营主体、企业等市场主体有效连接起来，利用不同主体的优势降低农产品的交易成本。而作为供应链条的初始端，农民能够直接获得市场的反馈，从而调整改变生产决策，降低由于信息不对称加上农产品需求弹性过低带来的损失，从而提高农产品获利水平的同时减少外部不确定性，降低相应的市场风险，在一定程度上提高农民的生产积极性。

在价值链上，由于农业产业需要足够质量稳定的农产品作为原材料，以满足市场需求，因此，农业价值链嵌入村社集体经济发展，构建不同村社经济主体的利益共享机制，农民群体将更多分享到核心企业等参与主体以及整个价值链条的价值增值部分，而不再只是获得以往农业产业链中订单农业的单一收益。农业价值链延伸对于促进农户与核心企业的长远互惠合作、农产品的绿色化不断提高以及互利共赢都具有重要的现实意义。其农业产业自身发展以及市场消费升级的需求，农业价值链的特色化、品牌化农产品生产将会带动农业生产大大降低传统化肥和农药的使用量，有力地促进地力提高和环境保护，并提升农产品的内在价值（郭晓鸣、张耀文，2022）。

（二）农业多功能与村社集体经济建设有机衔接提升产业融合深度

农业本身具有多功能性，使得农业不仅需要确保国家粮食的安全稳定供应，而且需要满足社会、生态、文化等多种功能。随着经济社会的发展，特别是科学技术的进步，农业的多功能性被人们不断注入新的内涵和新的功能，如生态保护功能、生物能源功能、观光休闲功能和文化传承功能等。乡村产业功能在拓展融合过程中，通过深入挖掘农业农村潜在的发展价值和资源，能够将市场需求引导与农村产品和服务供给相结合，带动农业农村加快发展，为农民增收提供了渠道保障。农业多功能与村社集体经济的有效协同能够有效促进产业融合的深度，加快农村产业结构的转型升级。具体表现在以下几个方面。

第一，村社集体经济发展能够有效壮大农业产业经营的质量和效率，拓展农业产业融合发展的经济功能。产业融合能够壮大农业生产经营主体从而提高农业生产效率，改变传统以初级农产品形态进入市场的发展格局。通过延伸产业链将农户和市场紧密衔接起来，实现农业产业化经营。市场对农产品特别是农业加工品的需求增多，从而可增加农产品加工链上的附加值，提高农村经济整体效益并促进农民增收。

第二，村社集体经济将农业产业与乡村传统文化有机结合，加快农业产业的文化功能，深化乡土文化的根与魂。随着消费者收入水平的提高，人们对文化需求的多样化，不再满足于城市的文化供给，而是开始越来越多地追求回归农村返璞归真。以村社集体旅游业的融合发展展现出农业文化功能的强大生命力，如打造乡村村落景观、农创艺术景观、农村建筑景观，特别是各地多姿多彩的民俗文化与农业功能的融合创新，成为消费者欣赏、体验的对象。村社集体经济建设在壮大乡土文化培根铸魂层面发挥出文化振兴与乡村文化功能资本化的重要作用。

第三，村社集体经济建设强化村社集体内部成员之间的互助与社会保障功能。村社集体经济的公有特性，依托经济利益的联结为纽带，强化社员农户之间的社会交往，将传统互助精神与经济合作契约精神逐步融合，并发挥村社集体经济对弱势群体的互助与劳动就业社会保障等方面的优势，促进社会和谐发展。通过产业融合提升农业就业的容纳量，并进一步提升其技能要求。同时，产业融合必然带来现代化生产和治理理念更新与传播，提升乡村居民基本知识素养、生产生活技能以及农户自我组织与决策能力，增强村社集体的社会化治理能力和治理水平。

第四，村社集体经济共同体建设是拓展农业生态本底，筑牢生态价值转化的重要保障。村社集体经济将农业产业融合作为筑牢生态本底与产业多功能性和多业态的有效协同基础，发挥农业生态资源禀赋优势，依托生态产品和服务载体的职能，有效衔接村社集体公共服务价值和经济价值，推动社会资本更好地参与到乡村产业结构调整和产业融合的业态创新中，如通过农牧结合、农林结合或农林牧结合等发展绿色有机食品等生态产业，通过与服务业结合发展康养、旅游等产业（姜峥，2018）。

二、村社集体基础设施互联互通促进机制

实现村社集体内部基础设施的互联互通是乡村产业融合发展的基础。建设完善的、现代化的村社覆盖、户组相互延伸的乡村公共基础设施是激发农村经济活力的基础。村社集体公共基础设施互联互通包含农村生产与生活的多个方面，既包括道路交通、物流配送方面的互联互通，也包括数字乡村和数字金融等新基建，以及城乡融合过程中的制度体系、规则约束、标准制定等方面的互联互通。

（一）村社集体内部农业生产生活条件改善

农村基础设施是农村经济社会发展和农民生产生活的重要物质基础。通过结合当地的农业经济发展现状和乡村振兴发展方向，进行基础设施的全面建设，同时重点突出弱势基础设施领域。通过水利设施工程进行小型农田水利工程建设和病险水库的除险加固，提高农业综合生产能力，支撑农产品产量稳定增长，减少自然灾害带来的风险冲击；通乡、通村公路的建设，使农民的出行更便捷；以乡镇卫生院为重点的农村公共卫生服务设施建设，使农民群众看病就医更加方便。乡镇文化站建设、广播电视村村通、农村电影放映、文化信息资源共享等工程的顺利实施，不断提高着农村公共文化服务能力。农村人居环境整体提

升，资源利用效率稳步提高，促进农村生产生活方式向现代化转变。

（二）以村社基建联通来拓展农村经济发展空间

农村基础设施是农村经济社会发展和农民生产生活改善的重要物质基础，加强农村基础设施建设是一项长期而繁重的历史任务（王泉基，2008）。通过基建带来的投资需求以及启动的后继消费将成为未来经济增长的主要动力。俗话说，"若想富先修路"，对于农村经济发展而言，第一要务就是交通。推动交通建设、教育建设、通信建设、公共设施建设以及其他文体旅游设施建设等，建设美丽乡村、保障城乡居民平等享有基本公共服务的权利，以及发展成果惠及村社农民群体。公共设施和文体旅游设施既满足村民自身生活、文化发展的需要，也为外来游客提供了更好的参观游览体验，有利于带动当地经济发展。

（三）村社集体经济为城乡要素流动提供有效通道

基础设施的改善会促进城乡之间在信息、要素和市场之间的交流，让城市先进的生产技术和设备进入农村地区，改变农村地区传统落后的农业生产水平和能力，享受到发达地区的正外部性溢出，进而提高农村地区的生产经营效率，增加农业产品的产出。而对于农村地区和外界的交易来说，基础设施会促进生产要素的流动，为农村地区和外界的交易创造各种便利条件，提升农村地区和外界的交易效率，提高非农产出，进而提高农村地区的整体经济发展水平。

三、村社集体发展承载城乡融合互补调节功能

随着我国经济社会快速发展，长期以来实施的城乡二元结构使得城乡发展不平衡、城乡差距不断拉大。一方面，城市的资源聚集效应，带来了城市的高效发展，更多的就业需求、创业机会以及发展机遇，但也带来了城市环境污染，高压工作也让广大居民徘徊失衡边缘；另一方面，乡村地理位置偏远、发展机遇少、地域资源稀缺等情况，导致乡村产业空心化、人口老龄化现象越发严重。因此，如何协调城乡、统筹城乡，实现城乡优势互补、价值共建的新型城乡发展关系，成为目前打造村社共同体促进农民农村共同富裕的巨大挑战。

（一）村社集体经济承载城乡要素融合的作用

城乡要素融合是城乡融合发展的重要目标，通过围绕"人—地—钱"全要素的自由流动，充分调动土地、技术、资金、劳动力等各类要素的市场价值，有利于加快城乡在产品市场、要素市场的良性发展，打破乡村原先封闭的发展空间，将其融入农业农村现代化发展运行体制。首先，土地要素的流动能够促进土地要素充分高效地参与到乡村产业融合发展与乡村和美建设中；其次，劳动力要素自由流动不仅能满足城市化建设需要，还能将城市专业化人才引入农村，加快乡村人才振兴；最后，通过财政和金融手段激励社会资本参与乡村振兴发展，提高城市资本下乡投资渠道和收益，吸引社会资本有序流入乡村，从而促进农村产业发展壮大和基础设施建设。通过全方位创建城乡要素聚合机制，强化实现城乡共同富裕的内生动力。

（二）村社集体经济发展加速城乡制度融合进程

城乡二元结构、城乡差距过大的一个重要原因在于制度安排导致的城乡要素难以有效双向流动，城乡制度融合通过围绕户籍制度、土地制度两个方面对要素流动的障碍进行改革。一方面，可以打破户籍制度牵绊，均衡城乡之间在医疗、教育、社保、就业、购房等社会公共服务层面的制度融合，减轻农民进城后在社会保障上的负担，减少农民进城后在享受公共服务上面临的不平等现象，从而改善半城市居民问题。同时，壮大村社集体经济为农村居民享受城市基础设施建设带来的更加完善、便捷的公共生活服务体系，缩小与城市生活保障上的差距，提升农村居民幸福感。另一方面，通过土地制度改革推动土地要素市场化，调整城乡土地要素收益分配格局。通过农民土地确权、集体资产核资及集体成员身份确认，让农民的限制宅基地以及经营性土地得到充分利用，激发土地的活力，将农户手中的土地资产盘活起来，不仅能带动农民就业，还能增加其财产性收入。

（三）村社集体经济发展成为城市资本加快农村产业融合的加速器

城乡融合发展与缩小城乡收入差距促使城乡区域产业结构不断优化。在这一过程中，通过引入城市二、三产业发展资金、技术、产业链资源及企业家经验，促进农村将农业与新兴产业有效结合形成以农业为主体并融合新产业、新业态为核心的村社产业融合发展共同体。比如，将农业农村与农产品深加工、生态旅游、电子商务新产业深度融合，从而促进农业的全面发展。首先，通过推动多要素、多产业跨界融合，将城市产业发展与核心资源及要素竞争力注入乡村产业发展中，以休闲农业、农村电商等新产业、新业态为引领，助推农业产业全面发展，筑牢城乡融合的产业基础。其次，创新全产业链发展、农业产业链延伸等融合模式，依托现代科技手段和装备彻底改造传统农业面貌，有效导入城市发展要素，不断提高乡村产业的品牌链、价值链、社会链等多维度的融合，提升乡村产业竞争力，激活市场经济在乡村要素配置及政府产业引导中的积极作用。总之，城乡产业融合可以拓展农业产业的利益空间、挖掘农产品的潜在附加价值和提升农业产业价值链中的地位。最后，优化产业空间布局，在城乡之间构筑要素互通、环境共享、联系稳定、良性互动的有机整体，利用城市产业集聚产生的扩散效应激活乡村产业的内生动力，实现城乡融合发展和共同富裕（郭晓鸣等，2022）。

第三节　村社集体经济发展促进农民农村共同富裕的产业融合机制

产业融合作为我国农村生产方式的重要变革形态，对农民就业和增收带来深远影响。产业融合发展促进了农村资本要素投入、人力资本积累、农业技术效率提升和生产组织模式创新，不仅提高了资源要素配置效率和农业劳动生产率，而且通过构建合理的利益分享机制，使农民在参与产业链建设中提高了创富能力、实现了收入增长。

农村集体经济组织促进农业的产业整合。我国现在依然是一个农业大国，农业收入依然是最广大农民的主要收入来源，发展壮大农业最实质的还是要实现农业的供给侧结构性改革，改善产业体系，培育壮大高能级产业，才能有效实现农业的增收效应。农业产业整合主要以农业优势资源为基础，以涉农经济组织为主体，以农牧结合、农林结合、循环发展为导向，调整优化农业种植养殖结构，实现农业内部紧密协作和循环发展。农村产业融合应以市场为导向，以农户经营为基础，采取一体化经营的生产组织方式，该方式将一、二、三产业进行有机结合，以实现乡村振兴下的农业和农村现代化发展。而我国普遍存在"小农户"面对"大市场"的现象，以市场为导向的农村产业融合单靠农户是难以实现的。因此，农村集体经济组织就成了解决难题的关键。当代新型农村集体经济组织，农村产权清晰，普通农户以土地、房屋等资源入股，成立专业合作社，实现农户与合作社和龙头企业的紧密连接，从而解决了小农户面对大市场时不平衡的难题。

农村集体经济的发展能够促进产业链的延伸，从而促进农村的产业融合。农业产业链延伸融合是以某一涉农企业为核心，以生产、加工或销售为关键环节，将单一农业产业向产前、产后纵向延伸，形成一条龙发展的"全产业链"，增加农产品附加值。农业产业链延伸主要是将以往较为单一的农业生产向前、向后延伸，通过整合农业资源，构造全面发展的完整产业链，从而侧面提升农产品的市场价值。农民如果独自生产将会永远困在第一产业，没办法享受其他产业带来的收益，农村集体经济可以作为一个有效的中间载体，成为连接农民与企业的纽带。集体经济的发展使各个生产环节之间的联系更加紧密，产业链能够向前后延伸，进而促进农村的产业融合。在我国，农民由于长期的分散化生产而被困在第一产业，无法享受初级农产品加工带来的收益，而农户作为劳动力，是农村产业融合发展过程中的基础投入要素，也在其他投入要素的载体上发挥重要作用。随着农村产业融合不断发展，农户获益于其他产业的收入占比不断提升，农村产业融合发展带来的增收效益及示范效益逐渐显现。另外，农村产业融合发展创造出大量的就业岗位，吸纳本地居民及周边的农村劳动力就业，进一步提高农户在农业产业链中的地位，促进农户收入增长。当前，农业产业链的延伸通过三个路径使农户收入得到提高：一是村集体经济的发展能够打造农村自身的产业品牌，农产品的附加值提高，农产品市场扩大；二是产业化经营带来更多就业机会，农户获得固定工资，从而增加收入；三是有利于催生农业新业态，改善农业发展方式。

农村集体经济组织的发展能加速产业的聚集。产业的聚集是指，以农业产业化龙头企业或产业链中的核心企业为依托，促进农业企业集聚发展，打造出集生产加工、仓储物流、商务会展、休闲娱乐、生态旅游等于一体的复合型农业综合体。产业的聚集可以说是产业链延伸带来的结果，产业的发展壮大必然会吸引与之相关的企业在周边落地，从而产生农业产业化集聚效应。产业的聚集能够通过共用公共设施，减少分散布局带来的额外投资，并利用地理接近性而节省相互间物质和信息的传输费用，从而降低生产成本。农旅融合发展也为城市近郊村社集体打造田园综合体，发展有特色的乡村旅游，实现农民农村共同富裕提供了有力支持。同时，产业的聚集有利于催生订单农业，农民通过与合作社或者龙头企业签订农业生产合同，同时农业企业或农民专业合作社根据农户实际需要提供资金扶持、技术指导、农产品代销包销等特色服务，提高农户生产效率和农产品质量，通过"企业+基地+农户"或"公司+合作社+基地+农户"等模式带动农民增收。由于配套的仓储、物流等体系完备，不仅减少了企业的生产成本，也减少了农产品的价格风险，从而增加农民收入。农村集体经济组织在其中扮演了催化剂的角色，加速土地流转，形成规模经济，从而能够吸引更多的外部投资和产业落地。

农村集体经济组织能够实现农业发展的功能拓展。在稳定传统农业的基础上，重点开发农业多种功能，促进农业与旅游、教育、文化、健康等产业融合，培育休闲农业、旅游农业、文化农业、创意农业等新业态。发展休闲旅游农业使农业横向功能拓展，将农业与现代社会其他产业相互融合，引入二、三产业中的核心生产要素，拓展农业产业多种功能，从而构造出相应的新兴农业产业。

鼓励发展服务经济，把以乡村资源、生态和文化为依托的新型服务业态尽量留在农村，把因发展新型服务业产生的就业机会尽量留给农民。新型农村集体经济组织能够围绕农村生产生活需要，大力发展农业专业服务公司、专业技术协会、专业合作社等多种服务主体，开展便利化的公益性和经营性服务；新型农村集体经济组织能够统筹利用乡村空间资源、特色产业资源和地域文化资源，完善乡村功能布局，实现特色产业、休闲观光、农创文旅、农耕体验、康养基地等多产业融合发展。

农村集体经济有利于加快农业高新技术的渗透。技术渗透是指，在农业生产经营领域引入互联网、物联网、云计算、大数据等现代信息技术，实现农业生产、加工、管理、运输、销售等各个环节无缝对接，推进农业产业转型升级。现代科学技术发展迅速，农业生产方式也不同于传统的农耕生产，现代农业生产机械化程度较高，农业生产效率也有了大幅度提升。但是在广大农村地区，由于土地的分散化与细碎化，小农户自身很难实现农业的机械化生产，从而导致产量和效率的低下。新型农村集体经济组织探索乡镇成立股份经济联合总社，农民以土地等资源入股，由合作社统筹辖域范围内资金、土地、技术、人力等要素，围绕农业生产，提供农资供应、技术指导、土地托管、代耕代种、统防统治、加工销售等生产性服务，进行农业的规模生产，打造数字农业、绿色农业以及智慧农业，促进农业的转型升级（张林、温涛、刘渊博，2020）（见图2.2）。

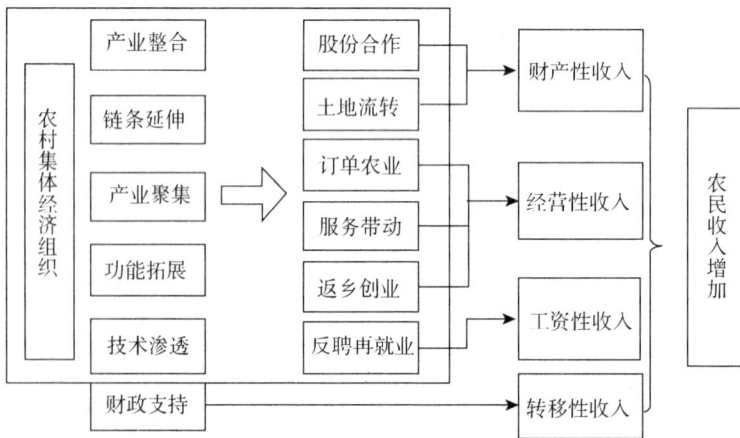

图2.2　村社集体经济发展促进农民农村共同富裕的产业融合机制

第四节　村社集体经济发展促进农民农村共同富裕的激励约束机制

在壮大农村集体经济促进农民农村共同富裕的过程中，一套完善的激励约束机制尤为重要。首先，村社集体经济需要通过明确的激励机制调动多元主体的积极性，共同参与集体建设，以此推动农业资源的有效配置。其次，在治理方面，即农村集体资产的经营管理过程，由村党委、农户和集体经济经营组织（或合作社），任何一方单边主导都不可避免地会陷入治理失灵（姚树荣、周诗雨，2020），从而需要有强有力的约束机制。最后，发挥收益分配正向激励作用，构建完善的利益分配机制，通过合理的收益分配，让参与共建的各方公平分享发展成果。

一、共建共享的激励机制

村级集体经济组织激励机制主要包含以下三个方面。一是政府制定切实可行的财税支持政策。通过财政贴息、税收减免、利率优惠等方式，鼓励支持银行、保险公司等金融机构参与村社集体经济发展，积极创新开发与"三农"相关的金融产品，引导社会资本进入农村。针对当地优势产业，制定切实可行的优惠政策，联合农业企业延长农业产业链，拓宽农产品销售渠道，推动农村集体经济高质量发展。二是合理的薪资福利制度。建立职业经理人聘请机制和科学合理的村集体经营管理人员年薪制度，搭建广阔平台，吸引更多有经营头脑、有管理能力、有奉献精神的年轻农民充实到村级集体经济组织的队伍里，以此促进农村集体经济的发展。三是完善表彰奖励机制。开展评先定级工作时，将集体经济发展情况作为村党组织工作考核的重要依据，明确从当年村集体经营性净收益中提取一定比例的资金，对为参与壮大村集体经济做出较大贡献的村委、党员干部给予表彰奖励，以此调动村集体经济组织人员发展村集体经济的主动性和积极性。

农户激励机制主要包含物质激励和精神激励。在物质激励方面，有"入股分红+劳动报酬+村民福利"等形式，确保农民切实享受村社集体经济发展的实惠。首先，入股分红。由于农村集体经济资产归农村集体成员全体所有，以股份或份额的形式量化到集体成员，等到年末，将集体资产的一部分收益根据入股比例进行分红。其次，劳动报酬。农户根据自身股权状况及自由选择长期或临时参与力所能及的劳动（同等条件下贫困户优先），所得报酬参照同期同类工作的平均薪酬。最后，村民福利。集体收益一部分会作为集体提留，用于完善相关村社集体的各项基础设施和公共服务体系的建设，一定程度上可以改善农民的生产生活条件，增加生产便利性和提高农民生活福利水平。村社集体组织承接的财政专项扶贫资金形成的经营性资产，应按照一定比例设立集体扶贫股，并以优先股的形式量化给贫困户。在精神激励方面，结合实际成立党支部或党小组，发挥党组织的政治优势，宣讲党的路线、方针、政策，国家法律法规以及村集体经济组织的规章制度，转变农户对村社集体经济发展的思想认识，打消农户的思想顾虑，从而提高农户参与村社集体经济发展的积极性。

二、共治共享的约束机制

由于农户与村集体经济组织之间存在一定程度的信息不对称，农村新型农业经营主体在发展农村集体经济过程中很容易发生委托—代理问题。对此，必须构建公开透明的治理环境，建立责权明晰的治理机制。首先，制定符合实际、具有可操作性的农村集体经济组织章程，进一步约束农村集体经济组织及其成员的行为。2020 年，农业农村部发布《农村集体经济组织示范章程（试行）》，进一步规范了各地农村集体经济组织的发展，制定符合本组织实际情况的章程，明确规定农村新型集体经济在运作过程中各主体的权责范围，使得农村集体经济组织工作流程化、制度化，从而有效保障其合法权益。

其次，在章程管理制度的基础上，拓宽监督渠道和健全问责机制。一是建立民主管理制度。构建农户的参与管理机制，凡涉及农村集体经济组织成员切身利益的重大事项，尤其是集体资产经营或处置方案，必须交由集体经济组织成员民主讨论，实行股民民主投票决定。二是建立"互联网+监督"平台。一方面，建立信息公开制度，减少农村集体资产管理的信息不对称性。村集体经济组织运用互联网技术和信息化手段推进政务公开、事务公开以及财务公开，将涉及村社集体经济发展相关的政策文件、法律法规、经营情况以及运行的财务活动情况及时、准确地向全体成员公开，自觉接受上级有关部门以及成员的监督。另一方面，建立健全农户监督投诉机制，让农户监督、农户表达的途径等更加畅通。农民通过网络投诉渠道举报经营者违法行为，将农村集体经济组织的经营权规范纳入村社成员"阳光下"监督，一定程度上震慑经营者的败德行为，以减少农村集体资产的流失。三是健全问责机制。依据章程，确定农村集体经济组织的问责对象、内容和程序，明确各方责任的依据和大小。对于集体经济组织工作人员不履行职责，利用职务之便谋取私利损害农户权益的行为，严格落实责任追究制度。

第五节 村社集体经济发展促进农民农村共同富裕的区域协调机制

一、区域互帮协作机制

区域协作帮扶，泛指在政府组织下，我国不同发展水平的区域之间开展经济、技术、社会发展等方面的协作和对口支援，特别是，乡村振兴重点帮扶县的发展离不开外部帮扶。在脱贫攻坚中形成东西部协作帮扶机制，通过区域互帮协作，为相对落后的农村地区提供全方位帮扶，发达地区对欠发达地区进行对口支援，加大科技、教育、人才等方面的支持力度，提高欠发达地区自身发展能力，促进对口支援从单方受益为主向双方受益深化。

部门对口帮扶。对口帮扶是一种解决区域发展不平衡问题的重要制度安排。首先是行政部门、教育部门、医疗部门的帮扶。行政部门之间的帮扶能够提升落后地区在政策制定与落实、资源管理与分配等工作上的合理性和科学性，提高行政部门自身运行效率，使其更有力地服务于农村经济、社会和生态等方面的发展。教育是提升农村地区发展内生动力和质量的重要因素，教育部门之间的帮扶能够化解农村地区教育资源缺乏的困境。通过教师支教、远程网络教育、经验分享等支援方式，将优质教育资源和教育方法带到农村教育事业中，不仅是农村教师队伍素养和能力的优化路径，也能促进农村教育公平。同时，医疗部门之间的帮扶能够优化农村地区医疗资源的合理应用，增强医疗队伍的专业素养，从而提升农村地区医疗服务质量。

资源对口帮扶。经济发展步伐较快的地区或者行业，通过将自身优质资源和丰富经验输送到相对落后的农村地区，能够极大改善当地经济发展条件，从而带动区域加快发展。首先是人才资源的帮扶，发达地区聚集分类完善的行业及其相关人才，通过业务合作等方式将优质人力资源输送到落后地区，能够在产业发展决策、技术升级、市场经营等方面起到很好的示范性作用。其次，通过金融下乡将重要发展要素——资金注入乡村经济、社会和生态等各个领域，缓解长期以来农村缺乏资金的困境，扩大乡村产业规模，从而更好地进行产业融合发展。在技术端同样可以将先进生产技术结合不同农村地区的实际情况，从而提升生产效率，降低生产成本，增加产量，使农民增收。还有一方面是区域间制度协调，通过对农村劳动力流出地进行制度改革，提升发达城市在户籍管理、公共服务政策上的包容性，让外出务工劳动力享受到便利的政策服务，减少在子女教育、医疗服务等方面的限制，从而提升农村外出务工劳动力的积极性和幸福感。

二、县域统筹协调机制

县域统筹协调是以县域为载体作为共同富裕与乡村振兴的主战场，在县域范围内统筹协调。当前，我国的新型城镇化已经到了城乡融合发展的新阶段。县域既是以城带乡、城乡互补的基本单元和着力点，也是推进共同富裕与乡村振兴战略的主战场。我国广大农村地区村庄众多，各地区情况差异较大，省市一级政府虽然具有足够的资源，但并不了解实际的具体情况，进行具体指导较为困难，乡镇和村又缺乏必要的资源。而县级政府正好可以将统筹推进和因地制宜相结合，从县级层面进行整体部署，统筹谋划县域城乡融合发展。

（一）县域劳动力资源协同加快城乡产业融合质量

县域经济具有完整的经济圈特征，以县域为载体，通过一、二、三产业的协同发展，促进城乡人力资源的双向流动。一方面，有效发挥县域经济的韧性作用，吸收农村剩余劳动力与县域城镇化就业带动以县域为载体的务工经商农民新的就业平台，加快农村劳动力的就地转移，避免农村人口跨县跨省外出就业压力；另一方面，县域经济体相比农村更具引入培养农业科技与发展相关人才，为农村产业发展加入更多人才资源，帮助农村发展实现多主体协同治理，在这个过程中提高农村劳动力素养，从而更好地帮助农村人力资源的提升和变现。

（二）县域公共资源协调为城乡居民高质量生活提供保障

通过对农村基础设施建设加大投入力度，缩小农村与城市之间的社会文化差距。一是对农村大力进行科教文卫等基础设施建设的投入，保障乡镇农村居民能够享受到平等的社会保障；二是要在发展中统筹城市与农村发展，将村社经济发展规划与县域经济发展规划有效衔接，从总体上对城乡进行合理布局和规划，高效合理地利用城乡资源，强化城乡公共资源的互动与联系，实现城乡公共资源的逐步均等化和农村居民生活质量的提升。

（三）跨县财政资源调剂为县域间的统筹协调提供财力支撑

资金作为农村经济发展的关键性要素，光靠农村自身供给是难以达到理想发展效果的。因此，作为与农村发展直接对接的县域层级部门，需要做好财政资源协调，统筹县域资金投资、转移支付以及税收制度安排。首先，在财政资金投向上，一方面，县域财政资源协调能够将财政资金直接投入农业农村发展，直接投资农业基础设施和生产设备等方面，改善农业生产基本条件；另一方面，县域资金可以引导社会资金共同参与农业农村的发展，将企业的生产技术、市场渠道和运营组织与农业发展相结合，从而促进农企合作，增加农民收益。其次，在转移支付过程中，加大对农村老弱病残等弱势群体的支持，降低农村贫困的发生引起收入差距过大。最后，在税收层面，给予农业产业实行税收优惠政策，切实降低农业从业者的税收负担，以减负促农增收（孙正林、贾琳，2014）。

三、村社集体互助发展协同机制

（一）村社集体经济互助促使资源优化配置与利益共享

新型村社互助机制是以自愿参与的形式将先富成员闲置资金集中起来，从而以信用的形式将其引至有需求的农业经营主体发展上来，通过农村内部资金的运作促进农村产业发展。一方面，缓解农村信贷市场信息不对称和抵押物缺失导致的融资难题，有效降低资金交易成本，并通过利息收入增加参股从业人员收益分红；另一方面，提高借贷流程的灵活性，增加需求方农民主体的借贷意愿。先富的村社成员依托集体产业发展来带动村社其他成员有效融入新产业，然后根据集体为其提供的条件进行成员利益分配，从而达到农村内部个人利益与集体利益兼顾的共同富裕。

（二）村社集体成员内部的互助强化集体共同体意识

农村以土地为发展资源的特征决定了农村主体之间只有具有紧密的联系，才能在缺乏资源与基础设施条件的情况下互帮互助，通过村社集体组织聚合农民，从而抵御生产、经营、生活等多类风险，村社集体力量对于农村社会治理与经济发展都具有重要作用。集体互助通过集体间的相互帮助，将原本分散化的农村产业、农民和资源凝聚成村社整体利益。国家支农惠农政策要由村集体来统筹协调落实到位，村集体经济实力增强能够更好带动村民共同发展。持续发展壮大农村集体经济，推动资源变资产、资产变资本、资本变资金，夯实乡村振兴产业基础，促进新区农村一、二、三产业融合发展。

（三）村社经营主体多方合作互惠形成经济利益共同体

村社集体产业在发展过程中，往往伴随着以农业龙头企业、家庭农场、农民合作社、专业大户等新型农业经营主体与村集体、村干部、地方政府部门的多方参与和监督，多方合作互惠机制重在乡村产业化发展过程中，如何引入并构建稳定的多维主体助力发展模式，从而夯实共同富裕的产业基础，促进实现乡村产业振兴和乡村有效治理。而农民自身的发展局限性和乡村发展资源的匮乏需要紧密的利益联结，聚集各方智慧和资源，实现多方获利。首先，建立工商资本联农带农惠农富农的服务体系。引入龙头企业，通过订单收购、保底分红、二次返利、股份合作等多种形式带动农民共同发展。通过健全利益分配机制、打造农业产业化联合体、提高农民组织化程度等手段，增加农民的乡村产业发展收益。其次，发展面向农民的社会化服务。围绕农民发展需求，培育多元化、市场化、社会化服务组织。拓宽生产性服务领域，探索多种托管模式，不断提升农业生产托管服务对农民的覆盖率。最后，优化乡村产业布局。通过县域范围统筹规划乡村产业，加快形成县城、乡镇、中心村分工明确、功能衔接的产业空间布局，引导加工业向优势区域聚集、推动乡村产业向园区集中、促进产村融合发展，在产业与农民之间建立稳定、紧密、互惠的利益联结关系（高强、鞠可心，2021）。

第六节　村社集体经济发展促进农民农村共同富裕的保障机制

一、公共服务均等化机制

共同富裕不仅是指物质生活的富裕，精神生活的富足还能给农民带来更多的归属感和幸福感，从而提升生活品质，保障共同富裕的全面性。公共服务均等化能够在生活设施等方面缩小城乡差距，继而满足农村居民的有效需求，也为乡村发展吸引人才聚集创造条件。只有逐步实现基本公共服务均等化这一目标，才能保证不同地区的居民享受到大体相等的教育、医疗、养老、文化服务等公共服务，最终达到新机制下促进农民农村共同富裕和实现共享共赢的目的。

（一）村社集体公共资源共享

推动村社集体公共服务均等化，旨在为各个地区每个社会成员提供满足其基本生存与发展需求的就业教育、医疗、养老、文化服务等基本公共服务。只有丰富的物质资源和充足的精神资源普及到广大农村社区、家庭和个人，那么每个农村社会成员才能感受到社会的进步，享受到改革发展的成果，提高对党组织领导的信任和国家的认同。基本公共服务均等化有利于扩展农民的发展能力，即公共服务领域的投入能有效提高农民群体的综合素质和增强村社整体人力资本输出，促进村社集体经济的可持续发展，发挥各地区比较优势，不断缩小区域发展差距。通过给予农村地区基本生存与发展的帮助和支持，来缓解社会转型带来的农村贫困群体不满和失落，缓解由于各区域资源禀赋差异带来的社会矛盾，提高社会治理能力，营造和谐融洽的现代社会环境。

（二）村社集体成员权利相互平等

公共服务均等化有利于农村地区反贫困、保障困难群体基本生存与发展的权利，推动区域间的发展公平。在提供基本公共服务过程中，倾向于发展落后农村地区，有利于缓解其困难群体的贫困程度，推动其在教育、就业等方面的发展。推进基本公共服务均等化，加大农村贫困地区的资助力度，无论是基本教育还是公共医疗资源，都应该适当向弱势群体和落后地区倾斜，这样才能迅速改善落后地区的民生状况。公共服务均等化强化社会收入的再分配来促进社会成员的发展，通过税收等再分配的形式来调节个体群体间的收入差距，促进农村地区的公民现有基本的受教育机会、医疗保障、社会服务，发挥出农村社会资源和自然资源的发展价值，有利于农村地区的经济发展和社会文明发展。

（三）促进农民主动参与

公共服务均等化要求立足农民对于基本公共服务的需求偏好，并与其他政策协同打造民意传达与反馈渠道，赋予农民群众合理的需求表达机制，最终以农民的需求视角为切入点，制定建设方案充分的需求表达机制。另外，公共服务供给过程参与主体包括供给主体、供给政策、供给方式和供给效果等四个部分，从而构成一套完整的供给机制，避免过去公共服务呈现出"碎片化"状况，使得农村公共服务在实际过程中难以有效促成多方主体的协同合作，降低供给政策与方式的运行效率，能够减少政府单向供给存在的问题，激发农民监督意识，促进农民群体的治理思维提升和治理成效增强。

二、收入分配优化机制

（一）打造村社集体公平为核心的初次分配格局

初次分配是促进共同富裕的主导机制，需要提供公平分配秩序。初次分配是促进共同富裕的前提基础，需要重点促进初次分配的公平性和平等性。初次分配是在中国特色社会主义市场机制条件下的一个分配阶段，其分配公平性仍然受到一些外在因素的影响。在农民初次分配领域，要处理好公平性问题，初次分配在整体分配中占据主导性地位的情况下，促进农民在初次分配中从公平性的角度获得更多相应的收入是促进农民共同富裕的重要分配机制。

城市制度改革是促进农民在初次分配中公平增收的重要路径。由于农村劳动力大量转移到城市，围绕农民初次收入保障需要在工资制度以及户籍制度多方面进行协同合作。首先，市场机制下农村剩余劳动力进城务工为工商业发展提供支持。通过户籍制度改革、工资法律法规保障、提升农民工就业培训与就业指导等方面完善要素市场，从而保障农民工在劳动力市场获得应有的报酬，缩小城乡收入差距，还能提升农民工市民化进城。同时，引导和培养农村劳动力转移的就业能力，使其拥有一技之长，能融入城镇工作和生活，维护自身的合法权益，当这些拥有较高技能的人回乡创业时，使其从谋就业转为谋发展，还能通过企业载体为家乡农民提供新的就业岗位（袁竹，2013）。

农村产权制度改革为保障初次分配公平提供有力保障。首先，集体产权制度改革提高了农民的财产性收入水平。农村集体产权制度改革使得农村"三资"确权到户，农民的财产权利得到了保障。农民以资金、土地等入股合作社或企业等集体经济，通过资源的优化配置，促进了农民增收。其次，集体产权制度改革增加了农民的经营性收入。在集体产权制度改革的过程中，股份合作经济使农户得以通过经营餐厅、超市以及农家乐等提高自己的家庭经营性收入水平。对于部分没有进行土地流转的农户，其在股份合作经济的带动下，通过降低农业生产成本、增加生产要素投入以及提高农产品价格，增加了自己的家庭经营性收入（孔祥智、穆娜娜，2016）。最后，集体产权制度改革提高了农民的工资性收入水平。农村集体经济产权制度进行股份合作化改革之后，农民多数将土地入股或出租给了集体经济、合作社或企业。土地流转后，促进了农民从第一产业向二、三产业转移，让农民在获得更多租金收入的基础上拥有了工资性收入（陈伯君等，2009）。

（二）完善以民生保障为主的再分配体系

政府通过税收来调节市场要素初次分配带来的地区和人群收入差距状况，但这种收入再分配往往通过公共社会福利支出、公共服务配套、转移支付等来实现，一定程度上提高了低收入群体的实际收入水平，降低了社会收入不平等程度，但作用效果仍相对有限。首先，税收调节在政府主导的再分配环节中处于核心地位，其是在个人财富和收入层面调节过高收入、稳定中等收入、缩小收入差距的重要手段（唐任伍、李楚翘，2022）。其次，通过借助失业救济、养老保险、医疗保险、抚恤金、农产品价格补贴等转移支付项目帮助处于困境中的人，以缩小贫富差距给人们实际生活层面带来的差距（孙迎联，2016）。因此，村社集体经济发展壮大能够有效弥补政府税收再分配中的不足，也能较好地发挥村社内部成员信息比较完全和道德软约束来加大再分配调节力度的精准性，提高农村居民的社会保障水平，进一步完善更高水平的农村医疗、养老、失业保障等，使广大农民在生产生活中有更多实实在在的获得感、幸福感，加快城乡一体的共同富裕。

（三）激励社会参与的第三次分配机制

第三次分配是由社会机制主导的资源配置活动，主要路径包括发展慈善捐赠、企业、志愿服务和文化艺术等（江亚洲、郁建兴，2021）。第三次分配机制借助和激发道德力量，鼓励个人、企业、社会组织等社会主体通过缴纳、捐献等方式参与，将资源与服务转移到弱势群体中。良性的第三次分配可以弥补初次分配和再分配过程中出现的"剩余空间"，促进分配公正的实现，是中国特色社会主义收入分配机制中的补充性分配机制。一方面，作为对前两次分配的有益补充，形成的多种分配形式的协调配合能够有效在短期内为落后农村地区提供基础物质性保障、公共事业发展支援等，提高农村地区实现共同富裕的资源效率。另一方面，第三次分配蕴含的大爱和共享理念有利于促进精神文明发展，是实现全体人民共同富裕的重要手段。在第三次分配中，社会力量从事的互助帮扶活动本身凝结着中华民族乐善好施、守望相助的传统美德和价值观基础，在人与人之间的柔性资源分配和传递过程中，向全社会弘扬责任意识和奉献精神，推进社会整体文明程度的提高与和谐共享的发展（唐任伍、李楚翘，2022）。

第七节　本章小结

本章基于马克思主义关于共同富裕的相关阐述，并以合作经济理论、委托代理理论、交易费用理论和增权赋能理论等为支撑，基于中国特色社会主义关于共同富裕的科学内涵出发，重点聚焦村社集体经济在产业融合、制度嵌入、区域协同等方面的运作机理，并分别从包容性发展机制、产业融合机制、激励约束机制、区域协调机制、保障机制等层面探讨了村社集体经济共同体发展促进农民农村共同富裕的实现机制。村社集体经济通过产业链、供应链、价值链融合促进农业产业转型升级，并将农业多功能性与村社集体经济建设有机衔接来提升产业融合深度。村社集体基础设施互联互通和要素流通作为打通城乡融合通道，提升村社集体经济包容性发展的基础。村社集体经济也是产业融合发展的重要抓手，产业融合发展以"内聚"和"外延"为核心，通过农民合作社等经济组织，发挥产业内部融合与外部拓展延伸的功能，实现产业组织和供应链、价值链的数字化转型及多功能性的拓展，打造多业态、多功能性的产业链、价值链的融合模式。村社集体经济共同体通过党建引领下的物质激励和精神激励来实现村社集体经济的"共建"价值，既能有效地将集体经济的共有属性充分调动起来，不断壮大村社集体经济价值，还能将村社内部治理与利益共享分配功能有效衔接，加快村社利益共同体的实现，促进农民农村共同富裕进程。村社集体经济在实现区域协作帮扶、资源对接、对口帮扶、县域要素统筹等层面有利于区域间和县域内发挥公共资源优化分配、城乡居民权益均等化、收入分配格局改善等实现城乡居民利益格局的变革，最终实现农民农村的共同富裕。

第三章

村社集体经济发展促进农民农村共同
富裕的现状

促进农民农村共同富裕，要把握好农村集体经济组织这一步棋，要准确把握其在高质量发展基础上共享发展的价值要义，着力破解农民农村共同富裕的约束因素，在全面推进乡村振兴中促进农民农村共同富裕目标。村社集体经济作为推动乡村振兴、实现农民农村共同富裕上的重要抓手，对于增加农民收入、缩小城乡差距、推动农村三产融合、打造更高效率产业体系、全力营造乡村高质量发展环境、为农民创造更加美好的生活品质具有重要意义。

第一节　村社集体经济发展促进农民农村共同
富裕的现实背景

治国之道，富民为始。新中国成立以来，实现全体人民共同富裕成为我们党的长期奋斗目标。尤其是党的十八大以来，中国特色社会主义事业步入新时期，以习近平同志为核心的党中央在全面推进改革发展的基础上，把逐步实现全体人民共同富裕摆在更加重要的位置上。如今，中国进入新发展阶段，在"两个一百年"奋斗目标的历史交汇期，从追求效率优先开始注重效率公平均衡发展，以共同富裕式现代化推进农业农村现代化发展。正如习近平总书记所强调的，"共同富裕是全体人民共同富裕"，"促进共同富裕，最艰巨最繁重的任务仍然在农村"①。根据中华人民共和国 2022 年国民经济和社会发展统计公报显示，截至 2022 年 12 月末，我国城镇化率为 65.22%，乡村人口依然还有 4.9 亿，农民农村的共同富裕仍是中国经济社会稳定发展的基石。显然，乡村振兴与共同富裕有密不可分的关系，在实现共同富裕的路上，促进农民农村共同富裕是关键，只有农民农村实现了共同富裕，才可能最终实现全体人民共同富裕。

---

① 光明日报 http://theory.people.com.cn/n1/2022/0427/c40531-32409766.html

党的十九大报告明确提出，实施乡村振兴战略要"深化农村集体产权制度改革，保障农民财产权益，壮大集体经济"。2022年中央一号文件进一步提出，要巩固提升农村集体产权制度改革成果，探索建立农村集体资产监督管理服务体系，探索新型村社集体经济发展路径。农村集体经济作为乡村振兴的物质基础，是实现乡村振兴的前提和先决条件，是实现农村美、农业强、农民富的必由之路。壮大农村集体经济有助于激活农村资源要素活力，一定程度上摆脱完全依靠上级政府拨款而发展的"空壳村"，提供村庄发展和农业生产的公共服务（贺雪峰，2019）。村社集体发展能够有效扩大土地生产规模，将农民重新组织起来，成为乡村建设的主体，进而增加农民收入、促进产业发展、增加农户间凝聚力，有效助推乡村振兴（李武、钱贵霞，2021）。作为当前农村经济的重要载体，农村集体经济组织是实现农村经济发展和乡村振兴的重要组织保障，农村集体经济组织是农民重要的合作经济组织，是对本土村庄情况最熟悉的主体，在组织农户，对接企业与乡村社会、企业与农民方面具有天然优势，能够有效地整合资源，降低组织成本（周娟，2020）。因此，在村社集体经济发展促进农民农村共同富裕的过程中，必须建立农村集体经济组织与农村集体资产匹配的人、财、物等的有效融合。

近年来，在农村产权制度改革和实施乡村振兴战略的大背景下，我国村社集体经济共同体建设取得了阶段性成就，集体经济收入有所增加，规模也不断壮大，发生了更加可喜的变化。但不可否认，我国村社集体经济共同体建设仍存在较多问题，主要表现在农村集体经济产权、经营运行、利润分配以及集体经济组织等方面。在农村集体经济产权方面，农村集体经济产权界定模糊、农村集体经济组织的成员权利不清晰（孔祥智、高强，2017）。在经营运行方面，组织农村集体经济运行机制不完善，村集体经济较为薄弱，政策依赖性过强，经营性收入偏低、补助收入较高，部分村集体收不抵支、集体经济负债较重（徐秀英，2018），农村集体资产抵押贷款难，收益缺乏全面有效评估体系，缺乏市场统一认可的收益评估体系（袁萍等，2021）。在利益分配方面，股权设置不清晰（集体股和单一个人股）容易引发股权利益纠纷，农民股份分红收益不公平（孔祥智、高强，2017），股份权能缺失限制了农民对农村集体资产股份的处置能力，农民无法获得相应的股份处置收益（黄延信，2015）。在集体经济组织方面，法人治理结构不完善，经营管理人才缺乏（周延飞，2018），使得村社集体资产容易出现监督缺位，导致集体经济资产被挪用、拖欠、损坏、无偿占用等现象，使得农地资源被浪费，农户权益难以保障（谭秋成，2018）。因此，为了更好地实施乡村振兴战略，促进农民农村共同富裕，必须进一步破解这些难题，探索壮大农村集体经济的有效路径。

　　当前，已有许多学者主要聚焦于农村集体经济本身以及发展农村集体经济的实现路径层面。例如，在村社集体经济发展历程上，高鸣和芦千文（2019）依据村社集体经济发展的特点，将新中国成立以来中国农村集体经济划分为四个阶段，即构建期、调整期、转型期、激活期。孔祥智和高强（2017）按照集体经济中"资产—土地"的制度变迁，将改革开放以来中国农村集体经济划分为三个阶段，并提出了当前仍需解决产权界定、集体经济主体缺少等多项问题。在壮大农村集体经济的实现路径方面，以案例分析为主。例如，丁忠兵（2020）以重庆为例，指出应该充分发挥农村集体经济组织和农民专业合作社的协同效应，新型农村集体经济组织作为中介，一方承接政府部门的扶贫资源，另一方将扶贫资源以入股方式投入农民专业合作社，从而获得稳定收入。高海（2021）提出，党支部领办的合作社才是农村集体经济与农民合作社的有效载体。张浩等（2021）立足于苏州吴中区的考察发现，界定农村集体资产剩余索取权、促进农村集体资产剩余索取权和剩余控制权相匹配有助于保障农民权益与进一步壮大农村集体经济。王晓飞等（2021）基于浙江省湖州市L村研究，提出村企统一新模式，即村庄先股份合作制改革，"资源变资产""村民变股东"，之后成立新的农村集体经济组织，并借助集体经济组织的特殊法人资格与工商企业资本联合成立公司，通过市场化运营实现村庄集体资产的增值。于伟宣和戴云（2021）把视角放在了中西部偏远落后的村落，提出村社集体经济发展要发挥党建引领作用，推动农村资源整合，发展产业经济。对此，楼宇杰等（2020）也以浙江省金华市村集体经济数据为研究对象，通过实证研究论证了农村党员在壮大集体经济中具有重要的作用。

　　综上所述，对农村集体经济本身已经有了大量、系统和深入研究，而对壮大农村集体经济有效途径的系统性研究稍显不足，尤其在共同富裕的背景下，农村如何依托自身优势发展村社集体经济的路径研究较少。鉴于此，本章强调构建村社集体经济共同体，立足于自身的优势资源，发展村社集体经济，促进农民农村共同富裕。首先，从理论层面上分析发展村社集体经济与农民农村共同富裕之间的关系，依循农民农村共同富裕的内在逻辑（共建、共治、共享）构建了激励约束机制；其次，从运行层面上分析发展村社集体经济对农民农村共同富裕的影响，并结合案例加以说明；最后，系统性阐述发展村社集体经济实现农民农村共同富裕的有效路径。

第二节 我国村社集体经济发展促进农民农村共同富裕的现状

一、村社集体经济发展的内涵与特点

农村集体经济是集体成员利用其所有的资源要素，通过合作与联合实现共同发展的一种经济形态，是社会主义公有制经济在农村的重要体现。新型农村集体经济是在坚持农村集体所有制、巩固和完善农村基本经营制度的前提下，以农村集体产权制度改革建立适应市场经济的现代企业制度，通过盘活资源资产资金、参与市场竞争、拓展比较优势业务，发挥多重功能形成的具有多元实现形式、稳定可持续盈利能力的村社集体经济发展形态（芦千文、杨义武，2022）。农村集体经济的核心是集体所有制，以集体所有制为基础的生产经营活动都可归入集体经济范畴（高鸣、芦千文，2019）。从产权体系的角度来看，新型农村集体经济是遵循归属清晰、权责明确等现代产权制度要求的一种经济形态。从要素配置和利益联结的角度来看，新型农村集体经济是以农民为主体，相关利益方紧密联合，实行以按劳分配为主和按生产要素分配相结合的一种经济形态。在组织形式上，新型农村集体经济以股份经济合作为主（高鸣等，2021）。

中国农村集体经济及其组织形式具有以下较为明显的特点：①土地的集体所有制，农村土地归集体所有是集体所有制的核心，在集体所有的条件下产生的生产经营活动的收益归集体所有；②集体经济组织的成员边界清晰，一般其成员较为固定，管理人员和从业人员多来自集体经济组织内部；③存在集体经济组织主体与地方基层政府组织相重合的可能，普遍存在村委会代行村集体经济组织职能的情况；④除农业外，集体经济可以延伸到二、三产业，集体经济组织可以成立经济实体，开展多种经营活动；⑤职能的多样化，集体经济组织的职能包括经济发展、公共服务和乡村治理等，是农村发展的重要力量；⑥一些集体经济组织由乡镇企业改造而来，拥有现代企业的管理制度（高鸣、芦千文，2019）。

二、村社集体经济组织发展历程

我国农村集体经济组织的发展经历了不同时期的演进，为了与不同时期乡

村发展战略契合，经历了人民公社时期、家庭联产承包责任制时期以及农地两权分离时期。

（一）人民公社时期的农村集体经济组织（1958—1983 年）

新中国成立以来，中央开始引导发展农村互助组，防止倒向资本主义。1953 年，毛泽东同志提出了《中共中央关于农业合作化的决议》，把农民的个体私有制转化为集体所有制，标志着早期初级合作社的产生。到了人民公社时期，实行"三级所有、队为基础"的政社合一体制，人们以生产队为最基础的生产单位，共同生产、统一分配，是最基本的经济核算单位。在这个时期，劳动者参加集体劳动，生产经营执行政府的指令性计划，产品主要按人口多少实行平均分配。

（二）家庭联产承包责任制时期的小农户（1978—2008 年）

由于人民公社的低效率，改革开放以后，为了充分调动农民的生产积极性，党中央果断决策推行家庭联产承包责任制，农业生产效率大幅度提高，粮食产量激增，农村家庭联产承包责任制得到迅速推广。农民"交够国家的、留足集体的、剩下都是自己的"，因为农民有了剩余索取权，所以农民生产积极性大幅度提高，在很短时期农业产出大幅度增加，农民收入快速增长，农村出现了一片繁荣景象。到 1983 年 12 月底，全国农村基本上实行了以家庭承包经营为基础、统分结合的双层经营体制。这一时期所有土地和生产资料分产到户，只有部分村集体还保留少量机动地，以及林地、园地、鱼塘等，这些土地的发包可以成为村集体一部分收入的来源。家庭联产承包责任制使得农民的主体地位日益凸显，与集体之间的经济联系被大大削弱，农民个体的收入虽然得到了保障，但农村集体资产流失。

（三）农地两权分离时期的新型农村集体经济组织（2008 年至今）

进入 21 世纪后，农村集体经济的外部环境再次发生深刻变化。2008 年，中共中央发布了《中共中央关于推进农村改革发展若干重大问题的决定》，决定指出发展集体经济、增强集体组织服务功能，全面推进集体林权制度改革，逐步建立城乡统一的建设用地市场，健全农村集体资金、资产、资源管理制度。这一法令的颁布使弱化的农村集体经济组织的主体地位又重新活跃起来。首先，市场化进程加快，中国的开放程度持续扩大，市场决定资源配置的基础性地位得到明显巩固增强，多元化市场主体迅速发展起来，使农村集体经济组织面临更大的市场竞争压力；其次，城乡差距持续扩大，大量农村人口涌向城市，农村老龄化、空心化问题突出；再次，国家开始控制城乡差距的扩大，中央做出"工业反哺农业、城市支持农村"的决策部署，取消农业税和"三提五统"，开始出台农业支持保护政策，加大农业农村基础设施建设和公共服务投入力度；最后，农村土地产权改革加快，土地所有权与经营权分离，土地产权逐渐清晰，加快了土地的流转和农村城镇化进程，这为农村集体经济组织的发展打下了坚实基础。这个时期国家意识到农村集体经济组织的重要性，开始鼓励发展农村集体经济。大多数地方开始扭转农村集体经济组织空心化、边缘化的趋势，许多"空心村"也逐渐发展起来。但由于我国发展的不均衡，仍然存在东部地区集体经济组织发展较快、中西部地区集体经济组织发展较落后的问题（见表3.1）。

表 3.1 村社集体经济组织发展历程

发展时期	人民公社时期	家庭联产承包责任制时期	农地两权分离时期
发展主体	农村集体经济组织	小农户	新型农村集体经济组织
主要特征	"三级所有，队为基础"、按人口平均分配	分田到户，农村集体经济组织弱化	产权明晰，土地流转加快，村社集体经济组织发展加快
集体地位强弱	强	弱	加强

三、我国村社集体经济促进农民农村共同富裕的发展现状

（一）我国村社集体经济发展类型和趋势

从全国范围来看，目前我国集体经济发展呈现东强西弱、东多西少的特点，基于我国基本情况，东部沿海地区工业化程度较高，发展较快，中西部农业地区发展起步晚、发展慢，导致中西部地区集体经济发展水平偏低，持续发展能力不强。从当前的村社集体经济发展状况来看，整体经济发展水平虽然有所提高，但还是存在两极分化，只有少数较为发达地区的集体经济发展良好，甚至存在"空壳合作社"，依靠政府财政补贴艰难度日。村社集体经济按照发展能力可以分为三类。第一类为集体经济收入较高、发展能力较强、经济发展状况良好的村社集体。这一类农村主要位于城市近郊，接受城市发展的辐射带动，资源禀赋良好，收入渠道多样化。第二类为有一定的集体经济收入的村社。这一类农村主要表现为距离城市有一定距离，拥有土地、果园等资源，每年能取得一定的发包收入，并依靠土地使用权获得集体收入。第三类为集体经济收入较少或是几乎没有的村社。这一类农村一般为边远贫瘠地区，集体资源缺乏，主

要依靠财政资金补贴。

据 2021 年中国农村统计年鉴数据可知，全国拥有农村集体资产的乡镇 5695 个、60.2 万个村、238.5 万个村小组，共计 299.2 万个单位，全国确认集体成员 9 亿人，50 多万个村庄领到农村集体经济组织登记证书。从农村集体经济资产来看，清查核实集体土地资源 65.5 亿亩，其中，农业用地 59.1 亿亩、建设用地 3.8 亿亩、未利用地 2.6 亿亩。2019 年年底，全国共有集体账面资产 6.5 万亿元，经营性资产 3.1 万亿元，非经营性资产 3.4 万亿元。从分布的地区来看，东部、中部、西部地区集体资产占比分别为 64.7%、17.7%、17.6%，东部地区集体经济发展较好，占全国集体经济组织的大部分（肖红波、陈萌萌，2021）（见图 3.1）。

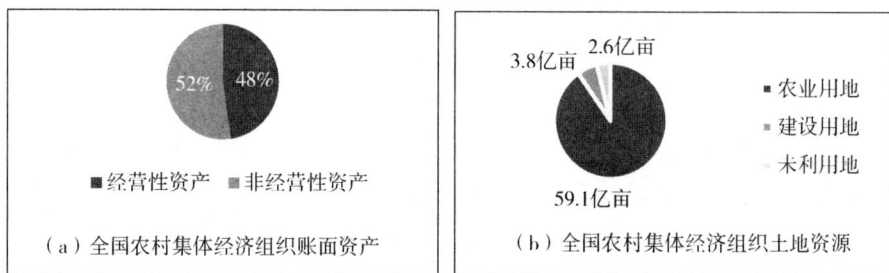

图 3.1　全国农村集体经济组织资产资源状况
资料来源：中国农村统计年鉴。

（二）我国村社集体经济发展面临的主要问题

1. 农村集体经济产权界定模糊，产权改革不到位

首先，农村集体经营性资产存在归属不明、收益不清、分配不透明等问题。在农村集体经济清产核资与农村土地制度改革同步推进的大背景下，作为集体经济核心资产的集体经营性建设用地的资产属性显著增强。在一些城中村、城郊村和经济较为发达的村庄，往往拥有数额较大的经营性资产，但成员对集体收益的分配权缺乏保障。国家明确要求，"将农村集体经营性资产以股份或者份额形式量化到本集体成员，作为其参加集体收益分配的基本依据"。经调研发现，试点地区大都开展了清产核资和农村集体成员资格界定，进而把集体经营性资产以股份或份额的形式量化到村社集体成员（或户）。但是，在分配环节，一些地方仍然采取股份合作制改革之前的老办法，并没有按照集体成员（或户）持有的股份或份额进行分配，农民并未享受到改革之后的分配收益。

其次，农村集体建设用地入市困难，"同等入市、同权同价"的规则不清。

农村建设用地是集体经济组织宝贵的资源，集体建设用地如果能够入市流通，那么将为农村集体经济组织带来巨大的经济效益。在集体经营性建设用地入市的收益分配问题上，《农村集体经营性建设用地土地增值收益调节金征收使用管理暂行办法》对政府、集体经济组织和集体成员之间的利益分享做出了比较明确的规定，集体经济组织与集体成员之间的利益分配问题本属集体内部事宜，应由其按照"多数表决"的程序规则依法确定，与国家管制无关。因此，收益分配问题的实质在于既然政策目标是构造城乡统一的建设用地使用权市场，那么，集体建设用地的土地价格和税金也应与国有土地使用权的规则统一，而不应存在显著差异，甚至是另起炉灶。但实际上，城乡建设用地"同等入市、同权同价"的规则仍属不清，亟待辨明。

最后，当前农村集体经济产权改革还不够彻底，产权界定不够明晰，股份设置形式比较单一。农村集体经济组织产权制度改革就是为了适应市场的选择，营造股权清晰、流转清楚、保护严格的中国特色社会主义农村集体产权制度，形成维护农村集体经济组织成员权利的治理体系。农村集体产权制度改革当前主要面临农民财产权益难保障和集体经济难壮大的"两难"困境。第一，农村集体资产股份分红收益不完整、不公平、不稳定以及股份难处置导致农民财产权益难保障。第二，农村集体资产流失风险大、利用效率低导致农村集体经济难壮大。比较突出的矛盾是集体成员对集体资产的剩余索取权和剩余控制权。农村集体资产剩余索取权权能结构不完整导致农民无法通过自由处置农村集体资产股份获取相应的收益。农村集体资产剩余索取权归属不稳定导致农民股份分红收益存在流失风险。通常农民的剩余索取权大于剩余控制权，农民只有索取剩余收益的权利，难以行使决策权、监督权和选举权。而集体经济管理者的剩余控制权通常大于剩余索取权，一方面，管理者掌控着大部分集体资产的处置权；另一方面，管理者掌控着集体资产的财务支配权。产权设置不明晰则会导致集体成员和管理者之间的矛盾，在降低集体成员积极性的同时，阻碍了集体经济的发展壮大（张浩等，2021）。

2. 农村集体经济组织可持续发展动力不足

首先，农村集体经济运行机制不完善。那些没有改制的农村集体经济组织，主要由村干部直接负责经营活动，普遍存在着管理不规范、经营不专业现象。一些村在产权制度改革的基础上成立了股份经济合作社，并按照现代企业的法人治理结构，设置了股东会或股东代表大会、董事会、监事会。但农村集体股份合作社法人治理结构的产生形式不规范，通常做法是，把原有的村级管理和组织结构移植到股份合作社这一新的组织之中，由党支部书记兼任董事长，村主要领导兼任董事会和监事会的负责人。显而易见,这种形式上的改革不可能产生实质性的功效,农村集体经济的管理和运行方式并未发生变化,不利于农村集体经济的发展。从更深的层次来看,为了促进村社集体经济发展,应通过农村集体产权制度改革,把集体经济组织转变为自主决策、自主经营、自负盈亏的现代企业制度。但是,由于公共财政对农村公共产品和服务的覆盖范围与程度不足,农村集体经济组织被迫承担了这一职能。在这一背景下,农村集体经济组织也就只能盈利,不能亏损和破产。相应地,即使农村集体经济组织改制成股份经济合作社或公司化了,也难以像其他企业那样以利润最大化为行为遵循。

其次,集体经济组织管理能力欠缺,集体经济组织负责人专业化程度不足,专业人才缺乏。为了响应国家号召,各地都开始发展农村集体经济,各省、市也都纷纷出台了关于鼓励发展农村集体经济的政策措施,各县、乡则直接创建集体经济组织。因为大多数集体经济组织由政府鼓励创建,所以集体经济领导人大多是当地村干部。集体经济的发展需要的是一批优秀的具有管理和发展能力的人才,如今,各地村干部大多面临着年龄偏大、学历较低、专业技能不强的问题,无法成为带动集体经济发展的核心动力。在大多数情况下,现有规则对村干部的选拔都是侧重于行政管理能力而非市场营销管理能力,导致绝大部分兼任村级集体经济组织负责人的专业化市场运作管理水平有限。此外,基层干部工作条件艰苦,工资条件待遇和工作发展空间都缺乏吸引力,很难吸引年轻的优秀人才投入基层工作,这就导致许多地方出现了"空壳村""空壳社"的现象,依靠政府的财政补贴维持村社集体经济的运营,没有起到实质性的带动作用。

再次,农民本身也是集体经济组织发展壮大的关键因素,长期推行家庭联产承包责任制,村民的生产和生活都逐渐脱离集体,集体的意识也逐渐淡薄,认为村社集体经济发展前途不大。集体成员往往只关心当下分红,享受集体权利而不愿承担集体义务,不关心长远发展(刘守英,2014)。当集体经济收益下降时,集体成员想的是如何减少自己的损失,并且会轻易地就退出,许多村集体经济不得不借钱给集体成员分红,导致集体经济债务过多而破产。这不仅制约了集体经济的发展,也弱化了基层治理能力和降低了农村公共服务。

最后,农村产业融合发展面临障碍。农村产业融合发展并非一帆风顺,在发展的路径上还有着较多阻碍。其一,体制机制的缺陷阻碍农村产业融合的深化。当前我国农村的产业融合始终处于浅层次,即融合程度低、层次浅、利益联结不紧密等。推进农村产业深度融合,从根本上离不开生产要素的自由流动和优化配置，而要素配置效率又取决于制度改革。当前，我国农业的融合发展虽然取得了一定进展，但始终没有决定性的突破，这与我国的体制机制有重要关系。党的十八大以来，我国农村进行了一系列的重大改革以促进资本、人才、技术等先进要素的回流，但要素的跨区域流动还是无法形成良性循环，产业融合过程中"融资难、融资贵、用地难、人才缺"等问题依然突出，要素保障水平不高。农村产业融合需求增加但农村产业融合的政策匹配度不高，农业生产、加工、流通等各个环节的支持政策在衔接性、均衡性上还有待提升，部分政策持续性和稳定性不足。

其二，融合方式单一，同质性现象严重。如今的三产融合大多采取订单农业、经营农家乐等较为简单的融合发展方式，经营方式趋于同质化，难以形成有效的吸引力。大多数农村都看到了农村旅游带来的可观收益，于是都开始发展农旅融合，但存在农业功能开发和利用上的不足，发展方式都比较单一且同质化。我国现在的三产融合大多都没有偏离以农产品为中心的主导方式。例如，现在全面开花的亲手采摘草莓、蓝莓等小型产业，重点还是在农产品本身上，没有发展到其地区本身的文化、历史和其他农产品上，推动一个地区的蓬勃发展。这也与集体经济发展不充分有着直接的联系，集体经济发展的不充分导致参与和协同发展该农业区域的二、三产业较少，产业链自然较短，无法达到充分的融合。

其三，农业基础设施使建设难以满足高水平融合的需求。农村产业融合发展，需要健全的基础设施和公共服务配套支撑。目前，我国农村基础设施短板还比较突出，具体表现为区域发展不平衡、信息化建设较为落后、维修和养护不到位。这三个特征都是限制农村产业融合的主要因素。对于发展村社乡村旅游产业而言，信息化建设落后和基础设施维护不到位显然无法吸引游客到地进行旅游与消费。对于生产而言，基础设施建设不到位，无法支撑规模较大的生产基地建设，也就无法大规模从事生产。生产发展被局限在一定的范围内，扩大融合范围，促进三产融合也就无法做到。产业融合基础设施不足，加大了特色资源开发利用难度，制约了新产业、新业态的发展，也增加了农村产业融合发展的成本和风险。现实中，不少社会资本进入农业领域后，前期大量投入集中在基础设施建设上，导致企业资金占用较大而制约其持续发展壮大。

其四，要素支撑能力弱。要推动农村三产融合的进程，人才、资金、技术、土地缺一不可。人才是农村三产融合发展的首要支撑因素，解决人才短缺问题是根本。如今部分地区大多是老年人和妇女在家中经营农业，青壮年外出打工，符合新型农业的职业农民人数不多，且素质普遍不高。因此，提高农民基本素质，促进高学历人才返回农村帮助农业发展是三产融合的重中之重。资金是农村三产融合的关键性支撑要素。不论是融合前、融合中还是融合后，资金都是生产发展不可或缺的。但由于中国长久以来的农村特质，农民手中拥有的资金较少，无法支撑三产融合。而长期以来的偏见和农业本身的弱质性也难以吸引资金雄厚的企业投资农业。技术是农村三产融合的重要支撑要素。技术与人才本就息息相关，在人才资源薄弱的村社，技术水平本身较低，且中国现代农村起步较晚，土地细碎化程度高、地形复杂，对技术的要求更高，导致大多数丘陵山区无法有效推广现代规模生产经营的农业机械和技术服务。土地是农村三产融合发展不可或缺的支撑要素。不论是发展生产农业、加工农业，还是旅游农业，都离不开土地。在严守耕地红线保障国家粮食安全的背景下，农村土地经营性用地稀少且审批严格，大多数企业很难获批经营性用地。

3. 利益分配机制不完善

我国涵盖9亿人的集体经济，核心职能之一就是在再分配环节筑牢底线公平。集体经营性资产在初次分配和再分配环节为集体成员提供的收益与福利保障，共同构筑了共同富裕的底线公平。在筑牢底线公平的基础上，进一步促进城乡共同富裕。新型农村集体经济更加注重集体成员的分红问题，通过收益分红提升村社集体成员的获得感和幸福感。集体经济是我国特有的制度形态，"集体"是我国农村经济中的特殊权利主体，也是一种特殊的组织形式。农村集体经济组织作为农村集体资产的所有权者，既要统筹管理集体资产，通过集体资产产权的处置、交易、转让，使集体资产的财产权利得以实现，创造集体经济收益，同时又要实现集体成员获得收益分配的权利。然而，从全国集体经济收益分布来看，集体资产仍处于沉睡状态，主要包括以下四个方面。

一是农村集体经济组织成员资格界定不明确。农村集体产权如何改革，集体成员资格如何界定，如何确保集体成员资格得到认可，这是值得各地高度重视的问题。当前，农村集体经济组织在成员界定过程中，受传统理念与方式的影响，其界定不够明确，存在资格认定主体不适当、组织成员资格认定标准不统一情况，直接影响其组织发展。例如，在我国中西部地区还存在许多没有认定备案的集体经济组织，这些地方的集体经济组织身份本身就比较模糊，大多数没有经济来源，依靠政府的补助难以存活，这些地方的集体成员资格的界定大多数受当地乡规民约、户籍信息、传统观念的影响较大，"乡土"色彩比较强烈。在该认定标准中，主要包括单一标准、复合标准以及权利义务标准三种，但仍存在分类不全面和实际界定不合理的情况。另外，关于组织成员的资格继承问题，农村土地流转是农村居民最主要的参与集体经济发展方式，当前国家实行土地承包30年不变，同时实行"增人不增地，减人不减地"的政策。这就关系到成员权益的增减问题，集体成员权益是关乎每个成员最切身的问题，户籍成员的增加或者减少，集体成员是否增加或者减少，又是否能享受合法的权益，这是当前集体经济发展必须解决的难题。

二是农村集体经济组织收益分配外部监督不足。合理的利益分配制度是保证农村集体经济组织收益合理分配的基础。因此，有效的外部监督是必不可少的环节，进而保证每个集体成员的合法权益。但现阶段，我国农村经济组织收益分配制度外部的监督仍然不足，还没有与之相配套的完整法律法规，导致在实际的分配过程中可能出现成员收益分配不公平现象。

三是农村集体经济组织自身的产权制度与政策不完善。产权制度与政策不完善是制约现阶段村社集体经济组织发展的主要因素，尤其是在当前的时代背景下，政策的缺位导致在收益分配过程中产生大量新问题，直接影响组织发展。

四是现阶段的法律救济不健全和宣传不到位。由于村社集体经济组织自身的公有性质，在收益分配过程中出现纠纷是必不可少的，需要司法进行合理介入。而现阶段法律救济体系不健全，农民权益受到侵犯时没有完善的法律体系来保护人们合法权益，导致农民的合法权益受到压榨。同时，农民作为弱势群体，基础的法律知识都比较缺乏，在合法权益受到侵害时，不懂得拿起法律的武器保护自己的合法权益，导致了许多不必要的纠纷。

第三节　村社集体经济发展对农民收入增长的影响

长期以来，由于农户自身综合素质偏低，受到农村产业发展滞后以及制度体系保障不完善等制约，使得农民收入增长面临较大的挑战。2013年，国家全面实施精准扶贫战略，贫困人口收入有了较大的提高，使1亿多农民摆脱了贫困。2020年，全面决胜脱贫攻坚，进入小康社会。但农村全面脱贫后能否持续巩固脱贫成果、防止返贫、促进农民持续增收、实现农民农村共同富裕仍然存在非常大的现实挑战。共同富裕离不开农民的富裕，依托村社集体经济发展壮大来拓宽农民收入渠道和增加农民收入不失为农民农村共同富裕的重要途径。

一、我国农民收入增长及变化趋势

我国农村人均可支配收入呈逐年增加的趋势。现将城镇和农村人均可支配收入分为转移性收入、经营性收入、工资性收入和财产性收入四类进行进一步分析。就农民而言，虽然四类收入都呈现上涨趋势，但相比于城镇居民都增长较为平缓，其中，工资性收入和财产性收入有较为明显的增加，这与当前农村兼业化趋势分不开。随着农村剩余劳动力的快速转移和劳动力市场供求关系的变化，农民工资性收入水平得到显著提高，工资性收入已经成为农民最主要的收入来源。工资性收入从 2015 年的 4600.3 元增加到 2022 年的 8448.0 元，增长了 1.84 倍。农民财产性收入基数较小，收入和储蓄水平都相对较低，农民缺乏理财传统和意识。另外，农民最大的财产——农地并未给农民带来较大的财产收益增值，受制于农村产权制度改革相对滞后，国家政策法律等因素限制较多，造成农地和宅基地、农村房屋流动性相对不足，农民无法通过农地和房屋进行抵押变现进而获取财产收益（见图 3.2）。

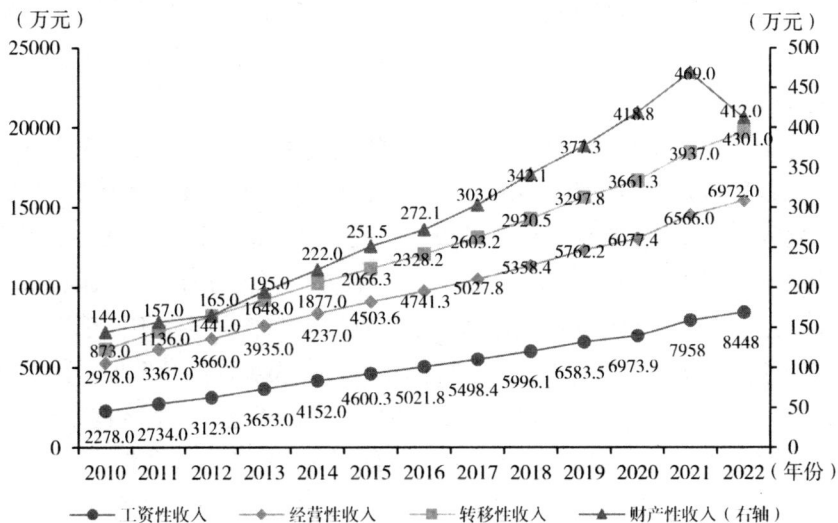

图 3.2 我国农民收入增长趋势及结构变化趋势

农民收入增长一直是国家关注的重点，影响农民收入增长的主要因素包括农户自身综合素质因素、农村产业结构因素和农村政策因素。①农户自身综合素质因素。农民收入增加的前提是提高农民自身的综合素质，具体包括科学技术能力、市场分析能力、自身的身体素质等。②农村产业结构因素。乡村振兴，农民富裕，最终都离不开"产业兴旺"。当前农村的产业结构还存在以下问题：第一，三大产业结构不协调；第二，产业结构调整存在滞后性与模仿性；第三，三产融合不充分。③农村政策因素。政策对农户收入的影响是至关重要的，农业政策的发布和实施能有效促进农业现代化，加快农村建设与产业转型。惠农政策的有效实施会进一步促进农民生产的积极性和农产品价格的稳定，惠农补贴的发放也会提升农民的转移性支付水平，从而帮助农民达到增收的效果。

二、村社集体经济发展促进农民收入增长的拉动效应

带动村民就业，增加农民工资性收入。据调查，由于农业生产风险高、收益低，大多数农村都面临着农民兼业化的趋势，农村家庭收入的主要来源还是工资性收入，如果能有效增加农民的工资性收入，则对提高农村中低收入群体收入具有很大助益。农村集体经济的壮大发展能从根源上解决农民收入问题。集体经济的发展壮大需要人来经营，同时集体经济发展成熟后期又能带动一大批人就业，使许多村民不再需要背井离乡也能提高工资性收入。例如，陕西省袁家村，通过集体经济发展旅游业，如今每年接待游客超过600万人次，旅游业收入超过10亿元，原本袁家村仅62户农户，人口不过300人，如今在袁家村创业人数已超过3000人，更是带动周边从业人员近万人，村民实现了人均纯收入达10万元以上。

集体经济壮大是增加经营性收入的关键因素。经营性收入是指农户参与农业生产经营活动获得的报酬。家庭联产承包责任制实施以来，农民分田到户，这在一定程度上提高了农民的生产积极性，但这也是造成我国小农户生产的原因。小农户生产虽然自给自得，但这导致了农业生产的碎片化和风险的增加，同时小农户在面临市场时的风险也增加了。农村集体经济组织不同于小农户联合发展，通过劳动互助、生产合作、联合经营等形式实现共同发展，让小农户也可以参与"大市场"。土地既是农村的主要资源，也是农民收入的主要来源。农村土地的流转，无论是转入或者转出，都能促进家庭农业经营性收入的增加。同时，土地的转出，还能释放一部分农村劳动力，从而增加农村家庭外出务工收入。首先，农村集体经济的发展壮大有利于加快农村土地的流转，统一规划土地，集中安置，从而流转出大量的建设用地和生产用地。无论是建设用地入市还是生产用地的规模经营，都是农民的增收渠道。其次，农村集体组织能够加快农村产业融合的进程，有效延伸农产品的产业链，让农民不仅能享受到农业生产的效益，还能享受到农产品的加工、包装、运输和销售层面的收益。最后，农村集体经济的发展壮大往往都伴随着农业品牌的产生，一个符合当地特色的农产品品牌，能够发挥出良好的品牌效应，增加农产品的初次收益，让农民真正实现靠农产品致富。

参与入股分红，增加农民财产性收入。现有的集体经济发展区别于传统的集体经济，传统的集体经济组织生产资料全部归集体所有，任何成员都不能处置集体资产，另外，传统的集体是由农民无偿将生产资料入股，成员边界不清

楚，农民在集体资产的经营过程中参与度也较低。在农村集体资产产权改革制度之后，新型农村集体经济组织资产产权明晰，农民也可以实现入社自愿、退社自由。在新型农村集体经济中，农民以自己的生产资料入股，入股后还是属于个人资产，只是将经营权交给集体组织。在年末结算时，农民可以按照自己入股的多少进行分红，这样农民的财产性收入就实现了增加。乡村地区面积广阔，占全国国土面积的94%以上，是生态资源的集中分布地区。但是，对于绝大多数普通乡村地区而言，以农业生产为基本社会经济活动，乡村生态资源作为一种沉睡的资源，内含的生态价值、社会价值以及经济价值尚未得到充分体现和转化。农村集体组织作为农村生态资源的所有者，追求生态效益、经济效益和社会效益的平衡，集体成员以生态资源入股，由集体进行规划发展，才能实现资源向资产的转变，实现经济效益和生态效益上的平衡。

壮大村社集体经济，有利于增加农民转移性收入。转移性收入是指来自国家财政、企业、组织和家庭其他成员等单位对农户进行资金的转移收入。集体经济组织具有市场和政府的两种职能，不仅能带动当地的经济增长，还能充分发挥政府职能，在治理乡村方面也能发挥积极效应。在乡村振兴战略的目标引导下，基层政府通过农村集体土地的规范化流转，促进村社集体土地的规模化经营，增加村社集体经济收入和农民收入，改善村社集体经营环境，为当地村民养老、医疗等方面提供物质基础，间接地减少了当地村民自身开支和村集体对农户转移性收入的增加。

三、村社集体经济的收入分配和利益联结方式

村社集体经济组织发展的根本目标是让农民更多分享增值收益。能否实现这一目标要求，又取决于利益联结机制的完善程度。一般而言，一个紧密的、稳定的利益联结机制主要由利益分配机制、利益调节机制与利益约束机制组成，三者相互联系、共同作用，其中，利益分配机制是核心。

入股分红。农村集体产权制度改革，农民以土地、房屋、山林等资源入股村集体，同时将村集体"四荒"（荒山、荒沟、荒丘、荒滩）资源性资产和经营性资产折股量化到户，村两委牵头成立股份合作经济组织，或由村集体统一经营，或交由龙头企业进行资源开发和产业经营，稳妥推进集体资产股份合作，实现集体资产保值增值。资产量化到户，等到年末，将集体资产的一部分根据入股比例来进行分红。构建"公司+合作社+农户"的利益连接方式和"公司+基地+农户"等农企共赢发展模式。

按贡献绩效分红。农村集体经济组织的发展壮大离不开能人的带领，一个

懂市场且有发展眼光的带头人往往能给集体带来较大收益，并且能带领集体发展壮大。这部分能人通常包括返乡大学生、党支部领导人、职业经理人等，我们统称这部分人为"乡贤"。因此，在分配过程中要充分考虑能人效应，对于这部分"乡贤"的激励，往往要通过考量他们做出的贡献给相应的奖励，以激励他们继续发展壮大农村集体经济组织。

按劳动工作量分配。农村的产业融合能够将一部分农村劳动力从土地中释放出来，有的人选择进城务工来增加家庭收入。但中国的广大农民存在着"乡土情结"，很多人不愿意离开生活多年的土地和家乡。在产业发展过程中，可以对这些农村居民优先聘用，继续从事农业生产活动，并根据他们的工作量来发放工资。这样既增加了他们的工资性收入，又减少了他们外出务工的开销，从而实现增收。

第四节　村社集体经济发展缩小农民农村差距的时空演进

一、我国居民收入差距现状

我国是世界上最大的发展中国家，经济发展起步晚，但40多年的改革开放使中国经济社会发展发生了巨大变化。然而，区域发展水平、富裕程度和共享程度距离共同富裕的目标仍相去甚远。从共享程度来看，我国的共享程度不高，主要体现为居民收入差距过大，我国居民收入在各个层面都还存在着两极分化的情况，进而导致较为严重的发展不均衡现象。比如，城乡差距、区域差距、行业差距，甚至是人群之间都存在着较大的差距。只有逐渐缩小这些差距，才能实现共同富裕。

首先，城乡收入差距依然较大。由于长期存在的城乡二元结构，我国实行了一系列旨在促进城乡经济协调发展的改革举措和政策措施，如全面推行家庭联产承包责任制，实行农民土地承包权的长期稳定；调整优先发展重工业的工业化战略，我国城乡差距扩大的趋势在继续发展，城乡二元经济结构的矛盾在趋于强化。城乡差距扩大表现在城乡居民的收入差距上，近年来，农民人均纯收入增长远远落后于城市人均可支配收入增长，城乡收入之比由1978年的2.57，1983年一度缩小为1.82，此后就不断扩大，2000年扩大为2.74，已超过改革开放初期。2000年以后，城乡收入比先升高再逐渐降低。考虑到城市居民享有的各种福利和补贴，而农民收入中包括生产经营支出等因素，实际收入差距可能要达到6：1。2015年以来，我国农村居民收入开始有了增加，城乡收入比也开始逐渐减小，但变化幅度较小。2015年城乡收入比为2.73，逐步减小至2022年的2.45。城乡收入比的回落预示着城乡居民收入差距在逐渐减小，但其存在差距的绝对值还是不容忽视的，增加农民收入，还是当前农村发展的头等大事（见图3.3）。

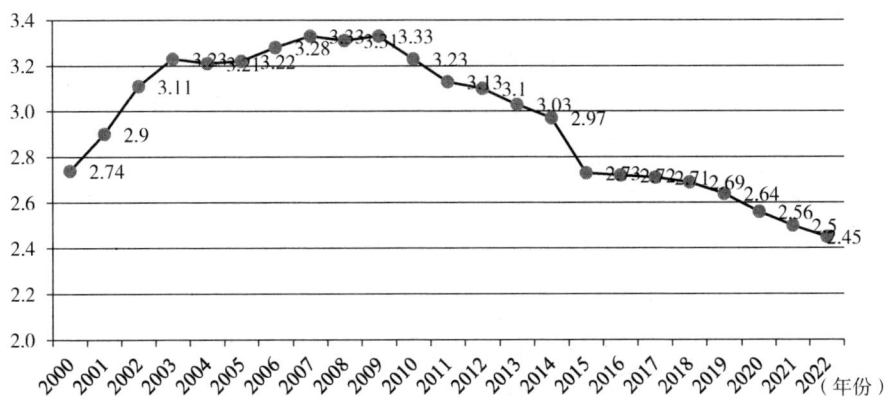

图3.3 2000—2022年城乡居民收入差距比变化情况

其次，村社集体经济发展区域差距较大。我国发展自东向西，东部地区发展起步早，速度快，国家的政策支持力度大，因此，经济发展水平也较高。同时，中部地区地势平坦，发展也比较迅速，发展速度有了较大的提升。由于受自然条件、历史文化等因素的影响，西部地区经济发展相对落后，人均GDP相当于全国平均水平的2/3，不到东部地区的40%；近年来，东西部城镇居民收入差距扩大了167倍，而农村居民收入差距扩大了176倍（张社梅，2022）。与东部地区相比，西部地区区域增长动能不足。产业转型升级、优势特色产业培育等方面发展缓慢，经济发展省会城市一家独大，老少边穷等特殊地区巩固脱贫攻坚成果面临极大挑战。

最后，村社集体经济发展对个体人群收入差距影响逐步提升，主要体现为中等收入人群比重偏低。共同富裕的一个重要标志是中等收入群体成为社会中的主导人群，人口占比超过50%。而现在中国中等收入人群的占比远达不到共同富裕的要求。根据国家统计局中等收入人群的划分标准，在2022年，中等收入群体所占的比重大概是在30%，但中等收入人群比重依然不高，并不代表着有较高比例的高收入人群。按照国家统计局标准，在2019年，三口之家年收入超过50万元的高收入人群比重不足全国人口的3%，大约为4000万人。也就是说，全社会占大多数的人群仍是低收入人群，即三口之家年收入不足 10 万元的人群（李实，2022）。从基尼系数来看，我国的基尼系数在 20 世纪 80 年代初期大概是 0.3，到了 2009 年上升至 0.490，接近 0.5 的水平，远高于国际警戒线水平，表明我国处于一个严重的收入不平等状态，世界上基尼系数超过 0.5 的国家不到 10%。而我国的基尼系数近几年仍然处在较高状态。从图 3.4 可以看出，从 2003 年到 2020 年，我国的基尼系数存在先上升后下降的现象，总体上还是下降的趋势，基尼系数最小的是 2015 年，最高的是 2008 年，达到了 0.491。随着社会发展的加快，近几年收入差距又有所扩大，基尼系数也有了上升。而实际生活中，有可能现实的差距比测算出来的差距还要大，因为实际收入还有可能存在低估的问题。目前，我国基尼系数居高不下，主要还是因为中等收入人群占比比较低，还存在较大一部分的低收入人群，在居民内部收入差距过大。现阶段我国已完全脱离绝对贫困，但还存在相对贫困问题，低收入人群占比较大导致基尼系数居高不下（见图 3.4）。

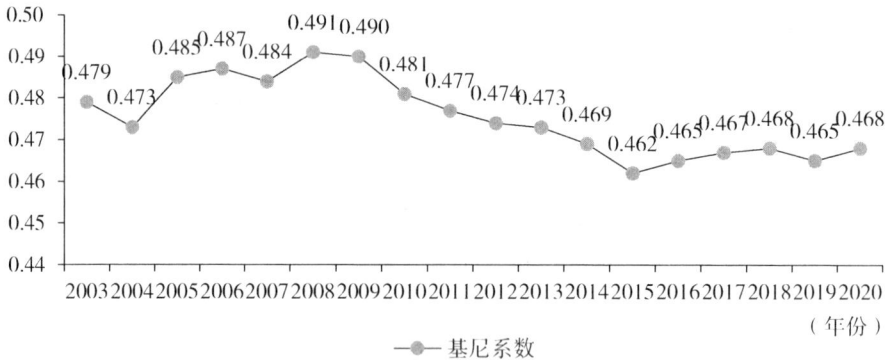

图 3.4 2003—2020 年我国基尼系数变化趋势

二、村社集体经济发展与区域收入不平等

区域发展不均衡一直是我国经济发展中的重要问题，改革开放后，东部地区依靠地理区位优势、政策先发优势等率先发展，珠三角、长三角、京津冀等地区进入经济高速增长的轨道，带动中国经济走向腾飞。与此同时，地区发展差距问题也开始凸显，特别是 20 世纪 90 年代我国的东、中、西部差距大幅拉大。为此，从 2000 年起，我国先后实行了西部大开发、中部崛起、振兴东北等区域发展战略，促进落后地区经济增长，实现区域协调发展。我国东、中、西部集体经济省委主要差距表现在农村集体经济组织由东部沿海地区向西部地区减少，同时，中、西部地区的农村集体经济账面资产少且集体收入较低，无法

带动农民发展。因此，缩小地区差距要从多个方面入手，既要充分发挥市场配置资源的作用，又要实施必要的区域发展政策，从基础设施和公共服务方面加大对落后地区的扶持，为这些地区后续发展提供基础的条件。

（一）各区域农村居民的收入差距

根据中国统计年鉴数据，2020 年，农村居民人均可支配收入按东部、中部、西部地区来分，可以看出，东部地区农村居民人均可支配收入最高，为 21286 元；其次是中部地区，为 16213 元；最后是西部地区，为 14111 元。由此可以看出，东部地区农村居民人均可支配收入是西部地区的 1.5 倍，是中部地区的 1.3 倍。并且，东部地区农村居民人均可支配收入增长速度也要比中、西部地区要快（见图 3.5）。

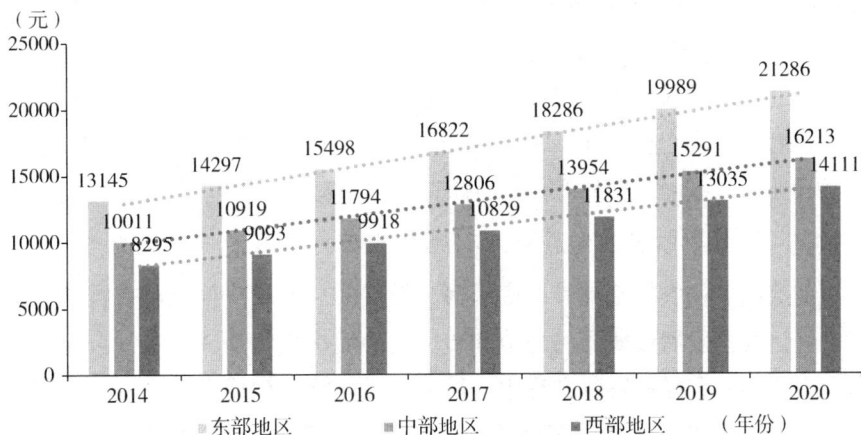

图 3.5 我国不同地区农村居民人均可支配收入变化情况
资料来源：2014—2020 年中国统计年鉴。

1. 村社集体经济发展差距的区域表现

首先，农村集体经济组织少。农村集体经济组织是农村经济发展的主体。据农业农村部数据，东部省（市）64.1%的村庄建立了新型农村集体经济组织，只有 35.9%的村庄由村委会代行集体经济组织职能，北京和广东 100.0%的村庄建立了独立的集体经济组织，浙江和上海分别只有 7 个和 15 个村庄由村委会代行集体经济组织职能。但在西部民族地区，村委会代行职能的村与已建成独立经济组织村的比例为 65%和 35%，内蒙古、宁夏、云南等地超过 80.0%的村没有集体经济组织，建成比例最高的青海省为 33.9%，只有 1/3 的村建立了集体经济组织。

其次，农村集体账面资产少。目前，全国农村集体资产账面总额 6.5 万亿元，东、中、西部地区分别占总资产的 64.7%、17.7% 和 17.6%，西部民族八省区占比低于 10%。2020 年 8 月笔者调查，大部分乡村反映本村"没有什么集体资产"，多是 20 世纪 80 年代农村经济体制改革后剩下的未承包林地或荒地，以及原来小学教室和村办公室等非经营性固定资产，村集体账面资产几乎为零。而东、中部一些典型村庄，动辄集体资产上百万上千万，集体年收入超过百万元。例如，江苏常熟市 8 个乡镇 6 个街道 214 个村，2017 年村均集体资产就达到 680 万元，所有村的稳定性收入均超过 200 万元。

最后，农村集体收入少。农业农村部数据显示，2018 年全国 19.5 万个当年无经营收益的村庄中，东、中、西部分别占 31.7%、35.2%、43.7%，除西藏外的民族省区中共有 2.4 万多个，占本地区村庄数的 36.2%，高于全国比例（35.8%），其中，内蒙古 6763 个，占本地区村庄数的 60.3%，青海 1933 个，占本地村庄数的 59.8%，比例排全国第二、第三位（仅次于河南省的 67.6%）。全国当年无经营收益村庄比例较低的主要是东、中部省份（陈全功，2021），如安徽省（6.4%）、广东省（16.9%）、江西省（17.0%）、湖南省（17.0%）、湖北省（19.3%）、江苏省（21.9%）、浙江省（22.6%）。

（二）村社集体经济发展对缩小城乡差距的作用

当前我国农业农村基础差、底子薄、发展滞后的状况仍然没有得到根本性改变，经济社会发展最薄弱的环节和最突出的短板仍然是"三农"问题。长期以来，在我国社会经济发展过程中，城乡二元经济结构使得城乡发展差距和各类经济社会矛盾越发凸显。缩小城乡差距不仅是要缩小城乡之间的收入差距，而且要从共同富裕的角度来缩小城乡之间富裕程度的差距，包括城乡收入差距、财产差距和享有基本公共服务水平上的差距。更进一步来说，要缩小城乡之间发展差距，实现城乡融合发展。农村发展的关键之处在于城乡融合，城乡融合不能只是单向的要素流动，不能只有农村的劳动力流出去，农村的存款流到城市里，农村生产的各类农产品流向城市，这些都是农村到城市的单向流动（李实，2021）。

改革开放以来，我国经济发展速度加快，但由于我国新中国成立初期实行城乡二元经济体制，城乡居民收入差距逐年增加。总体来看，农村和城镇居民的人均可支配收入均呈现上涨趋势。其中，城镇居民的人均可支配收入增长速度较快、增幅较大；相比于城镇，农村居民的人均可支配收入则增长速度缓慢、增幅细微，收入趋势线趋近于水平。而农村和城镇的人均可支配收入差距，也由 2009 年的 361.0 元扩大到 2020 年的 26702.3 元，增加了约 73 倍（见图 3.6）。

（元）

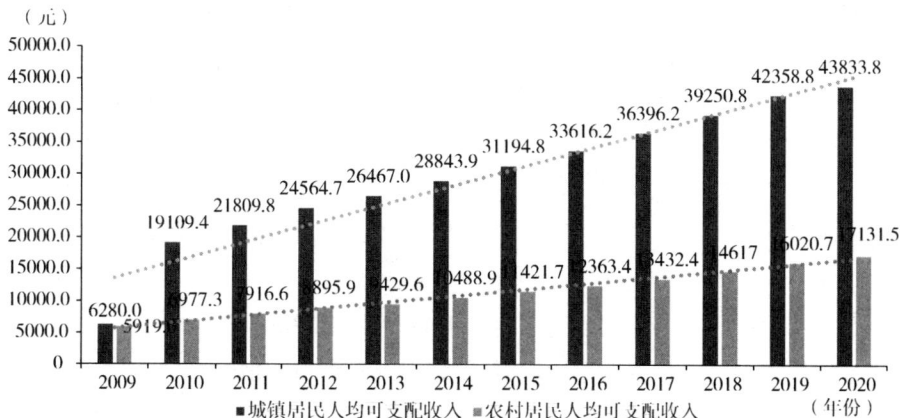

图 3.6 城乡居民人均可支配收入对比

缩小城乡差距的根本方法就是实施乡村振兴战略。乡村振兴战略作为我国实现全面脱贫之后的巩固策略，能够有效实现从全面脱贫到共同富裕的过渡。农村想要发展，必须加大供给侧结构性改革，增强农村发展的内生动力。农村集体经济组织作为乡村振兴战略最好的执行者，对于农村发展的提质增效具有重要作用。农村集体经济的根本在于农村集体经济组织具有较强的"造血功能"，能够实现对集体资源、资产及人力的有效配置，促进集体成员财产的持续增收和提高现代农业加速增长水平。农村集体经济能从以下几个方面来缩小城乡差距。

首先，增加农民收入，缩小城乡收入差距。共同富裕的一个重要标志是中等收入群体成为社会中的主导人群，中等收入群体需要超过全国人数的一半。现在中国中等收入人群的占比远达不到共同富裕的要求。实现共同富裕要扩大中等收入群体规模，增加低收入人群收入，而增加低收入群体收入的关键还是增加农民收入。现阶段我国农民大多数还是小农户，但经济快速发展带来的弊端就是小农户在进入市场时会产生生产成本过高、信息不对称等问题。因此，增加农民收入还需要从壮大农村集体经济组织入手。农村集体经济组织通过农村土地流转，可有效地盘活农村沉睡资源，打造实体经济，真正地实现资源变资产，再由资产转换成实实在在的资金，从而增加农民的收入。一方面，可以实现农业的规模经营，推动传统农业改革；另一方面，可以将小农户从土地中释放出去，从事其他劳务活动，从而实现家庭收入的增加。农民收入有了增长，城乡收入差距就会逐渐缩小。

其次，改变农村治理方式，缩小城乡公共服务差距。基本公共服务水平和共享程度也应该成为评价共同富裕进展的主要指标（李实，2022）。在管理和发展村庄方面，农村集体经济组织不仅承担了经济发展的职责，同时也兼具社区治理的任务。农村集体经济组织是实现小农户与现代农业有效衔接的基础，农民专业合作社要发挥示范带动作用，大户、专业户、小农户要提高经济效益，都需要农村集体经济组织发挥出较强的治理能力。农村集体经济的发展壮大不仅能实现农村经济的有效增长，还能提高农村基层治理能力，加大农村的公共服务支出，改善农民生活条件，增加农民的幸福感。同时，基本公共服务均等化又是解决收入分配不公、实现社会公平的一种主要再分配方式。步入 21 世纪以来，我国基本公共服务均等化取得了一定的进展，但是按照共同富裕的标准，仍需大力解决城乡间、地区间和人群间享受的基本公共服务水平与质量的差异。

第五节　本章小结

本章重点通过分析村社集体经济共同体对农民农村共同富裕的现实背景，探索村社集体经济发展的历程及面临的现实问题，揭示了村社集体经济在促进产业融合发展和城乡收入差距变迁方面的作用及成效，探讨了村社集体经济在共同富裕过程中如何构建小农户与大市场之间的利益联结机制，从共有、共建、共享等层面揭示出村社集体经济发展促进农民农村共同富裕的有效形式和作用效果。

第四章

普惠金融赋能村社集体发展的共同富裕效应

收入差距的扩大深刻影响着经济发展与社会稳定，社会财富分配不公，导致贫富差距现象越发凸显，而我国在脱贫攻坚方面取得的成就为世界减贫事业做出了巨大贡献。以普惠金融高质量发展助力实现共同富裕，要不断提高金融服务广大民众的质效，重点帮助低收入群体迈入中等收入行列。对照实现共同富裕的战略目标和实践途径的要求，普惠金融助推农民农村共同富裕还面临着较大挑战，亟须厘清普惠金融与农民农村共同富裕之间的机制和路径。基于此，本章重点分析普惠金融助力农民农村共同富裕发展现状、作用机理，总结归纳普惠金融促进农民农村共同富裕的现实困境，探索一条适合村社集体经济发展助力农民农村共同富裕的普惠金融道路。

第一节　普惠金融助力农民农村共同富裕发展现状

一、普惠金融发展历程

早在改革开放之前，中国普惠金融就出现了农村信用社等形式的初级萌芽，但自20世纪80年代才正式开启了其发展进程。我国普惠金融实践历程迄今为止大致可以划分为公益性小额信贷阶段、发展性微型金融阶段、综合性普惠金融阶段和精准性普惠金融阶段四个时期。随着新型城镇化的快速推进，农村金融发展带来农民收入的快速增长，但也直接或间接地导致城乡居民和农村居民内部收入差距的扩大。从图4.1可以看出，农村金融发展规模的持续增长也带来城乡居民收入比的不断扩大，但随着普惠型涉农贷款余额的增加，城乡收入比基本上处于较为稳定的阶段。

纵观涉农贷款余额的变化情况，随着农村商业银行市场化进程的深入推进，从1997年开始，部分农村金融机构逐渐将各类不良资产进行剥离，建立金融资

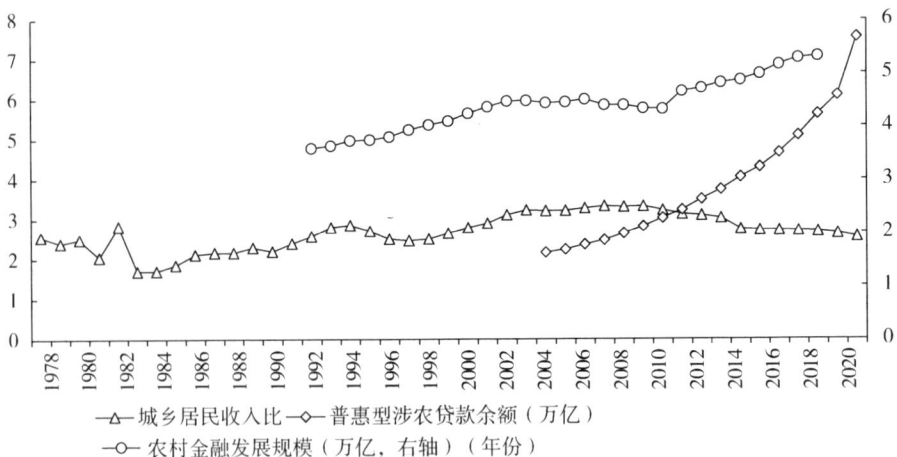

图 4.1 1978—2020 我国普惠金融发展与城乡居民收入差距

资料来源：1978—2020 年《中国金融统计年鉴》《中国农村统计年鉴》《中国统计年鉴》。

产管理公司，启动资产证券化；完善分业监管体系；加快资本市场发展，提高资本市场的功能，资本市场的扩容以跨历史性的速度发展。就整体而言，我国从 1997 年到 2005 年金融发展规模变化呈逐年增长趋势。金融规模的不断扩大，金融发展的逐渐深化，能给人们提供更好的机会享受金融服务，这不仅增加了城乡居民的收入，还提高了其生活水平。但是由于城乡二元结构等，金融发展在城市与农村之间无法实现均衡。在金融发展的初期，很长一段时间内农村可以享受到的金融服务很少，相比之下，城市在金融领域有更多优势，金融发展的程度更深。

（一）公益性小额信贷阶段：1978—1992 年

改革开放之后，安徽和四川等地通过探索试行多种形式的农业生产经营责任制，逐步实行家庭联产承包责任、统分结合的双层经营体制。家庭联产承包责任制拉开了我国农村改革开放的序幕，极大地调动了农民的生产积极性，而农村经济的快速发展也加大了对农村金融服务的需求和资金的供给。为扩大农村信用社的自主权和打破计划经济时期银行业"大一统"格局，我国农村金融体系逐渐成立多个专业性的银行机构来推动县域经济的发展。比如，1979 年恢复成立了中国农业银行，并在各省、市、县等建立了分支机构；同时，恢复了农村信用社的"三性"职能，即组织上的群众性、经营上的灵活性、管理上的民主性。我国农村金融体系逐渐得以恢复，并成为中国农业银行等机构在农村地区业务开展的重要基层金融机构。而农业的长周期、高风险和低收益也决定了农村资金大量流向城市金融体系并形成了较强的路径依赖。农村信用社的产权问题和业务定位也较为模糊，使得农村金融体系成为小额信贷的重要场所，但相关业务开展并未进行规范化的企业化经营管理体制改革，粗放的经营模式、信贷监管的缺位、经营管理人员缺乏自我约束和激励、人情贷和关系贷层出不穷，中国农业银行和农村信用社出现了大量的不良贷款，金融对农村经济产业发展的支持也是以公益性的小额信贷为主。但农村金融体系通过自发的资金互助和社会团体的公益性贷款确实也在一定程度上满足了普通农户的金融需求。从 1980—1992 年，农村社会总产值增加了 12.3 倍，而农业银行和信用社的各项存款增加了 18.7 倍，各项贷款增加了 15.6 倍，农村小额信贷服务在这一时期基本能够适应当时农村经济发展的需要。

（二）发展性微型金融阶段：1993—2005 年

从 1993 年开始，我国农村金融体系的建设进入快车道，特别是将农村政策性银行从商业性银行中分离出来，金融分业经营促进农村金融业务更加精细和精准，农村信用社和农业银行逐步脱钩，改革路径从合作金融逐步向商业金融过渡（姜建清，2019）。大量的专业性银行逐渐向商业银行体制过渡，使得农村地区商业银行大量撤并县级以下金融机构，农村信用社的商业化经营不断增强，而农村商业金融机构在县级以下的农村市场不断萎缩。由于农村金融机构的大量萎缩和农村经济发展旺盛的信贷需求矛盾，我国通过引进孟加拉国小额信贷模式，开启了公益性小额信贷的普惠金融发展之路。该模式依托国际捐助和软贷款，不需要政府资金介入，首次在河北易县建立了扶贫经济合作社。随着该项试验在全国的大量推广实践，农村人口大量流向城市，导致以信誉和声誉机制维系的小额信贷模式难以有效适应中国乡土社会的人情关系，个人违约成本较低导致违约率居高不下，使得这种公益性的小额信贷模式受到较大的公众质疑。为此，农村金融体系改革从合作金融体系为主逐渐转向以商业性占绝对主导的农地金融体系，其核心前提在于保障农村金融体系的安全性和稳定性。从 1993—1999 年，由于农村金融体系没有建立完全适应市场经济运行的商业化金融体系，使得农村金融供给严重不足和小额信贷违约率并存的现实困境，使得以孟加拉国为代表的联保小额信贷在中国的实践探索之路受阻。在此过程中，农村金融机构的大量商业化和股份制改造使得在农村地区微利经营的市场业务逐渐收缩，从传统的福利性发展阶段转变为商业性发展阶段，该阶段成为我国农村金融体系探索改制和不断快速发展的阶段。因此，发展性微型金融阶段又可分为福利型发展阶段（1993—1999 年）和商业性发展阶段（2000—2005 年）。

福利型发展阶段：1993—1999 年。从 1993 年我国将孟加拉国的格莱珉银行小额信贷模式引入之后，通过大力探索"扶贫经济合作社"，将公益性小额信贷的理念体现在农村金融体系的建设中，成为我国普惠金融发展的重要阶段。1994 年，国务院印发的《国家八七扶贫攻坚计划》提出，到 20 世纪末，通过扶贫贴息小额贷款运动在七年时间内解决农村八千万贫困人口的温饱问题，开启了真正金融扶贫的序幕，正式迈入了福利性普惠金融的发展阶段，通过政府的贴息贷款和商业银行小额信贷，由地方政府成立专门协会，针对小额信贷扶贫项目和部分城市下岗职工进行小额信贷，一定程度上解决了部分低收入人群和贫困农户的信贷需求。

商业性发展阶段：2000—2005 年。进入 21 世纪，我国在加入世贸组织后，为适应世贸组织对银行业的监管要求，中国的普惠金融进入商业化发展阶段。从 2000 年开始，中国人民银行开始逐步对国有商业银行和股份制商业银行进行股份制改造，正规商业银行等金融机构开始承担普惠金融的社会责任，服务方式以信用担保贷款和联保贷款为主。其核心目的在于通过担保贷款实现信贷的可持续性运营，实现银行流动性、安全性和营利性的目标。然而，商业银行本身的逐利性使得农村地区金融机构出现高风险、高成本、低盈利、长周期等状况，导致商业银行陆续缩窄对农村地区的机构和网点，对"三农"实体经济的信贷扶持也不够（张晶等，2018）。随着农村金融机构的商业化运作和农业银行逐步退出农村基层，邮储只贷不存的现状加剧了资金从农村抽离到城市的进程，农村信贷资金从农村到城市的单向流动带来农村地区农户融资难和融资贵问题越发凸显。商业化的小额信贷也越发偏离了普惠金融的本质，其"使命漂移"带来农村人才、资本等要素的大幅流失，农村经济发展越来越困难。在该阶段，我国农村金融体制改革也进入了快车道，农村政策性金融从商业性金融中分离出来，中央提出了建立政策性银行（中国农业发展银行）、商业性银行（中国农业银行）和合作性金融机构（中国农村信用合作社）等为主体的农村金融体系，分别行使农副产品收购、农业农村经济社会发展和服务农户的信贷业务职能。农村信用社与农业银行也进一步脱钩，虽然农村信用社恢复了其"三性"的经营原则，但经历了几十年的改革仍然没有得到根本有效的解决，农村信用社的产权关系和政府与市场之间的关系界定仍然没有真正厘清。到 2002 年，随着党的十六大城乡统筹发展战略的提出，农村金融供给不足的问题得到新的重视，城市金融反哺农村金融成为化解农村金融供给不足的重要举措。

（三）综合性普惠金融阶段：2006—2015 年

随着农村金融商业化发展程度的加深和城乡二元金融结构的逐步固化，农村普惠金融面临越来越大的现实挑战。特别是，在"工业反哺农业、城市反哺农村"的背景下，城乡统筹发展的任务越发迫切。自 2006 年农业税全面取消后，金融支持农业农村发展变得刻不容缓。从 2005 年起，随着联合国"普惠金融"概念的提出，包容性的金融体系逐渐替代分散的微型金融机构，为全方位有效地服务社会各阶层群体，农村小额信贷进入综合性的普惠金融阶段。我国首次在 2005 年加入金融普惠联盟的阵营，逐步将国际普惠金融体系框架纳入我国农村金融体系的制度建设，通过探索对政府、银行、社会组织、非银行金融机构等为主体的普惠金融发展模式创新和构建普惠金融制度体系，加快对新型农村金融机构的改革和推行自上而下的金融普惠，不断全方位、综合性地发展普惠金融（焦瑾璞等，2015）。2006 年 12 月，中国银行业监督管理委员会发布的《调整放宽农村地区银行业金融机构准入政策的若干意见》指出，鼓励各类资本设立村镇银行，提高境内投资人的持股比例，并鼓励农村小企业和农民设立社区性信用合作组织，不断增加农村金融机构网点数量，针对一些地区金融服务空白和信贷投入过少的局面进行调整。直到 2008 年金融危机爆发前，我国农村金融体系建设的制度化和透明化得到有效深入实施。由于针对农村金融机构准入门槛的降低，各种新型农村金融机构如雨后春笋般产生和发展，对缓解农村地区金融机构单一、覆盖面窄、农民贷款难等起到了一定的作用。2010 年中国小额贷款行业报告显示，2009 年，小额贷款公司从不到 500 家爆炸性增长到 1334 家。截至 2015 年 12 月，中国的小额贷款公司数量已达 8910 家，成为服务地方实体经济、助力普惠金融事业的"生力军"。同时，农村信用社体系的深入改革确立了强化"支农"服务的重要地位，综合性普惠金融对于农村经济的包容性发展和促进城乡统筹发挥了重要作用。

（四）精准性普惠金融阶段：2016 年至今

2016 年至今，是普惠金融进入精准性深耕发展的新阶段，特别是随着数字化普惠金融的广泛应用，大数据、区块链等信息技术与金融的结合，促使金融科技为精准性普惠金融提供了有力的技术支撑。2015 年 12 月，国务院发布了《推进普惠金融发展规划（2016—2020 年）》以及 2016 年在杭州举行的 G20 峰会上提出的《数字普惠金融高级原则》，为助推精准性普惠金融发展提供了强有力的政策保障。互联网金融为广大群众提供了数字化支付、互联网借贷和理财等丰富多样的金融服务，同时小额贷款公司不断发展，至今已发展至 8000 余家，在全国 2800 多个县（市）中，中、东部地区覆盖面已达 100%，除西藏外的西部等偏远地区，覆盖率也达 90% 以上，已成为服务地方实体经济发展，助力精准性普惠金融事业的"生力军"（邢乐成、赵建，2019）。2017 年，党的十九大报告提出乡村振兴战略，在精准扶贫和乡村振兴战略协同期，普惠金融的精准性与农村经济高质量发展对于精准扶贫和乡村振兴战略实施尤为关键。由于我国互联网金融和数字普惠金融的快速推广应用，庞大的农村金融市场和良好的数字普惠金融应用场景及生态环境，互联网技术的不断创新为广泛应用于农村普惠金融体系提供了有效基础，相比国外更早进行普惠金融的国家而言，我国在数字普惠金融方面已经实现的弯道超车，走在了世界的前列（吴晓求，2018）。但由于我国经济发展在区域之间和城乡之间发展不平衡不充分的矛盾较为突出，使得发展精准性普惠金融对于化解地区金融普惠不均衡状况以及减缓城乡二元金融结构矛盾具有重要作用。此外，农村信用社的商业化改革和在农村普惠金融中的"支农"主体地位，使精准性普惠金融制度化的建设在农村经济高质量发展中显得更加重要，特别是农村金融支持精准扶贫和乡村振兴发展，能够更好地强化"三农"实体经济的内在包容性和金融的精细化服务（见表 4.1）。

表 4.1　我国普惠金融发展历程

	主要特点	标志性事件
公益性小额信贷阶段：1978—1992 年	公益性小额信贷旨在为经济基础薄弱、发展水平较低的农村地区提供金融扶持，帮助当地居民脱离贫困，为我国扶贫工作提供了新思路	1979 年，我国恢复成立了中国农业银行，并在各省、市、县等建立了分支机构；同时，也恢复了农村信用社的"三性"职能
发展性微型金融阶段：1993—2005 年	微型金融在服务主体与内涵上都对小额信贷做了补充和完善，大中型金融机构的加入为小额信贷发展注入了活力	人民银行为农民提供了不需要任何担保和抵押的贷款，帮助农民开展农业生产活动、增加收入
综合性普惠金融阶段：2006—2015 年	小微金融机构的兴起，代表着面向低收入贫困人群的金融业务被金融体系逐渐接纳，成为金融体系的一部分；普惠金融业务渐有移动化、线上化趋势	2006 年中央一号文件提出放宽小额信贷组织成立条件，即任何个人和组织符合一定条件后均可以为农民提供融资服务，表现出对普惠金融发展的密切关注和推动普惠金融发展的决心

续表

	主要特点	标志性事件
精准性普惠金融阶段：2016年至今	互联网金融与传统金融的竞争有利于实现从大企业金融、富人金融到普惠金融的转型，这一阶段也是数字普惠金融的早期阶段	2015年12月，国务院发布了《推进普惠金融发展规划（2016—2020年）》；2016年，《数字普惠金融高级原则》文件出台

注：表中内容由作者根据资料整理得出。

二、普惠金融助力农民农村共同富裕发展现状

从图4.2来看，我国农民收入水平1978—2020年总体呈上升趋势，但区域间绝对值、增长率差异较为明显，城乡之间收入差距依旧存在。2020年，我国农民人均可支配收入为17131元，比上年增加1110元，增长6.9%；其中，东部地区、中部地区、西部地区农民可支配收入依次为22637元、16142元、12485元。2011—2020年，我国区域间农民可支配收入平均水平依次为：东部地区>中部地区>西部地区。农民收入增长在地区之间也存在明显的分化现象。在收入增长绝对数值方面，东部、中部、西部地区的农民收入在绝对收入上差距较大，且绝对收入差距在持续拉大；在收入增长增速方面，东部、中部、西部地区的农民人均收入年均增长率分别为8.45%、8.58%、9.49%。可见，西部地区农民收入增长率最高，中部次之，东部地区农民收入增长率较低。进一步，农民收入增长上的分化程度比城镇居民更明显，其体现在与城镇居民的对比上，具体表现为城乡居民人均收入差距方面。虽然从2011年到2020年，城乡居民收入差距一直在缩小，二者之比从3.13∶1.00（农民人均收入为1.00）下降至2.56∶1.00，趋势比较乐观。但是即便到2020年城乡居民人均收入依然相差1.5倍以上，其与改革开放以来城乡居民人均收入的最低比值（1983年的1.82∶1）依旧存在较大差距。虽然城乡居民人均收入之比一直在缩小，但城乡居民人均收入绝对值差距一直在扩大。因此，无论从城乡居民人均收入之比还是从二者的绝对数额差距来看，城乡居民之间人均收入的差距依旧比较突出。

此外，农民收入增长中的分化现象最主要地表现在农民家庭之间人均收入增长的分化（见表4.2）。按照人均收入高低排序，将我国农村家庭划分为五个组别，越低收入农村家庭其人均收入增长率越低且增长稳定性越差，越高收入农村家庭其人均收入增长率越高且增长稳定性越强（曹红，2022）。

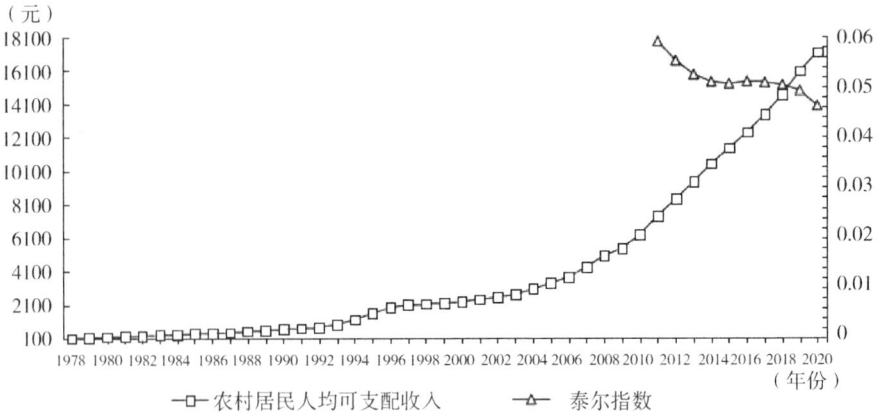

图 4.2　1978—2020 年我国农民收入情况

资料来源：历年《中国农村统计年鉴》。

表 4.2　2011—2020 年我国农民可支配收入基尼系数

	2011年	2012年	2013年	2014年	2015年	2016年	2017年	2018年	2019年	2020年
全国范围	0.424	0.421	0.424	0.426	0.420	0.435	0.428	0.432	0.423	0.442
东部地区	0.436	0.413	0.413	0.431	0.412	0.439	0.425	0.426	0.433	0.446
中部地区	0.416	0.449	0.422	0.421	0.416	0.434	0.421	0.442	0.435	0.427
西部地区	0.419	0.410	0.434	0.425	0.431	0.433	0.434	0.432	0.406	0.448

资料来源：2011—2020 年《中国统计年鉴》。

　　农村地区由于经济条件和个人素质等多种因素的差异，分配要素的多元化及收入来源的多样化，农民的收入差距也在不断扩大（见图 4.3）。在数字经济背景下，数字化的普惠金融颠覆了传统金融的"二八定律"，具有网络外部性，可以从可得性、成本等方面弥补传统金融服务的缺陷，助力"三农"问题的解决，催生数字金融市场的长尾效应，其有利于改变收入不平衡状况，缩小地区收入差距。纵观涉农贷款余额的变化情况，随着农村商业银行市场化进程的深入推进，从 1997 年开始，部分农村金融机构逐步将各类不良资产进行剥离，建立金融资产管理公司，启动资产证券化；完善分业监管体系；加快资本市场发展，提高资本市场的功能，资本市场的扩容以跨历史性的速度发展。就整体而言，我国从 1997 年到 2005 年金融发展规模变化呈逐年增长趋势。金融规模不断扩大，金融发展的逐渐深化能给人们提供更好的机会享受金融服务，这不仅增加了城乡居民的收入，还提高了其生活水平。

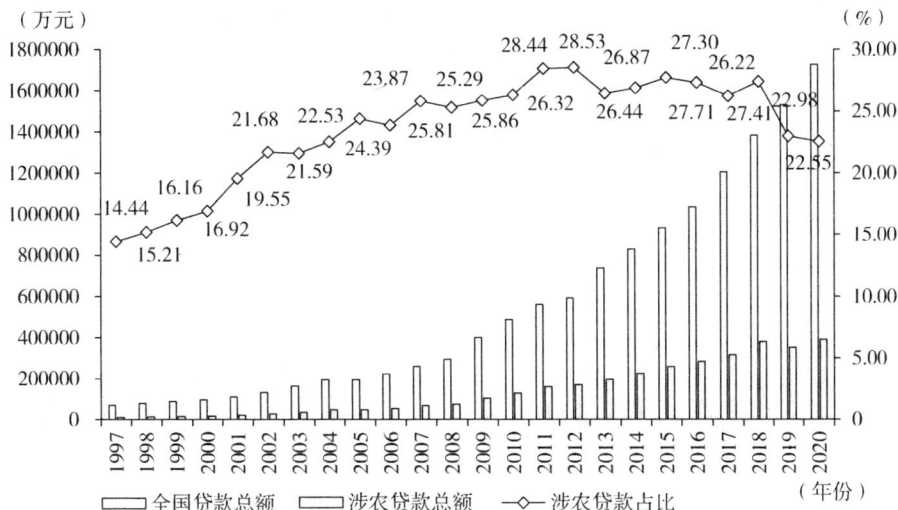

图 4.3 1997—2020 年涉农贷款余额占比

资料来源：历年《中国金融统计年鉴》《中国农村统计年鉴》《中国统计年鉴》。

第二节 普惠金融助力村社集体发展的共富传导机制

农民收入分配机制是在既定分配制度安排下，为实现一定的农民收入分配目标而采取的路径和方式。农民收入状况取决于两个基本因素。一是地区经济发展水平和经济结构性差异，经济的非均衡发展，包括城乡、地区和产业间的非均衡发展，必然反映在收入差距上。二是制度因素，其中最基础性的制度因素是生产关系或者说所有制关系。分配关系虽然不会直接决定收入水平，但会直接或间接影响收入水平和收入结构的变化。农民收入差距是判断农民收入分配机制合理与否的重要度量指标。在理想状态下，普惠金融体系能够满足整个社会所有群体的金融需求，消除地域排斥、群体排斥与多元化金融结构现象。对于农民这类微观经济主体而言，普惠金融发展对其内部的收入差距产生一定影响，具体包括破除门槛效应与弱化贫困效应而产生的直接影响，以及借助涓滴效应而产生的间接影响，从而在一定程度上缓解农民收入差距问题。

一、普惠金融发展促进农民收入包容性增长

随着金融科技的发展，数字普惠金融发展为服务村社集体经济促农增收带

来新的增长点。通过降低服务成本、扩大服务范围及提高风险管理能力，推动农村普惠金融发展，进而进一步缓解金融排斥、降低金融服务门槛，为农民增收带来新的增长点。首先，普惠金融有利于降低金融服务成本。传统普惠金融的客户识别通常只能依赖人力，而数字化的普惠金融可凭借虹膜识别、声音识别、指纹识别与面部识别等数字技术进行高效、准确的客户识别，从而减少人工劳力，降低经营成本。其次，普惠金融有利于提升金融服务覆盖率。依靠金融科技，数字化普惠金融可以跨越地理空间的障碍、打破营业时间限制，人们只需要联网的电脑、智能手机等设备就能享受到金融服务，从而使那些偏远、贫困地区成为数字普惠金融的受惠区域，提高了金融服务的覆盖率。再次，普惠金融有利于提高风险控制能力。基于区块链、互联网、人工智能、大数据、云计算等金融科技的运用，大幅提高了数据处理与甄别风险的效率，为完善包括普惠群体在内的全面征信系统奠定了坚实基础，将金融的门槛按照风险、信用等级进行合理划分，风险管控能力得到极大提高；降低农民获取金融服务的门槛。普惠金融的发展，使被门槛拒之在外的农民能够享受到金融服务。金融机构通过提供如农产品价格保险、农村医疗保险等保障性金融产品，来分摊因农产品价格下跌、疾病支出造成的经济损失，并提供经济补偿。最后，普惠金融有利于缓解农村地区的金融排斥。普惠金融的发展，有效地缓解了金融排斥的负向效应。随着普惠金融在农村地区的发展，大量金融资本进入村社集体经济和公共服务基础设施建设、产业融合发展领域，推动了农业产业结构转型升级，优化了农村金融生态环境，促进了农业技术赋能乡村产业高质量发展，发挥涓滴效应促农增收（见图4.4）。

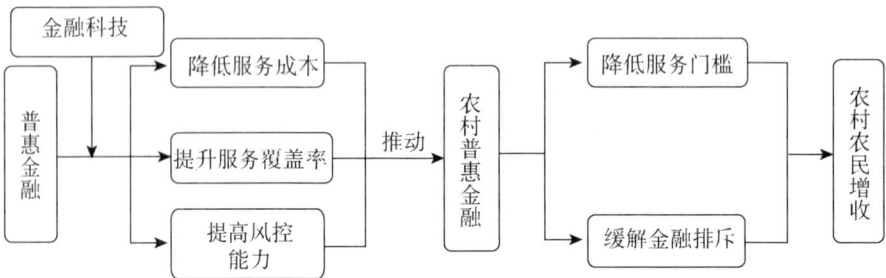

图4.4 普惠金融赋能产业发展的促农增收机制

此外，金融科技的运用还有利于破解乡村振兴金融难题。首先，金融科技的运用可增强信息透明度。我国地域辽阔、人口众多，依靠传统单一的金融信息收集渠道难以获取客户的准确信息，尤其是比较偏远的县、乡、村地区，金融网点数量较少，分布不均，不利于开展客户信息收集工作。金融科技的运用，可以有效解决传统征信模式下信息主体的风险信息甄别盲区问题，为金融机构风险甄别提供数据信息支撑。通过大数据、人工智能等技术将电商平台、社交软件、公共服务平台等渠道采集的信息进行深度挖掘加工，形成"客户画像"，全方位呈现客户消费习惯、行为习惯、浏览习惯等，构建出基于知识图谱的风险识别模型和风险定价模型，大幅提升金融机构风险甄别效率，降低风险甄别成本，从而最大限度地满足潜在客户的融资需求。其次，金融科技的运用可降低服务成本。在传统金融模式下，县乡一级金融业务发展需要依靠金融机构设置物理网点、综合金融服务点等方式。但是受人口密度、地理位置等条件的影响，金融机构在县域提供金融服务的成本高、收益低。金融机构往往需要政府提供政策扶持，甚至对小额账户收取管理费用来降低运营成本。这既提高了消费者获取金融服务的成本，也限制了县乡一级金融业务的发展。与传统金融模式不同，基于新兴技术的金融科技应用能够大幅降低金融服务成本。最后，金融科技的运用可丰富服务场景。一是场景金融作为一个完整的金融系统，能够提供大量的客户数据，金融机构能够通过场景金融充分挖掘县乡一级潜在客户，在规模效应作用下，县乡场景金融服务必将成为金融领域的"新蓝海"。二是县乡金融消费者可以享受更贴心合意的金融服务，针对县乡一级的市场，金融机构可以更多地关注生产场景，如农户购买农资、农业产业链上的小微企业物流、信息流和资金流等，通过场景金融，将这些生产信息转化为量身定制的信贷产品，从而满足其融资需求。三是应用平台可以打造基于场景自身用户属性、社交属性、消费属性、上下游产业链等多维度的场景金融，丰富盈利模式。

二、普惠金融发展与农民收入差距

　　城乡、贫富群体在金融服务可得性方面存在较大差距，数字普惠金融的出现则有可能为这一现状带来巨大转变。普惠金融能发挥地理区域的渗透性、使用有效性和产品基础性，在以上三条途径中实现突破，削弱金融发展对城乡收入差距的消极影响，首先缩小城乡金融服务的差距，进而通过普惠金融发展缩小城乡收入差距。

　　普惠金融本身具有一定的门槛，金融需求方在享受金融服务时需要支付一定的金融交易成本，低收入者由于自身经济实力弱，缺乏支付能力，无法像高收入者一样满足金融服务的抵押担保条件。农村地区信用环境较差，农村居民可供抵押资产少，贷款风险大，无法满足一般银行信贷服务的提供条件，"门槛"因此产生，高低收入人群享受的投资回报不同，从而产生收入差异。农村地区发展也因此被限制，不利于低收入者增收。这种限制还会形成恶性循环

（见图4.5），使收入差异被越拉越大。以商业银行为主的传统金融机构出于成本和盈利考量，无法解决门槛效应带来的问题，金融发展便通过门槛效应拉大了城乡居民收入差距。而金融机构通过开展普惠金融业务，为农村和低收入地区人群提供金融服务，进而降低门槛效应。为应对城乡收入差距的发展体现在微型金融和金融服务覆盖面上。最初为解决发展中国家金融垄断，解决中小企业融资难问题，小额信贷成为普惠金融发展的主要方向。在这一过程中，微型金融将原本被排斥在金融服务范围外的村社集体组织中的低收入者重新纳入服务群体，为其生产、发展创造条件而助其摆脱贫困。农村金融发展通过涓滴效应发挥金融功能，刺激经济增长达到减贫目的，间接缩小城乡收入差距。高收入人群收入的增加可使区域经济发展、就业水平获得提升，可助低收入者脱离贫困陷阱，为其创造一个更好地获取金融服务的环境、创造更多机会，助其累积财富。在现代社会中，金融权利的不平等会直接影响农民收入，导致农民内部收入差距加大。普惠金融发展通过破除金融门槛效应、弱化贫困效应及涓滴效应而对农民内部收入差距产生影响，进而缩小农民内部收入差距（见图4.6）。

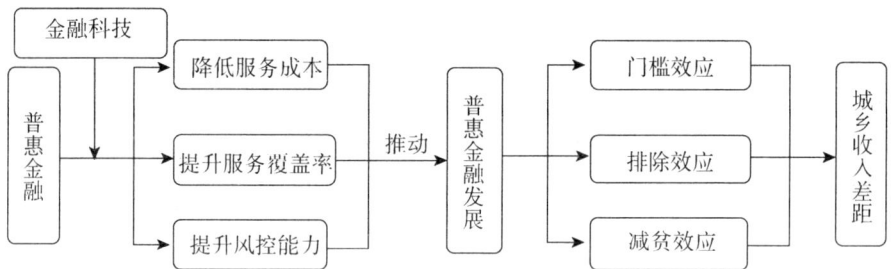

图4.5　普惠金融赋能农村产业发展的城乡收入差距缩小机制

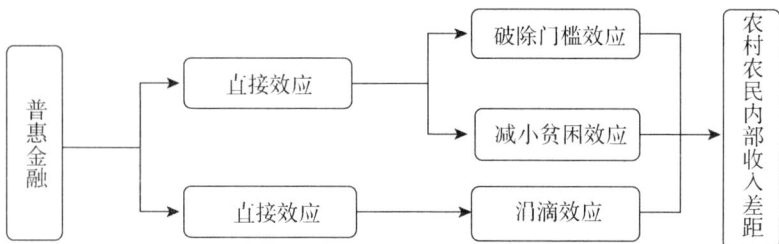

图4.6　普惠金融赋能产业发展在缩小农民内部收入差距中的作用机制

　　然而，普惠金融在对农民产生涓滴效应的过程中涵盖两个阶段。一是在普惠金融发展过程中，其借助金融的投资转化、储蓄动员与资源配置等功能，使贫困农户运用金融资源而开展生产活动，借助资金投入而刺激经济增长。二是在经济水平提高的过程中，大量的投资发展机会出现，富裕农户依据信息方面的优势而扩大投入需求，资金需求的增加将使市场利率上涨。在利率上涨的影响下，这部分农户会将资金投入进去，优化收入结构。富裕农户会借助投资产生的带动作用来帮助贫困农户摆脱贫穷。如此一来，农民内部的贫困差距得到缩小。

三、普惠金融与村社农民共享富裕

普惠金融促进村社集体经济发展，直接或间接地带动农民共享富裕发展成果，其作用机理可概括为经济包容增长效应、劳动分工与就业效应、技术创新效应与创业效应等。一是经济包容增长效应。普惠金融具有包容性，有助于实现村社集体内部成员之间的机会公平。贫困和贫富差距过大问题会影响一国的经济与社会稳定，进而引发失业率高、创新投入不足等一系列坏的连锁反应，将经济发展锁定在低水平状态下，陷入"中等收入陷阱"，普惠金融通过直接与间接效应改善贫困和贫富差距问题，扩大中等收入群体的规模，优化整个社会的消费结构，普惠金融发展显著提高了经济体系的包容性。二是劳动分工与就业效应。普惠金融作用于农业产业链，为农业企业与农民提供金融支持，实现农民劳动分工与组织化，有利于发挥农业规模经济效应，提升农业生产效率，进而增加农民收入，同时也为中低收入村社成员提供了大量就业机会，普惠金融促进了非农就业和私企就业规模的扩大。三是技术创新效应。普惠金融对弥补村社集体经济组织和新型农业经营主体资金缺口具有重要支持，特别是，数字金融依托村社集体产业链和供应链的"长尾"主体，从而加快科技应用创新和农村市场的开发，增强新产业、新业态发展的韧性和活力，并提升劳动生产率。四是创业效应。普惠金融的发展对村社成员开展乡村创业也具有显著的促进作用，通过缓解居民的金融约束、提升居民的金融能力，激发居民的创业精神，实现创业的机会均等化；尤其是对低物质资本与低社会资本的家庭而言，普惠金融的促进作用更明显。以中国工商银行丽水分行投放的普惠金融信贷产品为例。2021年以来，中国工商银行丽水分行通过加快数字赋能，以"产品+场景"助力民生领域发展，不断丰富面向农村市场金融产品，让农户拥有更畅通的融资渠道。通过开发"农户e贷""农企e贷""农机e贷""村社e贷"等一系列子产品，具有可免担保、可落实涉农产权抵押、优惠利率、随贷随还等优点，满足农户和新型农业主体信贷需求。该行致力于探索普惠金融服务乡村振兴，把服务乡村振兴和促进共同富裕作为金融工作的出发点与落脚点，取得了较好成效。景宁县澄照乡是当地特产"惠明茶"的主产区，茶叶种植面积21000余亩，每年茶叶产量占全县总产量的40%左右。工行丽水景宁支行与当地乡政府建立紧密合作，结合当地农业特色与经营情况，推动农村"资源变资产，资产变资本"，用"兴农贷"创新产品为农户持续增收、农村共同富裕保驾护航。同时，该行深入澄照乡、毛垟乡等民族乡镇了解产业发展现状，并多次进行"兴农贷"沙龙宣讲，向农户介绍相关产品政策，真正做到"普惠进村，普惠到户"（见图4.7）。

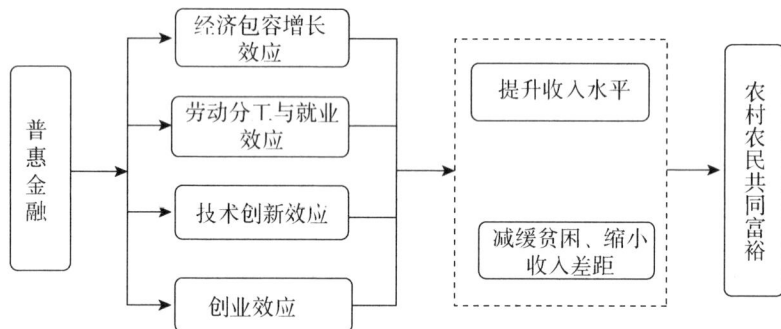

图 4.7　普惠金融赋能产业发展的共富传导机制

第三节　普惠金融助力村社集体发展的共富困境

一、普惠金融赋能村社产业发展严重依赖政策扶持

随着我国全面步入小康社会，缩小收入差距、实现共同富裕已经成为我国社会下一阶段的发展目标，然而，虽然城乡收入差距在缩小，但农村收入差距有扩大趋势。普惠金融是对嫌贫爱富金融体系的纠正，重新回归金融服务实体经济的功能观。普惠金融突破原有正规金融机构划定的金融边界，提高弱势群体获得投融资服务的可及性和使用深度，改善金融资源配置效率，进而促进经济增长和收入公平。但是，我国现阶段普惠金融的发展与预期目标仍存在较大差距，过分依赖国家政策扶持，而金融中介处于被动和任务导向型的普惠性体系发挥作用较小。

二、农村金融"使命漂移"现象依然存在

金融"嫌贫爱富"的本质会导致普惠金融的目标发生偏移。由于金融水平

发展较低的地区配套基础设施、信用体系不完善，导致该地区风险较高，许多普惠金融供给方更倾向于将吸收的存款及资金转移到发展水平较高的区域，从而使普惠金融发展水平较低地区的居民难以享受普惠金融发展红利。此外，"使命漂移"现象依旧存在。例如，在市场主导的模式中，小微金融公司是推动普惠金融的主力军，但存在"使命漂移"现象。一般情况下，金融服务对象越贫穷或居住地越偏远，服务成本就越高。随着数字普惠金融的推动，一些村社集体融资成本有所下降，但也面临村社成员金融素养偏低，借贷意愿和风险认识不够，数字金融发普惠效果不太明显，传统信贷业务在村社内部也存在向中高收入者靠拢，背离了服务低收入群体的初衷，从而一定程度上面临"使命漂移"及"精英俘获"现象。

三、普惠金融服务供给能力和功能相对单一

从目前我国各地区情况来看，普惠金融发展受到来自供给、需求以及基础配套条件等多方面障碍，各方因素共同制约了西部农村普惠金融的发展，阻碍了普惠金融赋能产业发展促进农民农村共同富裕。一方面，涉农金融机构少、农村金融服务供给不充分。目前，我国主要的县域金融机构主要有中国农业银行、农业发展银行、邮政储蓄银行、农村信用社（农村商业银行）等四类机构，其中，农业银行只在少数乡镇设置服务网点，农业发展银行也只普及到县城，农村金融机构以农村信用社（农村商业银行）占据首要地位，邮政储蓄银行、村镇银行在农村业务覆盖程度较低。农村信用社的改革虽取得明显进展，但由于金融机构过于单一，基本的金融服务竞争格局尚未形成，很多地区出现农商行一家独大的局面，农村金融市场竞争度低，服务供给量总体不足。另一方面，金融服务功能单一、创新能力不足。受地域条件限制，我国地区农村金融机构普遍呈现网点分散、产品与服务单一等特点，金融服务功能单一，很多乡镇只有最基本的存、贷、汇业务。欠发达地区的金融市场不健全，能够提供融资的渠道较少，基金、股票、债券、信托等金融服务又仅限于银行业金融机构的代理业务和互联网，农户并不能直接从有形的证券交易所、信托投资公司等获得相关金融服务。

四、普惠金融产品服务质量不高及结构性矛盾凸显

首先，金融产品同质化严重，客户准入门槛高。从我国地区金融产品来看，中小银行普惠金融的产品同质化现象比较严重，尤其是借贷产品结构单一，贷款利率偏高，存在价格性排斥，导致借贷实际发生率不高，个性化服务更是乏

善可陈。为了缓释风险，多数中小银行普惠金融产品均设有附加抵质押担保要求，这对轻资产的小农户而言，无异于提高了准入门槛。其次，金融服务人性化不足，信贷手续烦琐，在主要依靠熟人担保而非财产性担保的情况下，金融机构出于风险防范考量，采取的限制性措施较多，间接抑制了信贷的实际发生。再次，金融服务覆盖不均衡，存在结构性排斥问题，在中国西部突出表现为金融资源配置不均衡、弱势群体受到金融排斥。就东、西部金融服务分布来看，西部地区较东部地区金融服务明显缺失。最后，在政策激励不足、利润最大化等因素影响下，金融机构更青睐于服务大中型企业和城市优质客户，而农业生产受自然条件影响较大，农业相对于其他行业抗风险能力低，且农民对农产品市场发展前景的预测、预判能力较低，另外，农业还面临着较高的市场风险，因此，金融机构在同等情况下更愿意将资金投放到非农领域，导致大量积累资金流向非农领域。

第四节　普惠金融助力村社集体发展的共富实现路径

一、普惠金融发展扶持壮大村社集体经济发展果实

现阶段，我国社会存在城乡收入差距较大、农业转移人口融合度不足、农民收入增长机制不完善、城乡产业协同发展进程较慢、农村公共服务和基础设施建设不扎实等问题，解决这些问题要加快补齐农民发展短板，这也是实现共同富裕的重中之重。具体而言，实现农民农村共同富裕要把握三个层次：一是通过壮大实体经济发展来做大蛋糕，助力乡村振兴，通过做实坐稳实体经济助推农民的共同富裕（共建层面）；二是通过农民合作社内部的利益联结机制，将分散的农户融入农业产业链，在缓解"精英俘获"问题的基础之上分配蛋糕（共享层面）；三是通过推进农村基础设施建设，强化政策补助和公益帮扶"三农"来调剂蛋糕（共有层面）。而普惠金融与这三个层次都是密切相关的。

农商行、农信社等金融机构作为服务"三农"的金融主力军，在推进普惠金融实现共同富裕方面，要着力构建具有适应性、竞争力、普惠性的金融体系，推进实体经济发展，更好地满足人民群众和实体经济多样化的金融需要，助力农民实现共同富裕。一是通过深化改革发展，加大对涉农经营主体的支持力度。发展普惠金融要因地制宜给予信贷支持，围绕当地经济发展规划，跟进信贷服务。对大型带动主体，如农业龙头企业、农业综合体等经营主体，通过积极引

入省农业担保、政银担、再担保公司担保等方式，进行信贷支持；对新型农业经营主体，如规模化家庭农场、农民专业合作社、种养大户，特别是政府重点培育园区等农业大户，探索建立以信用贷、家庭贷为基础，以"1+N"组合为担保的信贷投放模式；对农业科技型人才，以创业贷、消费贷等产品给予信贷支持。实体经济是一国经济的立身之本，是财富创造的根本源泉，是国家强盛的重要支柱。以普惠金融支撑发展壮大实体经济，可以拉动农村相关产业发展，提供更多就业岗位，提高农民经济收入，从而更好地满足人民群众的物质文化需求，最终实现农民农村共同富裕。二是以创新发展为目标，强化涉农产品创新供给。加大产品创新力度、提高金融服务水平是发展普惠金融的永恒课题。要坚持把更多金融资源配置到重点领域、薄弱环节，聚焦财政金融融合政策，扩大金融支农效应，助力破解难题，不断提高农民组织化、土地规模化、生产社会化程度，促进农业增产、农民增收和农村经济高质量发展。要继续加大金融产品的研发力度和支持小微企业力度，加快补齐小微企业、新型农业经营主体等金融服务短板，切实解决融资难、融资贵问题。要着力提升政策精准度和有效性，促进普惠金融和绿色金融、科创金融等融合发展，利用农商银行手机银行、网上申贷等便捷的金融服务，让百姓足不出户享受金融服务，享受7×24小时的贴身服务，提升客户互联网金融运用能力，推进金融互联网化。三是以提升服务为追求，推进普惠金融服务和乡村实现真正衔接。要建立健全支行行长、客户经理挂职乡镇金融副镇长和社区、村庄"金服专员"制度，选派综合素质较高、熟悉农业农村工作及金融业务的党员干部，下派至各镇街、社区、行政村，充实干部队伍力量，结合乡村振兴战略，充分发挥农商银行资金资源和金融助理人才优势，以融资融智并举的方式，帮助大学生乡村能人创业，全力支持农业农村发展。要"量体裁衣"制定支持乡村振兴项目方案，探索开展农村产权抵押担保贷款试点，加强对"三农"项目金融支持，有效促进农业产业与金融服务融合，培育发展新动能。通过加大对涉农经营主体的支持力度、强化涉农产品创新供给、推进普惠金融服务和乡村实现真正衔接，支撑农村实体经济发展，推进农民农村共同富裕。

二、加强普惠金融赋能村社集体经济发展机会和质量均等化

自20世纪90年代以来，乡村精英逐渐成为农村问题研究中一个独立的研究对象（温涛等，2016）。具体而言，乡村精英利用信息不对称获取他们的偏好资源，以达到自身效用的最大化，但此时一般农户效用水平较低（Platteau and Somville，2009）。农贷市场"精英俘获"问题尤为严重，多数农贷资金被乡村

精英控制，导致多数农户被"客体化""边缘化"，进而被金融市场排斥。此外，我国农村地区还存在基础设施发展不充分、"新基建"推进严重不足等问题，这又进一步导致了普惠金融数字化发展的"数字鸿沟"问题。农村地区"数字鸿沟"问题具体表现为：农民知识水平与信息化高新技术之间的矛盾——互联网、大数据和人工智能的发展极大提高了金融的普惠性，但在农村地区，由于"数字鸿沟""知识鸿沟"的存在，仍有不少农民难以掌握数字普惠金融的相关知识和技能，或者并不拥有支撑数字化的工具。从农民合作社内部的利益联结角度出发，可依托农民合作社内部的利益联结机制，将分散的农户融入农业产业链，推动农业产业链和供应链金融信贷，依托农社利益共同体降低农贷的"精英俘获"，加快农村金融普惠促推乡村产业振兴（申云、何祥，2020），推进农民的共同富裕。具体而言，如何通过优化农民合作社供应链金融信贷利益联结机制进而缓解"精英俘获"问题成为当前较为迫切的任务。

第一，建立农业供应链金融信息共享平台机制。由于农民合作社供应链金融的本质在于消除社员农户与农村金融机构之间的信息不对称，降低交易成本，因此，建立有效的信息共享平台尤为必要。首先，强化金融机构、农民合作社、社员农户以及物流企业等供应链主体之间信息共享。通过信息共享技术实现金融机构与农民合作社农户之间信贷资金供需的匹配。通过信息共享平台，掌握社员农户的资金使用情况及供应链资金流走向，并有效保管和监督抵质押品，以降低信贷风险。其次，金融机构之间共享信贷和农户信用征信。促进农民合作社信贷资金和抵押担保信息的交流共享，降低信息不同步带来的信贷风险。最后，加强农业供应链内部信息化平台建设。由于农业生产受自然环境因素影响很大，建立农业供应链内部信息共享平台可最大限度地实现供应链各环节信息对称，降低交易成本和市场风险，提高供应链金融效率和促进农业供应链有效运行。

第二，优化农民合作社供应链价值融资体系。由于农村信贷市场长期缺乏有效的信贷抵押担保品，信贷供需信息不对称直接导致信贷供需错配和市场失灵问题。可优化以农民合作社供应链为体系的信贷抵押担保融资，构建"农民合作社+农户+融资平台/金融机构"等农业供应链金融信贷抵押担保体系。首先，鼓励地方政府优化金融精准扶贫体系，强化农民合作社在农户供应链中信用融资担保和农业保险服务，增强农民合作社利益联结与权属清晰、风险可控等方面的有机协同，如探讨将林果、大型机械设备、水域滩涂使用权、厂房设备等财产纳入抵（质）押范围，为农业供应链金融信贷提供有效保障。其次，积极宣传农民合作社供应链金融服务模式，特别是加强对低收入农户的宣传，并提供特色化服务，为低收入农户定制金融扶贫产品，增强金融普惠性。再次，加快农村普惠金融价值服务体系建设。一方面，政府积极培育新型农业经营主体金融组织，促进网络银行在农村地区普及和应用，拓展新型经营主体的转贷平台作用；另一方面，创建一个多层次和广覆盖的合作金融体系，积极推动金融机构和合作社互助资金回流，延长金融普惠的价值链（张庆亮，2014）。最后，优化农民合作社供应链价值融资体系。一方面，有利于系统性缓解产业链上农户及生产、流通等各环节组织的资金约束，使农户以农业产业发展为依托，提高农户参与金融服务水平，解决农村金融的"生根"问题；另一方面，从产业链和价值链角度配置资金，有利于降低农村金融运行风险，提高资金配置的总体效益，提升贷款质量，解决农村金融商业化运行的可持续发展问题。具体措施是实现农业供应链金融模式的信息技术系统化。强化供应链管理模块的建立、维护与查询功能，提高农业供应链金融服务农户的效率和精准度；加快农户联保贷款批量申请、审查、审批，缩短从申请到审批的操作时间；提供前端信息采集与录入服务，提高工作效率和客户满意度；发挥短信平台及时告知功能，实现贷款到期提醒和逾期贷款的催收作用；利用供应链系统资金流走向，检查信贷农户的约定用途使用、信贷利率是否符合监管要求，实现有效监控。

第三，创新农社利益联结的供应链金融信贷模式和投融资渠道。积极探索多样化的农民合作社供应链金融信贷扶贫模式。首先，需加强农民合作社经营管理和征信水平的监控，探索"金融机构+农民合作社+农户+政府+担保"的融资和征信服务模式（刘圻、应畅、王春芳，2011），积极助推"政银保担社"的合作实现传统农业向现代农业发展。其次，可提升大户领办型合作社在供应链金融中的带动作用，特别是在生产、营销以及服务环节，提高大户在合作社产业链中的主导作用，政府和金融机构可赋予合作社"领办人"荣誉称号，发挥其扶贫济困的示范带头作用。最后，可进一步强化村干部领办型合作社在政府项目和产业主导型产业链等供应链中金融模式的创新，形成"一村一品"和产业链完善的供应链金融服务体系，如以信托融资、股权融资、金融电子化融资等贯穿信贷农户的扶贫过程中，加快一、二、三产业融合的利益联结，带动农户增收（李明贤、刘宸璠，2019）。此外，创新合作渠道提升农业供应链金融扶贫能力。一方面，金融机构需要构建与农民合作社、物流企业以及担保机构的稳定合作关系，依托农民合作社将分散的社员农户通过订单农业与农超对接等方式实现资金流、物流和信息流的有效对接，同时，利用社员农户内部的同伴监督降低信贷违约风险，降低交易成本，增强农业供应链金融合作效果。另一方面，农民合作社应积极整合资源，扩大资金来源渠道，实现对贫困农户资金供给的垂直连接。加大财政贴息对信誉良好的贫困户的帮扶力度，同时借助"互助资金+银行信贷"的有效联动，提高正规金融机构支农效益，降低农户信贷成本并解决"担保难"问题，实现促农增收效果。

　　此外，我国农村金融基础设施建设还存在着严重的不足，其具体表现为两个方面：一是农村从业主体的"数字足迹"缺失、农业跨领域数据融合不足，金融机构难以全面掌握其产销、成本、盈利、风险以及税收、补贴等信息，难以进行信用评估及对贷款全程跟踪；二是农村产权流通性弱、可变现能力差，农村产权流转交易平台和产权评估登记机构建设尚不健全，发生不良贷款后资产处置存在困难。要加快建设多样化的农村数字普惠金融基础设施。强化农村网络基础设施的建设和升级改造，提高农村光纤、5G网络覆盖面和信号强度，消除覆盖盲点，缩小数字基础设施建设不足造成的信贷约束。加快对现有农村普惠金融服务站中功能落后的智能金融设备进行替换或功能升级，逐步消除"数字鸿沟"，并培育农民的数字金融使用习惯。充分发挥普惠金融服务中心的平台作用，整合各有关部门间的信用信息资源，多级联动，构建更加完整的农村信用主体网络信用足迹，突破困扰农村数字普惠金融信用信息资源来源不足的障碍。全力推进金融机构数字化转型。积极推进金融科技创新，做好"线上+线下"业务，研发适当有效的数字金融产品，主动服务农村地区的"长尾客户"。引导银行机构创新农村产权抵押类、林权抵押类、活体抵押类等一系列信贷产品。探索推出"标准地"抵押贷款，以农业"标准地"使用权、生产设施产权做抵押，拓宽农户融资渠道；完善生物活体抵押贷款产品，依托"政府名单管理+保险购买+银行贷款"三方联合机制，为从事牛、羊、猪等养殖的家庭农户提供贷款，助力养殖户摆脱"抵押难"困境。加强农村数字普惠金融的立法、行业标准的政策制定等。完善数字普惠金融监管体系，建立协同监管机制，共同防范数字技术与金融业务交叉产生的金融风险。通过强化农村地区金融服务基础设施建设，为普惠金融发展提供新发力点，进一步缩小城乡之间的"数字鸿沟"，助力农民实现共同富裕。

三、促进普惠金融在新型农业经营主体发展中的金融共享机制

　　金融是现代经济的核心，其在推动经济高质量发展、促进共同富裕的过程中，商业银行承担着多方面的任务。具体而言，要充分发挥普惠金融公益项目服务优势。在支持公益慈善事业高效有序运营、健康稳健发展、社会认知提升、专业理论研究、资金监督管理和社会治理参与等方面，商业银行具有独特优势，在三次分配中积极发挥能动作用。加快提升公益事业的社会影响力。通过发挥

金融服务集成作用和金融机构平台优势，有效增强公益慈善项目的规模效应和辐射效应，提升公益事业的吸引力和感染力，营造关心公益事业的社会氛围。有效促进公益事业的规范运营。大型商业银行作为国有企业，具有深受社会各界信赖和认可的天然优势，在捐赠人、捐赠项目、公益组织推介以及合作方慈善事务运行监督等方面，更要发挥义不容辞的责任，助力推动公益事业健康稳健发展。充分发挥联动公益事业各方的枢纽作用。推动三次分配是一项系统性工程，包含"行善、促善、治善、扬善"等多个环节，涉及政府、企业、个人等各主体，关联民政、税务、市场等各领域。商业银行作为连接政府、企业、个人三方的枢纽，通过建立完整的资金链、信息链和服务闭环，可有效为捐赠人、慈善企业和公益组织赋能，构建高质量发展的金融服务公益事业的生态圈。

第五章

县域村社产业融合发展与城乡收入差距变迁

第一节 县域村社产业融合发展与城乡收入差距背景

在决胜脱贫攻坚之后，全面推进乡村振兴过程中，乡村产业融合发展成为有效激发农村经济发展活力、增加农民收入、缩小城乡居民收入差距、实现农民共同富裕的重要途径。据国家统计局的数据显示，我国城乡居民收入差距自2009年达到峰值以后持续下降，但仍远高于0.4的国际警戒线。如何进一步缩小城乡居民收入差距成为我国开启乡村全面振兴、实现农民农村共同富裕面临的重大挑战，而县域村社产业融合发展是助力城乡收入差距缩小的重要途径。自2015年以来，中央一号文件多次强调将乡村产业融合发展作为县域城乡融合发展与农业农村现代化、推进乡村振兴战略的重要举措。乡村产业融合发展不仅能有效激发农村经济发展活力，也能较好地促进城乡均衡发展，助力城乡共同富裕。然而，乡村产业融合发展也面临区域空间差异，从而影响到农民共同富裕的质量和进程。2019年12月，国家发展和改革委员会等18部门联合印发《国家城乡融合发展试验区改革方案》，其中包括重庆和成都西部片区等城乡融合发展试验区，成为推动乡村振兴、促进农村资源要素与市场对接的重要载体。2021年10月16日，国务院正式印发《成渝地区双城经济圈建设规划纲要》，成渝地区双城经济圈已上升为国家战略，是中国经济高质量发展的第四增长极和探索城乡融合发展的先行阵地，较长三角、珠三角、京津冀等发达经济圈而言，在城乡融合发展规模和质量方面均相对较弱（Li etal.，2021），但身处内陆地区的乡村产业融合发展将直接影响到中国城乡经济内循环发展质量和产业结构转型升级进程，为广大内陆地区有效推进乡村产业融合发展、助力农民共同富裕提供了量化科学依据。

为此，基于乡村产业融合发展的广度和深度这一视角，通过采用熵权

TOPSIS 法构建和测度乡村产业融合发展指数，构建 2011—2020 年成渝地区双城经济圈区县层面乡村产业融合发展对城乡居民收入差距的面板数据，应用最小二乘虚拟变量估计和广义矩估计方法来检验乡村产业融合发展对城乡居民收入差距的影响。由于乡村产业融合发展具有空间关联性，进一步采用空间误差模型来揭示成渝地区双城经济圈乡村产业融合发展对城乡居民收入差距的空间溢出效应。

第二节　县域产业融合发展与城乡收入差距文献述评

20 世纪 90 年代之前，大多数研究聚焦工业与服务业在产业链和供应链层面的融合，往往忽视农业产业内部及一、二、三产业之间的融合发展。日本学者金村奈良臣首次提出将农业与二、三产业进行融合发展，并系统地构建了农村一、二、三产业深度融合发展的"六次产业"理论体系。在我国，对农业产业化发展的实践研究始于 20 世纪 90 年代中期，通过将"六次产业"发展理论与中国实践相结合，使得国内学者对于中国乡村产业融合发展的认识不断加深（Liu et al.，2021），并且围绕着融合主体、融合机制、融合模式不断探寻和丰富乡村产业融合发展的内涵（梁伟军，2011）。早期国内学者对乡村产业融合发展内涵的研究主要体现在三个层面的融合：一是种植业、林业、畜牧业、渔业的融合，即通过农业内部各子产业间的融合来加强子产业间的资源流动、信息共享，拓展平台。第二，渗透先进技术与体制机制（赵霞等，2017），在农业内部各子产业融合的基础上与二、三产业多功能拓展融合为新产业新业态。比如，借助农村独特的田园环境发展农村电商、休闲农业和田园综合体等新兴业态，形成一、二、三产业的多方位联动发展模式（苏毅清等，2016）。三是农业的外延式融合，通过农产品的精深加工，将生产、加工、销售连成一条线，提升农产品的附加值（肖卫东，2019），并降低农业生产及供应链物流成本。

随着对乡村产业融合发展内涵的丰富，多数学者基于其内涵要义着手构建综合评价指标体系，对乡村产业融合发展的研究重点从理论转向实证。已有研究把评价指标体系的构建主要分为三种类型（朱信凯，2019；李治，2019）。第一，效果-导向型指标体系，侧重乡村产业融合发展效果评价。陈学云和程长明（2018）从五大新发展理念分解其效应，构建以创新、协调、绿色、开放、共享为一级指标的体系。第二，过程-效果型指标体系，从乡村产业融合发展的形式、过程、结果三方面出发构建指标体系。张艳红（2021）在形式上细分了农业产业链延伸、农业多功能性发挥、农业服务业融合等二级指标；徐维莉（2019）在过程上细分了农业产业化、农业与第二产业融合、农业与第三产业融合等二级指标；部分学者在融合效果层面则细分为农民增收与就业（张林，2021）、农业增效、城乡一体化发展等维度（张林等，2021）。第三，三产分类耦合型将一、二、三产业分别构建指标运用耦合协调度模型展开测度（张向达，2019），同时结合运用层次分析法、主成分分析法（李芸等，2017）或熵权TOPSIS法对其进行测度评价（陈盛伟，2020）。总体上，相关研究为完善乡村产业融合发展测度评价指标体系提供了重要依据。

由于村社产业融合发展能够推动农业产业结构优化升级，实现产业增值和促进农民增收，即乡村产业融合发展具有明显的促农增收效应和收入差距收敛效应。李乾等（2018）从理论和实践双重视角探究乡村产业融合发展与农民收入增长的互动机制，部分学者基于微观数据（李云新等，2017）、典型案例（郭军，2019）等发现乡村产业融合发展对农民增收具有促进作用（蔡洁等，2020）。从具体路径来说，乡村产业融合发展后不同行业的收入（唐超，2016）、各种生产要素的收入是促进农民增收的重要因素（李乾等，2018），产业链的联结带动农民持续增收（李明贤，2019）。此外，李晓龙和冉光和（2019）指出乡村产业融合发展在促进农民增收的基础上会进一步直接缩小城乡居民收入差距，且农村经济增长和城镇化也表现出部分中介效应。

随着我国乡村产业融合发展水平呈现上升趋势，但耦合协调度不高，具有较强的区域差异，且全国省级层面呈"东高西低"的格局（蒋辉等，2017），已有研究主要集中于某个因素与产业融合发展的空间效应。陈堂和陈光（2021）提出数字化转型对产业融合发展具有促进作用，对相邻地区具有联动与外溢效应。同时随着产业融合深化，将促进地区经济增长，在不同行业存在空间异质性（吴敬伟、江静，2021）。乡村产业融合发展在区域空间上具有异质性，区县间的乡村产业融合发展水平参差不齐，因此需要向前追溯其驱动力量。目前，相关学者主要围绕经济发展、市场需求、技术创新、金融支持、政府补贴、基础设施、生产效率等方面对乡村产业融合发展的内在驱动机理进行研究（冯贺霞、王小林，2020）。经济发展是乡村产业融合发展的强有力基础，经济发展可以为乡村产业融合发展提供更好的资金、人才、技术方面的保障。产业的发展源于满足市场需求，而城乡居民日益增长的娱乐文旅服务消费需求，为农村拓展多元功能、培育新产业、拓宽农业产业链创造了较大的需求，是推动乡村产业融合发展的有效拉力。以互联网、大数据为代表的技术创新不断渗透到农业领域，农业与信息技术的融合也催生出智慧农业、设施农业等新业态。技术创新为提高农产品质量和创新农业生产方式提供了有力支撑，从而提升农业生产率和经营效益（毛一敬、刘建平，2021）。金融服务对于村社产业融合发展的支持主要体现在村社集体资产融资与资源集聚等层面，为农民提供低成本、高效率的现代化金融服务（Tian et al.，2020）。良好的金融支持有利于乡村产业融合发展延伸产业链、提升价值链。在城乡经济发展不平衡的背景下，农村的经济条件与基础服务体系较差，产业链条不健全，而政府补贴和财政支持对于有效完善农村基础设施建设和产业结构调整具有较强的作用（胡海、庄天慧，2020）。从基础设施层面来看，基础设施如交通、文化场馆等作为社会先行资本能够通过空间溢出效应带动城乡融合发展（梁树广、马中东，2017），也有利于为乡村产业融合发展提供更好的基础条件，节约生产成本。除了强大的外部因子，劳动力自身的劳动生产率也是影响乡村产业融合发展的一个重要因素，整个产业链条的劳动生产效率越高，周转也就越快，融合程度也就越深。此外，新型经营主体、地理区位、农村经营制度改革、交易成本等同样影响乡村产业融合发展的路径、模式和效果。

就现有研究文献而言，聚焦乡村产业融合发展对共同富裕的文献相对较少，与之相关的文献主要集中于：一是乡村产业融合发展的增收效应。乡村产业融合发展使得农产品及其衍生品产销一体化，延伸农业产业链以增加一产附加值来提高收入（Rosenberg，1963），强化乡村产业融合发展的内部分工提高资源利用效率，降低成本促推产业进一步优化升级，提升农业产业融合发展对农产品和服务的供给质量（苏毅清等，2016）。此外，乡村产业融合发展过程中农业多功能性得以发挥，农业经营主体优势得以体现（张红宇，2018），解放了农业生产要素（李俊岭，2009），全产业链增值（马晓河，2015），农户持续增收（傅辉煌，2020）。二是产业结构升级与城乡居民收入差距的关系。有学者研究发现，产业结构升级是影响城乡居民收入差距的重要因素（郑万吉、叶阿忠，2015），但随着我国经济的跨越式发展，产业结构升级并没有带来城乡居民收入差距的显著改善（Piketty，2019），甚至我国的产业结构升级还会恶化城乡居民收入差距（Treiman，2012；周国富，2021）。由于城乡居民收入差距会随着发展阶段对产业结构升级产生不同影响（赵峥等，2018），导致农业产业的供给侧结构性改革在缩小城乡居民收入差距过程中扮演合作角色仍然相对模糊（程玉鸿，2021）。由于产业融合发展本身具有动态性和空间性特征，使得不同区域之间乡村产业融合发展存在空间集聚或溢出效应，特别是这种空间异质性差异是否会对城乡居民收入差距产生异质性影响值得深入探究。

综上所述，已有研究主要围绕乡村产业融合发展的内涵（Tian，2021）、指标体系构建（齐文浩等，2021）、效用和作用机制（曹菲，2021）等方面开展了深入研究，但在以下几方面仍较为薄弱：（1）乡村产业融合发展水平的指标体系多样，划分维度各方仍存较大歧义，特别是乡村产业融合发展不仅需要考虑外延式广度和内涵式深度的融合测度，还需要考虑产业融合在空间层面的耦合与分异状况，这些均对村社产业融合发展产生重要的影响。而已有研究在指标构建上往往相对独立，指标设置上往往聚焦产业本身而忽视产业融合在空间维度的动态演进。（2）已有研究多聚焦于全国省级或市级层面的产业融合数据分析，较少聚焦于从经济圈县域层面探讨乡村产业融合发展的空间演变，特别是成渝地区双城经济圈已成为中国第四经济增长极，作为全国城乡统筹试验区本身具有较强的政策优势，二者加持是否导致产业融合发展影响城乡融合发展进程，需要客观的县域层面的数据进行经验证据支撑。（3）对于乡村产业融合发展的研究大多停留在理论机理的探讨层面，特别是成渝地区双城经济圈不同区县本身存在较严重的区域发展不平衡不充分现象，产业融合需要从空间地理的视角揭示其演变规律，而已有研究往往缺少从经济地理的视角来进行实证研究。（4）由于乡村产业融合发展本身存在空间维度的聚散，还应关注其对城乡居民收入差距的空间效应研究，已有研究较少探讨这一方面。同时，成渝地区双城经济圈在乡村产业融合发展及空间融合层面具有较强的示范带动作用，对于揭示该地区的乡村产业融合发展、破解城乡区域发展不平衡不充分、发现城乡居民收入差距现象背后的作用机制及演进规律具有重要意义。

第三节　村社产业融合发展影响城乡收入差距的机理

长期以来，农民增收较慢是制约城乡居民收入差距缩小的直接原因，而乡村产业融合发展能够进一步升级农业产业，使农村资源与市场有效对接，因而是实现这一目的的重要手段。当乡村产业融合发展较慢时，农村二、三产业对农业的带动较小。然而我国的农业基本上处于分散经营的状态，规模化、产业化程度较低，农业生产成本较高，劳动生产率较低，因此农民收入增速较慢。与此同时，城镇更多发展第二、三产业，劳动生产率高、就业机会多，使得城镇居民收入增速往往快于农民收入增速，城乡居民收入差距逐渐拉大。当前，随着乡村产业融合不断发展与实践，农民的增收渠道多样，乡村产业融合发展模式不断创新，促使农民收入增速高于城镇居民收入增速，加快缩小了城乡居民收入差距。

乡村产业融合发展缩小城乡居民收入差距的作用机理主要表现为：一是农业产业内部的深度融合，优化一产内部结构来提升经营效能。通过农业的优势资源，将第一产业内部农业、林业、牧业、渔业等子产业进行有效融合发展，实现种养殖等循环农业发展，优化农业种养结构，使得农业内部紧密协作，进而加快农业内部的循环发展来降低农业生产成本，增加农民经营性收入，促使农民收入增速高于城镇居民收入增速来直接缩小城乡居民收入差距。二是农业产业链延伸融合发展，将产加销有机融合促进产业链供应链附加值有效整合，形成价值链竞争优势。依托农产品的生产、加工、销售、流通等各环节的有机联结，整合农业资源向上下游扩展，构筑起农业产业价值链竞争门槛，并提供更多的就业岗位，吸纳本地及周边农村劳动力，促进农民的工资性收入增长。同时，产业链延伸发展，提高了农户的生产效率和农产品质量，进一步增加农产品的附加值，拓展了农产品交易市场，增加农民全产业链经营收入来逐步缩小城乡产业发展差距。三是交叉融合发展催生出新产业新业态，进而改造传统农业，缩小城乡产业生产效率来拉平城乡居民收入差距。农业的向外功能性拓展与二、三产业深度融合催生出新业态，如生态农业、观光农业、乡村旅游等行业，赋能传统农业产业价值创造和提升产业整体效能，从而带动农村地区基础设施建设和吸纳能人返乡创业，促进农村产业要素集聚和产业联动，拓宽农户的增收渠道，激发农户创新活力，并激活农村土地、经济和金融的要素市场来进一步赋能农民多元收入增长缩小城乡居民收入差距。四是技术渗透融合发展拉平城乡技术迭代差异来缩小城乡技术创新差异带来的收入差距。通过高新技术和数字化信息化对农业生产和推广应用中的有机渗透，加快数字农业基础设施建设，提高农业机械化、规模化水平，保障农产品的产量和质量，促进农业集约化生产，进而提高农户的生产经营性收入。此外，城乡制度层面的融合也在一定程度上促进乡村产业融合发展，比如加大对教育培训的财政支持力度和对新型经营主体的补贴广度，加快完善农村基础设施建设等政策倾斜也进一步加快了产业融合步伐，使得农村居民的人均收入较城镇居民增长更快，从而有助于缩小城乡居民收入差距。

第四节 数据来源、模型构建与变量说明

一、数据来源

自 2011 年成立成渝经济区开始，再到 2021 年正式出台成渝地区双城经济圈规划纲要（以下简称"纲要"），10 年间成渝地区双城经济圈的发展不仅是产业融合发展的演变历程，也是城乡融合发展格局演进的重要阶段。为此，基于 2011—2020 年成渝地区双城经济圈县域村社产业融合发展状况对城乡居民收入差距的空间影响效应进行分析，揭示该区域内产业融合发展水平的变动及城乡空间融合的发展趋势。根据《纲要》的区域范围，主要包括重庆市的中心城区及万州等 27 个区（县）以及开州、云阳的部分地区；以及四川省的成都、自贡、泸州、德阳、绵阳（除平武县、北川县）、遂宁、内江、乐山、南充、眉山、宜宾、广安、达州（除万源市）、雅安（除天全县、宝兴县）、资阳等市。基于此，本章研究数据来源于上述区域各区县统计年鉴及统计公报（2011—2020）、EPS 数据库、中经网、《四川省统计年鉴（2011—2020）》《县域统计年鉴（2011—2020）》。部分区县①数据缺失和统计漏损等原因，结合研究的需要做了插值处理或者剔除处理，最终得到有效样本数据共计 28350 条，由于不同年份中存在部分数据缺失和统计标准的差异等情况，文中基于 MI 算法对其进行多重填补和处理，保证各区县数据的统计口径一致和有效性。

二、模型构建

1. 熵权 TOPSIS 法

乡村产业融合发展评价指标体系作为一个多指标、多系统的指标体系，需选择多指标评价方法计算成单一指数进行考察。熵权 TOPSIS 法通常用于系统工程赋权分析，计算过程直观易懂、方法简便，现选取熵权 TOPSIS 法进行赋权并测算其综合得分。

---

① 缺失数据较多被剔除的区县共 38 个：彭州市、成华区、金牛区、武侯区、青羊区、锦江区、简阳市、井研县、犍为县、五通桥区、沙湾区、峨边彝族自治县、马边彝族自治县、叙州区、沐川县、纳溪区、南溪区、叙永县、江津区、射洪区、涪城区、南川区、涪陵区、渝中区、大渡口区、长寿区、垫江县、忠县、黔江区、万州区、开阳县、开州区、梁平区、丰都县、华蓥市、前锋区、贡井区、自流井区。

①数据标准化处理。乡村产业融合发展评价指标体系中包含正向、负向指标，其具体指标变量之间存在量纲差异，从而无法直接比较。为此，采用最大最小值法对各指标的原始数据进行标准化无量纲处理，消除量纲对评价得分的影响。且为避免出现零值，影响指标矩阵，对标准化后的数据进行平移处理。计算公式如下：

$$正向指标：Y_{ij} = \frac{X_{ij} - X_{min}}{X_{max} - X_{min}} \tag{5.1}$$

$$负向指标：Y_{ij} = \frac{Xmax - X_{ij}}{X_{max} - X_{min}} \tag{5.2}$$

Y_{ij} 为第 i 个评价指标的标准值；X_{ij} 为第 i 个地区的第 j 个指标的初始值；X_{max} 为指标 j 的最大值；X_{min} 为指标 j 的最小值。

②计算各指标的熵值。对单个年份有 m 个指标、n 个评价对象，第 i 个指标的熵为：

$$H_i = -k \sum_{j=1}^{n} f_{ij} \ln f_{ij} \tag{5.3}$$

其中，$f_{ij} = \dfrac{Y_{ij}}{\sum\limits_{j=1}^{n} Y_{ij}}$，$k = \dfrac{1}{\ln n}$，n 表示系统可能处于的状态数，$f_{ij}$ 表示系统所处的某种状态概率。

③计算熵权：定义了第 i 个指标的熵之后，可得到第 i 个指标的熵权为：

$$w_i = \frac{1 - h_i}{m - \sum\limits_{i=1}^{m} h_i} \left(0 \leqslant w_i \leqslant 1,\ \sum_{i=1}^{m} w_i = 1\right) \tag{5.4}$$

④构建乡村产业融合发展规范化评价矩阵：

$$Z = \begin{bmatrix} Y_{11} w_1 & \cdots & Y_{1n} w_n \\ \vdots & \cdots & \vdots \\ Y_{m1} w_1 & \cdots & Y_{mn} w_n \end{bmatrix} \tag{5.5}$$

⑤计算各评价对象与"正理想解""负理想解"的差距程度：

$$正理想的距离：D_j^+ = \sqrt{\sum_{i=1}^{m} (z_i^+ - z_{ij})^2} \tag{5.6}$$

$$负理想的距离：D_j^- = \sqrt{\sum_{i=1}^{m} (z_i^- - z_{ij})^2} \tag{5.7}$$

式中：z_i^+ 为规范化加权矩阵第 n 列的最大值，z_i^- 为规范化加权矩阵第 n 列的最小值。

⑥计算乡村产业融合发展综合评价指数：

$$C_j = \frac{D_j^-}{D_j^+ + D_j^-} \tag{5.8}$$

其中，C_j 是该区县第 j 年的综合评价指数，数值范围在 0-1 之间，越接近 1 代表该地区的乡村产业融合发展水平越高；越接近 0，该区域乡村产业融合发展水平越低。

2. 基准回归模型

通过理论分析，对乡村产业融合发展指数和城乡居民收入差距的关系构建如下模型：

$$gap_{it} = \beta_0 + iidi_{it} + \theta X_{it} + \varepsilon_{it} \tag{5.9}$$

其中，i 和 t 分别代表不同的区（县）和年份；gap 代表城乡居民收入差距水平；iidi 代表乡村产业融合发展指数；X 为控制变量；ε 为随机误差项。

3. Moran's I 指数测度

为了进一步探索乡村产业融合发展对城乡居民收入差距在空间上的作用，再次采用 Moran's I 指数对乡村产业融合发展是否存在空间自相关进行检验。由于研究区域为连片的经济圈，因此，采用一阶邻接关系矩阵：

$$I = \frac{n \sum_{i=1}^{n} \sum_{j=1}^{n} W_{ij}(X_i - \bar{X})(X_j - \bar{X})}{\sum_{i=1}^{n} \sum_{j=1}^{n} W_{ij} \sum_{i=1}^{n} (X_i - \bar{X})^2} \tag{5.10}$$

式（5.10）中，县域 i 称为中心县域，县域 j 称为 i 的邻接县域。Moran's I 指数的值介于 -1 至 1 之间，大于 0 为正相关，且越接近 1，正相关性越强，即邻接空间单元之间具有很强的相似性；小于 0 为负相关，且越接近 -1，负相关性越强，即邻接空间单元之间具有很强的差异性；接近 0 则表示区域内的值随机分布，邻接空间单元不相关。

4. 空间计量模型

考虑到乡村产业融合发展水平的空间效应可能存在，引入空间计量模型考虑乡村产业融合发展对城乡居民收入差距的空间效应。根据 Anselin（1988）提出的两种刻画空间依赖性的空间计量模型——空间滞后模型（SLM）、空间误差模型（SEM），表达式分别为：

$$gap_{it} = \rho \sum_{j=1}^{n} w_{ij} iidi_{jt} + \beta_1 gap + \beta X_{it} + \mu_i + \gamma_i + \varepsilon_{it} \tag{5.11}$$

$$gap_{it} = \beta_1 iidi_{it} + \beta X_{it} + \mu_i + \gamma_i + \varphi_{it}, \varphi_{it} = \delta \sum_{j=1}^{N} W_{it} \varphi_{jt} + \varepsilon_{it} \tag{5.12}$$

其中，μ_i 代表空间固定效应，γ_i 代表时间固定效应，ε_{it} 代表随机扰动项，w_{ij} 为空间邻接矩阵，X_{it} 为一组控制变量，β_1、β、δ 为参数。

三、变量选取及说明

被解释变量为城乡居民收入差距（gap）。考虑到不同群体的可支配收入比能够更好地体现收入差距，同时兼顾成渝地区双城经济圈县域层面数据的可获取性和连续性，选择将城镇居民人均可支配收入与农村居民人均纯收入（2013年后调整为农村居民人均可支配收入）的比值作为城乡居民收入差距的代理变量。

解释变量为乡村产业融合发展指数。乡村产业融合发展是一个完整的体系，既有广度的拓展，也有深度的影响。结合现有学者的研究，乡村产业融合发展可以理解为以农业资源为基础，首先在第一产业内部进行融合，大多以循环农业为主。随着第一产业向第二、三产业延伸，实现农业产业链的延伸和交叉型融合，即通过农业的产加销一体化联结，融合文旅、康养行业等形成新产业新业态。在乡村产业融合发展的过程中，通过先进技术要素对农业产生渗透融合，培育新型农业经营主体，发展智慧农业和功能农业，实现三次产业之间协同发展，最终促进生产效率提高、农民增收就业、城乡融合发展来激发农村活力。

为此，从乡村产业融合发展的广度和深度两个维度构建指标体系。融合广度层面下设 4 个二级指标和 17 个三级指标，二级指标包括农业内部融合、延伸融合、交叉融合、渗透融合四个维度。融合深度层面下设 4 个二级指标和 10 个三级指标，二级指标包括农民增收与就业、产出高效、城乡融合、生态绿色（表 5.1）。其中，农业内部融合是通过农业产业内部各个子产业的整合重组，有效利用资金、土地等各种资源，推动种植业、养殖业、水产业等细分产业之间的融合（赵霞等，2017）。因此，各细分子产业总产值体现出各细分产业的生产能力。在融合的过程中需要资金即第一产业固定投资、土地即常用耕地面积等生产要素的支持（Ma etal，2020）。

延伸融合连接了农业生产资料的生产、加工、销售环节，通过农民专业合作社得以有机结合。农民专业合作社通过利益联结机制将农产品产加销链条结合，与市场串联起来，范围覆盖到整个农业的生产、流通、销售。因此下设三级指标为农林牧副渔总产值、人均加工业产量、乡村市场零售额、农村每万人农民专业合作社数量。

表5.1 乡村产业融合发展综合评价指标体系

一级指标	二级指标	三级指标	指标说明	单位	指标属性
产业融合广度	内部融合	细分子产业总产值	种植业+畜牧业+渔业产值	亿元	正向
		第一产业固定投资	——	万元	正向
		常用耕地面积	——	公顷	正向
	延伸融合	农林牧副渔总产值	——	亿元	正向
		人均加工业产量	（粮食+油料+蔬菜+肉类）等加工业产值/乡村人口数	元/人	正向
		乡村市场零售额	——	亿元	正向
		农村每万人农民专业合作社数量	农民专业合作社数量/乡村人口数	个/万人	正向
	交叉融合	旅游总收入	——	亿元	正向
		旅游接待游客人次	——	万人	正向
		农林牧副渔服务业总产值①	农林牧副渔总产值-第一产业总产值	亿元	正向
		第三产业增加值占农业总产值比重	第三产业增加值/农业增加值	%	正向
		第三产业就业人数	——	万人	正向
		农村每万人医疗基本设施	医院床位数/乡村人口数	张/万人	正向
		农村每万人普通中小学校数量	普通中小学数量/乡村人口数	个/万人	正向
	渗透融合	设施农业占地面积	——	公顷	正向
		信息化建设	移动电话用户数量/乡村人口数	个/万人	正向
		农业机械化总动力	——	万千瓦	正向

---

① 注：中国统计年鉴指标解释说明中提到农林牧副渔总产值包括了其服务值，而不包括第一产业产值，因此农林牧副渔服务业产值等于农林牧副渔总产值减去第一产业产值。

一级指标	二级指标	三级指标	指标说明	单位	指标属性
产业融合深度	就业增收	农村人均可支配收入	——	元/人	正向
		乡村就业人数	——	人	正向
	产出高效	劳均第一产业增加值	第一产业增加值/乡村就业人数	亿元/人	正向
		三品一标农产品数量	——	个	正向
		单位耕地第一产业增加值	第一产业增加值/耕地面积	亿元/公顷	正向
	城乡融合	城乡人均可支配收入比	城镇居民人均可支配收入/农民人均可支配收入	%	负向
		城镇化率	——	%	正向
	生态绿色	化肥施用强度	农作物化肥使用量/农作物种植面积	%	负向
		农村用电量	——	万千瓦	负向
		森林覆盖率	——	%	正向

交叉融合为农业多功能性的发挥，通过农业与其他产业交叉融合，辅以服务业的基础设施，形成多样化的新型业态如休闲农业等（Qin，2020）。下设旅游总收入和旅游接待游客总人次反映该地区旅游产业的发展；农林牧副渔服务业总产值衡量农业与服务业融合的直观指标；第三产业增加值占第一产业增加值比重和第三产业就业人数体现第一产业与服务业融合的具体状况；农村每万人拥有的医院床位数和普通中小学校数量是交叉融合过程中的服务业基础设施，为农村产业交叉融合提供保障。

渗透融合通过高新技术和数字化信息化对农业产生有机渗透，增加农产品附加值，由设施农业占地面积、信息化建设水平、农业机械化动力来体现。其中，设施农业和农业机械设备通过运用较为先进的技术，保障农产品的产量和质量，提高劳动生产率，促进农业集约化生产；信息化建设体现信息化对农业生产的影响。

产业融合深度反映乡村产业融合发展的效果和质量，是乡村产业融合发展的核心目标。首先，直接带来的就是农民就业和增收，不同的乡村产业融合发展模式其目的在于促进农户增收（郭军等，2019）。保证效益增长是农村三产融合的基本目标（万宝瑞，2019），主要反映对当地农业生产状况的影响程度。其中，劳均第一产业增加值、单位耕地第一产业增加值从两个方面体现乡村产业融合发展的增量；"三品一标"数量是农产品竞争力的体现。与此同时，乡村产业融合发展会促进城乡要素资源的流动与重组，增强要素效率，改善城乡交流（张林等，2020）。因此，城乡融合下设置城乡人均可支配收入比、城镇化率。绿色生产是农村三产融合的基础，任何的生产活动都要以可持续发展为前提，绿色化是农村生态的资源载体（李治，2019）。通常来说，化肥施用强度越高，生态农业开发越差。因此下设农村用电量、化肥施用强度、森林覆盖率3个三级指标。

为了剔除其他因素对结果的影响，将其他重要的影响因素作为控制变量纳入计量模型。具体控制变量包括：①数字普惠金融水平（dif），采用北京大学测算出的数字普惠金融指数。数字普惠金融发展水平提高，可以有效促进农村信贷发展，鉴于中国农村信贷的实际情况，农户贷款与农民收入增长之间的关系十分密切。②劳动生产率（lp），劳动生产效率高，既可以增加农户家庭经营收入，又有利于增加农民外出务工时间。③经济发展水平（edl），考虑到农村经济发展水平主要影响农民经营收入，城市经济发展水平影响农民外出务工收入和城镇居民工资性收入，通过国内生产总值/总人口来反映。④农村人力资本（rhc）采用农村人口平均受教育年限来衡量。研究表明，人力资本对城乡经济社会的发展有影响，特别是农村人力资本的溢出对于城乡居民收入差距影响尤为明显（侯风云，2007；惠宁，2008）。将人力资本作为控制变量引入模型中，农民受教育程度越高，掌握农业生产新设备的能力就越强，可进一步促进创业创新、农业集约化，增加经营性收入，同时农民文化程度越高，劳动力的平均工资收入也越高。以受教育年限/农村人口来表示，其中受教育年限 edu 等于 $6\times$ pri+ $12\times$jun+12×sen+16×col（用 pri、jun、sen 和 col 分别表示小学、普通初中、高中和普通高等教育的在校学生数）。

第五节　乡村产业融合发展对城乡居民收入差距的影响分析

一、乡村产业融合发展水平测度

通过上述指标及熵权 TOPSIS 法，测算出 2011—2020 年成渝地区双城经济圈各区县乡村产业融合发展的综合指数得分，进一步通过取平均值作为整个成渝地区双城经济圈乡村产业融合发展两大系统的水平指数和综合指数。从图 5.1 可知，成渝地区双城经济圈整体的乡村产业融合发展综合指数在十年间逐渐上升，从 2011 年的 0.3 增长到 2020 年的 0.41。乡村产业融合发展的广度和深度也不断提高，其中深度系统的指数更高，表明乡村产业融合发展在农民就业增收、农业增效、城乡融合、绿色发展等方面的效果更佳。

（％）

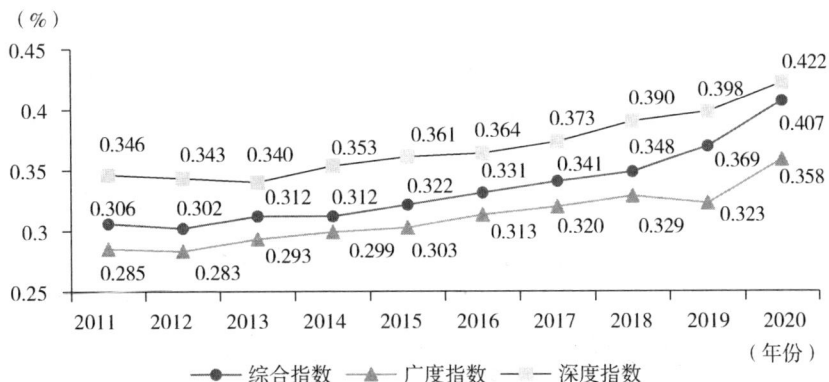

图 5.1 成渝地区双城经济圈乡村产业融合发展指数变化趋势

从各子系统而言（图 5.2），各细分子系统指数融合发展水平不平衡现象较为突出。其中，在广度体系里面延伸融合模式发展得最好，其次是内部融合发展模式，而表征乡村产业融合发展深度体系的生态绿色和城乡融合表现较好。从成渝地区双城经济圈整体变化趋势的内部原因来看，主要得益于内部融合、延伸融合以及融合效益的全面提升。在内部融合模式下，成渝地区双城经济圈充分挖掘农业内部各子产业的功能，将其有效结合。并充分集聚可用资源，促进要素流动。在延伸融合模式下，成渝地区双城经济圈不断加强现代乡村产业融合发展示范区建设，构建现代农业产业体系，巩固农业基础，创新发展经营模式。在乡村产业融合发展深度下，主要目的为提高乡村产业融合发展的质量，使其价值落地。深度指数在 2017 年后增长较为明显，体现了该阶段成渝地区双城经济圈初步实现乡村产业融合发展与农民增收、农业增效、城乡融合及绿色发展的有机结合。

基于此，成渝地区双城经济圈的乡村产业融合发展表现出较强的增长活力，发展趋好，有较大的潜力。从各子系统对乡村产业融合发展综合指数的贡献率来看，延伸融合模式即延长产业链是现阶段促进成渝地区双城经济圈乡村产业融合发展的重要路径。同时也要进一步加强交叉融合模式和渗透融合模式，促

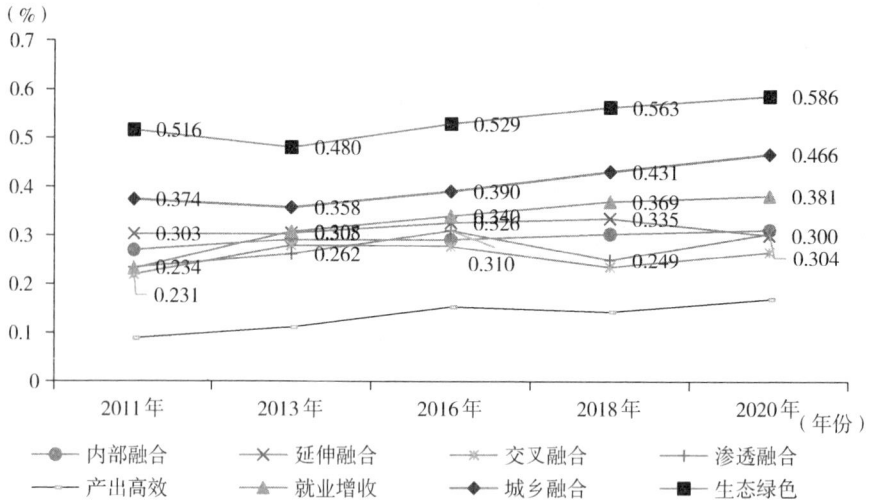

图 5.2　成渝地区双城经济圈乡村产业融合发展细分子系统指数得分

进农业与文旅等服务业产业的深度融合发展，加强先进技术与大数据、数字化对农业产业的渗透，推动融合进程的高效和现代化。

2011 年成渝地区双城经济圈乡村产业融合发展深度融合区域主要集中于重庆市西部，成都周边的眉山市、资阳市等地，分散位于仪陇县、江油市、大竹县、中江县；而初级和中级融合区域主要集中在成渝地区双城经济圈的东北部和中部，大致呈西南—东北向延伸，即达州市、南充市、泸州市、内江市各区县。乡村产业融合发展正处于刚起步或成长阶段的区县集中在成渝地区双城经济圈的西南部。到 2020 年，乡村产业融合发展深度融合区域较 2011 年更为集中，由离散斑块状分布向连片集聚式分布转变，几乎完全集中于成渝地区双城经济圈的中部区域，呈西北—东南向延伸，以重庆市和成都市为轴心向外扩散，且重庆市的集聚程度更加明显。从成渝地区双城经济圈乡村产业融合发展程度十年间的空间演变来看，深度融合区域集中在重庆市和成都市及其周边区县，这是因为中部地区为平原地形，多条大江大河流经该区域，水源相对充足，具有发展农业的先天优势。加之成都市为四川省的省会城市，社会经济发展水平较高，农业集约化规模化起步较早，产业结构较为完善，且具备极强的要素集聚能力和辐射作用，带动周边县域的乡村产业融合发展不断深化。重庆市作为我国西部唯一的直辖市，经济基础良好、交通便捷、政策支持力度大、科学技术先进，乡村产业融合发展效率提升快。总体来看，从 2011 年至 2020 年十年间的乡村产业融合发展水平在空间上不断集聚，地区之间的差异呈现减小的态势。

此外，从成渝地区双城经济圈部分区县 2011 年、2016 年、2020 年的乡村产业融合发展综合指数得分排名看，其中居于前列的均是成都市、眉山市和重庆市的区县，产业融合发展水平偏低的县域主要位于成渝地区双城经济圈的南部和西部范围，其离成都市、重庆市两大中心城市相对较远，受辐射带动的融合效应较小。由表5.2可知，双流区、合川区、璧山区、大足区、东坡区、仁寿县的乡村产业融合发展水平相对稳定，长期保持在所有县域的前十位。自2008年起，双流区便率先探索"三权"分置，实施农村集体资产股份化改革，开展都市现代观光农业，大力培育新业态，建设城乡融合发展示范区，打造空港农业知名品牌以及"农业+"消费新场景，启动川西林盘保护修复计划。双流区基于对农村经营制度的优先探索以及对自身航空港这一独特优势的灵活运用，使其乡村产业融合发展持续发展。同时，值得一提的是郫都区、铜梁区，其是十年间成渝地区双城经济圈乡村产业融合发展迅速发展的"黑马"代表，从下游层级冲至前25名（表5.2）。主要原因可能是行政区划的调整，撤县设区使得其城乡区域能够得到更好的规划和空间统筹安排，农村产业得以集约化，并配套基础设施和服务设施，为产业融合提供生产性服务基础、物质前提和创新活力，从而较快地提升了乡村产业融合发展水平。

表5.2 成渝地区双城经济圈部分区县乡村产业融合发展综合指数得分

区县	2011 年		2016 年		2020 年	
	TOPSIS 得分	排名	TOPSIS 得分	排名	TOPSIS 得分	排名
合川区	0.425	6	0.454	8	0.490	1
永川区	0.361	29	0.452	9	0.452	2
璧山区	0.416	8	0.507	3	0.440	3
安岳县	0.376	20	0.417	13	0.438	4
双流区	0.465	2	0.492	7	0.425	5
大足区	0.436	4	0.520	1	0.399	6
射洪市	0.306	49	0.302	70	0.395	7
东坡区	0.468	1	0.500	5	0.395	8
潼南区	0.375	22	0.498	6	0.392	9
仁寿县	0.444	3	0.510	2	0.390	10
铜梁区	0.272	66	0.370	28	0.373	19
郫都区	0.273	65	0.346	38	0.365	20

二、村社产业融合发展对城乡居民收入差距的基准检验

通过采用最小二乘虚拟变量估计和广义矩估计两种方法来检验乡村产业融合发展对城乡居民收入差距的影响，对式（10）进行回归估计。从表 5.3 中可以看出，模型（1）和模型（2）的核心解释变量是当期乡村产业融合发展指数，模型（3）和模型（4）的核心解释变量为滞后一期乡村产业融合发展指数（Liidi）。用 LSDV 方法估计的结果，模型（1）和（3）中的 F 值均通过显著性检验，说明设定的面板模型整体系数十分显著，得到的估计结果比较可靠。从 GMM 方法的估计结果可以看出，模型（2）和（4）中的 Kleibergen-Paaprk LM 统计量、Cragg-Donald Wald F Cragg-Donald Wald F 统计值以及 Hansen J 统计值均通过显著性检验，说明选取的工具变量较为有效，模型结果较好。从核心解释变量的估计结果来看，乡村产业融合发展指数（iidi）对城乡居民收入差距（gap）始终存在显著的负向影响，说明乡村产业融合发展持续发展会进一步缩小城乡居民收入差距。从其他控制变量的估计结果来看，经济发展水平（edl）、数字普惠金融水平（dif）、劳动生产率（lp）在四个模型中也对城乡居民收入差距存在显著的负向影响，表明经济增长、普惠金融发展、劳动生产率提高能有效缩小城乡居民收入差距；农村人力资本（rhc）对城乡居民收入差距的负向影响仅在模型（1）中显著，说明人力资本的增加在成渝地区双城经济圈下对缩小城乡居民收入差距的影响不明显。

表 5.3　产业融合对城乡居民收入差距的影响结果

	LSDV (1)	IV-GMM (2)	LSDV (3)	IV-GMM (4)
iidi	-0.0225*** (0.0002)	-0.0432*** (0.0013)		
Liidi			-0.0389*** (0.0029)	-0.0632*** (0.0027)
edl	-0.8756*** (0.0022)	-0.8231*** (0.0061)	-1.1875*** (0.0017)	-1.0325*** (0.0002)
rhc	-0.0032* (0.0018)	-0.0008 (0.0322)	-0.0022 (0.0421)	-0.0013 (0.0212)
dif	-0.0157** (0.0079)	-0.0275*** (0.002)	-0.0253*** (0.0112)	-0.0195*** (0.0026)

续表

	LSDV （1）	IV-GMM （2）	LSDV （3）	IV-GMM （4）
lp	−0.3568*** （0.0043）	−0.2793*** （0.0012）	−0.0023* （0.0014）	−0.2156*** （0.0002）
常数项	6.2395*** （0.0036）		5.6975*** （0.0032）	
面板设定 F 值	45.6532*** （0.0169）		32.7862*** （0.0158）	
Kleibergen-Paap rk LM 统计值		32.8942*** （0.0037）		41.5982*** （0.0065）
Cragg-Donald Wald F 统计值		176.4892 （16.8621）		146.6974 （14.5623）
Hansen J 统计量 P 值		0.1576		0.1342

注：＊＊＊、＊＊、＊分别代表在 1%、5%、10% 的显著性水平下显著，括号内为稳健标准误。

三、村社产业融合发展对城乡居民收入差距的空间效应

由于上文关于乡村产业融合发展的时空演变展示了不同县域之间的空间关联性，并且整个区域的乡村产业融合发展水平存在较大的空间异质性，为进一步揭示乡村产业融合发展对城乡居民收入差距的影响是否存在空间效应，基于以上研究运用 Moran's I 指数对乡村产业融合发展进行空间自相关分析，采用空间误差模型检验乡村产业融合发展对城乡居民收入差距的空间效应。

1. 全局 Moran's I 指数分析

从表 5.4 可以看出，2011 年至 2020 年成渝地区双城经济圈县域乡村产业融合发展水平的 Moran's I 指数均显著为正，说明整个区域的乡村产业融合发展并非互相独立，存在显著的空间正相关性。而且整体呈现波动变化的态势，先上升后下降，最后两年又开始上升。从 2011 年至 2014 年成渝地区双城经济圈乡村产业融合发展水平的 Moran's I 指数呈上升趋势，说明在此期间成渝地区双城经济圈各区县的乡村产业融合发展水平呈现出空间上的集聚态势。可能是由于自 2010 年国家批复《成渝经济区区域规划》开始，成渝经济区便作为我国西部地区的主要经济中心，当时政策的支持加之经济的不断发展，其指数不断上升。从 2014 年至 2018 年，Moran's I 指数呈下降趋势，成渝地区双城经济圈乡村产业融合发展空间集聚效应逐步减弱，空间异质性逐步扩大，可能由于乡村产业融

合发展广度提高后，融合深度带来农村产业高质量发展存在较大的区域差异，造成区域间乡村产业融合发展上的"马太效应"。此外，2014年颁布的《国家新型城镇化规划》使农村人口向城镇转移也间接带来产业融合的空间转移，使得产业结构转型和融合质量表现出较高的区域异质性。而成都和重庆的极核作用也促使农业产业的城乡统筹发展带来产业的不断深度融合，促使重庆市各区县、成都市及其周边各市县的空间溢出效应不断增强，对成渝地区双城经济圈外围区县形成一定的虹吸效应，使得其呈现出正向且增长的集聚态势。

表 5.4　成渝地区双城经济圈乡村产业融合发展空间集聚效应

	2011年	2012年	2013年	2014年	2015年	2016年	2017年	2018年	2019年	2020年
Moran's I 指数	0.262	0.264	0.301	0.342	0.36	0.355	0.294	0.22	0.294	0.267
Z 值	3.0924	3.9062	4.6111	5.313	5.6503	5.6222	4.6541	3.5957	4.5409	4.1183
P 值	0.001	0.002	0.001	0.001	0.001	0.001	0.001	0.001	0.001	0.001

注：数据来源于成渝地区双城经济圈各区县拟合出的乡村产业融合发展指数，通过GEODA软件空间计量得出。

2. 局部 Moran's I 指数分析

（1）Moran's I 散点图

图 5.5 分别选取了成渝地区双城经济圈 2011 年、2016 年与 2020 年乡村产业融合发展水平的 Moran's I 散点图，其中横轴为乡村产业融合发展综合指数，纵轴为乡村产业融合发展综合指数的空间滞后值。图 5.3 中的一、三象限分别表示"H—H"和"L—L"的正相关，反映了空间上的均质性；二、四象限分别表示"L—H"和"H—L"的负相关，反映了空间上的异质性。由于上述得到的全局 Moran's I 指数均为正值，因此接下来主要讨论一、三象限的情况。由图 5.5 的演变可以看出成渝地区双城经济圈各区县由最初的分散到 2020 年的集聚，不断往原点处集中。这说明在这十年间，成渝地区双城经济圈的乡村产业融合发展水平具有较高的空间正相关性且较为稳定。

（2）Lisa 显著性（通过 p=0.05 的显著性）

2011 年至 2020 年，成渝地区双城经济圈县域乡村产业融合发展水平的空间分布格局呈现出较强的稳定性，有一定的路径依赖性。县域间乡村产业融合发展不均衡特征明显，在空间上呈现明显的高—高、低—低集聚分布。

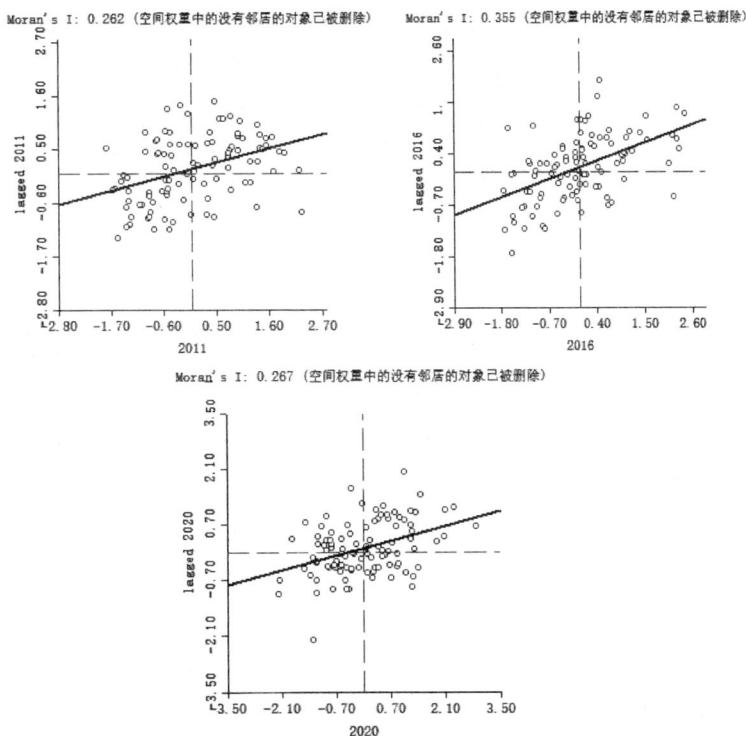

图 5.3 乡村产业融合发展助力共同富裕水平的 Moran'I 散点图

高值集聚区域（高效型）逐渐往东部聚集，2011 年呈现横条状分布，从资阳市县域延展到重庆市县域，成渝主轴线分布为主。而到 2020 年，发展成为块状分布，主要集中于重庆市县域内，形成以重庆市为乡村产业融合发展深度融合的重要区域，以其自身完善的产业基础和资源优势形成凝聚合力，距离核心区域较近的地区受到空间邻近效应的影响、受到中心县域辐射带动作用的影响得到迅速发展。

低值集聚区域（低效型）基本维持相对稳定，主要集中在雅安市域，分散于长宁县、珙县、乐山市市中区、大安区。位于南部和西部，远离核心区域，为主要的"凹陷区"，辐射带动效应不强，乡村产业融合发展水平始终落后于重庆市的县域。

低—高集聚区域（空心型），主要为大英县、铜梁区，之后变为崇州市、北碚区、彭山区。这几个地区的乡村产业融合发展水平明显低于周围地区，形成周围高、中间低的"空心化"局势。

高—低集聚区域（极化型），主要表现为部分年份才出现的集聚现象，2011—2013 年为东坡区，"H-L"集聚区域表现为自身乡村产业融合发展水平发展较好，但无法带动周边地区的乡村产业融合发展水平进一步提高。该区域产业基础较好，加之其得天独厚的文旅资源，旅游经济蓬勃发展，通过"旅游+农业"模式建设国家现代化农业产业园，极大地推动了城乡产业融合发展的质量。但由于其地理位置受限，在成渝地区双城经济圈范围内偏西，且紧挨雅安市县域，经济发展相对落后，差距过大难以有效带动，使得呈现出高—低集聚的现象。

2. 空间计量结果分析

首先，对乡村产业融合发展与城乡居民收入差距的关系进行豪斯曼检验，检验的统计量为68.35（p=0.0007），即在1%的显著性水平上拒绝随机效应原假设，接受固定效应的备择假设。因此结果表明选择面板固定效应模型。在进行县域乡村产业融合发展对城乡居民收入差距的空间计量模型回归之前，再次进行拉格朗日乘数检验（LM）和稳健性LM检验，对其可靠性进行检验。

表5.5 空间模型检验结果

	系数	P 值
LM（lag）	15.4369	0.0002
R–LM（lag）	9.6524	0.0025
LM（error）	6.5616	0.0235
R–LM（error）	0.3564	0.3845

由表5.5可知，空间滞后拉格朗日乘子（LM-lag）及其稳健性（Robust LM-lag）在1%的水平上显著，空间误差拉格朗日乘子（LM-error）在5%的水平上显著，但其稳健性没有通过显著性检验，结果表明空间滞后模型更可靠。尽管前文基准回归提供了乡村产业融合发展对城乡居民收入差距的实证依据，但无法判断相邻区域乡村产业融合发展对本地区城乡居民收入差距缩小产生的空间溢出效应程度。因此，下文采用SLM模型偏微分方法将效应分为直接、间接和总效应。如表5.6所示，乡村产业融合发展（iidi）对城乡居民收入差距的直接效应显著为负，表明本地区乡村产业融合发展对城乡居民收入差距起缩小作用；间接效应也显著为负，系数为-0.169，说明相邻地区乡村产业融合发展水平提高1%，可以缩小城乡居民收入差距0.169%。此外，直接效应大于间接效应，即本地区的乡村产业融合发展比相邻地区乡村产业融合发展对城乡居民收入差距的缩小作用更大。本地区乡村产业融合发展可直接促进农业规模化集约化和新型经营主体发展，首先提高了农民生产经营性收入。而农业与第二、三产业融合形成新产业新业态的模式更高级，农民的就业机会增多，增收渠道

增加，会引致产业、人才集聚，产生一定的空间溢出效应。但由于成渝地区双城经济圈的乡村产业融合发展水平整体上仍较低，交叉渗透融合模式发展程度较初级，因此辐射带动作用稍显不足，总体而言直接效应更大。

从控制变量来看，经济发展水平（edl）、人力资本（rhc）、数字普惠金融水平（ifx）、劳动生产率（lp）对城乡居民收入差距的直接、间接和总效应都显著为负，均表明本地区和相邻地区这四个控制变量的提高会缩小城乡居民收入差距。且经济发展水平、数字普惠金融发展水平、劳动生产率均为直接效应比间接效应大，即本地区对城乡居民收入差距缩小的作用比相邻地区效果更好。而人力资本的间接效应更大，说明地区之间人才集聚现象、劳动力的流动较多，相邻地区对本地区的空间溢出效应较大，进一步缩小了城乡居民收入差距。

表 5.6　空间溢出效应结果

变量	iidi	edl	rhc	ifx	lp
直接效应	−0.459 *** (−47.622)	−0.132 *** (−13.2982)	−0.0013 * (−0.0154)	−0.179 *** (−4.8069)	−0.119 *** (−11.9095)
间接效应	−0.169 *** (−17.534)	−0.036 ** (−2.6185)	−0.0064 * (−0.0837)	−0.019 ** (−1.914)	−0.0216 *** (−2.1617)
总效应	−0.628 *** (−65.15)	−0.168 *** (−16.925)	−0.0077 * (−0.0948)	−0.198 *** (−5.317)	−0.1406 *** (−14.071)

　　注：表中的＊＊＊、＊＊、＊分别代表在1%、5%、10%的显著性水平下显著，括号内为 t 统计量。

第六节　本章小结与政策启示

自成渝地区双城经济圈上升至国家战略以来，助推乡村产业融合发展成为加快城乡融合进程与构建经济内循环为主的新发展格局的重要体现。基于成渝地区双城经济圈县域 2011—2020 年的面板数据，应用熵权 TOPSIS 法测算乡村产业融合发展水平，并从融合广度和深度分别比较了乡村产业融合发展在各细分子系统中的得分排序。同时，采用空间自回归模型和空间误差模型从乡村产业融合发展空间维度，探讨了成渝地区双城经济圈内乡村产业融合发展水平在不同区县层面的空间演变趋势及其分布格局。研究结果表明：（1）成渝地区双城经济圈乡村产业融合发展水平总体上呈上升趋势，从 2011 年的 0.3 增长到

2020 年的 0.41，且乡村产业融合发展深度高于融合广度。（2）成渝地区双城经济圈乡村产业融合发展水平呈显著空间正相关关系，空间演变格局呈现出由点状分散分布向块状集聚分布，县域乡村产业呈极化发展趋势，整体呈现非均衡发展的特征。市内和市间差异对总体的贡献率较高，对整个成渝地区双城经济圈而言，产业发展的差异在小尺度单元更为明显。（3）乡村产业融合发展水平较高的地区稳定在成都市、重庆市及周边县域范围，乡村产业融合发展水平较低的区域集聚分布在经济圈偏西部、南部的山地和丘陵地区，极核都市圈扩散效应和毗邻都市圈区域的虹吸效应并存。（4）乡村产业融合发展有利于缩小城乡居民收入差距，其直接效应大于间接效应，本地乡村产业融合发展比毗邻地区乡村产业融合发展在缩小城乡居民收入差距方面的作用更大，县域内产业融合发展缩小城乡差距的效果好于县域间的城乡居民收入差距。（5）极核都市圈扩散效应和毗邻都市圈区域的虹吸效应并存，且这种趋势在短期内表现出一定的"马太效应"现象。

第六章

数字金融助力村社产业融合的"共富"效应及空间分异

第一节 数字金融助力村社产业融合的"共富"背景

共同富裕不仅是社会主义的本质特征，也是中国式现代化的重要组成部分。村社产业融合发展作为促进乡村产业振兴的重要抓手，日渐成为城乡融合助力农民农村共同富裕的关键（王博，2022）。村社产业融合通过农业产业化发展，将小农户利益联结融入现代乡村产业体系中，进而促使农业全产业链各环节服务的有机衔接，实现农业产业链延伸、价值链增值和功能链拓展（李云新等，2017）。2020 年农业农村部印发《全国农村产业发展规划（2020—2025 年）》提出，培育多元融合主体、发展多类型融合业态、建立健全融合体制机制。2021 年至 2023 年的中央一号文件均提出，发展农村数字普惠金融，支持国家村社产业融合发展示范园建设，推进县域城乡融合发展，解决农村数字技术应用场景不足、欠发达地区农村数字普惠金融体系普及程度低以及数字化金融赋能乡村产业创新转型能力不足的问题。村社产业融合发展离不开金融的支持，特别是数字普惠金融在助力实现乡村全面振兴过程中扮演着越来越重要的"共富"作用（陈东平等，2022）。数字普惠金融与乡村产业发展之间的密切联系促使金融机构围绕各地特色产业、资源禀赋和发展条件，不断加大长期信贷投放力度，发展产业链和供应链金融，形成金融机构间协调联动格局，共同开发优质金融产品，助力乡村产业提质增效，实现金融普惠助力农民共同富裕。

金融如何赋能村社产业融合发展，已有研究主要从赋能的模式、渠道、机制路径等做了一些探索。在赋能效果及传导机制层面，数字普惠金融通过提高市场化水平、激发市场潜力从而产生显著的创新激励效应（Arner et al.，2020），进而提高农户信贷可得性（周利等，2021）、增加农民收入（Sehrawat and Giri，2016）、缩小城乡收入差距来实现其减贫增收效应（张正平，2023；郝云平，

2023)、减缓农户贫困状况（Rizwan and Catherine，2019），也对改善城乡福利差距（星焱，2021）、协调城乡发展具有显著的促进作用（崔建军，2023），尤其是在城乡居民消费支出（孙玉环等，2021）、提高县域农业全要素生产率方面具有重要影响（唐建军等，2022），但其作用效果却受制于区域发展水平的异质性而可能存在相反的结论（任碧云、刘佳鑫，2021），比如区域之间表现出一定的门槛效应，既同时存在边际效益递增（覃朝晖，2022）和边际效益递减的极化现象（Geng et al，2022）。在数字普惠金融赋能城乡产业空间分布及动态演变层面，数字普惠金融发展整体上呈现出较大的空间异质性（王刚贞，2022），且这种差异主要源于全国三大区域间发展的不平衡，呈现出"东强西弱"的区域非均衡性格局（郝云平，2023），各区域表现出渐进式动态演进的特征，彼此间流动性较低。其中，中部地区数字普惠金融赋能村社产业融合发展的作用效果最大（陈慧卿等，2021），农户家庭的知识储备与人力资本的差异造成数字素养的差异（彭澎、徐志刚，2021），但其差异也表现出一定的空间分化特征，使得农村数字普惠金融发展的绝对差异和相对差异均有不同程度的下降（张龙耀、邢朝辉，2021）。此外，从数字普惠金融各分指数的贡献程度来看，数字普惠金融促进村社产业融合发展主要依赖于数字普惠金融使用深度而非覆盖广度（王定祥，2022），且使用深度的创新激励效应明显高于覆盖广度和数字化程度水平（刘心怡等，2022）。

随着数字普惠金融赋能村社产业融合的不断深化，其表现出的"共富"效应不仅需要考虑发展成果的共同建设对居民收入和财富的直接影响，也需要考虑在发展成果共享和机会公平层面的间接影响，从而有效缩小城乡居民收入差距。具体表现为：一是通过数字技术赋能提升传统农业生产及服务效能来提升农民收入和物质财富水平。它不仅可以促使农村家庭提升农业生产效率、扩大非农就业（Liu，2021），增加金融机构的农村信贷覆盖及投放，促进农业产业化来加快产业融合实现产业链价值链增值（Sun，2022），进一步缓解农民收入预算约束、扩大教育投资（Yu et al.，2022），并增强农户普惠金融知识感知来降低订单融资风险（Gulizhaer et al.，2019），最终实现技术创新，实现农业产业转型和结构优化（Li et al.，2022）。二是数字普惠金融技术共享实现资源配给的机会公平，实现公共服务的均等化。数字普惠金融通过数字技术的赋能实现资源在城乡之间的优化配给（陈一明，2021），减少传统普惠金融机构和资源在空间分布上的错配（Wang et al.，2022），缩小城乡间收入机会不均等状况（Yu et al.，2021），甚至沿着"一带一路"共建国家的金融资源空间优化配置而提升全社会就业水平和公共服务供给能力，但却表现出发达国家和发展中国家之间在普惠效果上的门槛差异（Geng et al.，2022）。

已有研究大多聚焦于数字维和金融维来探讨产业融合发展的机制和作用效果，比如采用定性分析法从宏观层面探讨村社产业融合的形成机制（冯贺霞、王小林，2020）、问题挑战及其策略改进（苏毅清等，2016；胡海、庄天慧，2020）；也有部分学者聚焦村社产业融合发展的评价指标体系构建（张岳、张应恒，2021）、效果测度（郝爱民，2022）、时空差异变化（蒋辉等，2017）、创业效应（薛永基等，2021）、增收效应（谭燕芝、姚海琼，2021）等。但总体而言，大多数文献均聚焦于城乡融合以及数字普惠金融对农户个体等带来的影响，而往往忽视数字普惠金融赋能乡村产业链融合发展在农民就业和收入增长及缩小农民收入差距层面的"共富"效应，甚至忽略了不同区域之间数字金融基础设施差异及数字金融服务能力的差异可能带来产业融合发展层面的空间分异，从而造成数字普惠金融在产业融合层面的异质性空间布局带来农户收入的极化现象，最终影响到农民农村共同富裕的战略格局。为此，可探索数字普惠金融赋能村社产业融合发展的"共富"效应及空间分异纳入统一的分析框架中，并计量检验数字普惠金融赋能村社产业融合发展的内在传导机理及其"共富"效应空间分布格局。

第二节　数字普惠金融助力村社产业融合发展的"共富"机理

普惠金融的概念最早由联合国在 2006 年首次提出。该理论的形成可以追溯到金融发展理论，并按照提出的时间先后顺序将其划分为金融结构论、金融抑制/金融深化论、内生金融理论和金融约束论等，是以金融包容和金融公平为起点，以实现金融福祉惠及社会全体人民为最终目标的一种多层次经济理论。学术界对普惠金融的阐释也表现出多维性，其中星焱（2016）首次将普惠金融以"5+1"的方式将其界定为一项金融产品或服务满足 5 个核心要素之一并作用于特定客体的金融体系。相较于普惠金融实践，数字普惠金融理论研究仍相对滞后，尚未形成一套成熟的理论体系。总体而言，其发展和演变大致包含理论萌芽、理论觉醒和理论自觉三个阶段，目前处于逐步建立和丰富理论体系的第三阶段（邢乐成、赵建，2019）。随着数字普惠金融的快速实践，通过发挥其经济增长效应和社会发展效应，实现农村产出水平和人均生产率的提高，激活农村金融有效需求，优化农村经济发展环境，发挥技术赋能和金融普惠双层效应来摆脱"金融贫困陷阱"和信贷排斥困境（刘心怡等，2022）。为有效促进金融服务农业农村实体经济发展，加快一、二、三产业融合，六次产业共生理论应运而生。该理论最早由日本学者今村奈良臣于20世纪90年代创新性地提出了"六次产业"的概念，这也是六次产业理论的雏形（张来武，2018）。六次产业理论的核心在于三产的融合而不是简单加总，即在传统农业的基础上，通过食品加工制造业实现农业产业链的向后延伸，通过以先进技术为代表的服务业实现农业产业转型和价值链增值，使得农业成为集农产品生产、加工、销售、服务于一体的新型综合产业。该理论将互联网和信息产业、文化创意产业剥离第三产业，分别定义为"第四产业"和"第五产业"，并探究第四产业如何跨行业促进一、二、三产业融合进而创造第六产业，即考察具备"互联网+普惠金融"特征的数字普惠金融创新形态如何充分利用自身资源优势，形成以互联网为着力点的金融基础设施，通过规模效应和范围经济，提升第六产业创造的价值。随着产业融合的不断深化，产业的多维度融合共生成为人与自然和谐共生发展促进农民共同富裕的基石。该理论强调"合作竞争、共建共享"，坚持合作竞争、优势互补、资源共享、互利共赢为基本原则，具有资源使用的循环性、上下游产业的关联性和生产成果的增值性等特征（胡海、庄天慧，2020），从而最终达到连续性互惠共生的状态（王长征等，2022），最终实现整体社会福利的增加和共同富裕目标。

一、数字普惠金融赋能村社产业融合发展的"共富"效应

通常而言，数字普惠金融赋能村社产业融合发展主要表现在两个层面。一方面，数字金融的覆盖广度和使用深度提升会为农村一、二、三产业融合发展提供充足的资金支撑，且为资本下乡投融资创新和信贷供需快速匹配创造了有利条件。相较于传统融资模式，互联网技术通过远程筹集各类社会资金为产业融合发展提供了更高效便捷的渠道；另一方面，数字普惠金融使用深度和数字化程度的增强有利于农村金融机构不断强化涉农贷款的全过程信用监督，从而为保障产业融合及新产业新业态的资金安全提供有力支撑，进而拓展农民增收的渠道。在农村，融合产业种类的增加和结构的优化将大大提高农业生产率，加速农产品产业链融合以及产业化推进，促使农业产业链得以延伸、农业价值链得以增值、农业实现多功能拓展，从而带动农民更好本地就业创业，增加农民经营性和工资性收入，确保村社产业融合发展为农户收入增长创造有利条件。基于此，提出如下假说1。

H1a：数字普惠金融赋能村社产业融合发展具有显著的"共富"效应。

H1b：数字普惠金融通过拓宽融资渠道、强化金融普惠的覆盖率和数字信贷支持能力，促进村社产业融合发展带动农户就业增收。

二、数字普惠金融促进村社产业融合发展的"共富"机制

数字普惠金融赋能村社产业融合发展的"共富"机制主要体现在以下四个方面（图6.1）：第一，数字普惠金融通过数字技术赋能农业产业技术进步，数字技术通过提升农业生产、服务、加工、流通和营销等环节的融通发展以及多功能性拓展来直接或间接提升农业全要素生产率。第二，由于数字技术的普惠性，使得数字普惠金融可以有效规避金融长期存在的"嫌贫爱富"倾向和减少对抵质押担保物偏好带来的信贷排斥问题，进而有利于农户信贷机会的均等化。第三，数字普惠金融蕴含着对乡村社会治理和集体经济发展的强大动员能力，村社集体经济受惠于数字普惠金融的支持，有利于打破传统乡贤村治的熟人社会格局，从而将传统社会利益联结与市场激励的利益联结相互协同，实现村社集体增收能力的提升。第四，数字普惠金融为村社产业融合发展、提升产业结构的合理化和高级化，推动产业链和价值链的提升、稳定农产品销售和利益联结模式创新来增加农民利益分红、股份合作增值收益等实现农民收入增长和产业链价值链增值，减少产业间价值壁垒和收益间的门槛。基于此，提出如下假说2：

H2a：数字普惠金融赋能农业产业融合的数字化转型具有促进作用。

H2b：数字普惠金融赋能产业融合发展对农业全要素生产率的提升具有促进作用。

H2c：数字普惠金融通过强化村社产业融合广度和深度促进信贷机会的均等化缩小农户内部收入差距和强化利益联结缩小产业收益差距来实现农民共同富裕。

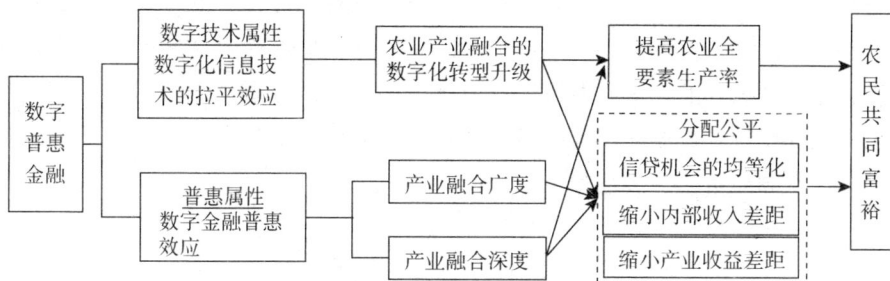

图6.1 数字普惠金融助力村社产业融合发展的共富理论框架

三、数字普惠金融促进村社产业融合"共富"效应的空间分异

数字普惠金融赋能村社产业融合发展带来的农民"共富"效应在不同区域之间也可能存在一定的异质性。第一，不同地区经济发展水平、地理位置环境、资源要素禀赋、社会文化风俗等各具差异，这些因素均可能导致数字普惠金融在赋能村社产业融合的过程中呈现出非均衡特征，即空间异质性。第二，城乡融合发展需要将城市和农村进行整体协同来看，推动城乡协调发展、共同繁荣，最终融为一体，但不同地区村社产业融合发展水平和资源禀赋的差异性（申云等，2021），使得数字普惠金融赋能村社产业融合的效率改进和新产业新业态的场景打造及其形成过程也表现出一定的空间异质性。基于此，提出如下假说3。

H3a：数字普惠金融赋能村社产业融合"共富"效应存在一定的空间异质性。

H3b：在农民群体内部，数字普惠金融赋能村社产业融合"共富"效应在空间分布上可能受到村社产业融合广度和深度的影响，且表现出一定的空间分异特征。

第三节　数据来源、模型设计与变量说明

一、数据来源及指标处理

采用2011—2021年全国31个省份和北京大学数字普惠金融指数构建成省际面板数据。其中，数字普惠金融指数及各项分指数均源自《北京大学数字普惠金融指数（2011—2021）》报告，村社产业融合各项分指标及控制变量来源于《中国农业年鉴》、CSMAR农村金融经济数据库以及各省统计局发布的统计年鉴。为统一衡量标准，避免因指标性质等不同对后期处理和分析造成的影响和偏误，确保结论的可靠性，首先对搜集到的有量纲数据按照"Min-Max标准化法"进行无量纲处理，方法如下：

$$S_{mn} = \frac{X_{mn} - min(X_n)}{max(X_n) - min(X_n)} \quad (6.1)$$

X_{mn}代表第m个对象在第n项指标上的初始值，max（X_n）、min（X_n）分别代表第n项指标上的最大和最小值，S_{mn}代表经无量纲处理的值，则$S_{mn} \in$ [0,

1〕且无量纲。

村社产业融合指数构建,参照蒋辉等（2017）的做法,采用"熵值法"对各项指标提供的信息量进行赋权,具体步骤为:

第一,计算第 i 个对象在第 j 项指标上的比值 P_{ij}（$i \in 1, 2, \cdots, m$; $j \in 1, 2, \cdots n$）,$P_{ij} = \dfrac{S_{ij}}{\sum\limits_{i=1}^{m} S_{ij}}$。第二,计算第 j 项指标的熵值 e_j,$e_j = -\dfrac{1}{\ln m} \sum\limits_{i=1}^{n} p_{ij} \ln(p_{ij})$,$ej \in [0, 1]$。第三,计算第 j 项指标的差异性系数 g_j,$g_j = 1 - e_j$,g_j 越大,越应当重视。第四,计算第 j 项指标的权重 w_j,$w_j = \dfrac{g_j}{\sum\limits_{j=1}^{n} g_j}$。最后,由线性加权求和法算得被解释变量的最终值。

二、模型设计

1. 双向固定效应模型。首先根据面板数据进行 *Hausman* 检验,并建立如下静态面板双向固定效应模型:

$$RII_{it} = \beta_0 + \beta_1 DIFI_{it} + \beta_i Z_{it} + \sum \gamma_t D_t + u_i + \delta_{it} \qquad (6.2)$$

其中,RII_{it} 表示第 t 年第 i 个省份的村社产业融合指数（$i \in 1, 2, \cdots, 31$; $t \in 1, 2, \cdots, 11$）,$DIFI_{it}$ 表示第 t 年第 i 个省份的数字普惠金融指数,Z_{it} 表示一组控制变量,D_t 表示时间虚拟变量,u_i 表示个体固定效应,δ_{it} 表示随机扰动项。β_1 为主要关注变量系数。一方面,进一步将村社产业融合细分为一、二产业融合,一、三产业融合以及一、二、三产业融合,进一步考察数字普惠金融作用于村社产业融合的侧重点;另一方面,考察数字普惠金融各项分指标,即数字普惠金融覆盖广度、使用深度、数字化程度在促进村社产业融合过程中的贡献程度。具体模型设置如下:

$$RII1_{it} = \beta_0 + \beta_2 DIFI_{it} + \beta_i Z_{it} + \sum \gamma_t D_t + u_i + \delta_{it} \qquad (6.3)$$

$$RII2_{it} = \beta_0 + \beta_3 DIFI_{it} + \beta_i Z_{it} + \sum \gamma_t D_t + u_i + \delta_{it} \qquad (6.4)$$

$$RII3_{it} = \beta_0 + \beta_4 DIFI_{it} + \beta_i Z_{it} + \sum \gamma_t D_t + u_i + \delta_{it} \qquad (6.5)$$

$$RII_{it} = \alpha_0 + \alpha_1 COV_{it} + \alpha_2 DEP_{it} + \alpha_3 DIG_{it} + \alpha_4 Z_{it} + \sum \gamma_t D_t + u_i + \delta_{it} \quad (6.6)$$

其中,RII_1、RII_2、RII_3 分别表示一、二产业,一、三产业,一、二、三产业融合指数,COV、DEP、DIG 分别表示覆盖广度、使用深度和数字化程度。

2. 空间计量模型。经典线性最小二乘法主要用于解释因变量 y_i 与自变量 x_i

之间关系的多元线性函数，具体公式如下所示：

$$y_i = \alpha_i + \sum \alpha_i x_i + \varepsilon_i , \tag{6.7}$$

当地区间的经济活动与邻近地区之间存在空间相关性和空间异质性时，如果采用经典线性回归模型难以有效刻画空间层面的变动状况，而共同富裕状况往往容易超越省市边界，存在区域之间的相互作用（张新月等，2022）。为此，采用空间相关性指数 Moran's I 来反映不同地区与相邻区域之间的空间关系，局部 Moran's I 指数测度公式如下：

$$\text{Moran's I} = \frac{n(x_i - \bar{x}) \sum_{i=1}^{n} W_i(x_i - \bar{x})}{\sum_{i=1}^{n} W_i(x_i - \bar{x})^2} \tag{6.8}$$

Moran's I 散点图可以相对直观地刻画局部空间相关性。局部 Moran's I 散点图横坐标为观察值 x_i，纵坐标为空间滞后值（$W \cdot$）。同时局部 Moran's I 散点图包含高—高集聚（H-H）、低—高集聚（L-H）、低—低集聚（L-L）以及高—低集聚（H-L）四个象限。第一象限（H-H）和第三象限（L-L）表示存在明显的空间正相关性，而第二象限（L-H）和第四象限（H-L）表明该地区与相邻区域存在明显的空间负相关性。

为更好地体现数字普惠金融与城乡融合对共同富裕的空间驱动效应和溢出效应，采用最小二乘法模型建立空间面板滞后模型（SLM）、空间面板误差模型（SEM）以及空间杜宾模型（SDM），具体计算公式如下：

空间面板滞后模型：$y_i = \eta \sum W_i y_i + \varphi \sum x_i + \gamma_i + \lambda_t + \varepsilon_i$ （6.9）

空间面板误差模型：$y_i = \varphi \sum x_i + \gamma_i + \lambda_t + \varepsilon_i , \theta = \rho \sum W_{ij} \theta_{it} + \varepsilon_{it}$ （6.10）

空间面板杜宾模型：$y_{it} = \eta \sum W_{it} y_{it} + \varphi \sum x_{it} + \kappa \sum W_{it} x_{it} + \gamma_i + \lambda_t + \varepsilon_{it}$

$$\tag{6.11}$$

其中，y_{it} 表示被解释变量，x_{it} 表示解释变量；η 表示空间滞后系数，φ 和 κ 表示空间相关系数，γ_i 表示个体固定效应，λ_t 表示时间固定效应，W_{it} 表示空间权重矩阵中的元素，ε_{it} 表示随机误差项。当空间杜宾模型中的 $\kappa = 0$ 时，表示该模型为空间面板滞后模型；当 $\kappa + \eta x = 0$ 时，表示该模型为空间面板误差模型。

三、变量说明

1. 被解释变量：①村社产业融合发展指数（RII）。村社产业融合进一步细分为一、二产业融合（RII$_1$），一、三产业融合（RII$_2$）以及一、二、三产业融合（RII₃）。在一、二产业融合方面，选取食品加工业总产值/一、二产业总产值（陈湘满、喻科，2022）和食品加工业企业单位个数/一、二产业法人单位总数（陈红霞、雷佳，2021），反映农产品加工业的发展和经营主体的竞争能力状况，体现出第一产业向第二产业的产业链延伸与价值链增值过程。在一、三产业融合过程中，选取农林牧渔服务业总产值/一、三产业总产值（王定祥、冉希美，2022）、休闲农业营收/农业 GDP 的比值来反映，体现第三产业为第一产业提供服务的成效以及农业现代化的实现程度。在一、二、三产业融合方面，选取省级以上农业产业化龙头企业数/乡村人口数（陈湘满，2021），以及服务于融合产业的研究和试验发展经费支出与三次产业增加值的比值来进一步反映六次产业的融合状况。

②农民共同富裕指数（CP）。该指数测度主要从农民物质生活富裕、城乡居民收入比以及教育机会均等化三个维度来测度，分别度量农村物质生活富裕状况、城乡居民收入分配状况以及机会均等化程度。城乡居民收入比是以各省城镇和农村居民可支配收入的比值来体现；教育机会均等化通过生均教育经费、师生比和平均受教育年限计算得到的教育发展指数，用于反映教育机会的差异是否会影响到互联网技术的接受和应用上的"数字鸿沟"效应。在农民物质生活富裕维度，通过中等收入群体占比、中等收入群体富裕程度以及居民收入差距三个方面来计算农民共同富裕指数水平。

第一，中等收入群体占比计算公式为 $M_r = \dfrac{M}{p} \times 100\%$，其中，中等收入者收入比重指数为 M_r，总体中等收入者人数为 M，总人数为 P。

第二，中等收入群体富裕程度计算公式为 $M_t = \dfrac{1}{n} \sum\limits_{a \leqslant y_i \leqslant b} \left(\dfrac{y_i - a}{b - a} \right) \times 100\%$，其中 M_t 表示中等收入群体富裕程度指数，n 表示中等收入区间的人口总数；y_i 表示第 i 个居民的个人可支配收入，a、b 分别代表中等收入区间的下限和上限。T 表示调节系数，如果 t=0，表示 M_t 为中等收入群体比重；如果 t>0，表示 M_t 中等收入群体富裕程度，其中 t 的取值范围介于 0 到 1 之间，越接近于 1 则表示农民富裕程度越高。

第三，居民收入差距通过个人收入基尼系数（M_g）来测度。

通过上述三个指标可以计算出共同富裕发展综合指数 $CP = f(M_r, M_t, M_g)$，其中 CP 表示共同富裕综合发展指数。为揭示三个指标之间的子系统关联程度，针对以上三个指标进行相乘后得到模型如下：

$$CP = M_r^\alpha \times M_t^\beta \times M_g^\delta, \ \alpha, \ \beta, \ \delta \geqslant 0, \ \alpha + \beta + \delta = 0 \qquad (6.12)$$

其中，α、β、δ 代表测度内容的权重，反映不同指标对共同富裕（CP）的贡献程度。在对各部分权重进行客观赋权中，首先针对多元回归方法得到各指标与其他指标的复合相关系数，即该系数所包含不同指数之间信息的重叠程度；然后再对复合相关系数进行倒数后归一化处理，得到各指标的权重。假定评价模型中有 N 个指标，第 j 个指标和其他指标的复合相关系数为 λ_j，则第 j 个指标权重为：

$$\alpha,\ \beta,\ \delta = \lambda_j / \sum_{n=1}^{N} \lambda_i^{-1}\,。 \tag{6.13}$$

2. 解释变量：数字普惠金融指数（DIFI）。借鉴郭峰等（2020）的做法，分别从数字普惠金融覆盖广度（COV）、使用深度（DEP）、数字化程度（DIG）三个分指标进行探讨，用于数字普惠金融赋能村社产业融合发展的共同富裕效应及其传导机制的检验。

3. 控制变量。考虑到村社产业融合是多种因素共同作用的结果，同时考虑到数字普惠金融的发展在村社产业融合过程中可能受到不同省际在财政、技术、市场、经济、对外开放以及数字基础设施投资等多个方面的影响。分别选取财政支持强度、技术创新实力、市场保障能力、经济发展水平、对外开放程度、互联网基础设施等作为控制变量（冯贺霞、王小林，2020）。主要变量说明如表6.1 所示。

通过测算中国 31 个省份 2011—2021 年间农民共同富裕的综合评价指数来看（表6.2），农民共同富裕指数总体处于增长的趋势。相对而言，东部地区总体水平远高于中、西部地区和东北地区，区域之间和区域内部之间也表现出较高的异质性。从区域来看，不同省份之间共同富裕指数表现出一定的空间分异特征，东部省份整体上表现出较高的水平，但也存在较大的差距，比如福建省从 2011 年的 0.216 一度上升到 2021 年的 0.459，指数值几乎翻了一倍，但海南省出现了小幅下降，从 2011 年的 0.493 下降至 0.456。在中部、东北和西部等省份，也存在类似的省域异质性及波动较大的现象。

此外，从不同区域时空演进趋势来看（图6.2），东北地区和西部地区的共同富裕指数水平不断趋同，特别是党的十九大（2017 年）之后，中、西部地区的共同富裕指数增速总体高于前期，存在一定的时空收敛性，但相较而言，东部地区共同富裕指数仍然远高于中、西部地区和东北地区。

表 6.1 变量界定及描述性说明

变量	一级指标	二级指标	三级指标	单位	均值	标准差	最小值	最大值
被解释变量	农民共同富裕指数（CP）	物质生活富裕指数（AMI）	基于相关公式计算得出	—	0.461	0.103	0.216	0.593
		城乡居民收入比（IUR）	城镇居民与农民居民可支配收入的比值	—	2.49	0.62	1.686	3.216
		教育机会均等化（EEO）	基于生均教育经费、师生比和平均受教育年限计算得到的教育发展指数	—	0.362	0.041	0.255	0.537
	村社产业融合（RII）	一、二产业融合（RII_1）	食品加工业总产值/一、二产业总产值①	%	0.194	0.147	0.026	0.776
			食品加工企业单位个数/一、二产业法人单位总数	%	0.163	0.021	0.042	0.213
		一、三产业融合（RII_2）	农林牧渔服务业总产值/一、三产业总产值	%	0.284	0.164	0.001	0.679
			休闲农业营收/农业GDP	%	0.086	0.003	0.0412	0.167
		一、二、三产业融合（RII_3）	省级以上农业产业化龙头企业数/乡村人口数	个/万人	0.121	0.122	0.003	0.701
			融合产业 R&D 经费投入强度②	%	0.137	0.026	0.122	0.216

续表

变量	一级指标	二级指标	三级指标	单位	均值	标准差	最小值	最大值
解释变量		数字普惠金融指数（DIFI）	覆盖广度（COV）	—	166.562	82.962	1.960	353.870
			使用深度（DEP）	—	182.542	85.003	6.760	400.400
			数字化程度（DIG）	—	263.663	116.403	7.580	453.660
控制变量	财政支持强度（Fiscal）		财政支出/GDP总量	%	0.297	0.212	0.121	1.354
	技术创新实力（Patent）		专利授权数量	件	47000	69000	121	478082
	市场保障能力（Invest）		固定资产投资	亿元	17000	12000	516.31	57466
	经济发展水平（GDP）		GDP总量	亿元	22000	19000	611.5	99945.2
	对外开放程度（FDI）		实际利用外资额占GDP的比重	%	0.168	0.003	0.0915	0.287
	互联网基础设施（II）		每万人互联网用户数（对数）	—	8.25	0.62	7.86	9.11

注：①表数据来源于《中国统计年鉴》《中国休闲农业年鉴》《各省经济统计年鉴》，外商投资额采用当期汇率折算人民币计价。②食品加工业数据由农副食品加工业和食品制造业加总得到；融合产业包含农副食品加工业、食品制造业以及农林牧渔服务业。

表 6.2　中国 31 个省份农民共同富裕综合评价指数得分

区域	省份	2011年	2012年	2013年	2014年	2015年	2016年	2017年	2018年	2019年	2020年	2021年
东部地区	北京	0.444	0.435	0.426	0.442	0.463	0.473	0.512	0.536	0.558	0.573	0.576
	天津	0.341	0.343	0.340	0.345	0.352	0.355	0.368	0.425	0.391	0.352	0.367
	上海	0.514	0.539	0.543	0.535	0.524	0.519	0.498	0.481	0.462	0.469	0.477
	江苏	0.341	0.321	0.308	0.331	0.360	0.374	0.428	0.475	0.496	0.501	0.511
	山东	0.481	0.512	0.519	0.506	0.488	0.479	0.446	0.422	0.408	0.387	0.401
	浙江	0.392	0.374	0.362	0.383	0.412	0.424	0.476	0.491	0.523	0.569	0.579
	福建	0.216	0.181	0.164	0.195	0.236	0.254	0.329	0.368	0.427	0.436	0.459
	广东	0.482	0.488	0.485	0.490	0.497	0.500	0.512	0.527	0.531	0.532	0.519
	海南	0.493	0.517	0.522	0.513	0.502	0.496	0.475	0.452	0.436	0.449	0.456
	河北	0.321	0.314	0.308	0.319	0.334	0.341	0.369	0.388	0.406	0.409	0.412
中部地区	安徽	0.446	0.453	0.451	0.455	0.460	0.462	0.471	0.484	0.486	0.487	0.473
	山西	0.205	0.189	0.180	0.196	0.218	0.228	0.268	0.284	0.305	0.331	0.352
	江西	0.448	0.462	0.463	0.461	0.459	0.458	0.453	0.426	0.449	0.452	0.462
	河南	0.265	0.230	0.213	0.244	0.286	0.305	0.382	0.431	0.469	0.489	0.522
	湖北	0.501	0.543	0.555	0.533	0.504	0.491	0.438	0.421	0.455	0.449	0.162
	湖南	0.367	0.380	0.381	0.379	0.376	0.374	0.369	0.376	0.353	0.351	0.369

续表

区域	省份	2011年	2012年	2013年	2014年	2015年	2016年	2017年	2018年	2019年	2020年	2021年
西部地区	内蒙古	0.288	0.296	0.296	0.296	0.295	0.294	0.292	0.284	0.267	0.291	0.316
	广西	0.272	0.277	0.276	0.278	0.280	0.281	0.286	0.294	0.287	0.288	0.298
	重庆	0.476	0.490	0.491	0.489	0.488	0.487	0.484	0.468	0.472	0.490	0.491
	四川	0.310	0.295	0.285	0.303	0.326	0.337	0.379	0.391	0.426	0.449	0.462
	贵州	0.398	0.430	0.439	0.423	0.401	0.391	0.351	0.322	0.294	0.288	0.301
	云南	0.399	0.410	0.411	0.410	0.409	0.408	0.406	0.416	0.407	0.392	0.398
	甘肃	0.198	0.175	0.163	0.185	0.213	0.226	0.277	0.294	0.322	0.368	0.381
	青海	0.369	0.387	0.391	0.384	0.376	0.372	0.356	0.374	0.331	0.305	0.335
	宁夏	0.266	0.257	0.250	0.262	0.279	0.286	0.316	0.339	0.342	0.371	0.361
	新疆	0.277	0.255	0.243	0.265	0.294	0.307	0.361	0.389	0.425	0.451	0.447
	陕西	0.369	0.362	0.355	0.367	0.384	0.392	0.423	0.436	0.451	0.478	0.482
	西藏	0.453	0.478	0.483	0.473	0.461	0.455	0.432	0.408	0.390	0.403	0.409
东北地区	辽宁	0.296	0.293	0.288	0.296	0.307	0.312	0.332	0.339	0.345	0.381	0.362
	吉林	0.240	0.239	0.237	0.242	0.249	0.252	0.264	0.254	0.261	0.271	0.332
	黑龙江	0.393	0.394	0.390	0.397	0.407	0.411	0.428	0.433	0.451	0.453	0.461
	均值	0.363	0.365	0.362	0.368	0.375	0.379	0.393	0.401	0.407	0.417	0.417

数据来源：基于表6.1的指标及相关数据经作者测算得出。

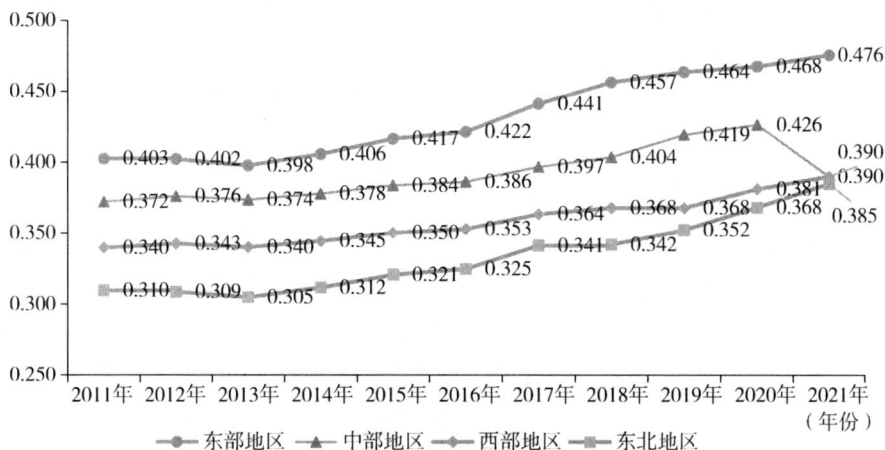

图 6.2 2011—2021 年中国不同区域农民共同富裕综合指数变动

第四节 数字普惠金融助力村社产业融合
发展的"共富"效应分析

一、基准回归分析

表6.3中（1）（2）列报告了数字普惠金融赋能村社产业融合发展的"共富"效应计量结果。其中，第（1）列和第（2）列分别表示加入控制变量前后的结果，所有回归均考虑省份和年份固定效应。可以看出，数字普惠金融指数每增加一个单位，村社产业融合将得到 24.2% 的提升，并且在 10% 的显著性水平上通过检验，表明数字普惠金融在下沉农村的同时通过某种传导机制对乡村产业间的互联互通、融合发展产生了积极影响。加入控制变量后，"共富"效应更加显著，且通过 5% 的显著性水平，进一步反映出数字普惠金融赋能村社产业融合发展带来的"共富"效应更加明显。

为考察数字普惠金融如何作用于村社产业融合发展，将村社产业融合进一步细分为一、二产业，一、三产业以及一、二、三产业融合，所得结果在表 6.3 的（5）～（10）列所示。从第（5）列和第（7）列来看，在不考虑控制变量时，二者分别通过 5% 和 1% 显著性水平检验。纳入控制变量后，第（6）列结果的显著性消失，而第（8）列仍可通过 1% 的显示水平检验，即数字普惠金融指数每增加一个单位，将为一、三产业的融合带来 1.5% 的正向效应。一方面，

一、二产业融合显著性的消失可能源自其饱和性。从行业生命周期理论出发，农副食品加工业和食品制造业均已进入成熟期且保持着相对稳定，这一时期技术已基本成形，增长率逐步放缓，上升空间不大，因此将更多地随着宏观环境的变化而变化。另一方面，一、三产业融合显著性的持续表明，在中国愈加重视农业现代化的背景下，亟须尽快推进传统农业向现代农业转型，努力实现先进科学技术在农林牧渔行业的全覆盖，最大限度地提升农业生产数量、质量和效率，为贯彻"藏粮于地、藏粮于技"基本方针提供充足准备。此外，由表6.3第（10）列结果可知，数字普惠金融指数每增加一个单位，一、二、三产业的融合将推进4.5%，且能通过10%显著性水平检验，表明数字普惠金融发展不仅对产业融合主体培育、产业融合体系创新产生了间接的催化作用，而且直接促进了村社产业融合项目的落地和发展。

为进一步探究数字普惠金融各维度的贡献程度，以覆盖广度、使用深度、数字化程度替代原有核心解释变量［见表6.3第（3）列和第（4）列所示结果］。总体来看，覆盖广度和数字化程度发挥着主要作用，引入控制变量后仍可通过1%显著性水平检验，主要表现为覆盖广度和数字化程度每增加一个单位，将分别产生3.7%和5.1%的溢出效应；使用深度显著性在加入控制变量后消失。单独来看，支付宝账户在农村的有效覆盖有助于完善农村金融基础设施建设，为融合产业优化升级提供便利，助推融合产业高质量发展，从而促进村社产业融合；数字普惠金融带来的移动化、实惠化、信用化不仅能为融合产业提供低成本信贷支持，而且实现了融合产业间资金的优化配置，以此加速农产品产业链的进一步融合，推进农业产业化，最终激励村社产业融合。

二、作用机制检验

为进一步考察数字普惠金融赋能村社产业融合发展"共富"效应的内在传导机制，对其进行实证检验和内生性讨论，揭示其异质性特征及其内在传导机制。从CSMAR农村金融经济数据库中选取"自筹产业资金""产业所得贷款"作为中介变量，并对其进行标准化处理（表6.4）。在"产业融资渠道拓宽"机制下，覆盖广度和数字化程度每增加一个单位，自筹产业资金将分别得到7.8%和1.5%的增长，且分别通过1%和10%显著性水平检验［第（1）列］；一个单位自筹产业资金的增加又将在5%显著性水平上使得村社产业融合程度提高33.1%［第（3）列］。近年来，数字普惠金融飞速发展带来的便利惠及着越来越多的人。一方面，互联网投资理财人数的增加在需求侧满足了投资者的多样化需求，投资者通过互联网技术能够实现对村社产业融合的远程投资及产业链

表 6.3 数字普惠金融赋能村社产业融合的"共富"效应（双向固定效应模型）

变量	村社产业融合指数× 农民共富指数				一、二产业融合指数× 农民共富指数		一、三产业融合指数× 农民共富指数		一、二、三产业融合指数×农民共富指数	
	(1)	(2)	(3)	(4)	(5)	(6)	(7)	(8)	(9)	(10)
数字普惠金融指数	0.242* (0.151)	0.201** (0.090)	—	—	0.493** (0.248)	0.216 (0.177)	0.021*** (0.027)	0.015*** (0.017)	0.072** (0.045)	0.045* (0.036)
覆盖广度	—	—	0.067** (0.031)	0.037*** (0.027)	—	—	—	—	—	—
使用深度	—	—	-0.064** (0.024)	-0.031 (0.019)	—	—	—	—	—	—
数字化程度	—	—	0.079*** (0.019)	0.051*** (0.020)	—	—	—	—	—	—
控制变量	未控制	控制	未控制	控制	未控制	控制	未控制	控制	未控制	控制
省份固定效应	控制	控制	控制	控制	控制	控制	控制	控制	控制	控制
年份固定效应	控制	控制	控制	控制	控制	控制	控制	控制	控制	控制
P-Value	0.064	—	—	—	0.047	—	0.000	—	0.036	—
观测值	341	341	341	341	341	341	341	341	341	341

注：括号内为稳健标准误，***、** 和 * 分别表示 1%、5% 和 10% 的显著性水平。

表 6.4 数字普惠金融赋能村社产业融合"共富"效应的
影响机制（双向固定效应模型）

变量	Panel A				Panel B		
	拓宽融资渠道（自筹产业资金占比）	金融普惠覆盖率（银行网点乡镇覆盖率）	信贷支持能力（村社产业融合信贷额）		村社产业融合指数×农民共富指数		
	（1）	（2）	（3）		（4）	（5）	（6）
覆盖广度	0.078*** (0.018)	0.035*** (0.007)	0.049** (0.084)	拓宽融资渠道（自筹产业资金占比）	0.331** (0.189)	—	—
使用深度	0.095 (0.065)	0.075 (0.049)	0.064 (0.190)	金融普惠覆盖率（银行网点乡镇覆盖率）	—	0.215*** (0.034)	—
数字化程度	0.015* (0.008)	0.051** (0.021)	0.034** (0.015)	信贷支持能力（村社产业融合信贷额）	—	—	0.153*** (0.026)
控制变量	控制	控制	控制		控制	控制	控制
省份固定效应	控制	控制	控制	省份固定效应	控制	控制	控制
年份固定效应	控制	控制	控制	年份固定效应	控制	控制	控制
观测值	341	341	341	观测值	341	341	341

注：①*、**、***分别表示在10%、5%、1%的显著性水平；②括号内为省份层面的聚类稳健标准误。

的整合管理；另一方面，在供给侧拓展了乡村产业融资渠道，新兴融合产业在发展初期能够迅速筹集到优质社会资金，需求侧和供给侧得以快速匹配，减少了供需双方的信息不对称，优化了社会资金配置。在"产业信贷支持增加"机制方面，覆盖广度每增加一个单位，产业所得贷款将在5%显著性水平上增加4.9%［第（2）列］；同样地，一个单位产业所得贷款的增加将对村社产业融合产生21.5%的促进效应，且可通过1%显著性水平检验［第（4）列］。在巩固拓展脱贫攻坚成果同乡村振兴有效衔接的关键时期，数字普惠金融逐步深化，农村金融机构借力政策支持相继推出更加优惠化的涉农贷款方案，有效刺激了融合产业融资需求。同时，金融机构间初步形成多元协调合作格局，为融合产业的稳定发展提供了有力保障，农业生产得以高质量进行。

三、稳健性检验

基础回归部分采用的双向固定效应模型同时考虑了个体效应和时间效应，一定程度上保证了实证结果的稳健性。为进一步验证结论的可靠性，采用以下三种方法进行稳健性检验。首先，鉴于被解释变量包含五个相对指标，借鉴张林和温涛（2022）的做法，以绝对指标替换相对指标，即将"食品加工业总产值/一、二产业总产值""食品加工企业单位个数/一、二产业法人单位总数""农林牧渔服务业总产值/一、三产业总产值""省级以上农业产业化龙头企业数/乡村人口数""融合产业R&D经费投入强度"分别替换为"食品加工业总产值""食品加工企业单位个数""农林牧渔服务业总产值""省级以上农业产业化龙头企业数""融合产业R&D经费投入"。其次，为避免原始数据极端值造成的影响，此外，由表6.5第（10）列结果可知，数字普惠金融指数每增加一个单位，一二三产业融合的共富效应将提升3.5%，且通过1%的显著水平检验，表明数字普惠金融有利于加快乡村三次产业融合发展，提升农民的共同富裕水平。为避免原始数据极端值造成的偏误，参考任碧云和刘佳鑫（2021）的做法，对主要变量进行1%水平上的缩尾处理，所得结果除个别显著性稍有下降，其余均与前文基本一致。

此外，为应对遗漏变量和反向因果带来的潜在内生性问题，运用工具变量法进行分析。按照任碧云和刘佳鑫（2021）的做法，选取"移动电话普及率"为工具变量，且通过弱工具变量检验。一方面，数字普惠金融指数越高的省份，移动电话普及率往往越高，满足相关性要求；另一方面，移动电话普及率与村社产业融合并无直接关联，满足外生性要求。从两阶段最小二乘法（2SLS）的计量结果来看，解决内生性问题后，数字普惠金融赋能村社产业融合的促进效应依然显著为正，与双向固定效应模型估计结果大体一致，假说1的真实性进一步得到验证（表6.6）。

表 6.5 数字普惠金融赋能村社产业融合"共富"效应的稳健性检验（双向固定效应模型）

变量	村社产业融合指数×农民共富指数				一、二产业融合指数×农民共富指数		一、三产业融合指数×农民共富指数		一、二、三产业融合指数×农民共富指数	
	(1)	(2)	(3)	(4)	(5)	(6)	(7)	(8)	(9)	(10)
数字普惠金融指数	0.211** (0.080)	0.252* (0.139)	—	—	0.180 (0.181)	0.023 (0.226)	0.013*** (0.023)	0.225*** (0.083)	0.047* (0.107)	0.035* (0.070)
覆盖广度	—	—	0.017* (0.026)	0.046** (0.027)	—	—	—	—	—	—
使用深度	—	—	0.024 (0.017)	0.035 (0.024)	—	—	—	—	—	—
数字化程度	—	—	0.057*** (0.018)	0.047** (0.022)	—	—	—	—	—	—
控制变量	控制	控制	控制	控制	控制	控制	控制	控制	控制	控制
省份固定效应	控制	控制	控制	控制	控制	控制	控制	控制	控制	控制
年份固定效应	控制	控制	控制	控制	控制	控制	控制	控制	控制	控制
观测值	248	248	248	248	248	248	248	248	248	248

注：①*，**，***分别表示在10%、5%、1%的显著性水平；②括号内为省份层面的聚类稳健标准误。

表6.6 数字普惠金融赋能村社产业融合"共富"效应的内生性检验

变量	村社产业融合指数×农民共富指数		
	双向固定效应	2SLS	LIML
数字普惠金融指数	0.201**	0.288***	0.288***
	(0.090)	(0.104)	(0.104)
控制变量	控制	控制	控制
省份固定效应	控制	控制	控制
年份固定效应	控制	控制	控制
观测值	341	341	341

注：①＊、＊＊、＊＊＊分别表示在10%、5%、1%的显著性水平；②括号内为省份层面的聚类稳健标准误。

第五节 数字普惠金融助力村社产业融合发展"共富"效应的空间分异

一、数字普惠金融赋能村社产业融合"共富"效应的空间异质性影响分析

考虑到各区域地理特征的不同可能导致数字普惠金融赋能村社产业融合"共富"效应产生不同的影响，按照国家统计局2011年公布的《东西中部和东北地区划分方法》将全国31个省份划分为"东部""东北""中部""西部"四个区域，按照"秦岭—淮河"分界线划分为"南方""北方"两个区域。表6.7报告了空间异质性考察的实证结果。在东西方向，东北和西部地区通过5%显著性水平检验，东部和中部地区无显著性表现。在南北方向，北方地区通过1%显著性水平检验，南方地区无显著性表现。数字普惠金融赋能村社产业融合的"共富"效应在东西方向呈现"两边高、中间低"的"U"形特征、在南北方向呈现由北向南递增形态。

根据数字普惠金融赋能村社产业融合"共富"效应的区域空间异质性影响，根据东中西经度划分和南北方向纬度划分为两组，并将两次分组均显著的区域记为"第一梯队"，具体包括内蒙古、辽宁、吉林、黑龙江、陕西、甘肃、青海、宁夏、新疆等；将其中一次显著的标记为"第二梯队"，包括北京、天津、河北、山西、山东、河南、广西、重庆、四川、贵州、云南、西藏等；将二次

均不显著的区域标记为"第三梯队",包括上海、江苏、浙江、安徽、福建、江西、湖北、湖南、广东、海南等(表6.8)。

表6.7 数字普惠金融赋能村社产业融合"共富"效应的空间异质性

变量	东西区域划分				南北区域划分	
	东部地区	东北地区	中部地区	西部地区	南方省份	北方省份
数字普惠金融指数	0.720*** (0.510)	0.799** (0.134)	0.298* (0.229)	0.383** (0.181)	0.544*** (0.161)	0.241** (0.105)
控制变量	控制	控制	控制	控制	控制	控制
省份固定效应	控制	控制	控制	控制	控制	控制
年份固定效应	控制	控制	控制	控制	控制	控制
观测值	110	33	66	132	176	165

注:东部地区包括北京、天津、河北、上海、江苏、浙江、福建、山东、广东和海南等;东北地区包括辽宁、吉林和黑龙江等;中部地区包括山西、安徽、江西、河南、湖北和湖南等;西部地区包括内蒙古、广西、重庆、四川、贵州、云南、西藏、陕西、甘肃、青海、宁夏和新疆等。南方地区包括江苏、安徽、湖北、重庆、四川、西藏、云南、贵州、湖南、江西、广西、广东、福建、浙江、上海、海南等;北方地区包括山东、河南、山西、陕西、甘肃、青海、新疆、河北、天津、北京、内蒙古、辽宁、吉林、黑龙江、宁夏等。

表6.8 数字普惠金融赋能村社产业融合"共富"效应的空间分组

	组别	区域
梯度分组	第一梯队	内蒙古、辽宁、吉林、黑龙江、陕西、甘肃、青海、宁夏、新疆
	第二梯队	北京、天津、河北、山西、山东、河南、广西、重庆、四川、贵州、云南、西藏
	第三梯队	上海、江苏、浙江、安徽、福建、江西、湖北、湖南、广东、海南
产业融合深度分组	高水平	浙江、上海、北京
	中高水平	广东、江苏、重庆、安徽、湖北、山东、江西
	中等水平	天津、西藏、海南、湖南、黑龙江、四川、陕西、河北、云南
	低水平	河南、贵州、青海、山西、新疆、辽宁、宁夏、福建、内蒙古、广西、吉林、甘肃

注:得分≥0.5为高水平,[0.45,0.5)为中高水平,[0.4,0.45)为中等水平,(0,0.4)为低水平。

综合南北区域来看，数字普惠金融赋能村社产业融合的促进效应由西北到东南呈递减形态。从新疆到黑龙江、内蒙古到青甘陕（青海、甘肃、陕西）的北部地区均呈现出了最佳作用效果；其次是西南地区、京津冀地区以及桂豫晋鲁，最后是除广西以外的东南地区以及湖北、湖南。这种空间差异的形成可能有以下原因：一方面，随着新型城镇化的加速落实和推进，一些自身经济发展水平较高的区域已经走在产业人融合发展的前列，率先完成了农村人口向城镇人口的快速集聚，这些区域由于城镇规模扩大而农村建制村数量集聚下降，造成数字普惠金融在农村的作用效果相对有限，且经济发达的东南沿海地区很好地证明了这一点。另一方面，在地势相对较偏僻、地广人稀的西部和北部地区，第一产业仍然占据着稳定的比较优势，在三次产业中仍然发挥着至关重要的作用，第二、第三产业也暂未向城镇迁移。因此，数字普惠金融在发挥作用时能够精准找到着力点，其效用得以最大限度发挥。

此外，在数字普惠金融赋能村社产业融合深度层面，由于不同区域在城乡融合与产业融合发展水平上的差异性，数字普惠金融发展也具有一定的异质性，使得不同区域之间数字普惠金融赋能村社产业融合的深度也具有一定的异质性。借鉴赵德起（2019）的做法，针对数字普惠金融赋能村社产业融合发展深度的影响进行测评，计算各省平均得分，并将其划分为"高水平""中高水平""中等水平""低水平"四个组别（表6.8）。可以看到，高水平组别的区域较少，主要包括浙江、上海、北京等；中高水平的区域主要包括广东、江苏、重庆、安徽、湖北、山东、江西等地，可以看出中高水平以上的区域大多集中于沿海地区和中西部城乡融合发展较好的区域。村社产业融合深度中等的区域主要包括天津、西藏、海南、湖南、黑龙江、四川、陕西、河北、云南等，而低水平组的区域则包括12个，且大多集中于中西部地区，大多数村社产业融合深度较为脆弱，反映出大多数的村社产业融合更多地处于产业间融合广度的层面，在村社产业融合深度层面则表现得相对滞后。

进一步对不同组别下的产业融合深度进行异质性检验（表6.9），发现除低水平组无显著性表现外，其余三组均通过1%显著性水平检验，证明数字普惠金融每增加一个单位，将分别在高水平、中高水平、中等水平区域产生50.2%、43.7%、24.3%的村社产业融合"共富"效应。城乡融合发展水平越高的区域，往往意味着越有力地破除了原有的城乡二元结构，形成了城乡协同发展新格局。农村在与城市进行良性且高效的互动时，各项要素得以快速流动，农村吸收城市的优质资源并加以利用，助推农村融合产业发展，形成"以城带乡"的可持续发展模式，从而优化农村结构布局，推动实现产业兴旺（陈景帅、张冬玲，2022）。

表 6.9　数字普惠金融赋能村社产业融合"共富"效应的异质性分组检验

变量	村社产业融合发展水平			
	高水平组	中高水平组	中等水平组	低水平组
数字普惠金融指数	0.502***	0.437***	0.243***	0.058
	（0.652）	（0.509）	（0.216）	（0.242）
控制变量	控制	控制	控制	控制
省份固定效应	控制	控制	控制	控制
年份固定效应	控制	控制	控制	控制

注：①*、**、***分别表示在 10%、5%、1% 的显著性水平；②括号内为省份层面的聚类稳健标准误。

二、数字普惠金融赋能村社产业融合"共富"效应的空间分异

由于数字普惠金融在 2011 年在很多省份的农村地区推广相对较弱，相关数据也较为稀缺，使得在空间测度层面难以有效反映出实际效果。而数字普惠金融随着脱贫攻坚和乡村振兴的推进，直到 2016 年之后在农村地区得到快速的推广。为此，重点对 2017 年和 2021 年两个年份的数字普惠金融赋能村社产业融合的影响进行 Moran's I 散点图测度（表 6.10），2017—2021 年间农民共同富裕指数在省域之间的波动较小且相对稳定。第一象限的高水平集聚区域数量基本保持在 15 个左右，说明高水平集聚占据主导地位，且这些区域大多是以东部和中部地区为主，反映出中国共同富裕空间集聚现象存在较明显，且空间地域连片程度也较为突出。

表 6.10　数字普惠金融赋能村社产业融合发展的"共富"效应空间分布

象限	2017 年	2021 年
第一象限	浙江、天津、江苏、北京、山东、河北、上海、广东、辽宁、河南、重庆、湖南、安徽、内蒙古、山西	北京、浙江、江苏、山东、安徽、上海、广东、天津、福建、江西、湖南、河北、陕西、河南
第二象限	广西、贵州、江西、福建、宁夏、陕西、黑龙江	河南、贵州、辽宁、宁夏、陕西、青海、广西、内蒙古
第三象限	吉林、青海、海南	黑龙江、云南、吉林、海南
第四象限	新疆、四川、湖北、甘肃、云南	四川、甘肃、湖北、新疆

三、数字普惠金融赋能村社产业融合发展"共富"效应的空间边界

参照郑威和陆远权（2019）的做法，在测度数字普惠金融赋能村社产业融合过程中的共同富裕溢出效应边界，将研究的 31 个区域内各城市与该区域省会城市或相邻区域省会城市的距离设定为 d，将 d_{min} 设定为初始值，每次增加的距离设定为 ρ，根据 $w_{ij,d} = 1/d_{ij}^2$，当 $d_{ij} > d$ 时，$w_{ij,d} = 0$，当 $d_{ij} < d$ 时，则可以得到不同阈值下的空间权重矩阵 $w_{ij,d}$，并将 $w_{ij,d}$ 代入空间杜宾模型进行回归。

为检验样本间空间距离的持续扩大是否会影响村社产业融合程度，本文采用阈值 d 进行测算。由于北京和天津的区域距离最近，故将初始值设定为 100 千米，将 ρ 的递进距离设定为 50 千米，以此得到在不同距离阈值下的空间权重矩阵。经过空间杜宾模型参数估计，进一步得到不同距离下数字普惠金融空间项的系数及其显著性。由于超过 450 千米后，空间项系数持续不显著，为此将距离设定的结果停留在 650 千米以内。从表 6.11 中可以看出，当距离在 100~700 千米这一区间，数字普惠金融的空间项系数在 5% 的显著性水平显著为正，超过 450 千米这一区间后，数字普惠金融赋能村社产业融合的空间项系数不显著。出现这一现象说明城乡区域一体化的辐射作用存在一定的阈值区间，通过数字普惠金融可以带动村社产业融合发展来促进共同富裕，超过这一阈值范围后，区域内部协同难度可能不断提高，溢出作用难以有效被周边地区吸引，为此，将数字普惠金融赋能村社产业融合发展的空间溢出效应边界定于 0~450 千米的阈值区间。

表 6.11 不同空间距离视域下数字普惠金融赋能村社产业融合发展的"共富"效应的空间边界

距离（千米）	(0, 100]	(0, 150]	(0, 200]	(0, 250]	(0, 300]	(0, 350]
统计量	0.032*** (2.214)	0.035*** (2.263)	0.032*** (2.242)	0.033*** (2.249)	0.036*** (2.256)	0.038*** (2.367)
距离（千米）	(0, 400]	(0, 450]	(0, 500]	(0, 550]	(0, 600]	(0, 650]
统计量	0.035*** (2.249)	0.033*** (2.248)	0.029 (2.022)	0.021 (1.734)	0.016 (1.213)	0.013 (1.062)

注：①*、**、***分别表示在 10%、5%、1% 的显著性水平；②括号内为省份层面的聚类稳健标准误。

第六节　本章小结与政策启示

数字普惠金融在农村地区的广泛应用对于加快村社产业融合发展，实现农民农村共同富裕具有重要意义。基于数字普惠金融理论和六次产业共生理论，采用2011—2021年的省际面板数据，分析了数字普惠金融赋能村社产业融合发展的"共富"效应及其传导机制，并揭示了不同区域之间数字普惠金融赋能村社产业融合发展"共富"效应的空间分异状况及其原因，为有效推进村社产业融合发展与农民农村共同富裕提供了科学依据。结果表明：（1）数字普惠金融赋能村社产业融合发展具有显著的"共富"效应，且数字普惠金融覆盖广度和数字化程度的赋能效果比使用深度的作用效果更突出，特别是对一、三产业融合比一、二产业融合的"共富"效应更明显。（2）数字普惠金融发挥数字技术的拉平效应和金融的普惠效应，通过提升农业全要素生产率、拓宽信贷融资机会和渠道、缩小农户间收入与产业间收入差距来促进农民共同富裕。（3）数字普惠金融赋能村社产业融合的"共富"效应在区域层面表现出一定的空间分异性，呈现出东西部地区偏高和中部地区偏低的"U"形特征，且在南北方向上呈现由北向南递增的趋势。（4）数字普惠金融赋能村社产业融合发展带来的"共富"效应随着空间距离的增加而呈现出先小幅提升后小幅下降的特征，且存在一定的空间距离阈值，且当距离超过450千米后，数字普惠金融赋能村社产业融合的"共富"效应不明显。

相关结论具有重要的政策启示：第一，打造农村一、二、三产业融合新产业新业态，增强数字普惠金融的再分配效应。一方面，鼓励发展休闲农业，包括农业观光园、乡村生态旅游等。将数字普惠金融赋能与当地特色产品和产业结合，因地制宜建设符合当地生态发展理念的创意园区，努力实现品牌化、口碑化、优势化，助力特色农产"走出去"，增加农业经营收入，助推二次收入分配倾向欠发达地区与中低收入群体，改善社会财富分配不均问题，促进共同富裕。另一方面，针对数字普惠金融发展不平衡现状，东部地区要基于自身发展优势，提高绿色科技成果利用率，增强数字普惠金融溢出效应。中部与西部地区重点需补齐短板，依靠政策倾斜通过积极开展绿色贷款和绿色债券的数字化转型项目，营造有利于数字普惠金融赋能村社产业融合发展的社会环境和良好场景，缩小与东部地区的绿色普惠金融发展差距。

第二，提升数字普惠金融在偏远落后地区的覆盖广度和数字化应用推广。

一是确保农业产业链移动支付全覆盖,使得数字金融服务嵌入农业生产、流通、消费各个环节,例如农产品数字化结算平台应当尽快在各地区落地使用,形成全国化、统一化农产品数字化结算网络,打通农产品产业链数字普惠金融壁垒。二是以金融手段加强农业生产保障,保险公司应明确自身定位,积极主动地参与到对农业生产的支持中,通过设计更加针对性、人性化的农业险种,刺激农户投保意愿,有效助力农户抵御自然风险和市场风险,为农业生产保驾护航。三是贯彻落实惠农贷款政策,银行应避免陷入"只喊口号、不做实事"的空壳误区,切实履行助农助产职责,包括适当放宽硬性条件、以实地考察代替线上监管、酌情允许延迟还款等,真正惠及农村,从根本上解决农业生产"融资难、融资贵"的问题。

第三,构建区域性数字普惠金融赋能产业融合发展的示范区,并优化数字金融设施和服务能力的空间分布格局。一是增强数字普惠金融在村社产业融合中的空间溢出效应。为进一步拓宽绿色普惠金融对共同富裕的溢出边界,相关部门需要从基础设施、教育水平等方面入手,促进金融资源向落后地区流动。就农村地区而言,需解决信息技术基建问题,建立针对性的"三农"基础数据平台,使相关数据实现共享,提高农村绿色普惠金融供给主体服务效率。通过打破金融资源流通壁垒,进一步扩大绿色普惠金融对共同富裕的溢出作用。二是建设城乡交通信息网,即在公共交通、无线网络、快递物流等方面突破"最后一公里"瓶颈,实现城乡间交通信息全覆盖、全衔接,打通农产品产后销售渠道,纵向延伸农产品产业链,助力乡村产业兴旺。三是完善农村公共服务体系建设,在现有基础上查缺补漏,提升医疗、教育、社保、金融基建等多维度的公共服务水平,为村社产业融合发展提供良性环境。

第七章

村社农业生产要素配置与农户收入流动变迁

第一节　村社生产要素配置与收入流动变迁背景

改革开放以来，中国的农村居民收入差距开始逐渐扩大，至 2009 年达到最大值后逐步小幅缩窄，但仍远高于城市居民收入差距。根据国家统计局公布的数据测算，2021 年中国居民收入基尼系数高达 0.466，其中，农村居民内部收入基尼系数 0.493，远高于城市居民内部收入基尼系数 0.451（数据来源于国家统计局城乡住户收支抽样调查的统计报告）。城乡之间内部收入基尼系数差异明显，既有城乡二元结构造成的制度障碍（Liu，Lu，and Chen，2013），也有要素的投入和资源的有效配置效率的差异等因素的影响。长期以来，农业生产要素配置与农业生产能力密切相关，根据 Foster 等（2008）和 Ayerst 等（2020）的研究，提升农业生产能力主要通过提高农业全要素生产率、改善农业投入要素、降低农业生产要素在微观层面错配程度等三种路径来实现。由于农业生产要素错配带来资源的浪费和农户的机会成本上升，特别是农业生产要素资源有限的条件下，如何确保要素资源的优化配置给农户带来较高的收入分配，在共同富裕背景下引起了较多学者和政府部门的关注。中国作为全世界最大的发展中国家，在经济转型发展中无法绕开的重要特征事实就是城乡二元结构和快速的工业化、城市化进程，这类特征事实在全世界的发展中国家普遍存在，但是其他国家从未像中国一样有着如此迅猛的进程。中国拥有全世界最大规模的农民工群体和城乡人口的年内迁移，工农业之间长期形成了巨大的工资差异，外出非农就业（或农户就地兼业）和农业生产之间也存在巨大的收入差距，并且这种情况还在持续扩大。根据诱致性制度变迁理论，在城乡二元结构下，城乡差距可以在市场化进程中自然收敛。但很遗憾，城乡二元结构长期存在且缓慢收敛的事实并没有证明这一点。中国城乡间绝对差距仍在不断扩大，农民工真正市民化、落户城市还有一定难度。地区差异和城乡差异引发的人口外流加剧了农村的产业空心化、人口空心化，农村"自生能力"不断流失，剩余劳动力逐步转移。在这一形势下，城乡二元结构变动为农业部门的生产和绩效带来了负面冲击，农村的较慢改进不仅影响城乡差距的收敛速度，甚至农村内部要素配置的不合理也间接扩大了农村内部农户收入差距。为此，农业生产要素错配是否会带来农业生产能力的变化，进而造成在农村内部农户收入流动和收入两极分化上表现出较大的异质性，特别是从长期动态的视角来审视农村内部收入差距状况未得到根本性改变的原因，从而揭示二者之间的动态演变趋势，对于共同富裕视角下降低农户收入差距和城乡区域之间均衡发展具有重要意义。

自 Shorrocks（1984）首次提出收入流动的概念及相关测量方法以来，很多文献在不断改进方法的同时，都对收入流动和收入极化等问题做了较好的探索（Fields，2010）。但由于数据可获得性等，现有研究基本上都是针对发达国家的居民收入流动与收入极化测度，比如，Jarvis 和 Jenkins（1998）对英国的研究，Piketty 和 Saez（2006）对美国的研究，Van Kerm（2004）和 Chetty 等（2014）分别对德国与比利时的研究。但相较而言，针对发展中国家的收入流动和收入极化的相关研究则相对较少，特别是从要素配置的视角来探讨中国农户的收入流动及收入极化现象的研究就更少。Nee（1994）用中国早期的数据对农村收入流动做了一系列研究，主要探讨转型前后收入流动的基本情况，较高的收入流动性是缩小极端贫困的重要原因（Ravallion and Chen，2007，2011），但相较于20世纪90年代美国的收入增长和收入分配状况，中国的收入流动性相对更高，更有利于缓解长期收入不平等（Khor and Pencavel，2010）。收入流动和收入极化本身与收入不平等也存在较大的差异，也不是一个概念，存在着以下三个方面的区别：第一，收入极化是指收入分布中某个局部点的聚集现象，而收入不平等是指整个收入分布中距离均值的分散情况；第二，收入极化反映的是收入分布中划分的两个或多个群体，收入不平等反映的是少数群体拥有大量的收入；第三，根据庇古-道尔顿转移公理（Pigou-Dalton Transfer Principle），当收入在进行组内累进转移时，收入不平等程度会降低，但收入极化则会加剧。而收入流动有可能降低收入极化和收入不平等的影响。

目前，已有部分文献采用上述方法对农业微观生产领域要素错配程度进行了测度，但现有研究针对要素配置对中国农户收入流动和收入极化的研究仍存在以下几个方面的不足：一是现有研究对中国农户收入流动和收入极化的影响因素与趋势结论仍然存在较大的分歧，一部分学者的研究结果表明，当前中国农户的收入流动程度在降低，而农户收入极化程度在不断增加（Bai and Qian，2010），但也有学者得出与之相反的结论（Luo etal.，2020）；二是要素配置对农业生产带来较大的影响已经得到学者的普遍共识，但要素错配如何影响不同农户农业和非农就业结构，进而对农户的收入流动和收入极化产生异质性影响，特别是农户收入流动和收入极化分解的研究仍较为薄弱；三是现有研究虽然考察了中国农户收入极化的动态变化，但选取的数据并不是连续年份的追踪面板数据，比如，中国家庭收入分配数据（Chinese Household Income Project Survey，CHIPS）、中国健康与营养调查数据（China Health and Nutrition Survey，CHNS）和中国家庭追踪调查数据（China Family Panel Studies，CFPS）等，因此，只能粗略地反映出不同年份农户居民收入极化的总体趋势，且无法确切地反映出中国农户收入极化的动态特征。特别是，从动态视角系统考察中国长时间序列农业要素投入错配和效率改进问题，弥补传统要素错配静态测度方法无法刻画伴随时间推移、除要素分配变化外农户自身资源和生产力变化影响农业产出的不足。针对已有研究的不足，借鉴 Ayerst 等（2020）核算农业生产领域要素错配程度的理论框架，拟采用如下方式对其进行改进：一是将农户非农就业划分为本地非农就业和外出务工两种情景，进一步探讨农业生产要素错配影响中国农户收入流动和收入极化产生的根源；二是采用 1986—2020 年四川省农村固定观察点农户面板数据，采用期初土地面积、期末土地面积、土地块数和房屋面积四个指标作为衔接农村固定观察点面板数据的指标，在解决已有研究关于农村固定观察点数据使用偏误的基础上，分析要素错配对中国农户收入流动和收入极化的动态变化趋势，并采用 Shapley 值分解方法按照收入来源进行结构性分解，探究影响农户收入极化的重要因素。具体而言，针对农业生产要素资源配置状况，测度要素资源错配程度对农户收入流动和农户收入极化的影响，揭示不同角度下要素资源错配对农户收入流动和收入极化的影响因素及其动态演变。同时，针对要素资源错配对农户收入分配的影响机制进行分解，分别从政府补贴、家庭禀赋（劳动力或土地）、学校教育、社会资本（党员身份或干部身份）等四个维度探讨要素资源错配在对农户生产和收入增长方面带来农户收入分配的异质性影响，进而如何影响农户的阶层跃迁，并测度不同机制下的农户收入分配贡献程度。

第二节 村社农业生产要素错配测度
及农户收入分配变迁

一、农业生产要素错配程度测算

农业全要素生产率是反映生产效率、衡量经济发展质量的重要指标。根据现有的文献研究，从微观农户层面讨论农业全要素生产率，一般设定经典的柯布-道格拉斯（Cobb-Douglas）生产函数，这与工业企业的全要素生产率估计方法有着较大差异（Brandt et al.，2012）。在短期内，农户对于土地、资本等投入要素的调整能力相对较弱，调整速度也较慢，适宜采用 C-D 生产函数，文献上也支持这种处理方式（Cao and Birchenall，2013）。不过，即使都采用 C-D 生产函数进行估计，估计方法和细节上也存在较大的差异。现有文献，尤其是在使用微观数据进行农业 TFP 估计时，生产方程等式左边多数使用总产值减去中间品投入得到的增加值，但这种设定实质上是假设了中间品投入与总产值具有相同的系数。为充分考虑中间品投入以及农业附加值的动态变迁，在进行模型设定及基准估计时，将中间品视为一项重要的要素投入，放到等式右边单独进行回归估计系数。此种估计方式放松了总产出和中间品同比例变化的约束条件，预期系数估计更准确，充分考虑了中间品投入对于农业生产的重要贡献。为便于文献比较，本文也会使用等式左边放增加值，等式右边只考虑土地、劳动与资本投入的方法来估计农业全要素生产率。为此，可以将农户生产函数设定为

$$Y_{hvt} = A_{hvt}K_{hvt}^{\alpha}L_{hvt}^{\beta}N_{hvt}^{\gamma}M_{hvt}^{\delta} \tag{7.1}$$

其中，h 表示农户，v 表示村庄，t 表示年份，Y_{hvt} 表示农户 h 第 t 年的农业总产出，A_{hvt} 表示农户 h 第 t 年的农业全要素生产率，K_{hvt} 表示生产资本，L_{hvt} 表示劳动力投入，N_{hvt} 表示土地投入，M_{hvt} 表示中间品投入。为确保农户生产效率的可比性，考虑农业生产结构，本文农业的总产出重点以种植业为主，并不包含林业、畜牧业和渔业等。根据 Ayerst 等（2020）构建的衡量中国农业要素资源错配的研究框架，并基于 TFP 测算的公式，将实际农业总产出改写为

$$Y_{hvt} = \sum_{i=1}^{l_t} y_{it} \tag{7.2}$$

根据要素资源错配与资源有效配置之间的关系，本文将有效配置定位为最大化农业总产出的要素配置状况，具体公式如下：

$$Y_{it}^r = \max_{\{k_{it},\ l_{it},\ n_{it},\ m_{it}\}_{i=1}^{I_t}} \sum_{i=1}^{I_t} s_{it}^{1-\gamma} \left[\left(k_{it}^{\alpha} l_{it}^{\beta} n_{it}^{1-\alpha-\beta} \right)^{1-\theta} m_{it}^{\theta} \right]^{\gamma} \tag{7.3}$$

式（7.3）中要素资源限制为

$$k_t = \sum_{i=1}^{I_t} k_{it}, \quad L_t = \sum_{i=1}^{I_t} l_{it}, \quad N_t = \sum_{i=1}^{I_t} n_{it}, \quad M_t = \sum_{i=1}^{I_t} m_{it} \tag{7.4}$$

假定固定的总投入在既定数量的农户之间进行分配，如果要素分配给生产率最高的农户，那么所有生产者的边际产品均等化，总产出最大化。在这种资源配置模式下，要素配置与生产能力 S_{it} 严格挂钩，农户生产力越高，则可以配置到更多要素，此时可以设定公式为

$$x_{it}^e = \frac{s_{it}}{\sum_{j=1}^{I_t} s_{jt}} X_t \tag{7.5}$$

其中，x_{it}^e 表示第 t 年给农户 i 的某种要素有效分配量，进而可以得到农业总产出的表达式：

$$Y_t^r = (\overline{S_t} I_t)^{1-\gamma} \left[\left(K_t^{\alpha} L_t^{\beta} N_t^{1-\alpha-\beta} \right)^{1-\theta} M_t^{\theta} \right]^{\gamma} \tag{7.6}$$

其中，

$$\overline{S_t} = \frac{1}{I_t} \sum_{i=1}^{I_t} s_{it} \tag{7.7}$$

在式（7.6）和式（7.7）中，$\overline{S_t}$ 代表农户的平均生产能力，由于农户的边际产出不会完全相同，资源要素配置未与农户的生产能力相匹配，要素分配或多或少存在扭曲现象。如果将资源从低边际产出的农户调整到高边际产出的农户，全社会的产出则会相应地增加。那么测量这种错配可以从具体的要素市场进行，比如，农村土地市场、农业生产过程中的中间品投入、资本和劳动力市场等。本文重点关注的是农户家庭层面在以上四种生产要素分配中的综合错配程度。具体可以用下式来表示：

$$TFPR_{it} = \frac{y_{it}}{\left(k_{it}^{\alpha} l_{it}^{\beta} n_{it}^{1-\alpha-\beta} \right)^{1-\theta} m_{it}^{\theta}}$$
$$= \left[\left(\frac{MPK_{it}}{\alpha(1-\theta)\gamma} \right)^{\alpha} \left(\frac{MPL_{it}}{\beta(1-\theta)\gamma} \right)^{\beta} \left(\frac{MPN_{it}}{(1-\alpha-\beta)(1-\theta)\gamma} \right)^{1-\alpha-\beta} \right]^{1-\theta} \left(\frac{MPM_{it}}{\theta\gamma} \right)^{\theta} \tag{7.8}$$

其中，$TFPR_{it}$ 为收益全要素生产率，主要是基于农户层面要素错配程度的综合考量，在资源要素有效配置中对每个农户综合错配程度均是一致的，如果该值越大，则代表资源配置扭曲程度越高。MPK_{it} 代表农户 i 在第 t 年资本要素边际产

出，MPL_{it} 代表农户 i 在第 t 年土地要素边际产出，MPN_{it} 代表农户 i 在第 t 年劳动力要素边际产出，MPM_{it} 代表农户 i 在第 t 年中间投入的要素边际产出。

二、农户收入极化的度量与分解

根据 Duclos 等（2004）提出的 DER 指数来测度农户收入极化程度，最初是由 Esteban 和 Ray 在 1994 年通过构建"认同—疏离"的分析框架来反映收入的极化特征。其中，认同是指极化过程中个体归入不同群体的过程，在同一群体内部具有相似的属性；而在不同群体之间，个体属性存在较大差异而容易产生矛盾，即产生"疏离"。Duclos 等（2004）通过采用收入密度函数将其划分为不同的群体，用于解决收入极化度量中样本分组随意性的问题。DER 指数具体测度指标公式如下：

$$DER = P_\alpha(f) = \iint f(x)^{1+\alpha}(y) \mid x - y \mid dxdy \tag{7.9}$$

式（7.9）中，α 代表多级分化指标的敏感性参数，取值范围介于 0.25 到 1 之间；f 表示密度函数。$\mid x - y \mid$ 代表个体收入位于 x 点与个体收入位于 y 点之间的收入差距。为此，可以将式（7.9）进一步改写为式（7.10）：

$$DER = P_\alpha(F) = \int f(y)a(y)^\alpha dF(y) \tag{7.10}$$

在式（7.10）中，$a(y) \equiv \mu + y(2F(y) - 1) - 2\int_{-\infty}^{y} xdF(X)$。假定收入 y_i 满足随机独立同分布且满足 $y_1 \leqslant y_2 \leqslant \cdots \leqslant y_n$，$F(y)$ 为收入分布函数。为此，可以进一步将 DER 指数表示为式（7.11）：

$$DER - P_\alpha(F) - n^{-1}\sum_{i=1}^{n} \hat{f}(y_i)^\alpha \hat{a}(y_i) \tag{7.11}$$

式（7.11）中，$a(y_i) \equiv \mu + y_i(n^{-1}2(i-1) - 1) - n^{-1}(2\sum_{j=1}^{i-1} y_j + y_i)$。$f(y_i)^\alpha$ 是基于非参数核密度估计的结果，μ 表示样本农户的均值。通过非参数核密度估计的方式依据式（7.11）可以计算出 DER 指数。进一步地，针对 DER 指数可以采用 Shapley 值的方式按照收入来源对 DER 指数进行分解。Shapley 值分解方式不受分解路径的影响，反映的是分解结果的平均值。按照收入来源对收入不平等指数分解的思路，假定农户收入由 k 种收入组成，其收入分布满足 $y = \{y_1, y_2, \cdots, y_k\}$，其中，$y_k$ 表示第 k 种收入来源的收入，可以将满足特定条件下每种收入来源对 DER 指数的贡献率均可以表示为式（7.12）：

$$s_k = \text{cov}(y_k, y)/\sigma^2(y) \tag{7.12}$$

根据 Esteban 和 Ray 提出的"认同—疏离"分析框架，认同度表示为 $\tau(x)$

$= f(y)^{\alpha}$，疏离度表示为 $I(x) = \int f(y) \mid x-y \mid dy$。由于 $\mid x-y \mid$ 表示收入为 x 和收入为 y 二者之间的差距，那么 x 与 y 之间就存在两种情形：当 $x>y$ 时，$\mid x-y \mid = x-y$，否则 $\mid x-y \mid = 0$。为此，$\tau(x, y)$ 表示当 $x>y$ 时的 $\mid x-y \mid$ 结果，$\tau(y, x)$ 表示 $x<y$ 时的 $\mid x-y \mid$ 结果。DER 指数可以进一步分解为式 (7.13)：

$$DER = \overline{\tau(x)} \times \overline{I(x)} \times (1+\rho) \tag{7.13}$$

式 (7.13) 中，$\overline{\tau(x)}$ 表示加总后的社会平均认同程度，$\overline{I(x)}$ 表示加总后社会平均疏离程度，ρ 表示相关程度。其中，$\overline{\tau(x)} = \int f(y)^{1+\alpha} dy$，$\overline{I(x)} = \iint f(x) \mid x - y \mid dxdy$。为此，DER 可以进一步分解为认同度、疏离度和相关度三个部分。

此外，为了测度农户收入流动状况，采用 Shorrocks 指数和平均流动指数对其进行分析。Shorrocks 指数定义为 $M(p) = [n - tr(p)]/(n-1)$。n 表示收入分组数量，$tr(p)$ 表示收入转换矩阵的轨迹，即矩阵对角线数字之和。收入流动性越强，$tr(p)$ 越小，$M(p)$ 越大。平均流动指数（Average Mobility Index，AMI）定义为：

$$AMI = \frac{1}{n}\left\{ \sum_{j=1}^{n} \sum_{i=1}^{n} \mid i-j \mid p_{ij} \right\} \tag{7.14}$$

其中，n 表示收入分组数量，i、j 分别表示转换矩阵的行编号和列编号，p_{ij} 表示转换矩阵第 i 行第 j 列的值，AMI 表示农户偏离初始年份所在收入分组的程度，偏离越远时，赋予更高的权重 $\mid i-j \mid$，AMI 取值越大表示收入流动性越强。根据定义，每个时间段的样本均可以得到收入转换矩阵，从而计算 Shorrocks 指数和平均流动指数。

第三节　数据来源与农户收入分配状况时空演变

一、数据来源及预处理

中国农村固定观察点调查是 1984 年经中央书记处批准，由中央政策研究室和原农业部具体组织实施的，在中国 31 个省份开展连续跟踪的一项农村问题调查工作。农村固定观察点年度常规调查数据有两个鲜明的特征和优势。一是调查范围广、样本量大、时间跨度长。该调查目前在四川省和重庆市（由于重庆市在 1997 年从原来的四川省单独划出来单独成立直辖市，为保证数据的连续性，本文将 1997 年之后重庆市的数据也纳入四川省调查数据，确保前后数据的连贯性和一致性。）有调查农户 1200 户，调查涉及 48 个行政村，样本分布在四川省 16 个地市州和重庆市 8 个区县。二是调查内容丰富。从 2003 年起，该调查使用了农村住户（家户）和家庭成员（个人）两级问卷。本文实证分析数据来源于 1986—2020 年四川省的农村固定观察点数据，也是中国农村最大的农户跟踪式抽样面板调查数据，国内外学术界已经有很多研究使用该调查数据进行学术研究，数据质量得到了广泛认可（Adamopoulos and Restuccia, 2014; Chari et al., 2021; Zhao, 2020）。目前，农户问卷主要数据涉及家庭成员构成、土地情况、家庭全年收支、农业生产经营等，较为全面地反映了四川省各地区农户及家庭成员的生产、消费、就业、生活及其他各项活动。本文对农户、家庭成员、村庄三个样本集进行清洗、整理和匹配后，分别形成对应的 1986—2020 年农户面板数据、2003—2020 年家庭成员面板数据、1986—2020 年村庄面板数据。本文选择可能影响农业发展的两个重要时间节点，2008 年金融危机后中国政府推出"四万亿"财政刺激计划和 2013 年开始推进精准扶贫战略，将面板数据分成不同子时间段进行分析，即 2003—2007 年和 2008—2020 年以及 2003—2012 年和 2013—2020 年。

以中国特征事实为基础，选取四川省农村固定观察点数据，研究农业生产要素资源错配对农户收入流动和收入极化的关系，具有四大核心优势：第一，相较于常用的地区层面农业数据，农户层面的数据无疑包含了更多信息，能够进行更加精细的识别（Adamopoulos and Restuccia, 2014）；第二，作为农业农村领域的专业数据库，农村固定观察点数据收集了农户家庭作物层面的投入产出数据，既可用于作物层面农业 TFP 的测度，也可用于考察政策冲击下的投资变动；第三，农村固定观察点数据时序长，在系统清洗下，变量基本统一了含义和口径，在农业生产率研究中，能够较好地控制气候、降水、自然环境等带来的内生性问题；第四，农村固定观察点数据很好地提供了实物量和价值量两套作物层面的投入产出数据，便于换算和稳健性检验。

为了降低数据偏误造成的面板数据无法有效衔接问题，本文通过以下三个步骤对数据进行筛选。首先，根据农户的编码从总体样本中筛选出平衡面板数据。其次，采用期初土地面积、期末土地面积、土地块数和房屋面积等来判断农户面板数据的衔接情况。主要原因为同一农户的期初土地面积和期末土地面积数量应该不存在较大差异，且农村家庭可能存在家庭拆分的情况，为了减少调查数据只针对拆分的农户情况，采用相邻年份农户家庭房屋面积来降低家庭拆分带来的数据不匹配情况。此外，村庄内部的土地调整次数也不会太频繁，因此，采用相邻年份农户拥有的土地块数不存在较大差异。具体而言，本文在Zhang 等（2014）研究的基础上，剔除期初土地面积与上一期期末土地面积、本期期末土地面积与上一期期初土地面积、房屋面积、地块等不为 0 的样本。最后，核对农户家庭全年收支情况中的分项收入加总与问卷中家庭全年总收入，剔除二者不相等或缺失的样本。最终得到本文的非平衡面板数据。

二、核心变量测度及说明

（一）农业生产要素错配指标测度

为了测度农业生产要素投入转化为产出效率，通常采用 TFP 来处理要素投入产出过程。为了保证结果的稳健性，本文分别参照 Ayerst 等（2020）和 Adamopoulos 等（2022）两种 TFP 测算框架，使用四川省农村固定观察点数据测算农户家庭农业 TFP（见表 7.1），并以 Ayerst 等（2020）框架为基础进一步测量农户农业生产要素错配的情况。参照 Ayerst 等（2020）对投入产出变量的处理方式，本文构造资本投入、劳动力投入、土地投入和中间品投入四个变量。这一处理方式得到的生产函数相较于 Adamopoulos 等的生产函数更加可取，对于数据的拟合更加精细，结果也更加稳定。本文假定从事农业生产的农户必须有正的劳动投入、土地投入以及农业产值。本文针对具有农业生产行为的农户为样本，由于农户农业参与率在不断下降，使得农户农业参与率从 1986 年的 92.3%下降到 2020 年的 31.6%，反映出这 30 多年中国城市化与农业生产模式的巨大变迁。

表 7.1　农业 TFP 所需测度变量的描述性统计

项目	均值	标准差	极小值	极大值
种植业总收入（元）	3219.42	651.34	0	113359.34
农地净转入面积（亩）	0.19	0.03	-21.32	126.00
农作物播种面积（亩）	8.48	2.24	1.31	89.23
种子种苗费用（元）	692.45	71.23	0	21265.34
农家肥折价（元）	62.35	13.29	0	268.23
化肥费用（元）	603.27	73.15	0	9014.60
农膜费用（元）	124.20	7.12	0	109.23
农药费用（元）	124.57	6.83	0	981.30

项目	均值	标准差	极小值	极大值
水电及灌溉费用（元）	65.26	7.98	0	793.25
其他材料费用（元）	15.36	3.87	0	184.65
畜力费用（元）	74.26	5.15	0	624.32
机械作业费用（元）	175.35	12.46	0	2842.30
固定资产折旧及维修费用（元）	26.87	3.04	0	613.20
小农具购置修理费用（元）	13.46	2.89	0	238.20
土地租赁费用（元）	91.34	46.39	0	1650.00
其他间接费用（元）	68.39	19.48	0	1480.00
技术工作天数（日）	79.35	20.15	0	568.00
雇工费用（元）	113.29	26.36	0	2040.00

①资本投入。农业生产资本包括资本流量和资本存量，参照 Adamopoulos 等对资本项的处理，本文采用农户年末拥有的生产性固定资产原值，该项包括了大中型铁木农具、农林牧副渔机械、工业机械、运输机械、生产用房、设施农业固定资产等。使用永续盘存法对该名义资本存量进行处理得到真实资本。具体做法如下：对于面板数据中第一期之后的样本，将本期固定资产原值减去上期固定资产原值，得到当期的名义投资额，然后对其价格指数平减处理；对于面板数据中第一次出现的样本，本文假设农户从 1986 年开始进行资本积累，至初次进入样本期间，每年固定资产原值以一定的增长速度进行积累，然后对固定资产名义值进行价格指数平减处理，得到固定资产投资真实值，基于永续盘存法和折旧信息计算真实资本存量与真实投资。

$$K_{t+1} = (1 - \delta)K_t + I_t \qquad (7.15)$$

在折旧率选择上，1986—2020 年问卷中报告了农户的固定资产折旧费用，本文基于问卷原始折旧费用以及生产性固定资产原值信息，计算得到总体折旧率均值，采用永续盘存法设定 4% 的折旧率。从图 7.1 列出的 1986—2020 年户均资本存量（真实值）来看，本文使用永续盘存法处理之后的资本存量中位数项有所增加，但较为缓慢，均值项在 2000 年后持续上升，这体现了农业生产结构转型时期农户间农业资本投入差异在逐步扩大。

②劳动力投入。本文使用农户报告的种植业投工天数来衡量农户农业经营过程中的劳动投入。固定观察点数据中，1986—2002 年报告了该农户当年对种

植业整体的投工量，2003年后的问卷缺乏加总投工量信息，只有分作物投工量，本文将不同作物之间的投工量进行加总得到种植业总投工量。从图7.2中户均投工量的年度变化可以看出，1986—2020年农户种植业劳动投入持续下降，户均均值从276天降低至161天左右。农业劳动投入的持续下降反映了近年间小农经营劳动配置效率不断提高，这对农业生产效率及生产组织模式有着十分重要的影响。

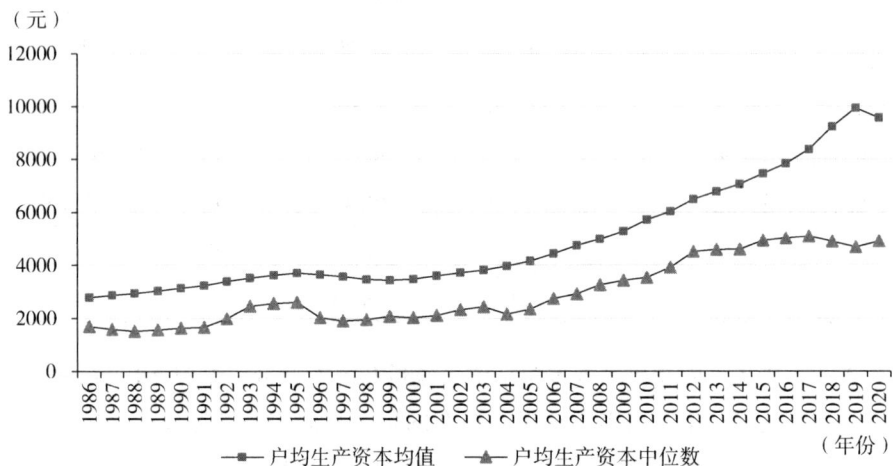

图7.1　农业生产资本投入变化趋势

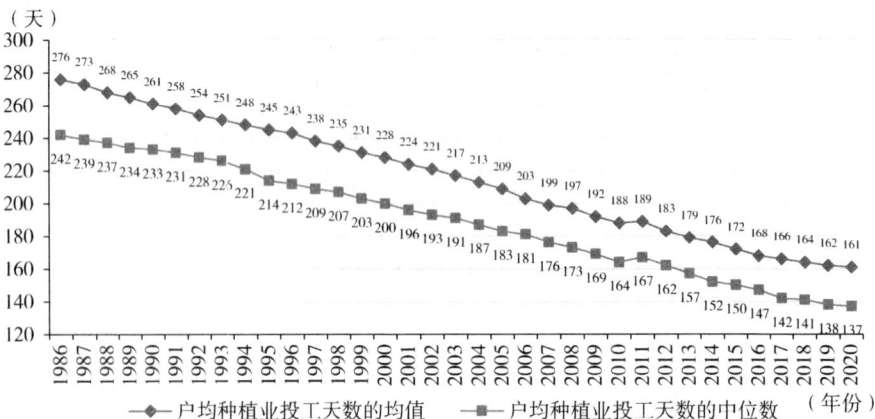

图7.2　农业生产劳动力投入变化

③土地投入。土地采用年末经营耕地面积来表示（见图7.3）。本文没有使用分作物的播种面积进行加总以得到总土地投入，主要原因如下。第一，由于问卷的连续性问题，原始数据年末经营耕地面积在1986—2020年的问卷中连

续，在数据质量方面有保障；而分作物的播种面积问卷设计结构在 1986—2002 年、2003—2020 年两个阶段有所差异，如果使用分作物加总，则可能会出现较大的测量误差。第二，在计算农户层面的农业全要素生产率上，年末经营耕地面积代表了农户拥有的一种禀赋，对该禀赋的利用程度也体现了农业全要素生产率的差异。由于无法得知农户地块层面的土地质量，在估算全要素生产率时，通过控制住村庄×年份层面的固定效应，即控制住村庄层面随时间变化的和不随时间变化的影响农户生产的因素，这可以在一定程度上缓解不同村庄之间土地质量差异对生产率的影响。

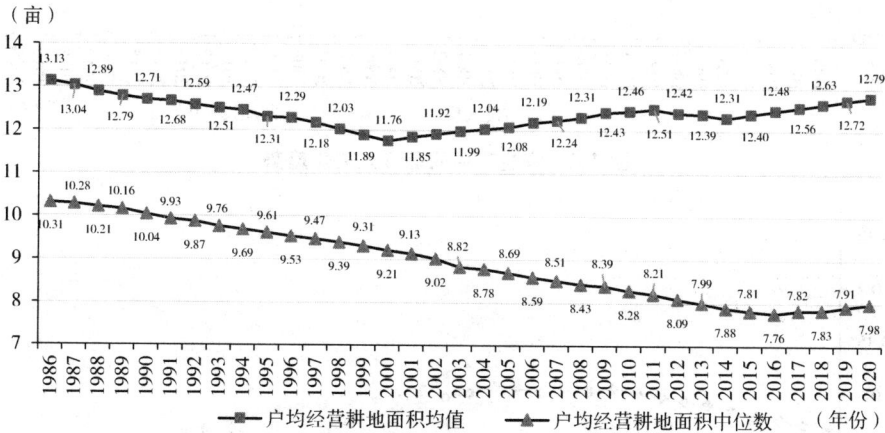

图 7.3　农业生产经营耕地面积变化趋势

④中间品投入。本文使用农户报告中的当年购买种植业和畜牧业相关生产资料的金额来衡量农户的中间品投入。这些生产资料包括种子、种苗、化肥、农用柴油、塑料薄膜、农药等 6 类（计算公式为 $Intermediate\_Inputs_{hpt} = \sum_{i=1}^{I} C_{ihpt}$），其中，$i$ 为生产资料种类，将各生产资料购买金额加总到农户在该年份后，并使用当年农业生产资料价格指数进行平减，以得到中间品投入真实值。图 7.4 反映出中间品投入的计算结果基本与农业总产值呈同方向变化，但中间品投入占总产值的比例有一些结构性变化。

此外，根据农业生产各类要素对农业生产总值的贡献，分别测算出各类要素对农业生产总值影响的弹性系数（见图 7.5）。发现资本投入的弹性系数总体较低且波动较小，中间品投入的弹性系数一直处于上升趋势，土地投入的弹性系数则总体呈下降趋势，劳动力投入的弹性系数呈现先小幅上升后逐渐下降的趋势，说明劳动力投入和中间品投入受到市场变化的影响较大，在农业生产中处于较为活跃的要素变量。

（元）

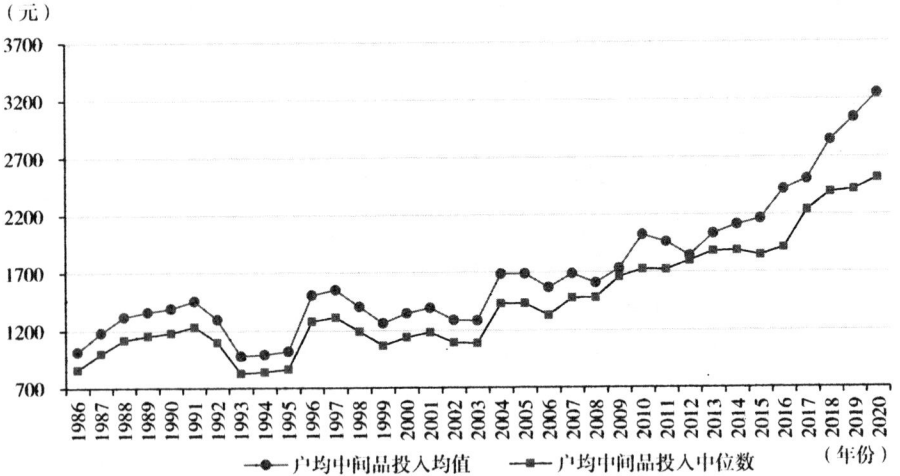

图 7.4　农生产中间品投入变化趋势

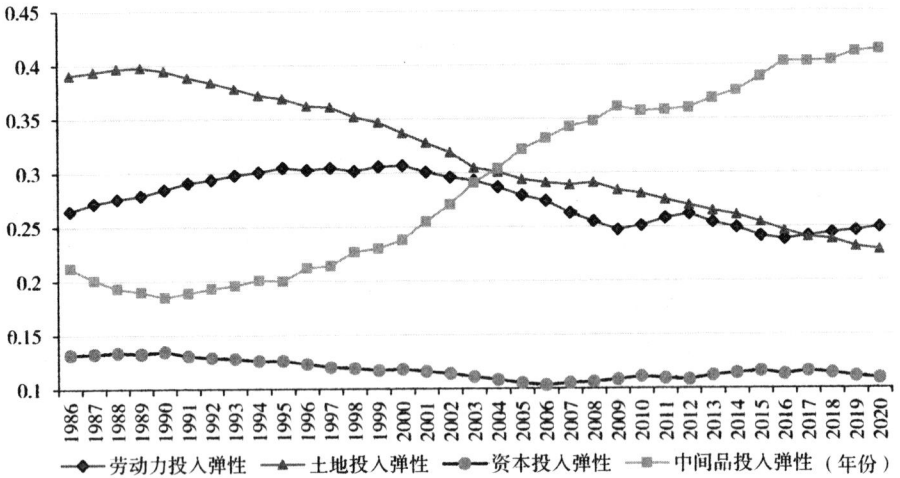

图 7.5　农业生产总值中各类投入要素的弹性系数

表 7.2 报告了两种测算框架下农户层面农业 TFP 的测算结果分布状况，两种测算方法得到的结果基本上类似。参照 Ayerst 等（2020）的测算框架，以农业 TFP 离散程度来反映资源要素扭曲程度，针对农业 TFP（对数）的标准偏差在 1987—2007 年、1987—2012 年分别为 1.08 和 1.09，在 2008—2020 年、2013—2020 年分别上升至 1.17 和 1.19，反映出农户层面农业 TFP 差异随着时间的推移逐渐增加，相关结论也与其对农业生产力的微观实证结果基本保持一致（Chari et al.，2021）。

表7.2 农户层面农业 TFP 变动状况

项目	年份	标准偏差	99→1	95→5	年份	标准偏差	99→1	95→5
Ayerst 等（2020）测算框架	1986—2007 年	1.08	3.08	2.13	1986—2012 年	1.09	3.15	2.22
	2004—2022 年	1.17	3.87	2.31	2013—2020 年	1.19	3.88	2.29
Adamopoulos 等（2022）测算框架	1986—2007 年	1.33	3.97	2.38	1986—2012 年	1.37	4.01	2.41
	2004—2022 年	1.43	4.02	2.41	2013—2020 年	1.44	4.05	2.43

注：99→1 和 95→5 分别表示 TFP 值排名在 99 和 1 百分位、95 和 5 百分位的农户 TFP 比率。

（二）农户收入流动水平变化

收入是本文关心的核心变量，中国农村固定观察点数据对农户家庭收入做了较为详细的调查，相关收入项目包括家庭总收入和家庭纯收入等。家庭总收入是指农户家庭年内从各种来源得到的全部实际收入，包括从集体和各类企业得到的收入、家庭经营（包括私人经营）收入、外出劳务收入以及其他非借贷性收入。家庭纯收入是指从家庭总收入中扣除掉转移性收入和经营性费用等支出后，直接用于生产或者非生产性投资、改善生活的那部分收入。具体而言，家庭纯收入＝（家庭总收入-调查补贴收入-农村内部亲友赠送收入-变卖财物收入）－（家庭经营费用+缴纳税金+上交村组）。相应地，家庭人均纯收入=家庭纯收入/家庭常住人口数量，家庭劳均纯收入=家庭纯收入/家庭劳动人口数量。家庭劳动人口数量定义为家庭常住人口中年龄在 18~60 岁的非学生成员人数（见图7.6）。

收入流动与收入分配密切相关，收入分配反映收入的静态分布，而收入流动反映这种分布的动态演变，收入流动性的研究本身就是相对收入分配而言的。收入流动是指同一家庭在不同时点所处阶层的差异，衡量收入差距的动态变化。高收入流动性会缓解收入不平等，反之，低收入流动性会加剧收入不平等。收入流动是指同一个人或家庭的收入在不同时点所处阶层的差异，衡量收入差距的动态变化。一般而言，本文讨论收入分配都是指截面差异，即在同一个时点个体之间的收入差距，而收入流动则是研究这种收入差距的动态演变。比如，在一个由两个人组成的群体中，第一年的收入分布为（1，0），第二年的收入分布为（0，1），独立来看，每年的收入差距都非常大，一个人获得所有收入，另一个人一无所获。但如果动态地看，这个分配是非常平均的。由此可见，收入

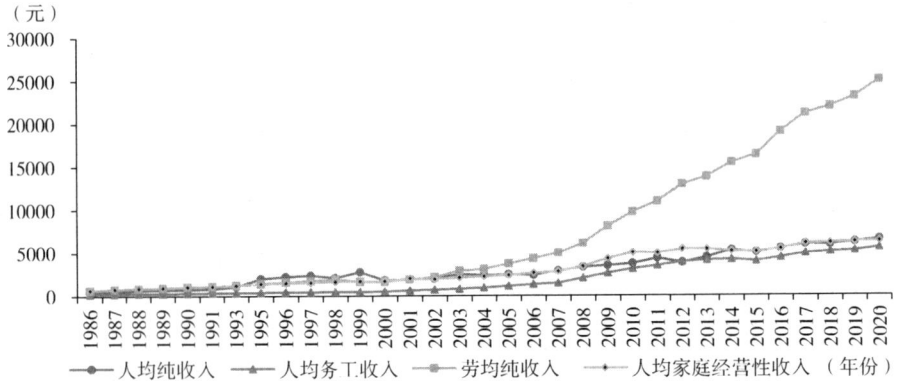

图 7.6　农户家庭人均收入变化趋势

流动同样是研究收入分配的一个非常重要的方面。一般而言，本文讨论收入分配都是指截面差异，即在同一个时点，个体之间的收入差距，而收入流动则是研究这种收入差距的动态演变。如果收入差距非常大，但是收入流动性非常好，处于收入底层的农户有上升通道，那么较大的收入差距并不一定会带来太大问题；如果收入差距大，收入流动性也差，阶层固化非常严重，那么这种收入结构将对低收入群体非常不利，他们很难通过不断努力实现阶层跃迁。收入流动性强会平滑短期的高收入差距，降低长期收入差距；反之，收入流动性弱，即使短期收入差距较小，在长期也会被不断放大。大多数文献对收入流动和收入极化的分析都是将收入划分为 5 等分组，考察不同组别农户的长期收入流动状况及其收入极化问题。图 7.7 考察了 1986—2020 年四川省农民收入流动程度，其中，shorrocks 指数和平均流动指数，二者总体均表现出下降的趋势，在 1990—1995 年和 2003—2008 年两个阶段存在小幅的反弹，但农户收入流动程度总体呈现下降趋势。

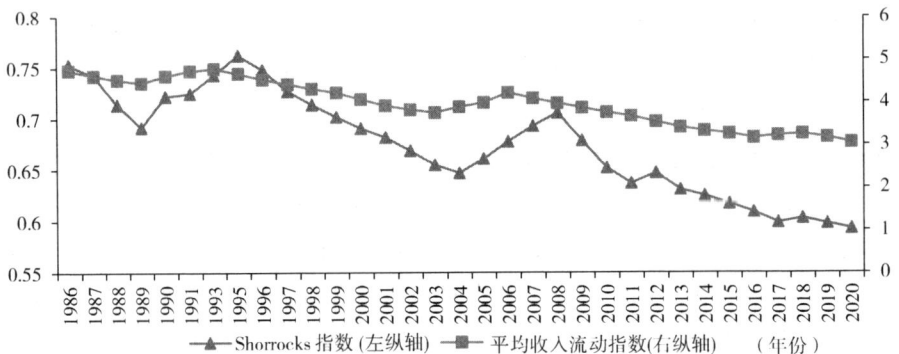

图 7.7　农户收入流动程度

（三）农户收入极化水平测度

基于农村固定观察点农户微观调查数据，首先设定敏感性参数 α，取最小值 0.25，并对其进行核密度估计。表 7.3 报告了敏感性参数取值为 0.25 的农户收入极化情况。1987—2020 年，多级分化 DER 指数呈现出先上升后小幅下降再持续上升的趋势，从 1987 年的 0.122 增加到 2020 年的 0.272，年均增加 4.4%，说明当前农户收入存在较为明显的多级分化趋势，收入分配恶化趋势并没有得到有效改善，意味着农村居民收入差距在不断拉大。此外，区域之间存在明显异质性。农户收入极化现象加剧的原因可能是：第一，不同区域之间由于经济发展水平的差异导致农户收入增速存在差异，造成了不同区域之间农户收入极化现象的出现；第二，同一区域内不同农户收入来源结构增速存在差异性，造成同一区域内部农户收入极化的出现。此外，表 7.3 还汇报了根据"认同—疏离"分析框架得到的分解结果，1987—2020 年样本总体认同度呈现出上升的趋势，从 1987 年的 0.641 上升到 2020 年的 0.569，表明农户收入分布的变化并没有存在向少数群体集聚的状况。疏离度从 1987 年的 0.211 增加到 2020 年的 0.346，表明农户收入极化的出现是由农户与农户之间较大的收入差距导致的。分区域来看，四川地处中国西部地区，农户认同度和疏离度均上升，意味着农户收入分布出现了向少数群体集中且农户之间的收入差距较大引起低收入集聚区和收入相对偏高的聚集区两极分化现象较为明显，而农户之间的收入差距主要是由农户收入结构不同导致的（Wan and Zhou，2005）。因此，有必要进一步分析农户收入的各项来源对农户收入极化的影响。

表 7.3 农户收入极化情况（ $\alpha = 0.25$ ）

年份	总体 DER	认同度	疏离度	相关度	年份	总体 DER	认同度	疏离度	相关度
1987	0.122	0.641	0.211	0.098	2004	0.206	0.595	0.242	−0.431
1988	0.124	0.632	0.213	0.079	2005	0.223	0.594	0.293	−0.281
1989	0.125	0.635	0.224	0.121	2006	0.241	0.595	0.365	−0.110
1990	0.124	0.629	0.228	0.135	2007	0.238	0.592	0.351	−0.145
1991	0.127	0.628	0.213	0.051	2008	0.229	0.597	0.348	−0.102
1992	0.132	0.622	0.208	−0.020	2009	0.227	0.589	0.283	−0.362
1993	0.135	0.618	0.201	−0.087	2010	0.222	0.586	0.275	−0.378
1994	0.139	0.620	0.211	−0.063	2011	0.226	0.583	0.277	−0.399

续表

年份	总体DER	认同度	疏离度	相关度	年份	总体DER	认同度	疏离度	相关度
1995	0.145	0.622	0.223	-0.045	2012	0.234	0.585	0.293	-0.365
1996	0.152	0.618	0.228	-0.079	2013	0.245	0.584	0.307	-0.367
1997	0.161	0.613	0.231	-0.137	2014	0.258	0.584	0.328	-0.347
1998	0.172	0.612	0.234	-0.201	2015	0.260	0.582	0.323	-0.383
1999	0.181	0.613	0.236	-0.251	2016	0.263	0.580	0.331	-0.370
2000	0.193	0.611	0.239	-0.322	2017	0.266	0.576	0.334	-0.383
2001	0.203	0.606	0.241	-0.390	2018	0.261	0.571	0.341	-0.340
2002	0.184	0.604	0.212	-0.437	2019	0.269	0.573	0.339	-0.385
2003	0.183	0.607	0.210	-0.436	2020	0.272	0.569	0.346	-0.382

此外，为了更好地反映农户收入极化的根源，本文根据农户收入来源对农户收入极化水平进行 Shapley 值分解，并按照年份对多级分化 DER 指数进行分解，设定敏感性参数 $\alpha = 0.25$，得到如下结果（见表7.4）。1987 年，农户收入的各项来源中，经营性收入对于农户收入极化的贡献程度最大，达到了72.11%，这也反映出当时家庭劳动力越多越能提高农户家庭经营性收入水平；工资性收入、财产性收入、转移性收入的贡献程度都较低，占比分别为 6.77%、4.52%、6.35%。随着非农就业机会的增加和外出务工人数的不断增多，工资性收入在农户收入极化中的占比也越来越高，从 1987 年的 6.77% 上升至 2013 年的最高值 49.17%，然后小幅下降至 2020 年的 45.26%。农户财产性收入和转移性收入在农户收入极化中的贡献占比总体上相对稳定，且几乎处于一个水平维度，占比区间基本上处于 2%~8%。

表7.4 农户收入极化按收入来源分解（ $\alpha = 0.25$ ） 单位:%

年份	工资性收入	经营性收入	财产性收入	转移性收入	年份	工资性收入	经营性收入	财产性收入	转移性收入
1987	6.77	72.11	4.52	6.35	2004	36.39	61.00	4.86	2.17
1988	7.68	71.58	4.58	6.76	2005	39.45	54.61	4.87	2.52
1989	6.30	70.69	4.40	5.40	2006	39.94	48.99	5.01	3.00
1990	7.19	76.27	4.90	4.20	2007	36.68	48.01	4.60	6.59
1991	7.29	77.16	4.54	4.42	2008	43.10	46.88	4.00	6.02

续表

年份	工资性收入	经营性收入	财产性收入	转移性收入	年份	工资性收入	经营性收入	财产性收入	转移性收入
1992	7.66	78.02	4.56	4.36	2009	45.31	40.21	6.81	7.67
1993	10.22	79.59	4.52	3.97	2010	45.99	40.69	6.31	7.01
1994	10.16	79.47	4.93	4.90	2011	47.63	40.52	5.92	5.93
1995	11.71	80.89	4.10	5.22	2012	48.76	39.02	6.12	6.10
1996	13.76	81.88	4.34	3.85	2013	49.17	40.02	5.67	5.14
1997	17.83	80.56	4.56	4.00	2014	48.48	43.54	5.47	2.51
1998	6.27	72.14	4.52	3.82	2015	47.52	44.29	5.01	3.18
1999	20.70	83.86	4.35	4.06	2016	46.37	43.26	5.35	5.02
2000	19.99	54.72	4.41	3.89	2017	46.38	43.15	5.57	4.90
2001	22.41	56.16	4.54	3.77	2018	47.43	43.27	4.67	5.63
2002	42.69	57.32	4.71	3.57	2019	46.72	45.26	3.83	4.19
2003	35.22	70.04	4.57	3.32	2020	45.26	45.23	4.69	4.82

表 7.5 报告了敏感性参数取值分别为 0.5、0.75 和 1 的三种情况下的农户收入极化认同度、疏离度以及相关度情况。总体上看，农户的认同度和疏离度分别呈现出下降和上升的趋势，且在不同敏感性参数下的结果基本保持类似的趋势，反映出农户与农户之间较大的收入差距是造成农户收入极化的重要原因。

表 7.5 不同敏感性参数下农户收入极化认同度和疏离度分析

五年规划阶段	α = 0.5			α = 0.75			α = 1		
	认同度	疏离度	相关度	认同度	疏离度	相关度	认同度	疏离度	相关度
"七五"计划	0.677	0.219	-0.124	0.675	0.246	-0.137	0.609	0.283	-0.157
"八五"计划	0.662	0.211	-0.072	0.689	0.255	-0.143	0.628	0.275	-0.166
"九五"计划	0.631	0.234	-0.084	0.669	0.267	-0.116	0.601	0.277	-0.138
"十五"计划	0.618	0.240	-0.048	0.672	0.273	-0.141	0.608	0.293	-0.165
"十一五"规划	0.592	0.324	-0.144	0.647	0.287	-0.125	0.575	0.307	-0.146
"十二五"规划	0.585	0.306	-0.058	0.629	0.298	-0.132	0.554	0.328	-0.152
"十三五"规划	0.576	0.338	-0.089	0.626	0.303	-0.097	0.548	0.323	-0.114

注：中国按照每五年制订一个发展目标计划，表中每个阶段的农户收入极化认同度、疏离度和相关度为该阶段的平均值。

第四节 要素错配对农户收入分配的影响分析

一、农业全要素生产率对农户收入的影响

农业全要素生产率与农户收入增长密切相关。表7.6中分别以农户劳均总收入、劳均农业收入与劳均务工收入作为被解释变量,初步研究了全要素生产率对农户收入的影响及时间趋势。(1)(4)两列回归结果显示,全要素生产率对劳均总收入有显著正向影响,但随时间推进逐渐减弱;(2)(5)两列回归结果显示,全要素生产率回归系数显著为正,全要素生产率上升,能够有效提升家庭劳均农业收入,但交互项系数显著性消失,正向相关关系对时段并不敏感;(3)(6)两列结果中回归系数均不显著,说明全要素生产率及其时间趋势项与农户劳均务农收入并不相关。由于近年来家庭外出务工等非农活动的兴起,农业收入占家庭总收入比例不断下降,这也导致了全要素生产率与总收入之间的关联性越来越弱;家庭务工决策以及务工收入水平受多种因素综合作用,与家庭农业生产效率并不相关。

表7.6 ATFP 对农户收入增长的影响

变量	(1)	(2)	(3)	(4)	(5)	(6)
	Ln(劳均收入强度+1)	Ln(农均收入强度+1)	Ln(劳均收入+1)	Ln(劳均收入强度+1)	Ln(农均收入强度+1)	Ln(劳均收入+1)
LnTFP	0.122 *** (0.0054)	0.417 *** (0.0091)	0.003 (0.0521)	0.146 *** (0.0070)		
LnTFP×2003年之后	−0.064 *** (0.0065)	−0.021 (0.0144)	−0.003 (0.0562)			
LnTFP×时间趋势				−0.005 *** (0.0005)	−0.001 (0.0010)	0.001 (0.0037)
个体固定效应	Yes	Yes	Yes	Yes	Yes	Yes
村庄×年份固定效应	Yes	Yes	Yes	Yes	Yes	Yes

变量	（1）	（2）	（3）	（4）	（5）	（6）
R^2	0.714	0.703	0.711	0.713	0.702	0.711
N	38220	38080	37555	38220	38080	37555

注：＊＊＊表示在1%的水平显著，括号内为标准误。

二、农业生产要素错配对农户收入极化的影响

通过降低农业生产要素错配来优化调整农业生产能力，实现资源的最优化配置，可以有效改善资源配给效率、降低要素交易成本，从而促进农业全要素生产率的增长，降低农户收入极化。为此，进一步对农户要素投入成本进行估算（见表7.7），农户要素投入重新配置可以使得1987—2007年农业 TFP 总体增长 52.34%，而 2008—2020 年则增长 46.25%，1987—2012 年增长 47.13%，2013—2020 年增长 43.14%。

表 7.7　要素配置改善对农户收入极化的改进效应　　　　单位：%

年份	总体	年份	总体
1987—2007 年	52.34	1987—2012 年	47.13
2008—2020 年	46.25	2013—2020 年	43.14

此外，通过对农户农业生产要素投入的资源错配程度测度，进一步分析要素错配对农户收入极化的影响程度，探析要素错配带来的农户收入极化的根源。表7.8报告了要素错配分解对农户收入极化影响的贡献度，可以看出各类要素通过农业生产效率的影响带来的农户收入极化程度。

表 7.8　要素错配对农户收入极化的影响程度分解　　　　单位：%

	总体	劳动力投入	土地投入	资本投入	中间品投入
总体改进	47.33	13.23	4.69	3.73	3.41
1986—2007 年	53.24	4.02	6.37	5.26	14.87
2008—2020 年	40.48	16.38	4.14	2.79	-2.74
1986—2012 年	45.76	6.73	5.26	4.46	7.02
2013—2020 年	44.48	24.17	3.77	1.89	-3.42

　　总体而言，各要素按照错配对农户收入极化的影响程度依次为劳动力投入、土地投入、资本投入和中间品投入（见表7.9）。分时间段来看，2008—2020年相较于1986—2007年，以及2013—2020年相较于1986—2012年这两个阶段，劳动力投入的错配导致农户收入极化程度快速上升，在错配总体效应中占比分别上升了12.36和17.44个百分点；相应地，中间品投入错配带来的农户收入极化程度则快速下降，在错配总体效应中占比下降了超过10个百分点。此外，土地投入和资本投入对农户收入极化影响有所下降。以上农业生产要素错配对农户收入极化的影响程度，也间接反映出中国城乡二元结构在过去的30多年进程中发生了巨大变化。根据中国统计年鉴数据，1987年中国城镇化率仅为25.30%，而到了2022年则达到65.22%，中国流动人口从1986年的1810万人上升至3.76亿人，人口流动趋势非常明显。农村给城市和非农部门贡献了大量的劳动力，但也面临大量青壮年劳动力流失和生产能力的下降（Zhao et al.，2020）。这也就不难解释为何劳动力投入对农户收入极化的影响程度最大。另外，由于城乡二元结构带来的城乡差距和工农业工资溢价差异，使得农户非农就业和转移过程中会考虑是否兼业经营还是扩大农业经营规模，这就使得土地投入和资本投入的变化基本上较为稳定，而中间品投入在工业品下乡和政府基础设施的大量投入下，中间品投入对农户收入极化的影响大幅下降，从而映射出中国城乡二元结构带来农户收入极化的核心动力在于城市化变迁下的劳动力流动要素错配。

表7.9　ATFP对家庭收入流动和收入两极分化的影响

变量	(1)农户收入增长	(2)农户收入流动	(3)农户收入极化	(4)农户收入增长	(5)农户收入流动	(6)农户收入极化
LnTFP	0.007** (0.0036)	0.004* (0.0025)	-0.007*** (0.0021)	0.006 (0.0071)	0.007** (0.0032)	-0.007** (0.0029)
LnTFP×2003年之后	0.025*** (0.0042)	-0.007** (0.0033)	-0.001 (0.0025)			
LnTFP×时间趋势				0.002*** (0.0007)	-0.001** (0.0002)	-0.0001 (0.0001)
个体固定效应	Yes	Yes	Yes	Yes	Yes	Yes
村庄×年份固定效应	Yes	Yes	Yes	Yes	Yes	Yes

变量	(1)	(2)	(3)	(4)	(5)	(6)
	农户收入增长	农户收入流动	农户收入极化	农户收入增长	农户收入流动	农户收入极化
R^2	0.535	0.339	0.326	0.534	0.339	0.326
N	38220	38080	37555	38220	38080	37555

注：＊、＊＊、＊＊＊分别表示在10%、5%和1%的水平显著，括号内为标准误。

三、农业生产要素错配对农户收入流动的影响

收入流动和收入极化作为收入分配的两个重要组成部分，高收入流动有利于缓解收入差距，而高收入极化则可能扩大收入不平等程度。关于收入流动的分析都是将收入分为5组，本文接下来将收入分组进一步细化，考察不同组别农户的长期收入增长问题。为测度农户家庭收入流动状况，将农户收入按照五等分位划分为5个组别（收入最高的前20%为高收入组、收入排位前20%~40%的为较高收入组、收入排位前40%~60%的为中等收入组、收入排位前60%~80%的为较低收入组、收入排位前80%~100%的为低收入组），考察不同收入组别下的农户长期收入流动演变趋势（见图7.8）。在2002年之前，长期收入增长更强烈地偏向高收入阶层，收入越高的阶层收入增长速度也越快，这显然会扩大收入差距。2002年之后，这种情况略有改善，相对而言，高收入阶层的收入增长速度在下降，但相较而言，最低收入阶层一直都是收入增长速度较慢的。此外，农户收入流动往往偏向于高收入阶层，但在2009年之后，这种情况相对有所改善，反映在收入差距层面开始逐渐小幅下降。

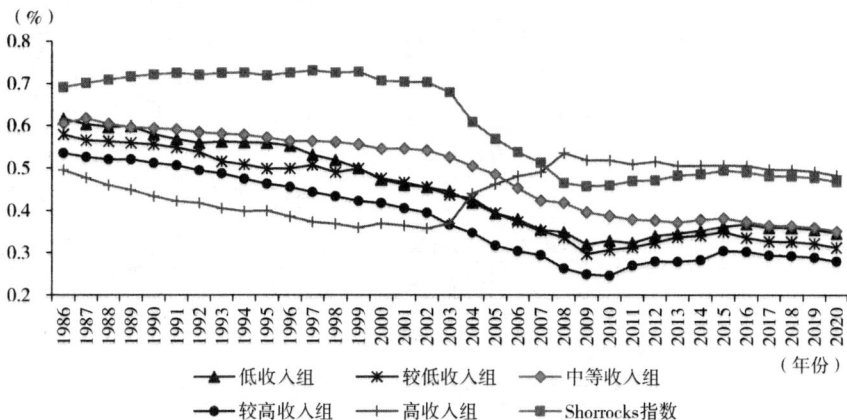

图7.8　不同分组条件下的农户收入流动水平演变趋势

为进一步揭示农户收入流动的演变趋势,本文再次构建收入转换矩阵来更加直观地体现收入流动状况。收入流动水平的期限结构变迁反映了收入分配格局的变迁,同时也能间接地反映出一种制度变迁对收入分配格局的影响。我们通过追踪不同收入阶层收入水平在不同年份之间的动态演化,透过这一演化来进一步了解农民收入流动的机理。分析不同时间期限的收入转换矩阵(见表7.10),由于篇幅所限,没有计算出各年间收入转换矩阵的所有计算结果。根据时间划分为4个阶段,大致期限为10年一个阶段,并采用五分位数法计算得到收入流动水平的转换矩阵,前二十百分位代表低收入层级的农户,越往后收入水平层级越高。表7.10报告了农民收入流动水平的四期动态转换矩阵。从该转换矩阵中我们可以发现,在1986—1995年第一期阶段,前二十百分位惯性率为0.4679;到第二期阶段,该惯性率变为0.4419;到第三期阶段,该惯性率变为0.3957;到第四期阶段,该惯性率变为0.3814。随着时间的推移,最低收入阶层的农户家庭收入流动水平呈不断下降的趋势,间接反映出最低收入阶层的农户流动在减弱。另外,从最高收入阶层的惯性率来看,在第一期阶段,最高收入层级的收入流动水平为0.3707,第二期阶段变为0.3915,到第三期阶段变为0.5234,最后到第四期阶段变为0.5407,最高收入阶层的收入流动水平呈不断提高的趋势,这也表明最高收入阶层有不断固化自身收入的能力,即高收入阶层农户稳固其既有收入水平的能力在不断提高。

表 7.10 农户收入流动水平转换矩阵(四期动态)

		\multicolumn{5}{c}{1995 年收入位置}
		I	II	III	IV	V
1986 年收入位置	I	0.4679	0.2237	0.1357	0.1049	0.0678
	II	0.1539	0.2781	0.2561	0.2218	0.0901
	III	0.1547	0.1909	0.2581	0.1938	0.2025
	IV	0.0988	0.1887	0.1874	0.2562	0.2689
	V	0.1247	0.1186	0.1627	0.2233	0.3707
		\multicolumn{5}{c}{2005 年收入位置}
		I	II	III	IV	V
1996 年收入位置	I	0.4419	0.1768	0.2147	0.0812	0.0854
	II	0.2698	0.2574	0.2187	0.1415	0.1126
	III	0.1348	0.1982	0.2317	0.2416	0.1937
	IV	0.0879	0.2469	0.2037	0.2447	0.2168
	V	0.0656	0.1207	0.1312	0.291	0.3915

2015 年收入位置					
		I	II	III	IV	V
2006 年收入位置	I	0.3957	0.2014	0.1768	0.1132	0.1129
	II	0.2208	0.3517	0.2207	0.1319	0.0749
	III	0.1647	0.2719	0.2597	0.2018	0.1019
	IV	0.1477	0.1534	0.2106	0.3014	0.1869
	V	0.0711	0.0216	0.1322	0.2517	0.5234
2020 年收入位置					
		I	II	III	IV	V
2016 年收入位置	I	0.3814	0.2492	0.1428	0.1525	0.0741
	II	0.2717	0.3242	0.2492	0.1103	0.0546
	III	0.1738	0.2318	0.2731	0.1993	0.132
	IV	0.1039	0.1582	0.1835	0.3358	0.3186
	V	0.0692	0.0366	0.1514	0.2021	0.5407

第五节　农业生产要素错配对农户收入分配的影响机制

结合现有文献研究，本文将影响收入流动的因素分为 4 个维度，政府补贴、家庭禀赋（包括劳动和土地）、教育（包括正规学校教育和专业技术培训）、社会资本（包括党员身份和干部身份），以计量检验的方式讨论这些因素对于收入流动的影响。在检验模型中，被解释变量为农户收入的阶层跃迁值。将农户按收入水平等分为 5 个组别，农户跨组跃迁的程度即 $Diff\_inctile$ 的取值，设定检验方程如式（7.16）和式（7.17）。式（7.16）是基准检验模型，在控制住基本家庭人均收入水平变量的基础上，加入农户和年份固定效应，考察 X 变量（前文分析的 4 类 7 组因素）对于阶层跃迁的影响。具体表达式如下：

$$Diff\_inctile = \alpha + \beta X_{it-1} + \gamma inctile_{t-1} + (FEs) + \varepsilon_{it} \qquad (7.16)$$

$$Diff\_inctile = \alpha + \beta X_{it-1} \times Year_{t-1} + \gamma inctile_{t-1} + (FEs) + \varepsilon_{it} \qquad (7.17)$$

农户上一期处于低收入阶层，本期处于较低收入阶层，则 $Diff\_inctile$ 取值为 1，如果本期处于中等收入阶层，则 $Diff\_inctile$ 取值为 2，以此类推；反之，如果农户上一期处于高收入阶层，本期处于较高收入阶层，则 *Diff_inctile* 取值为-1，以此类推。*X* 表示本文关注的 4 类 7 组影响因素，*inc* 农户收入是基本控制变量，具体的变量描述统计见表 7.11。

表 7.11 变量的描述性统计

变量	均值	标准误	10 分位值	50 分位值	90 分位值
收入阶层跃迁	0.0009	1.07	-1	0	1
家庭劳动力数量（人）	2.47	1.13	1	2	4
劳动力教育水平（初中及以上人数）	1.13	1.02	0	1	3
劳动力是否有专业技能	0.56	0.43	0	1	1
经营耕地总量（亩）	6.26	8.13	1.03	4.27	16.24
农户人均纯收入（元）	5349	6726	614	2948	14293
政府补贴收入（元）	349	698	0	48	1021
是否党员户	0.13	0.28	0	0	1
是否干部户	0.09	0.29	0	0	0

家庭劳动力数量是指年龄在 18 岁至 60 岁之间的非学生成员数量，劳动力教育水平用劳动力中初中及以上受教育程度的人数表示，劳动力专业技能用家庭劳动力中是否有人具备各种类型的专业技能（如种植、养殖、泥工、瓦工等）虚拟变量表示，政府补贴收入包括从政府部门获得的各类补贴（如农田补贴、种植补贴、贫困户补贴等），为控制住随时间不变的农户特征和随时间变化的经济周期因素影响，是否干部户是指家庭成员中是否有人具有干部身份（如村干部、各级国家干部等）。从表 7.12 第一组的基准回归结果可以看出，4 类因素都与收入正向流动正相关，也就是说，获得更高的补贴收入、家庭具有更高的土地和劳动等自然禀赋、家庭劳动力有更高的受教育水平或具备专业技术技能、家庭具有更丰富的社会资本等，都有利于农户的收入阶层跃迁。30 多年来，由于社会经济形势发生了很大的变化，政府支持、家庭禀赋、教育禀赋、社会资本等不同要素对于收入增长的相对重要性也在不断发生变化，基准结果中不同因素对阶层跃迁都会有正向影响，那这种影响程度是否随时间变化呢？由此，设立（7.17）式的检验方程，引入不同要素 *X* 与时间 *Year* 的交互项，同样控制农户和年份的固定效应，考察 *X* 对于阶层跃迁的影响程度随时间的变化情况。根据前文关于收入分配和收入流动的典型事实分析，本文设定 2002 年的时间节

点，考察 2002 年之前和 2002 年之后影响程度的三重差分变化。全样本结果列于
表 7.12 第二组，2002 年之前样本回归结果列于第三组，2002 年之后样本回归结
果列于第四组。

表 7.12 农户收入流动的影响因素

		第一组	第二组		第三组		第四组	
		政府支持	家庭禀赋		教育禀赋		社会资本	
		政府补贴	劳动禀赋	土地禀赋	教育水平	专业技术	党员身份	干部身份
第一组	X	0.0051 *** (0.001)	0.0553 *** (0.002)	0.024 *** (0.003)	0.0465 *** (0.002)	0.0274 *** (0.008)	0.0502 *** (0.006)	0.0781 *** (0.007)
第二组	$X * Year$	0.0012 *** (0.0001)	0.0008 *** (0.0002)	0.0006 *** (0.0002)	0.0006 *** (0.0002)	0.0035 *** (0.0012)	-0.0016 *** (0.0005)	0.0003 (0.0005)
第三组	$X * Year$ (Year< 2002)	0.0036 *** (0.0003)	0.0032 *** (0.0005)	0.0068 *** (0.0006)	0.0017 *** (0.0005)	——	0.0035 *** (0.0013)	0.0147 *** (0.0013)
第四组	$X * Year$ (Year≥ 2002)	-0.0001 (0.0005)	-0.0009 ** (0.0004)	-0.0002 (0.0006)	-0.0010 ** (0.0005)	——	-0.0068 (0.0125)	-0.0083 *** (0.0023)
控制变量		Yes	Yes	Yes	Yes	Yes	Yes	Yes
R^2		0.256	0.225	0.234	0.241	0.237	0.228	0.228

注：所有检验均控制年份和地区双侧固定效应，＊＊＊、＊＊分别表示 1%、5% 的显
著性水平。

在促进农户收入阶层正向跃迁方面，相对于 2002 年之前，平均而言，政府
支持、家庭禀赋、教育禀赋、社会资本的作用都在下降，但拥有专业技术技能
对提高收入阶层有显著的正向影响。这一结果与本文观察到的收入流动性持续
下降相吻合，也与要素市场的市场化进程不断推进有关。2002 年之前处于市场
化前期，要素市场竞争还不够充分，土地禀赋和劳动禀赋、教育禀赋、一般意
义上的社会资本都是相对稀缺的要素，拥有更多这些要素的农户一般不但能拥
有更高的收入，而且收入的增长速度会越来越快，有利于实现阶层跃迁。2002
年之后，自然禀赋相对资本的回报率普遍下降，一般教育的稀缺性大幅下降，
一般意义上的社会资本也难以带来更多额外收入，这些要素虽然还是能够在很
大程度上增加农户收入，但增加的程度相对下降。而产业分工的不断细化和劳

动力市场的异质性竞争会有利于有专业技能的劳动者获得更高回报。

政府补贴在早期的回归系数明显高于后期，不过 2013 年以来，政府补贴的动态效应与阶层跃迁呈现出显著正相关关系，这可能与最近几年较大力度的脱贫攻坚有关。劳动禀赋的作用也可以大致分为两个阶段，两期都有显著正的回归系数，说明劳动禀赋对于增加农户收入非常重要，但 2002 年之前时间上有正相关关系，2002 年之后不明显，几乎没什么规律。劳动力专业技能的回归系数一直为正，且系数越来越大，即影响程度越来越大，随着要素市场越来越成熟，专业技能的回报会越来越高。社会资本回归系数一直为正，且非常显著，社会资本对于增加农户收入很有意义，但系数呈现出较为明显的倒 U 形，即随着时间推移，其影响程度也在不断下降。

为了更好地检验要素错配对农户收入流动的影响，根据 2002 年前后进行时间分组无法观测到更细致的年度变化。从政府补贴、劳动禀赋、专业技术、干部身份等变量中可以看到，政府补贴在早期的回归系数明显高于后期，且在 2013 年之后，政府补贴的动态效应和阶层跃迁存在正相关关系，这可能与 2013 年开始推进精准扶贫战略带来的绝对贫困人数大幅减少有关。劳动禀赋的作用也大致分为两个阶段，两期都存在显著正相关关系，说明劳动禀赋对于增加农户收入密切相关。专业技术回归系数一直为正，且系数越来越大，随着要素市场的越发成熟，专业技能的回报也相对越高，社会资本回归系数也一直显著为正，但相关系数存在明显的倒 U 形关系，即社会资本对农户收入流动的影响存在先上升后下降的趋势。

第六节　研究结论与政策启示

基于"认同—疏离"分析框架，本文采用 1986—2020 年农业农村部全国农村固定观察点四川省农户的面板数据，构建多级分化 DER 指数，反映农户收入极化的动态特征，采用 Shapley 值分解方法按照收入来源对农户收入极化指标进行分解，研究要素资源错配对农户家庭收入流动和收入极化的影响。研究结果如下。第一，农户总体收入流动性在不断下降，以 Shorrocks 指数衡量的收入流动程度由 0.765 下降到 0.660，下降幅度为 14%，以平均流动指数衡量的收入流动程度由 4.67 下降到 3.68，下降幅度为 21%。第二，当前中国农户存在着收入极化的现象，农户收入极化存在着区域异质性，"认同—疏离"分解结果表明，农户收入极化出现的原因是农户与农户之间的收入差距，农户收入极化存在收入分布向少数群体集中的趋势。第三，Shapley 值分解结果表明，非农就业是加剧农户收入极化的最重要原因，转移性收入对于缓解农户收入极化具有稳健的正向影响。按区域类型划分，外出务工对于农户收入极化的影响程度显著高于本地非农就业。第四，在作用机制层面，中国农业生产领域内部要素错配程度较高，政府支持（政府补贴）、家庭禀赋（劳动禀赋或土地禀赋）、教育禀赋（教育水平或专业技术）、社会资本（党员身份或干部身份）等均有利于增加收入，实现阶层跃迁；但各要素按照错配程度从高到低依次为劳动力投入、土地投入、资本投入和中间品投入，若对要素进行有效重新分配，可以在一定程度上促进农业生产能力提升，大致可使农业总产出上升 40%～50%。收入不平等程度在下降，但阶层固化现象开始显现。但相对于 2002 年之前的市场化前期，这些因素的影响程度在不断下降，越来越难以带来阶层跃迁，而具有专业技能的劳动者回报在快速上升。

第八章

农民农村共同富裕质量测度及其时空演变

随着我国决胜脱贫攻坚战和全面建成小康社会，提高农村居民生活质量成为乡村振兴阶段实现农民共同富裕的核心要义。民族要复兴，乡村必振兴。农村居民作为中华民族伟大复兴的重要推动力量，测度农村居民生活质量及其区域空间分布格局，成为检验经济高质量发展的重要组成部分，也是社会主义的本质要求。随着农业供给侧结构性改革和农村居民消费需求的不断提高，人们的获得感、幸福感和安全感也成为高质量生活的重要组成部分，受到越来越多农村居民的重视，成为中国共产党为民谋福利和坚定改革初心使命的重要体现。为此，在共同富裕视域下，要构建科学有效的评价指标体系，客观评价不同省际农村居民的生活质量状况，为不同省域巩固拓展脱贫攻坚成果与乡村振兴有效衔接提供目标考核衡量标尺，也为乡村振兴发展和促推城乡融合提升农村居民生活质量提供理论和经验证据支撑。

第一节 共同富裕视域下农村居民生活质量研究进展

自改革开放以来，中国农业农村发生了翻天覆地的变化，在全面打赢脱贫攻坚战之后，国内外宏观经济发展逐步转向更高质量的发展阶段，农村居民的生活水平也从注重温饱向更高质量的优质生活迈进。已有研究重点从居民的收入状况（Barror，2002）、环境可持续性和政治权益（Mlachila and Tapsoba，2014）等方面对生活质量做了较多的论述，比如，采用居民福利（Jorgenson and Clark，2012）、可持续经济福祉（Knight and Schor，2014）、人类发展指数（HDI）等指标来具体衡量（Jorgenson，2015），但总体上都是建立在经济增长的基础上实现物质生活水平提升的，侧重于经济发展和物质生活等客观量化的指标，无法全面地刻画农村居民的生活状况及其生活质量全貌。

中国已经从一个低收入国家逐渐跻身为一个中等偏上收入国家，但农民收入增长面临"不平衡、不协调、不可持续"的中等收入陷阱困境（温涛、何茜、王煜宇，2018），迫切需要加快农村经济的高质量发展，实现农民收入超常规增长的核心在于提高其内生动能（申云、李京蓉、杨晶，2019），特别是加强各要素之间的优化配置，释放改革创新的动力赋能现代农业发展形成规模化、组织化和集约化，促进三次产业的深度融合发展（王小华、温涛，2017）。农民对美好生活的追求除了受外部因素的影响外，也受农户自身对美好生活追求意愿和能力的影响。居民生活质量反映的是一个综合性的评价体系，既包括客观指标也包括主观评价。在客观指标层面，生活质量不仅体现在居民收入、消费水平等物质生活层面，还体现在居民身体健康状况、社会感受以及生活方式等层面（叶南客，1992）。农村居民在摆脱绝对贫困后将面临自身发展能力不足，以及如何实现与现代农业有效衔接的难题（龙静云，2019），而农村居民的区域性和整体性相对贫困治理成为缩小区域差距和实现共同富裕的重要内容（李实、沈扬扬，2021），特别是农民工市民化中的福利不对等现象，使农村居民难以有效融入城市（何颖、刘洪，2020），乡村劳动力"两栖化"的生活现状与乡村振兴人才短缺的现实困境，使农民对美好生活的向往和城乡发展不平衡、乡村发展不充分之间的矛盾更加凸显（王桂芹、郑颜悦，2020）。在主观评价指标层面，由于居民个体往往是感性的，不同区域之间农村居民对其自我导向、情感、享乐以及获得感等方面认知都存在较大的差异性（Diener，1995），使居民对幸福感和获得感等主观评价存在差异，带来居民生活质量的主观评价也存在较大异质性（杨晶、孙飞、申云，2019）。农村居民在横向对比过程中，不同的收入来源以及收入差距带来的贫富差距矛盾也造成居民心理上的失衡和居民生活质量评价的波动（潘文轩、王付敏，2018）。

在共同富裕视域下如何有效衡量农村居民生活质量状况，不仅需要测度农村居民物质生活等硬件条件，还需要对农村居民精神生活和生活环境宜居等软环境进行测度。随着农民物质生活水平的不断提高，收入增长的来源和结构也在随之发生相应的变化，人们向往美好生活和追求精神富足的需求也日益得到满足，特别是居民对幸福感和获得感的关注与日俱增。在脱贫攻坚与乡村振兴战略有效协同背景下，人们不仅要关注精准扶贫战略下贫困人口全面脱贫奔小康的生计问题，也要加强后扶贫时代农村居民对幸福感和获得感的社会认同问题，而这需要进一步加强顶层制度设计、社会体制机制等各方面的供给侧结构性改革。鉴于此，基于全国的省际面板数据，以农村居民生活质量的测度及其空间变迁为主线，揭示不同省域之间农村居民生活质量水平的空间变动及其分布格局，为共同富裕背景下进一步深化农业农村供给侧结构性改革、推动经济高质量发展和完善收入分配体制机制提供科学依据。

第二节　共同富裕视域下农村居民生活质量评价体系构建

共同富裕作为社会主义的本质特征，是区别于资本主义制度实现现代化的重要标志。共同富裕是一种政治、经济、社会、生态、文化等多维度发展的新型文明形态，是全体人民拥有对美好生活需要的生产生活资料，并保持合理差距的普遍富裕状况（李军鹏，2021）。在脱贫攻坚与乡村振兴有效衔接的背景下，坚持"以人民为中心"的发展理论积极推进经济社会的高质量发展成为农民共同富裕的主要目标。在社会主义市场经济体制下，要积极发挥有效市场在资源配置中的主导作用，充分调动社会各方的力量和优化资源配置，不断做大蛋糕、拓展发展成果；同时，强化政府在资源配置中的积极作为，发挥有为政府在市场失灵和资源错配中的调节作用，降低市场无序发展侵害人民的权益，把蛋糕分配好进而提高农村居民的获得感和幸福感。此外，还需要构建以有爱社会为主导的新时代社会价值体系，不断优化社会福利均衡化发展体制机制，提高整体社会福利水平，形成社会成员互助互爱的友好奉献型社会。这种"市场—政府—社会"协同驱动下的三次分配改革创新，将更好地实现农民共同富裕，形成发展成果人人共享、区域均衡发展的格局和价值导向（唐任伍、李楚翘，2021）。共同富裕的前提在于"共同"和"富裕"两个维度的有效统一与有机衔接。共同富裕不仅需要消除绝对贫困，致力于人民共享发展成果，整体提升物质生活水平（樊增增、邹薇，2021），还要将物质生活富裕和精神生活富足有机结合，但也要让这种差距控制在一定合理的范围内，在消除两极分化的基础上，实现"共建"和逐步富裕的目标（李军鹏，2021）。因此，共同富裕目标导向下的农村居民生活质量需要积极发挥共建、共享、共富的协调统筹，并分阶段逐步推进，进一步实现社会整体福利水平的提升，既要追求效率也要注重公平，二者同等重要。新时代乡村振兴依然面临过度追求效率而忽视公平的困境，使贫富差距的扩大制约了中等收入人群规模壮大，社会结构呈"金字塔"形的失衡状况依然较为严重（刘伟、陈彦斌，2021）。在共建和共享发展成果的同时，需要考虑居民之间的群体差距、区域差距和城乡差距（刘培林、钱滔、黄先海等，2021），提出分阶段地促进先富带后富的社会分配格局，进而实现以"共富"为目标的"共建、共享、共富"相互依存和相互统一的综合体，并统筹考虑不同阶段不同条件下的"共富"差异性和共享性。

在"富裕"维度，农村居民生活质量是否达到富裕，既是一个多维度、复合型的综合评价范畴，也需要考虑"共富"的差异性和共享性，建立"以人民为中心"的发展观，让更广大的人民享受发展成果（陈晓华，2020）。物质生活作为农村居民生活质量的重要基础，按照马斯洛的需求层面理论，生理需求和物质基础是基本生存与物质生活的起点及出发点，也是保障高质量精神生活的重要基础（Midgley，1995），精神生活质量又是物质生活质量的重要补充和延伸（见图8.1）。坚持推进农村居民的生活质量水平提升，既是检验经济发展成果是否有效惠及全体人民的重要试金石，也是社会主义本质的根本体现。物质生活作为居民生活水平的重要衡量标准，是检验生活质量高低的重要基础，物质生活基础良好是居民健康生活的根本保障。健康的体魄和愉悦的精神也是提升农村居民物质生活质量的有效前提。一方面，身体健康是人们获取物质生活基础的根本保障，也是人们追求生活品质的动力源泉（周长城等，2009）；另一方面，生活便利和生活品质的提升，对于保障农村居民的健康质量与居民获得感和幸福感大有裨益。此外，生活环境宜居作为物质生活质量和精神生活质量的重要支撑，生态环境良好、社会保障能力增强和科教文卫服务普惠是促进社会公平与和谐宜居生活的重要体现。人们对美好生活的追求必然要求城乡公共服

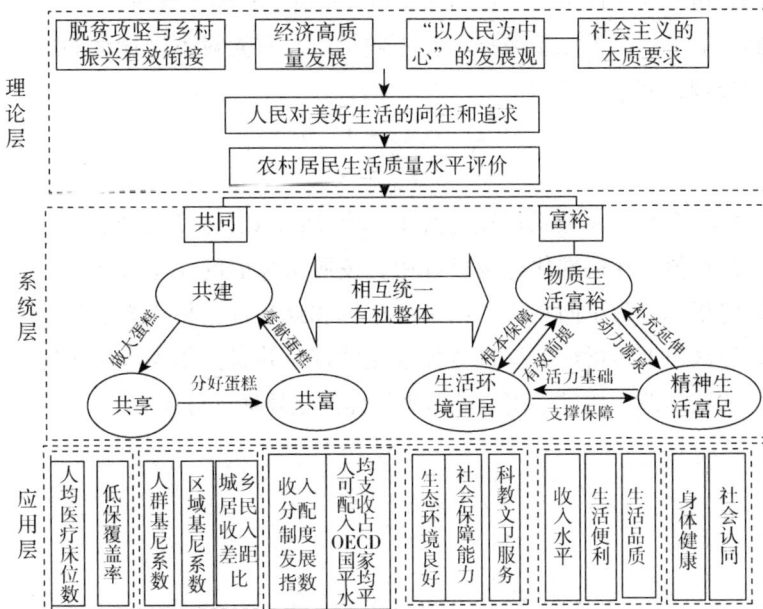

图8.1　共同富裕视域下农村居民生活质量评价指标体系理论框架

务配套的不断均衡化，从而进一步支撑农村地区公共服务设施及服务保障能力的有效提升，但也需要考虑物质生活富裕和精神生活富足程度之间的差异性与共享性（杨宜勇、王明姬，2021），做到生活环境宜居和谐。

第三节　共同富裕视域下农村居民生活质量
测度及指标体系

一、农村居民生活质量水平测度

1. 指数测度概况

本章重点基于 2008—2020 年全国 30 个省（市、自治区、直辖市，除西藏外）的农村固定观察点相关统计数据，结合各省相关统计年鉴数据，测度和比较不同省份的农村居民生活质量状况及其空间分布格局。首先，考虑到不同指标之间的作用方向和数量级存在差异，需要对其进行标准化处理；其次，为克服主观性赋值偏差，采用熵权 TOPSIS 对其权重进行赋权，可以有效提升客观赋权并寻找决策最优解；最后，利用多目标线性函数对所有指标进行加权处理，得到不同省份农村居民生活质量的综合指数得分。具体步骤如下。

步骤 1 如下。由于原始数据存在不同量纲，首先对不同量纲的原始数量进行标准化处理，基本公式为：

$$X = \frac{(X' - X'_{\min})}{X'_{\max} - X'_{\min}} \tag{8.1}$$

其中，X 和 X' 分别表示数据标准化值和原始数值，$X'_{\max}$ 和 $X'_{\min}$ 则代表原始数据的最大值和最小值。在标准化处理过程中，按照指标值的变化方向与期望值之间的关系，将指标分为正向指标、约束性指标和期望性指标。为消除不同量纲的影响，各地区对上述指标数据进行标准化处理，并将其作为农村居民生活质量评价指标的数据源。通过采用标准差进行标准化处理后得到：

$$x_i^* = \frac{x_i - x'_i}{\sqrt{\mathrm{var}(x_i)}} \tag{8.2}$$

其中，

$$x'_i = \frac{1}{n} \sum_{i=1}^{n} x_i, \quad \mathrm{var}(x_j) = \frac{1}{n} \sum_{i=1}^{n} (x_i - x'_i) \tag{8.3}$$

式（8.3）中，x_i 表示测度农村居民生活质量的具体指标，x_i 表示原始数据，x_i^* 表示指标的标准化值。

步骤 2 如下。基于标准化处理后的各项评价指标，计算其信息熵。计算公式为：

$$E_j = \ln \frac{1}{n} \left[\frac{X_{ij}}{\sum\limits_{i=1}^{n} X_{ij}} \ln \frac{X_{ij}}{\sum\limits_{i=1}^{n} X_{ij}} \right] \tag{8.4}$$

步骤 3 如下。确定农村居民生活质量评价指标熵权比重。对于任意第 j 个指标，熵权值都可以通过公式 $f_j = -\frac{1}{\ln n} \sum\limits_{i=1}^{n} s_{ij} \ln s_{ij}$ 来计算，其中，s_{ij} 代表第 i 个评价对象的第 j 个指标在所有评价单位中的比重，即 $s_{ij} = \frac{b_{ij}}{\sum\limits_{i=1}^{n} b_{ij}}$。该值越大表明无序性越强，信息量越小导致权重也越小。因此，相应权重的计算公式为 $w_{ij} = \frac{hj}{\sum\limits_{j=1}^{m} h_j}$，其中，$h_j = 1 - f_j$，代表第 j 项指标的变异系数。

步骤 4 如下。通过构建农民生活质量规范化的评价矩阵，将标准值 X_{ij} 与第 j 个指标权重 w_j 进行相乘，采用多目标性加权函数法计算各省份的居民生活质量综合指数。

$$I_i = \sum\limits_{j=1}^{m} W_j X_{ij} \tag{8.5}$$

步骤 5 如下。确定农村居民生活质量指数的正负理想解及测算二者之间的欧式距离。假设 a_j^+ 表示第 j 个指标在所有的评价对象中的目标值，a_j^- 代表第 j 个指标在所有的评价对象中的最小值，根据 a_j^+ 和 a_j^- 构成的向量作为农民生活质量评价指数的正负理想解，并计算出评价对象与正负理想解之间的欧式距离：

$$D_i^+ = \sqrt{\sum\limits_{j=1}^{m} (a_{ij} - a_j^+)^2} \ ; \ D_i^- = \sqrt{\sum\limits_{j=1}^{m} (a_{ij} - a_j^-)^2} \tag{8.6}$$

根据式（8.6）最终测算出评价对象与理想解之间的接近程度 $C_i = \frac{D_i^-}{D_i^+ + D_i^-}$。当 C_i 取值为 0 到 1 之间时，越接近 1 代表农民生活质量指数越高，农民的获得感和满足感也越强，农民生活质量水平越高；反之，则农村居民生活质量水平越低。因此，可以根据该指数针对全国各省市进行测评和排序。

2. Dagum 区域基尼系数分解

Dagum 区域基尼系数主要是作为一种测量地区贫富差距的重要指标，用于揭示区域样本分布的空间差异性和降低数据交叉重叠带来的分布不均状况（Dagum, 1997）。该指标还可以进一步分解为区域内的差异和区域间的净值差异以及超变密度贡献等，进而将区域基尼系数分解成不同维度进行分析。具体计算公式如下。

$$Gini = Gini_w + Gini_{nb} + Gini_t \tag{8.7}$$

$$Gini = \frac{\sum\limits_{j=1}^{k} \sum\limits_{h=1}^{k} \sum\limits_{i=1}^{nj} \sum\limits_{r=1}^{nh} |y_{ji} - y_{hr}|}{2n^2\mu}, \quad (\mu_h \leqslant \mu_j \leqslant \cdots \leqslant \mu_k) \tag{8.8}$$

$$Gini_{jj} = \frac{\frac{1}{2\mu_j} \sum\limits_{i=1}^{n_j} \sum\limits_{r=1}^{n_j} |y_{ji} - y_{hr}|}{n^2 j} \tag{8.9}$$

$$Gini_w = \sum\limits_{j=1}^{k} Gini_{jj} p_j s_j \tag{8.10}$$

$$Gini_{jh} = \sum\limits_{i=1}^{nj} |y_{ji} - y_{hr}| / [n_j n_h (\mu_j + \mu_h] \tag{8.11}$$

$$Gini_{nb} = \sum\limits_{j=2}^{k} \sum\limits_{h=1}^{j-1} G_{jh}(p_j s_h + p_h s_j) D_{jh} \tag{8.12}$$

$$Gini_t = \sum\limits_{j=2}^{k} \sum\limits_{h=1}^{j-1} G_{jh}(p_j s_h + p_h s_j)(1 - D_{jh}) \tag{8.13}$$

$$D_{jh} = \frac{d_{jh} - p_{jh}}{d_{jh} + p_{jh}}, \tag{8.14}$$

其中，

$$d_{jh} = \int_0^\infty dF_j(y) \int_0^y (y - x) dF_h(x) ; \quad p_{jh} = \int_0^\infty dF_h(y) \int_0^y (y - x) dF_j(y)$$

$$\tag{8.15}$$

在以上各式中，$Gini$ 为总体基尼系数，$Gini_w$ 为区域内贫富差距的贡献，$Gini_{nb}$ 为区域间净值的贫富差距贡献，$Gini_t$ 为超变密度的贡献，根据各省份农村居民生活质量指数得分的均值与各地区农村居民生活质量指数实际得分之间的变异程度进行排序。$Gini_{jj}$ 和 $Gini_{jh}$ 分别代表区域内基尼系数和区域间基尼系数，y_{ji}（y_{hr}）表示第 j（h）个省份内农村居民所在区域 i（r）的生活质量综合指数得分，μ 为所在区域农村居民生活质量综合得分平均值，n 为省际个数，k 为各省地区个数，n_j（n_h）为第 j（h）个区域内的总个数，$p_j = \frac{n_j}{n}$，$s_j = \frac{n_j \mu_j}{(n\mu)}$。$D_{jh}$ 表

示第 j、h 个区域之间居民生活指数综合得分的相对影响。将 d_{jh} 定义为区域间综合得分差值，即第 j、h 个区域之间的 $y_{ji}-y_{hr}>0$ 的样本值加总的数学期望。p_{jh} 为超变一阶矩，即第 j、h 个城市群中所有 $y_{hr}-y_{ji}>0$ 样本值加总的数学期望。F_j (F_h) 为第 j (h) 个区域的累积密度分布函数。

3. 收入分配制度发展指数

为了揭示收入分配制度差异带来的省际农村居民生活质量水平的异同，基于按劳分配、按要素分配以及税收条件等作为测度收入分配制度公平性的重要体现。借鉴邸俊鹏等（2021）构建收入分配制度发展指数，通过初次分配和再分配的占比反映，并通过税收调节进一步调适，得到收入分配制度发展指数的公式：

$$R_i = \frac{X_{1i} \times S_i + X_{2i}}{PR_i} \tag{8.16}$$

其中，X_{1i} 表示第 i 年不同省份调查样本区农村居民的人均可支配收入，S_i 代表第 i 年不同省份样本区农村总人口数，X_{2i} 代表第 i 年 GDP 中劳动者报酬占比，PR_i 代表第 i 年各省的公共财政收入水平。R_i 数值的大小表明政府收入分配的作用强弱，数值越大，代表收入分配由市场决定越强（初次分配占比越大）；反之，政府决定收入分配能力越强（再分配占比越大）。为此，进一步将初次收入分配占比与收入再分配的比值用于刻画市场机制和政府力量的强弱状况。

二、指标体系构建

在共同富裕的视域下，将农民的生活质量划分为"共同"维度和"富裕"维度进行统筹考虑。在"共同"维度层面，分别从共建、共享和共富三个层面进一步细分。其中，"共建"不仅需要考虑共同发展经济成果（做大蛋糕），还需要考虑发展过程中的差异性。为此，分别从人群差异、区域差异和城乡差异层面揭示"共建"过程中的差异性，具体通过人群基尼系数、Dagum 区域基尼系数、城乡居民收入差距比等体现，揭示"共建"过程中初次收入分配的差异性。基尼系数反映农村居民内部的贫富差距状况，间接反映出农村地区的收入分配程度。城乡居民收入差距比既是衡量城乡发展差距和收入差距的主要结构性指标，也是反映农民收入增长幅度和增长质量的指标，可间接反映城乡融合发展的程度，能够体现构建新型城乡关系基础上实现乡村振兴的战略思路。在"共享"层面，重点反映农村居民分享经济发展成果，体现的是收入再分配程度，具体在医疗教育社会保障等层面，采用低保覆盖率、人均医疗床位数等体现。在"共富"层面，用于反映第三次分配状况，体现了社会捐赠与互帮互助所形成的奉献型社会结构，具体通过收入分配制度发展指数、人均可支配收入占 OECD 国家平均水平等指标体现。

在"富裕"维度层面，根据农村居民生活质量的科学内涵进行解读，将农村居民生活质量指数进一步划分为物质生活质量、精神生活质量和生活环境宜居三个维度。物质生活质量划分为收入水平、生活便利、生活品质三个准则层（陈丽君、郁建兴、徐铱娜，2021）。具体而言，在收入水平准则层方面，包括农村居民可支配收入与人均 GDP 之比以及农村人均消费支出占家庭人均收入比重两个细分指标。在生活便利准则层，具体细分为每百户汽车拥有量、农村劳动力本地非农就业比例、快递业务增幅、县域数字乡村指数等四个细分指标。每百户汽车拥有量反映农户消费能力状况，也间接地反映出当地农户对生活消费品质的偏好和态度。农村劳动力非农就业比例通过外出务工人员占农村总人口比重体现，反映农民在当地的就业便利程度。快递业务增幅反映农村居民的生活便捷程度，县域数字乡村指数则体现出农村居民在智能化时代乡村生活的智能水平和便利程度。在生活品质准则层，主要划分为人均年食品消费蛋白质含量、恩格尔系数等两个细分指标。人均年食品消费蛋白质含量主要反映农村居民食品消费结构提升的能力。农村居民恩格尔系数是指食品支出总额占个人消费支出总额的比重，是国际上用于判断居民生活是否富裕的通用指标，它既是综合反映农村居民消费支出情况的结构性指标，也是说明经济发展、收入增加对生活消费影响程度的指标，可反映农村家庭的消费结构和消费质量。

表 8.1　农村居民生活质量评价指标体系

目标层	准则层	指标层	单位
"共同"维度	"共建"质量	人群基尼系数	—
		Dagum 区域基尼系数	—
		城乡居民收入差距比	—
	"共享"质量	低保覆盖率	%
		人均医疗床位数	张
	"共富"质量	收入分配制度发展指数	—
		省际人均可支配收入占 OECD 国家平均水平	%

续表

目标层	准则层	指标层	单位
"富裕"维度	物质生活富裕	农村居民可支配收入占人均GDP之比	元
	收入水平	农村人均消费支出占家庭人均收入之比	%
	生活便利	每百户汽车拥有量	辆
		农村劳动力本地非农就业比例	%
		快递业务增幅	%
		县域数字乡村指数①	—
	生活品质	人均每日优质蛋白质摄入比例	%
		恩格尔系数	—
	精神生活富足 身体健康	预期寿命	岁
		家庭年均医疗开支占比	%
	社会认同	户主主观幸福感②	—
		居民安全感③	—
	生活环境宜居 生态环境良好	生活垃圾处理率	%
		生活污水处理率	%
	社会保障能力	农村居民基本养老保险最低标准	元
		农村医保参保率	%
	科教文卫服务能力	高中阶段毛入学率④	%
		农村人均教育文化娱乐支出比例	%
		卫生发展指数	%

资料来源：农村固定观察点年度数据、国家统计年鉴、中国农村统计年鉴、中国卫生统计年鉴、中国交通统计年鉴、中国食品工业年鉴、中国价格统计年鉴等公开统计数据。

注：①县域数字乡村指数数据来源于北京大学新农村发展研究院联合阿里研究院发布的《县域数字乡村指数（2018）》报告。②主观幸福感指标来源于北京大学家庭追踪调查数据库（项目编号：CFPS2010—2018），部分年份缺失数据以相邻年份数据代替。③居民安全感指标以西南财经大学中国家庭金融调查研究中心的调查数据（项目编号：CHFS2011—2019）反映，部分年份缺失数据以相邻年份数据代替。④高中阶段毛入学率主要参考中国全面建成小康社会进程统计监测报告年度数据。

农村居民精神生活质量划分为身体健康和社会认同两个准则层。在身体健康准则层，主要分为预期寿命与家庭年均医疗开支占比两个细分指标。预期寿命主要反映农村居民身体健康状况可能带来的总体福利水平变化；而家庭年均医疗开支占比体现一个家庭在医疗方面的花费对其家庭经济状况的冲击。在社会认同准则层，主要包括居民幸福感和居民安全感两个细分指标。居民幸福感体现居民对现有生活状况的一种满足程度，反映农村居民对整体生活状况的一种认知感受。居民安全感主要体现居民对当地生产生活安全状况的认知程度。

生活环境宜居则划分为生态环境良好、社会保障能力和科教文卫服务能力

173

三个准则层。生态环境良好主要反映生态宜居程度，具体通过生活垃圾处理率和污水处理率反映。生活垃圾处理率和污水处理率代表农村居民生活环境状况，凸显人居环境对人民生活品质的向往和期待。通过生活品质的提升，以促进乡村振兴以人为本这一根本出发点为主，有利于促进人们对实现乡村振兴的美好愿望。在社会保障能力准则层，包括农村居民基本养老保险最低标准、农村医保参保率、基本医保政策范围内报销比例等三个细分指标。农村居民养老保险最低标准主要反映农村社会的福利水平，也体现社会对农村居民分享社会发展成果的有效体现。农村医保参保率主要突出农村医疗保障水平，特别是深度贫困地区往往面临因病致贫等现实困境，医保参保率通过实现农村地区全覆盖，推动农村社会福利的均衡发展。在科教文卫服务能力准则层，具体细分为高中阶段毛入学率、农村人均教育文化娱乐支出比例、卫生发展指数等三个细分指标。高中阶段毛入学率体现农村居民义务教育延伸程度，间接体现一个区域的教育普惠性。农村人均教育文化娱乐支出比例体现农村居民对生活消费环境及宜居环境的重视程度。卫生发展指数体现农村居民医疗卫生等公共服务方面的水平，为科学评判一个地区公共服务能力提供了较好的可比性和可衡量性指标。

第四节　我国农村居民生活质量测度及区域差异

一、我国农村居民共同富裕生活质量指数测度及区域排名

通过采用熵权 TOPSIS 分析法测度我国不同省际农村居民生活质量水平，并进一步进行综合排名和分项排名。从表 8.2 来看，综合排名前 10 位的省份主要集中于东部沿海省份，基本上处于中国经济总量前 10 名的省市，反映出经济发展程度与农民高质量物质生活状况息息相关。从各分项指数排名来看，在"共建"质量、"共富"质量、物质生活富裕、生活环境宜居等分项指数得分上，东部沿海发达省份均具有较大的优势，反映"先富"省份的先发优势在农村居民生活质量层面也占据先机，表明经济发展程度越高越有利于提升当地农村居民的生活质量水平。从总体上来看，"共建""共享""共富"质量得分均相对较高，特别是在东部沿海发达省份，这也侧面反映出东部地区在"先富带后富"的发展过程中，农村居民生活质量提升方面也具有更大的优势。类似地，其他省份的农村居民生活质量指数在经济发达省份与欠发达省份之间存在较大的区域差异性，区域发展的不平衡不充分矛盾依然较为严重。

174

表 8.2　全国农村居民生活质量指数分项测度及综合排名

省份	"共建"质量	分项排名	"共享"质量	分项排名	"共富"质量	分项排名	物质生活富裕	分项排名	精神生活富足	分项排名	生活环境宜居	分项排名	综合指数得分	综合排名
上海	0.833	1	0.783	2	0.808	1	0.751	1	0.533	13	0.569	1	0.796	1
北京	0.805	2	0.809	1	0.807	2	0.746	2	0.538	20	0.564	2	0.794	2
浙江	0.766	5	0.768	3	0.767	4	0.705	4	0.547	2	0.561	3	0.753	3
江苏	0.795	3	0.768	5	0.782	3	0.706	3	0.542	4	0.559	4	0.763	4
天津	0.775	4	0.763	4	0.769	5	0.701	5	0.540	6	0.559	4	0.752	5
广东	0.750	7	0.728	6	0.739	6	0.665	6	0.513	17	0.557	6	0.723	6
福建	0.757	6	0.720	7	0.739	7	0.657	7	0.535	10	0.551	7	0.720	7
山东	0.749	8	0.717	8	0.733	8	0.654	8	0.534	11	0.547	8	0.713	8
辽宁	0.660	9	0.654	9	0.657	9	0.591	9	0.543	26	0.537	16	0.643	9
吉林	0.597	10	0.603	10	0.600	10	0.541	10	0.571	28	0.531	18	0.591	10
河北	0.561	11	0.561	11	0.561	11	0.499	11	0.533	13	0.539	11	0.554	11
江西	0.478	16	0.518	12	0.498	12	0.453	12	0.536	9	0.531	18	0.499	12
湖南	0.49	13	0.492	14	0.491	14	0.427	15	0.547	7	0.539	11	0.489	13
河南	0.485	15	0.487	15	0.486	15	0.422	13	0.506	17	0.538	15	0.485	14
黑龙江	0.461	17	0.503	13	0.482	13	0.440	13	0.511	22	0.527	26	0.485	14

续表

省份	"共建"质量	分项排名	"共享"质量	分项排名	"共富"质量	分项排名	物质生活富裕	分项排名	精神生活富足	分项排名	生活环境宜居	分项排名	综合指数得分	综合排名
湖北	0.491	13	0.483	13	0.487	16	0.418	16	0.533	13	0.546	9	0.484	16
内蒙古	0.500	12	0.473	12	0.486	17	0.408	17	0.547	2	0.530	22	0.482	17
安徽	0.458	19	0.464	19	0.461	17	0.402	18	0.521	25	0.539	11	0.462	18
海南	0.459	18	0.458	18	0.459	20	0.396	20	0.507	30	0.532	19	0.458	19
重庆	0.451	21	0.462	17	0.456	21	0.399	19	0.571	1	0.540	10	0.456	20
陕西	0.463	19	0.448	23	0.455	26	0.382	21	0.534	11	0.536	17	0.452	21
四川	0.446	24	0.445	21	0.445	19	0.382	21	0.547	7	0.539	11	0.447	22
广西	0.452	22	0.433	26	0.442	22	0.368	24	0.532	16	0.527	26	0.440	23
贵州	0.438	28	0.438	22	0.438	22	0.370	23	0.546	21	0.528	24	0.437	24
新疆	0.452	23	0.427	29	0.440	27	0.362	27	0.532	23	0.529	23	0.436	25
山西	0.440	25	0.431	24	0.435	25	0.368	25	0.533	23	0.531	19	0.435	26
云南	0.438	26	0.429	25	0.434	24	0.367	24	0.513	26	0.528	24	0.434	27
甘肃	0.438	27	0.426	26	0.432	28	0.361	28	0.541	5	0.525	29	0.430	28
宁夏	0.427	29	0.419	28	0.423	29	0.356	29	0.527	29	0.527	26	0.422	29
青海	0.427	30	0.413	30	0.420	30	0.345	30	0.539	17	0.522	30	0.417	30

资料来源：各年度总体平均值由笔者根据相关指数测度得出。

二、我国农村居民共同富裕生活质量指数省际分项排名

按照上文的理论解构，从"共同"维度来看农村居民生活质量水平（图8.2），第一梯队的省市集中于上海、北京、江苏、天津、浙江、广东、福建、山东等地，梯度内部省际农村居民生活质量指数得分相差较小，但省际和区际物质生活质量指数得分平均在0.6。第二梯队以辽宁等22个省份为主，但相比第一梯队省份而言，第一梯队与第二梯队之间相差较大，且第一梯队省份平均得分与第二梯队省份平均得分维持在1.61倍左右，二者之间的差距存在较明显的"门槛"效应，即第一梯队农村居民在"共建"层面做大经济发展成果（"做大蛋糕"）上远远强于第二梯队农村居民"共建"物质财富，且第一梯队比第二梯队在"共享"和"共富"层面也占有更大的优势，在"共同"维度方面表现出较明显的"门槛"效应。第二梯队省份主要集中于中、西部省份，特别是在广大的西部地区，且第二梯队省际的农村居民生活质量在"共建"的差异性和区域的共享性方面也存在较大的差异，最终影响农村居民"共富"层面生活质量上的差异性。

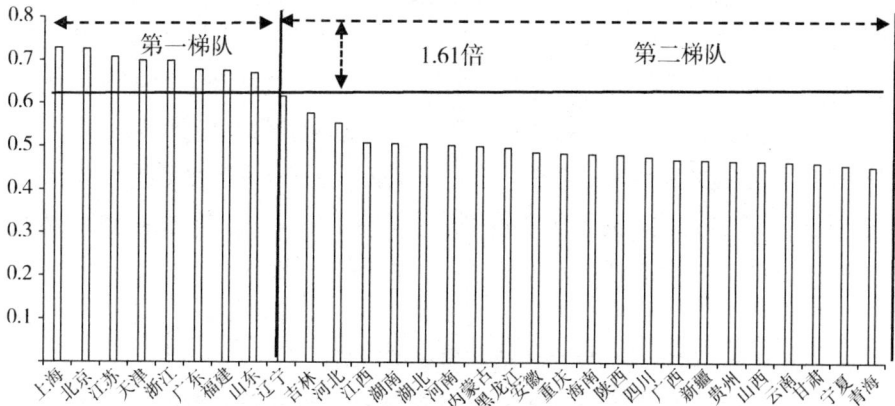

图8.2　我国农村居民"共同"维度下的生活质量得分梯度排名

另外，基于"富裕"维度来看农村居民生活质量水平（图8.3），第一梯队主要集中于上海、北京等11个经济发达省份，且第一梯队省份内部之间也存在较大的差异，第一梯队中上海与河北之间在指数得分相差0.25，二者差距高达33%，反映出不同区域之间在社会保障水平和保障政策方面也存在较大的异质性，省份之间受制于经济发展水平差异带来社会保障及福利的异质性。第二梯队以江西等19个省份为主，大多集中于中部和广大的西部省份，相应省份由于经济发展水平较低、大多仍处于工业化城镇化的中期甚至早期阶段，相应的保

障政策和福利也无法与沿海发达省份相提并论。在"富裕"维度下，第一梯队农村居民的生活质量指数得分与第二梯队的生活质量指数得分比值为1.23，反映不同梯队之间的社会保障程度不平衡不充分现象仍然相对明显，但梯队内部差异总体相对较少。

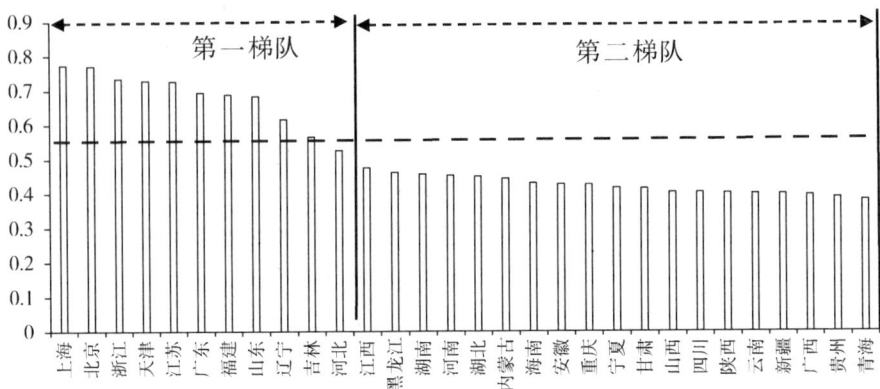

图8.3 我国农村居民"富裕"维度下的生活质量得分梯度排名

总体而言，农村居民生活质量指数得分越高的地区，大多数分布在区域经济发展程度较好的省份，即经济发展水平越高、所在区域为经济强省或区位优势明显的省份，其生活质量指数存在高度的正相关性，区域之间经济发展程度的梯度性直接导致农村居民生活质量指数的梯度发展。从各分项指数得分来看，全国各省份之间存在明显的区域发展不平衡不充分现象，特别是农民生活质量指数从沿海发达地区到中西部欠发达地区之间存在明显的阶梯式逐步弱化的趋势。因此，需要进一步加强区域之间的协调发展战略与乡村振兴战略的不断协同。

三、我国农村居民共同富裕生活质量区域比较

进一步，将共同富裕背景下农村居民生活质量得分划分为南北区域进行横向对比（见表8.3），发现南方区域除了精神生活富足得分略微低于北方区域之外，其他所有二级准则指标均高于北方区域，反映出南北方农村居民生活质量的差异，这也可能与南北方区域经济重心南移相关。另外，按照经度划分为东、中、西部区域进行纵向测度后发现，在"共建"质量、"共享"质量、"共富"质量、物质生活富裕等方面，均表现为东部>中部>西部的趋势；而在精神生活富足、生态环境宜居方面，东、中、西部区域之间差距较小，且西部地区社会认同感总体高于东部和中部地区，间接反映出不同区域农村居民的获得感高低与收入多少并非呈线性关系。

表8.3 我国农村居民共同富裕生活质量水平区域对比

区域	"共建"质量	"共享"质量	"共富"质量	物质生活富裕	精神生活富足	生态环境宜居	综合得分
南方	0.581	0.558	0.698	0.543	0.533	0.499	0.565
北方	0.539	0.513	0.658	0.532	0.538	0.456	0.534
东部	0.728	0.701	0.754	0.551	0.538	0.444	0.653
中部	0.518	0.503	0.666	0.537	0.529	0.441	0.527
西部	0.491	0.455	0.653	0.513	0.549	0.401	0.508
华北	0.577	0.528	0.671	0.537	0.537	0.482	0.551
东北	0.588	0.600	0.683	0.532	0.542	0.524	0.575
华东	0.798	0.751	0.790	0.560	0.535	0.704	0.693
中南	0.489	0.490	0.664	0.538	0.525	0.420	0.515
西南	0.455	0.433	0.639	0.532	0.539	0.374	0.487
西北	0.451	0.411	0.620	0.528	0.535	0.361	0.476

从南、北方的视角来看（见图8.4），南方农村居民物质生活质量状况明显高出北方一等，但北方的精神生活社会认同感相对南方而言略高，这可能是由于北方传统文化更为浓厚，带来的人文认同感偏高。从东、中、西部的视角来看（见图8.5），东部地区农村居民"共同"维度和"富裕"维度的生态环境宜居方面均具有明显的优势，中部地区次之、西部地区最弱，中、西部和东部之间的差距相对较大，但西部与中部的差距并不是特别明显，甚至在社会认同方面，西部地区比东部和中部地区表现要好。

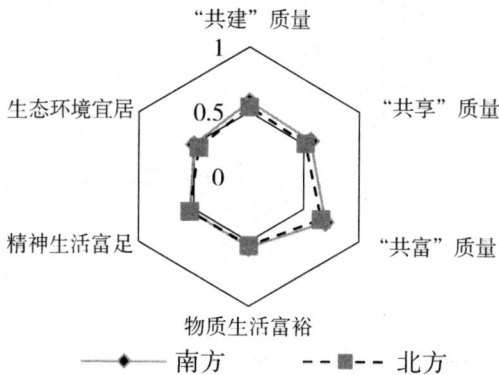

图8.4 南、北方农村居民生活质量指数对比

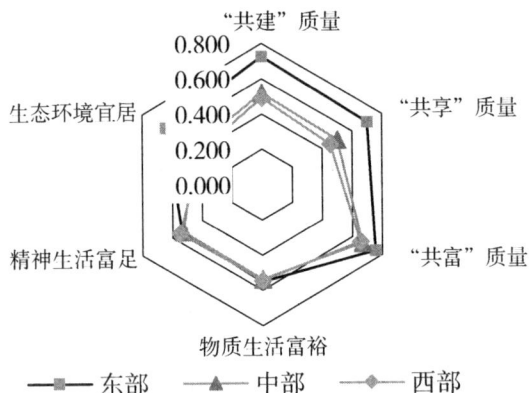

图8.5　东、中、西部农村居民生活质量指数对比

从全国六大区域的视角来看（见图8.6），得分从高到低依次为：华东、东北、华北、中南、西南、西北。其中，华东地区7个省份中，有4个生活福祉优越型省份、2个生活福祉满足型省份、1个生活福祉温饱型省份；东北地区3个省份中，均属于生活福祉满足型省份；华北地区5个省份中，有2个生活福祉满足型省份、3个生活福祉温饱型省份；中南地区6个省份中，有4个生活福祉满足型省份、2个生活福祉温饱型省份；西南地区5个省份和西北地区5个省

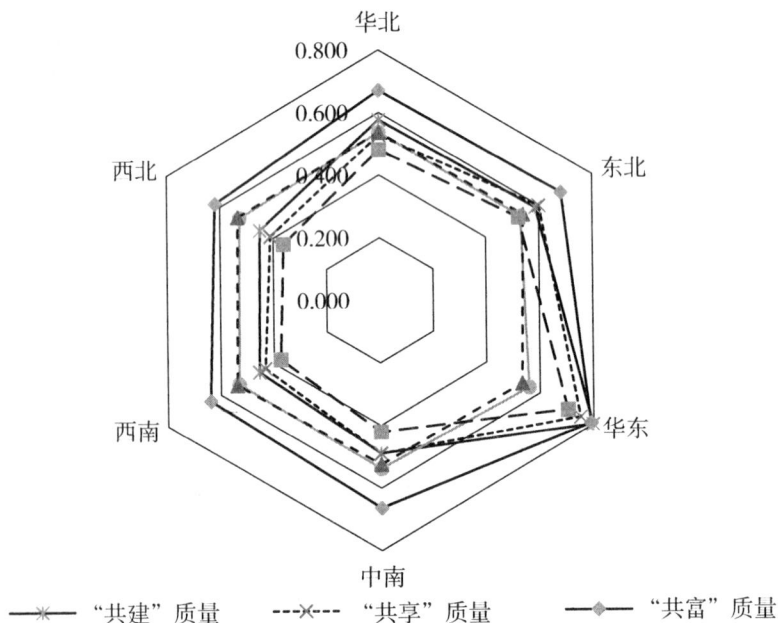

图8.6　全国六大区域农村居民生活质量分项指标对比

份均为生活福祉温饱型省份。"东强西弱，南高北低，华东为龙头，华北、中南为两翼，东北、西南、西北做尾翼"的空间分布格局非常明显，尤其是在物质生活质量方面，西南和西北地区与东部发达地区的差距非常大。

第五节 农村居民共同富裕生活质量时空演变格局

一、我国农村居民生活质量时空分布

为了更好地刻画我国农村居民生活质量水平的时空演变格局，从宏观层面揭示居民生活质量的微观情况，通过对比我国农村居民生活质量指数水平（见表8.4），进一步对其进行聚类分析，将农村居民收入区域分类遵循农村居民收入及相关因素为主的划分原则，同一类型区域内部各组成部分之间有着高度的相似性或相关性，不同类型区域间差异性较大，以及区域内各组成部分的空间连续性较强，对比各区域农村居民生活质量指数状况。处于Ⅰ类（生活质量富裕型）的区域主要包括上海、北京、浙江、江苏、天津、广东、福建等，该类地区主要集中于东部沿海发达地区，经济发展水平决定了农村居民生活质量，将这些省份界定为生活福祉优越型省份；类似地，处于Ⅱ类（生活质量宽裕型）的区域主要包括山东、辽宁、吉林、河北、江西、黑龙江、湖南、湖北、河南等，该类地区主要集中于中部地区和东北地区，属于我国重要的粮食生产基地和农业产业发展较好区域，在农业的生产规模化和集约化经营方面具有较大的优势，将这些省份界定为生活福祉满足型省份；处于Ⅲ类（生活质量中低水平型）的区域包括内蒙古、安徽、重庆、海南、四川、陕西、贵州、广西、山西、云南、新疆、甘肃、宁夏、青海等，主要集中于中西部欠发达地区、脱贫攻坚难度大和乡村振兴内生动能不强的省份，将这些省份界定为生活福祉温饱型省份。总体而言，2008—2020年，我国农村居民生活质量中低水平型省份逐渐减少，生活福祉满足型以上省份不断增多，且主要分布在我国中西部经济较为发达的省份。

表8.4 我国农村居民共同富裕生活质量指数类型划分情况

类型	省份	类别
Ⅰ类（生活质量富裕型）	上海、北京、浙江、江苏、天津、广东、福建等	生活福祉优越型省份

续表

类型	省份	类别
Ⅱ类（生活质量宽裕型）	山东、辽宁、吉林、河北、江西、黑龙江、湖南、湖北、河南等	生活福祉满足型省份
Ⅲ类（生活质量中低水平型）	内蒙古、安徽、重庆、海南、四川、陕西、贵州、广西、山西、云南、新疆、甘肃、宁夏、青海等	生活福祉温饱型省份

资料来源：根据农村居民生活质量指数得分排名及聚类后划分所得。

此外，为了进一步揭示我国农村居民 2008—2020 年农村居民生活质量的空间分布状况，对不同年份的农村居民生活质量水平进行全域 Moran's I 指数测度及其显著性检验。发现 2008—2020 年我国农村居民生活质量水平的 Moran's I 指数呈现出空间正相关的集聚趋势，即具有较为明显的"俱乐部趋同效应"，居民生活质量水平越高的省份集聚和生活质量水平越低的省份集聚明显。通过对不同省份不同年份农村居民生活质量水平的 Moran's I 指数测度，发现 H-H 集聚整体上相对集中，以上海、北京、浙江、江苏、天津、福建、广东、山东等沿海发达地区为主，且随时空演变出现 H-H 集聚的省份数量也在不断增加；农村居民生活质量水平 L-L 集聚区域主要集中于中西部省份，且随着时间的推移，L-L 集聚的省份逐渐减少，逐步转向于 L-H 和 H-L 集聚的现象。从空间区域分布来看，主要集中于南部省份的中西部区域居多，且这种演进的程度也不断加强。

二、我国农村居民生活质量区域差异测度

为了更好地反映我国农村居民生活质量在区域层面的差异性，揭示不同区域之间农村居民生活质量的时空格局，运用 Dagum 基尼系数分解测度区域差异。为此，分别针对我国农村居民生活质量东、中、西部和南、北区域两个维度进行区域间基尼系数的分解。从表 8.5 可以看出，我国农村居民生活质量总体基尼系数从 2008—2020 年呈现先上升后下降的趋势，表明我国农村居民生活质量水平在时间上表现非均衡性的倒"U"形关系，随着脱贫攻坚的深入推进和全面建成小康社会，农村居民生活质量在区域之间的协同效果较好，生活质量水平逐步趋于相对均衡。通过区域差异贡献率来看，组内差异和超变密度的贡献率较大，且二者差异较小。从时间的趋势来看，组内差异贡献率在 2008—2020 年的变化较小，总体维持在 30% 左右；组间差异贡献率从 2008 年的 47.04% 下降至 2020 年的 26.38%，反映组间农村居民在区域之间的差异在逐渐缩窄，超变密度贡献率从 2008 年的 26.38% 上升至 2020 年的 40.29%，反映组内和组间区

域差异的交互影响对总体区域差距的影响贡献率在逐渐提升，即农村区域之间的农民生活质量的相互融合有利于降低生活质量之间的区域差距。

表 8.5 基于东、中、西部视角下我国各省农村居民生活
质量的 Dagum 基尼系数分解

年份	总体	东部	中部	西部	组内	组间	超变密度	贡献率（%）		
								组内	组间	超变密度
2008	0.0576	0.0500	0.0629	0.0666	0.0285	0.0505	0.0283	26.58	47.04	26.38
2009	0.0642	0.0522	0.0734	0.0756	0.0341	0.0483	0.0374	28.49	40.30	31.21
2010	0.0847	0.0790	0.0906	0.0968	0.0420	0.0546	0.0464	29.39	38.14	32.47
2011	0.0892	0.0803	0.0933	0.1016	0.0457	0.0360	0.0526	34.02	26.83	39.15
2012	0.0732	0.0739	0.0754	0.0584	0.0319	0.0418	0.0409	27.84	36.44	35.71
2013	0.0726	0.0703	0.0744	0.0811	0.0406	0.0395	0.0516	30.82	29.99	39.19
2014	0.0721	0.0700	0.0780	0.0830	0.0387	0.0443	0.0419	30.99	35.47	33.54
2015	0.0697	0.0698	0.0745	0.0799	0.0382	0.0413	0.0434	31.04	33.63	35.33
2016	0.0642	0.0683	0.0690	0.0752	0.0385	0.0336	0.0411	34.00	29.67	36.33
2017	0.0607	0.0590	0.0631	0.0691	0.0356	0.0302	0.0432	32.66	27.67	39.67
2018	0.0568	0.0553	0.0586	0.0638	0.0342	0.0291	0.0420	32.50	27.66	39.84
2019	0.0549	0.0561	0.0576	0.0642	0.0336	0.0252	0.0407	33.78	25.31	40.90
2020	0.0496	0.0509	0.0504	0.0561	0.0325	0.0258	0.0393	33.32	26.38	40.29

从农村居民生活质量区域内部差异来看，对区域 Dagum 基尼系数进行分解后发现（见表 8.6），南部和北部省份基尼系数从 2008—2020 年呈现先上升后下降的趋势，特别是在 2012 年之后，总体基尼系数下降的幅度越发明显。从整体上来看，南部省份的基尼系数略高于北部省份基尼系数，说明南部省份农村居民的生活质量相对北部省份农民居民的生活质量非均衡性更大。从区域差异贡献率来看，南、北部省份和中、西部省份的农村居民生活质量区域 Dagum 基尼系数差异较大，组内差异贡献率与超变密度贡献率远大于组间差异贡献率，且组间差异贡献率呈逐年下降的趋势，组内差异贡献率维持在 50% 左右，变动幅度较小，但超变密度的贡献率呈现小幅增加的趋势。

总体而言，从区域内部差异来看，南、北部差异明显高于东、中、西部之间的差异；从区域之间的差异来看，南、北部和东、中、西部省份之间的区域差异相对较小；从差异贡献率来看，东、中、西部省份之间和区域内部贡献率都占比较大，南、北部的农村居民生活质量区域间差异贡献较小，而超变密度

差异和区域内部差异的贡献均占比较大。将两个尺度对比发现，东、中、西部省份的农村居民区域生活质量差异对我国农村居民生活质量区域差异非均衡性贡献率最大。

表8.6 基于南、北区域视角下我国农村居民生活质量 Dagum 基尼系数分解

年份	总体	南方	北方	组内	组间	超变密度	贡献率（%）		
							组内	组间	超变密度
2008	0.0576	0.0510	0.0712	0.0291	0.0049	0.0244	49.83	8.39	41.78
2009	0.0642	0.0538	0.0861	0.0352	0.0046	0.0317	49.23	6.43	44.34
2010	0.0847	0.0806	0.0887	0.0429	0.0051	0.0397	48.92	5.82	45.27
2011	0.0892	0.0836	0.0924	0.0476	0.0034	0.0442	50.00	3.57	46.43
2012	0.0732	0.0773	0.0649	0.0381	0.0046	0.0341	49.61	5.99	44.40
2013	0.0726	0.0748	0.0683	0.0432	0.0038	0.0453	46.80	4.12	49.08
2014	0.0721	0.0753	0.0692	0.0416	0.0041	0.0361	50.86	5.01	44.13
2015	0.0697	0.0743	0.0662	0.0406	0.0039	0.0381	49.15	4.72	46.13
2016	0.0642	0.0711	0.0604	0.0401	0.0032	0.0364	50.31	4.02	45.67
2017	0.0607	0.0641	0.0572	0.0387	0.0029	0.0376	48.86	3.66	47.47
2018	0.0568	0.0608	0.0518	0.0376	0.0028	0.0368	48.70	3.63	47.67
2019	0.0549	0.0591	0.0507	0.0354	0.0024	0.0351	48.56	3.29	48.15
2020	0.0496	0.0542	0.0437	0.0346	0.0025	0.0348	48.12	3.48	48.40

第六节　本章小结

在全面建成小康社会后，如何有效构建农村居民生活质量的评价指标体系，对于推进经济高质量发展提升农村居民幸福感和获得感都具有重要价值。本章分别从"共同"和"富裕"两个维度构建了农村居民生活质量测度的评价体系，采用熵值 TOPSIS 法从整体和省域层级测度 2008—2020 年中国农村居民生活质量水平，利用核密度函数估计、Moran's I 指数和 Dagum 基尼系数刻画其时空演进趋势和区域差异。研究发现，共同富裕视域下中国农村居民生活质量总体划分为生活福祉优越型、生活福祉满足型、生活福祉温饱型三个梯队；农村

居民在"共同"维度与"富裕"维度的生活质量水平存在较大的"门槛"效应,反映"效率优先、兼顾公平"为主导的发展阶段逐步转向"效率公平同等重要"的新时代。不同省份之间农村居民生活质量存在显著的空间依赖性,且随时间的发展空间差异较大,呈现出"东强西弱、南高北低,华东为龙头,华北、中南为两翼,东北、西南、西北做尾翼"的空间分布格局。重视不同省份之间居民生活质量的空间分异状况,特别是物质生活富裕与精神生活富足需要有效协同生活环境宜居来共同建设,不同区域因地制宜地推进从"共建→共享→共富"的生活质量提升策略,并妥善处理好共同性和差异性的关系,协同推进经济高质量发展与居民生活质量改善。

第九章

村社数字化治理的共同富裕效应

第一节　村社数字化治理的现实背景

为继续深化和提高国家治理体系和治理能力现代化，将构建人人有责、人人尽责、人人享有的社会治理共同体作为我国社会治理制度建设的总体目标。村社集体经济重点建立在新型农村集体（社区）的基础上，作为乡村社会治理的基本单元，如何充分发挥数字化乡村社区治理作用将对社会治理成效产生重大影响。信息技术的发展，互联网、物联网、人工智能等信息技术在我国的广泛运用和推广，为我国数字化乡村社区治理创新提供了新思路。当前，我国多地开始依托大数据等网络信息平台开展数字化乡村社区治理的试点工作（曾亿武、宋逸香、林夏珍等，2021），成为推动数字化乡村社区治理作为提升国家治理水平和治理能力现代化发展的重要手段。尤其是 2020 年以来，新型智慧社区依托大数据、物联网、人工智能等科技力量在社区治理中的作用不断凸显，健康码、社区公众号、抖音、微博等网络技术和平台为广大居民提供了收集与反馈正确信息的渠道，有效破解了社区疫情防控、舆论引导等诸多难题（刘俊祥、曾森，2020），数字化乡村社区治理机制建设也因此受到更多关注。数字化乡村社区治理作为传统社会治理模式创新的积极探索，由于农民主体缺位、民主管理水平不高、村级组织号召力较弱、村民集体荣誉感淡薄等问题，数字化乡村社区治理推行面临诸多现实困难。成都市作为一个超大城市和全国城乡统筹示范区，在基层社区治理以及数字化社区治理方面走在全国前列，数字化新型城乡社区多元共治成为创新社区治理体系和治理能力现代化的重要探索，在数字化乡村社区治理场景及应用方面具有较好的示范引领作用。

为了更好地揭示数字化乡村社区治理层面的成效，本章以四川省成都市数字乡村社区治理为研究对象，通过构建数字化乡村社区治理指标体系，采用层次分析法和模糊综合评价法测度与评估了成都市新型乡村社区的数字化社区治理成效，分析了当前成都市在数字化乡村社区治理面临的发展短板，为促进数字化社区治理体系和治理能力现代化提供决策参考。同时，基于数字化乡村社区治理与周边房价的关联性，探讨了数字化社区治理能力对区域社区房价的影响，为助推数字化乡村社区治理体系和治理能力的量化考核，以及提升人居生活质量提供了科学依据。

第二节　村社数字化治理的科学内涵

与西方"社区复兴"需求不同，中国乡村社区建设研究的兴起与社会转型密切相关，中国社会经历了从"单位制"到"街居制"再到"社区制"的历史变迁（吴晓林，2015），中国居民也从"单位人""公社人"向"社区人"转变，从而促进了社区从建设到管理再到治理的跃升（王木森，2017）。党的十八大报告首次将城乡社区治理纳入国家治理的战略高度进行统筹谋划，党的十九届四中全会将城乡数字化社区治理纳入国家治理体系和治理能力现代化的改革总体布局。近年来，在中央和地方政府的推动下，我国社区建设和数字化乡村社区治理探索形成了多种有效的模式（滕玉成、牟威伟，2010；倪咸林，2018）。例如，魏娜（2003）和姜秀敏（2019）按照社区参与主体的不同，分别将乡村社区治理划分为行政型社区、合作型社区、自治型社区三种类型和行政主导治理模式、居民自治模式和专家参与模式。庄龙玉（2018）按照基层政权的运作特性将乡村社区治理分为集权式治理、放权式治理和赋权式治理等三种类型。在多元化的乡村社区治理主体中，基层政府、社区、社区工作者、社区组织、社区居民等主体的良性互动是乡村社区治理的重要力量（卫志民，2014）。但社区组织治理主体结构由于社区主体的多元化而存在一定的异质性，居民与居委会之间、居民与政府之间的关系是双向互动的，因此，在居民和政府之间会形成大量的中介组织，从而将社区中的行政力量、自治力量和社会力量有机联系起来（Eisenman, Glik and Gonzalez etal. , 2009），而外生性的社会组织要进入社区结构内部必须扎根于相应的社会关系网络中。因此，各利益个体组织化的过程会受到社会利益多元化程度、政治空间的开放程度、选择性激励的利益诱导等多重因素的影响与制约，在各主体协同参与数字化乡村社区治理过程中会出现利益博弈引起的矛盾（陈文，2017）。例如，何平立（2009）指出，从社区居委会来看，其组织的职业化、科层化、行政化趋向，使其自身难以发挥自治的主动性，同时，让数字化乡村社区治理与民主发展的组织载体陷入紧张与不协调的困境中。由此可见，现有研究大多聚焦于数字化乡村社区治理的产生背景、参与主体、治理模式等内容做了一些探索性研究（姜晓萍，2015；张开云、叶完儿、徐玉霞，2017），数字化乡村社区治理各主体之间的利益联结关系将会对数字化乡村社区治理成效产生重要影响（闫臻，2019；曹海军、刘少博，2020）。

由于学术界关于数字化社区治理的概念还未形成统一共识，数字化乡村社区治理成效的测度面临边界难题。已有观点认为，数字化社区治理是将互联网、大数据、人工智能等信息技术与基层数字化乡村社区治理相结合（宋煜，2015；孟天广、赵娟，2018），用于收集社区民意，反馈社区需求（王法硕，2020），保障居民权利的科学化、民主化和高效化的新型数字化乡村社区治理过程。为此，相继提出了"智慧社区"（申悦等，2014；姜晓萍，2017）、"互联网+社区"（艾明江，2014；叶林等，2018；宗成峰，2020）、"虚拟社区"（刘瑛、杨伯叙，2003；迟铭等，2020）等模式。此外，政务服务 App、网络问政平台等应用的建立能够有效推进政社协同共治向智能化社会治理赋能（王凯、岳国喆，2019），互联网等网络参与技术可以通过整合资源有效满足居民对公共服务的多样化需求（朱琳等，2017），实现公共服务供给端和需求端的精准对接来节约成本（叶林等，2018）。同时，数字化网络参与机制的介入可以调动更多主体参与社区公共事务，通过赋制、赋能和赋权等手段提高数字化乡村社区治理的居民参与度（袁浩等，2019；黄徐强、张勇杰，2020），激发居民对社区的归属感和认同感（Bingham and Law，2015），即互联网覆盖越广泛的地区和互联网使用越深入的居民，参与数字化乡村社区治理的可能性就越大（邵新哲，计国君，2021）。

此外，不同主体行为对数字化乡村社区治理的参与机制也存在较大差异，社区精英的主导、社区居民的参与和社区组织的认同都是网络社区形成的前提条件（魏娜，2003），社区志愿组织是网络治理的重要基础和主体，是实现数字化乡村社区治理信息化的重要保障（龙献忠，邱真，2013）。陈立文等（2018）通过对社区各利益主体间的关系进行分析，提出构建以政府为主导、地产开发商为主体的智慧数字化社区治理体系。兰旭凌（2019）提出在智慧社区建设中应该构建政府统一领导、多元主体网络协同参与的格局。总的来说，当前学术界已经看到了数字化乡村社区治理对促进乡村社会治理的重要作用，也看到伴随着信息技术的发展，社区网络的形态会不断发生转变，社区各利益主体之间的关系也会变得更加多样化。因此，在此背景下，如何处理好"主体"和"技术"两大因素关系，即利用好大数据强化信息建设，进而实现社区协同治理，将是驱动数字化乡村社区治理创新的关键（叶林等，2018）。

数字化乡村社区治理体系由于治理对象的差异而有所区别，当前国内对数字化乡村社区治理绩效的研究可以大致分为政府层面、社区层面和个体层面。在政府层面，杨琛等（2016）构建了经济治理、政治治理、文化治理、社会治理、生态治理和党的建设等六个维度在内的国家治理体系和国家治理能力现代化的指标体系。郑志龙与侯帅（2020）从价值引领能力、制度构建能力、组织协同能力、资源整合能力和工具选择能力在内的五个层面构建了基层政府社会治理能力指标体系。在社区层面，王素侠等（2016）构建了包括持续性、安全性、经济性、效率性、公平性等五个维度在内的数字化乡村社区治理绩效评估指标体系；陈光普（2020）从社会秩序、人际关系、居民福祉三个方面构建了数字化乡村社区治理绩效评价指标体系。在个体层面，王菁（2016）从民主维度、财务维度、学习与成长维度和公众维度等层面构建了城市社区民主治理绩效评估体系；龚翔荣和陈天祥（2018）从社区多元主体和社区居民角度出发，构建了包括社区行政类事务、社区自治类事务、社区公益类事务和社区市场类事务在内的乡村社区治理绩效评价指标体系。另外，陆军和丁凡琳（2019）则进一步从多元主体视角出发，构建了包括政府、农村居民与第三方机构三个维度的乡村社区治理能力评价体系。

随着数字化乡村社区治理受到更多重视，国内部分学者也开始了对数字化乡村社区治理评价指标体系的研究。比如，曾润喜等（2019）从政治安全风险、经济安全风险、文化安全风险、社会安全风险、生态安全风险等五个方面构建了网络社会风险评估指标体系。樊宇航等（2019）从党委领导、政府管理、企业履责、社会监督、网民自律等五个方面构建了网络治理评价指标。当前学术界主要围绕政府层面、社区层面和个体层面三个维度，遵循"治理主体—治理内容—具体指标"的逻辑框架，对乡村社区治理评价指标体系进行了深入构建，但关于数字化乡村社区治理评价体系的构建还相对缺乏。另外，在研究方法上，以规范研究和定性分析方法为主，很多研究只是从理论上构建了数字化乡村社区治理评价指标体系（雷晓康，张田，2021），没有进行更加科学化、可靠化的实证研究和定量分析。

综上所述，伴随着信息技术的迅速发展，网络参与数字化乡村社区治理已经成为我国数字化乡村社区治理现代化的关键手段，因此，科学有效地对数字化乡村社区治理的开展成效进行评价尤为重要，同时，能够为我国探索数字化乡村社区治理模式和机制的转变提供理论依据。然而，当前在数字化乡村社区治理研究中还存在一些不足。一是当前多数文献基本遵循"治理主体—治理内容—具体指标"的逻辑框架构建乡村社区治理评价指标体系，但针对数字化乡村社区治理的指标体系构建还比较缺乏，特别是大多数乡村社区治理还未尝试用数字化技术进行有效治理，相关实践探索相对滞后，导致数字化乡村社区治理体系构建也存在滞后性（丁元竹，2021）。二是在研究方法上，对数字化乡村社区治理的研究以规范研究和定性分析为主，缺少更加科学化、可靠化的实证研究和定量分析。三是从研究范围来看，多以北京、杭州等数字化水平相对发达区域的数字化乡村社区治理作为研究对象，往往忽视对欠发达地区在城乡融合过程中的数字化乡村社区治理探索层面的发展成效进行评估。因此，正确认识数字化乡村社区治理的理论内涵和构建科学系统的数字化乡村社区治理指标体系，进一步探讨成都市在构建社区网络化参与机制中存在的短板和不足，能够为推进成都市数字化乡村社区治理改革和实现四川省数字化乡村社区治理现代化提供决策参考。

第三节　村社数字化治理评价指标体系构建

一、建立层次分析模型

数字化乡村社区治理主要依托数字化信息技术，运用到乡村社区民主选举、决策、管理、监督等途径，实现社区公共利益均衡和提升社区"自我教育、自我管理、自我服务、自我约束"效率。层次分析法能够通过构造两两比较判断矩阵，并计算层次总排序及其一致性检验，最终可以确定各项指标权重。利用层次分析法，可以通过一致性检验等手段保障权重的准确性，进而提高指标权重的科学性。因此，本章主要采用层次分析法对成都市数字化乡村社区治理评价指标体系进行赋权及测度分析。因此，在参考已有的文献基础上，以数字化技术运用于社区自治、社区整合、社区服务、社区保障、社区监督为系统层，以政治生活、精神生活、物质资源、信息资源、人力资源、生活服务、医疗服务、咨询服务、教育服务、设施完善、制度保障、社区安全、政务公开、民主监督14个指标为要素层，并将描述这些维度的具体体现作为指标层，从而构建数字化乡村社区治理的层次分析模型和指标体系（见表9.1）。

表 9.1 数字化乡村社区治理的评价指标体系

目标层	系统层	要素层	指标层
数字化乡村社区治理评价指标体系	社区自治 A	政治生活 A_1	是否在线上参与社区投票选举 A_{11}
			是否在线上参与社区事务 A_{12}
			平时网上浏览与所在社区相关信息的时长 A_{13}
		精神生活 A_2	参与社区文化活动率 A_{21}
			居民是否通过网络渠道自发组织兴趣活动 A_{22}
	社区整合 B	物质资源 B_1	政府是否对数字化乡村社区治理项目给予资金支持 B_{11}
			基层党组织是否发挥统筹协调作用 B_{12}
		信息资源 B_2	是否有网站、公众号、App 等多元协商平台 B_{21}
			是否建立专门的政企合作协商平台 B_{22}
		人力资源 B_3	党组织、居委会、物管人员等工作者的线上工作质量 B_{31}
			在网上调动发动党员、居民等参与管理的能力 B_{32}
	社区服务 C	生活服务 C_1	社区是否利用网络提供统一物资发放等活动 C_{11}
			是否在线上组织过公益类志愿活动 C_{12}
		医疗服务 C_2	是否通过网络互动进行心理疏导等 C_{21}
		咨询服务 C_3	是否通过网络向公众征求决策方针意见建议 C_{31}
			是否通过网络引导舆论风向 C_{32}
		教育服务 C_4	是否在网络上对社区居民进行教育与宣传 C_{41}
	社区保障 D	设施完善 D_1	数字化设施健全程度 D_{11}
			社区建立的网站服务平台内容是否丰富合理 D_{12}
			是否进行过社区绿化等基础设施建设网络通报 D_{13}
		制度保障 D_2	社区是否制定社区网络管理体制规章制度 D_{21}
		社区安全 D_3	是否在网络上进行安全知识宣传 D_{31}
	社区监督 E	政务公开 E_1	社区是否会及时通过数字手段发布权威信息 E_{11}
			信息公布平台数量 E_{12}
			居民网络申诉问题得到反馈的解决率 E_{13}
		民主监督 E_2	是否建立微信群、网站等监督反馈渠道 E_{21}
			定期通过网络开展批评、自我批评 E_{22}

二、建立评价尺度，构建两两比较判断矩阵

在层次分析法中，为了让决策判断定量化，且更好地比较系统层中各指标

的重要性，本章在对目标层、要素层和指标层各指标进行两两对比的过程中采用了1—9调度方法，设置"1—9"的标度判断两两指标比较过程中的重要性程度（见表9.2）。根据1—9调度方法，最终确定了目标层、要素层和指标层各指标的两两比较矩阵（见表9.3）。

表9.2　判断矩阵1—9标度及其含义

标度	含义
1	表示两个元素相比，具有相同的重要性
3	表示两个元素相比，前者比后者稍微重要
5	表示两个元素相比，前者比后者比较重要
7	表示两个元素相比，前者比后者十分重要
9	表示两个元素相比，前者比后者绝对重要
2，4，6，8	表示上述相邻判断的中间值
倒数	若元素 i 与元素 j 的重要性之比为 a_{ij}，那么元素 i 与元素 j 的重要性之比为 $1/a_{ij}$

表9.3　两两判断矩阵

评价项目比较	社区自治A	社区整合B	社区服务C	社区保障D	社区监督E
社区自治A	1	1/2	1/2	2	2
社区整合B	2	1	1	2	4
社区服务C	2	1	1	2	4
社区保障D	1/2	1/2	1/2	1	2
社区监督E	1/2	1/4	1/4	1/2	1

三、一致性检验

采用YAAHP软件，对建立的判断矩阵进行一致性检验，结果如下（见表9.4）。一般认为，当一致性比率CR < 0.1时，则认为判断矩阵具有一致性；当一致性比率CR ≥ 0.1时，则认为判断矩阵不具备一致性；当 n < 3时（ n 为判断因素的个数），此时 CR = 0，判断矩阵具有完全一致性。由表8.4可以看出，本章所有判断矩阵一致性比率CR均小于0.1，因此，所有判断矩阵均通过一致性检验。

表9.4　判断矩阵一致性检验结果

层次	A	B	C	D	E	P
一致性比率CR	0	0.0516	0.0456	0.0176	0	0.0261

四、指标体系权重确定和隶属度调查结果

层次分析法的权重是指从顶层到底层计算某层所有因素对于目标层相对重要性的权重，最终利用 YAAHP 软件确定各指标的最终权重得分（见表9.5）。

表9.5　数字化乡村社区治理评价指标体系权重及隶属度分析

目标层	系统层	要素层	权重	指标层	权重	差 V_1	一般 V_2	好 V_3
数字化乡村社区治理评价指标体系	社区自治 A（0.1757）	政治生活 A_1	0.6667	A_{11}	0.5278	0.7370	0	0.2630
				A_{12}	0.3325	0.5850	0	0.4150
				A_{13}	0.1396	0.8980	0.0590	0.0420
		精神生活 A_2	0.3333	A_{21}	0.7500	0.1270	0.5680	0.3050
				A_{22}	0.2500	0.6020	0	0.3980
	社区整合 B（0.3515）	物质资源 B_1	0.5278	B_{11}	0.6667	0	0	1
				B_{12}	0.3333	0.5080	0	0.4920
		信息资源 B_2	0.3325	B_{21}	0.5000	0	0	1
				B_{22}	0.5000	0	0	1
		人力资源 B_3	0.1396	B_{31}	0.7500	0.5000	0	0.5000
				B_{32}	0.2500	0.5680	0	0.4320
	社区服务 C（0.2653）	生活服务 C_1	0.4094	C_{11}	0.7500	0.3560	0	0.6440
				C_{12}	0.2500	0.3900	0	0.6100
		医疗服务 C_2	0.2895	C_{21}	1	0.7030	0	0.2970
		咨询服务 C_3	0.0965	C_{31}	0.6667	0.2540	0	0.7460
				C_{32}	0.3333	0.5340	0	0.4660
		教育服务 C_4	0.2047	C_{41}	1	0.3980	0	0.6020
	社区保障 D（0.1326）	设施完善 D_1	0.1692	D_{11}	0.5278	0.0760	0	0.9240
				D_{12}	0.3325	0.2880	0	0.7120
				D_{13}	0.1396	0.6270	0	0.3730
		制度保障 D_2	0.3874	D_{21}	1	0	0	1
		社区安全 D_3	0.4434	D_{31}	1	0.2880	0	0.7120
	社区监督 E（0.0749）	政务公开 E_1	0.3333	E_{11}	0.2970	0.5340	0	0.4660
				E_{12}	0.1634	0.1190	0.3390	0.5420
				E_{13}	0.5396	0.0850	0.6690	0.2460
		民主监督 E_2	0.6667	E_{21}	0.6667	0.0080	0	0.9920
				E_{22}	0.3333	0.6530	0	0.3470

数据来源：根据实地调查数据分析得出。

就系统层而言，社区整合和社区服务的权重最大，两者对提高数字化乡村社区治理成效具有显著影响；社区自治和社区保障在系统层中权重分别达到0.1757和0.1326，也是促进数字化乡村社区治理成效的重要推动力；而相比于其他因素，社区监督的权重最低，对数字化乡村社区治理成效的影响相对较低。就要素层而言，物质资源、政治生活、信息资源、生活服务是影响数字化乡村社区治理的最重要因素，其次是医疗服务、社区安全、精神生活、教育服务和制度保障。就指标层而言，首先，政府是否对数字化乡村社区治理项目给予资金支持、社区是否利用网络提供统一物资发放等活动、是否在线上参与社区投票选举、是否通过网络互动进行心理疏导等指标是影响数字化乡村社区治理的主要因素；其次，基层党组织是否发挥统筹协调作用、是否在网络上进行安全知识宣传、是否建立专门的政企合作协商平台等指标对数字化乡村社区治理的影响较大。

第四节　村社数字化治理水平测度

一、数据来源

本章数据来源于课题组于2020年12月—2021年1月针对成都市新型城乡社区做的实地调研数据，由于新型乡村社区的数字化治理往往聚集于经济相对发达的城乡结合部，且以城市郊区及城乡融合的新型乡村社区为主，相应区域新型农村社区进行数字化治理探索和实践相对较早，具有一定的数字化治理能力和优势。本次调查选取了成都市11个区县，每个区县都发放了1200份问卷，通过实地问卷调查和问卷星线上问卷相结合的方式，每个区县抽取至少2个新型农村社区，针对每个社区数字化治理进行宏观和微观层面的调查，调查对象包括社区居民、社区工作者、社区志愿者、社区居委会等不同人群，累计收集有效问卷1180份，同时，结合所在区域选取周边区域房价水平与数字化乡村社区治理水平进行综合对比调查，参与问卷调查的居民在性别、年龄、学历、岗位等情况具有较为明显的社区生活特征，以保证本次调研结果的科学性、可比性和代表性。

二、村社数字化治理的模糊综合评价分析

模糊综合评价法是 1965 年美国查德教授提出的一种评价方法。它能够首先通过对单个因素的影响进行评价，其次对整体因素进行综合模糊评价，能够从多个因素对评价对象进行模糊评价，并且把定性评价转化为定量评价，能够防止遗漏统计信息，且能够有效化解某些由于确定性评价带来的评价误差。首先，根据模糊综合评价的指导思想，本章数字化乡村社区治理评价模型由三级指标构成，因而包括三个等级集合，每个等级可对应一个模糊子集，形成一个评语等级 V，$V = \{V_1, V_2, V_3, \cdots, V_i\}$；其次，计算出各评价等级模糊子集的隶属度，进而构建出模糊关系矩阵 R；最后，将数字化乡村社区治理评价指标体系中各指标对应的权重赋值 W 与模糊评判矩阵 R 通过模糊算子结合在一起，形成模糊综合评价模型 $P = W \circ R$，其表现形式是：

$$P = W \circ R = (W_1, W_2, \cdots, W_i) \circ \begin{Bmatrix} r_{11} & r_{12} & \cdots & r_{1n} \\ r_{21} & r_{22} & \cdots & r_{2n} \\ \vdots & \vdots & \cdots & \vdots \\ r_{i1} & r_{i2} & \cdots & r_{ij} \end{Bmatrix}, \quad (\circ \text{为运算符号})$$

$$(9.1)$$

（一）确定指标隶属度和构建模糊关系矩阵

在模型（9.1）中，令评判等级 V 为"差""一般""好"三级，即 $V = \{V_1, V_2, V_3\} = \{差，一般，好\}$。根据收集到的 1180 份有效样本对各指标满意度的分布概率，本章形成各指标对应的隶属度。例如，指标"是否在线上参与社区投票选举"，在 1180 份问卷中有 310 份认为社区表现好的，则该项指标对应的系统评语"好"的隶属度为 0.263（310/1080 = 0.263）。以此类推，可以构建相应的模糊关系矩阵。

（二）模糊综合评判

根据获得的各评价元素的隶属度，可以利用模糊综合评价模型 $P = A \circ R$，依次计算出要素层、系统层的模糊综合评价值，最终确定目标层的模糊综合评价值。首先，以要素层中政治生活（A_1）为例，其模糊综合评价矩阵为：

$$R_1 = \begin{Bmatrix} 0.737 & 0 & 0.263 \\ 0.585 & 0 & 0.415 \\ 0.898 & 0.059 & 0.042 \end{Bmatrix},$$

$$(9.2)$$

权重向量 $W_{A1} = (0.5278 \quad 0.3325 \quad 0.1396)$，

$$(9.3)$$

则进一步计算政治生活（A_1）的模糊综合评价值：

$$P_{A1} = W_{A1} \circ R_{A1} = (0.5278 \quad 0.3325 \quad 0.1396) \circ \begin{Bmatrix} 0.737 & 0 & 0.263 \\ 0.585 & 0 & 0.415 \\ 0.898 & 0.059 & 0.042 \end{Bmatrix}$$

$$= (0.7089 \quad 0.0082 \quad 0.2827) \tag{9.4}$$

即（0.7089, 0.0082, 0.2827）为归一化后 P_{A1} 的模糊综合评估结果。采用这种办法对剩下的要素层指标进行计算，得出所有要素层因素集的评估结果。

其次，以要素层因素集的评估结果为依据，进行归一化计算，得出前一级因素集的评估结果，以此类推，可以最终计算出数字化乡村社区治理评价的模糊综合评价结果 P。按照上述步骤，依次构建出系统层的模糊综合评价矩阵：

$$R_A = \begin{Bmatrix} 0.7089 & 0.0082 & 0.2827 \\ 0.2458 & 0.4260 & 0.3283 \end{Bmatrix}, \quad R_B = \begin{Bmatrix} 0.1693 & 0 & 0.8307 \\ 0 & 0 & 1 \\ 0.5170 & 0 & 0.4830 \end{Bmatrix} \tag{9.5}$$

$$R_C = \begin{Bmatrix} 0.3645 & 0 & 0.6355 \\ 0.7030 & 0 & 0.2970 \\ 0.3473 & 0 & 0.6527 \\ 0.3980 & 0 & 0.6020 \end{Bmatrix}, \quad R_D = \begin{Bmatrix} 0.2234 & 0 & 0.7765 \\ 0 & 0 & 1 \\ 0.2880 & 0 & 0.7120 \end{Bmatrix} \tag{9.6}$$

$$R_E = \begin{Bmatrix} 0.2239 & 0.4164 & 0.3597 \\ 0.2230 & 0 & 0.7770 \end{Bmatrix} \tag{9.7}$$

最后，根据系统层的模糊综合评价矩阵，可以得到目标的模糊综合评价矩阵和评价值：

$$P = W \circ R$$

$$= (0.1757 \quad 0.3515 \quad 0.2653 \quad 0.1326 \quad 0.0749) \circ \begin{Bmatrix} 0.5545 & 0.1475 & 0.2979 \\ 0.1615 & 0 & 0.8384 \\ 0.4677 & 0 & 0.5324 \\ 0.1655 & 0 & 0.8345 \\ 0.2233 & 0.1388 & 0.6379 \end{Bmatrix}$$

$$= (0.3170 \quad 0.0363 \quad 0.6467) \tag{9.8}$$

（三）模糊综合评价结果与分析

通过设置 $V = (2, 4, 6)$ 与"差，一般，好"3个评语等级相对应，最终得到成都市数字化乡村社区治理各指标评估的得分（见表9.6）。

表9.6　数字化乡村社区治理各指标评估得分及排序

目标层	评价值	系统层	评价值	排序	要素层	评价值	排序
数字化乡村社区治理评价指标体系P	4.6593	社区自治A	3.4863	5	政治生活 A_1	3.1468	14
					精神生活 A_2	4.1654	11
		社区整合B	5.3533	1	物质资源 B_1	5.3228	3
					信息资源 B_2	6.0000	1
					人力资源 B_3	3.9320	12
		社区服务C	4.1297	4	生活服务 C_1	4.5420	8
					医疗服务 C_2	3.1880	13
					咨询服务 C_3	4.6108	7
					教育服务 C_4	4.4080	9
		社区保障D	5.3379	2	设施完善 D_1	5.1058	5
					制度保障 D_2	6.0000	1
					社区安全 D_3	4.8480	6
		社区监督E	4.8292	3	政务公开 E_1	4.2716	10
					民主监督 E_2	5.1080	4

由表9.6可以看出，成都市数字化乡村社区治理评价体系中各指标得分还存在一定差异，说明不同维度层面数字化乡村社区治理存在较大的区域差异。就系统层而言，各指标呈现"社区整合>社区保障>社区监督>社区服务>社区自治"的趋势。其中，数字化乡村社区治理在社区整合和社区服务功能上的得分最高，达到5.3533，说明利用数字化乡村社区治理手段可以有效实现社区在物质资源、信息管理等资源的有机整合，保障了社区管理的效率和安全性，进而获得社区居民较大的满意程度。在社区监督上，得分为4.8282，高于成都市数字化乡村社区治理评价总得分，说明在数字化乡村社区治理下，居民进行数字化手段进行监督和反馈的信息渠道增多，对社区管理的监督力得到有效提升。而对于社区服务和社区自治而言，两个指标在系统层中得分最低，分别为4.1297和3.4863，均低于成都市数字化乡村社区治理评价总得分，说明当前成都市数字化技术手段还没有有效覆盖不同乡村社区实现服务层面的融合，数字化乡村社区治理的优势无法在医疗、教育、生活等服务中体现；社区自治的得分最低，说明居民的自主和民主权利没有充分保障，居民参与社区管理和治理的积极性受到限制。

就要素层来看，数字化技术在制度保障、信息资源、物质资源、民主监督和设施完善等应用方面的指标得分相对较高，分别为 6.000、6.000、5.3228、5.1080、5.1058，数字化乡村社区治理成效的评分总体高于 5，说明当前成都市数字化乡村社区治理的发展得到政府政策和资金的支持，有利于积极推进现代化网络技术手段的引入，为提高数字化乡村社区治理质量和效率提供了有利的环境支持，因此，获得社区居民较大的满意程度。但在政务公开、精神生活、人力资源、医疗服务、政治生活等指标的得分较低，均低于成都市数字化乡村社区治理评价总得分，说明当前成都市在数字化乡村社区治理过程中居民参与社区管理的参与度仍然不高，主人翁意识有待提高，社区自治能力还存在短板。同时，社区工作者工作能力不高的问题还比较凸显，而这主要在于社区缺乏对专业人才的培养，尤其是掌握网上办公技能的工作者还比较少，因此，可能导致社区工作者动员能力较弱和工作效率不高，从而降低数字化乡村社区治理成效。

第五节　村社数字化治理成效及其"共富"启示

当前，成都市数字化乡村社区治理正在稳步推进，但数字化乡村社区治理在社区自治、社区服务等方面仍存在较为明显的差距，导致部分社区居民对数字化乡村社区治理还不够满意。因此，为进一步深入探索成都市数字化乡村社区治理的短板和不足，对成都市 11 个区的数字化乡村社区治理成效进行进一步深入对比研究，并探讨成都市社区房价对数字化乡村社区治理成效的可能影响，把握当前成都市各区县数字化乡村社区治理存在的短板和不足，进而为针对性地改善成都市数字化乡村社区治理成效提供有效决策参考。

一、成都市各区村社数字化治理指数排名

当前成都市各区数字化乡村社区治理发展还存在一定的差距（见图 9.1）。从得分来看，成都市数字化乡村社区治理指数得分排名前五的是锦江区、新都区、温江区、青羊区和龙泉驿区，而排名后六位的是成华区、金牛区、双流区、郫都区、武侯区和青白江区。其中，排名首位的锦江区数字化乡村社区治理指数得分达到 5.2227，而排名最后一位的青白江区得分为 3.9498，仅为锦江区的0.75 倍，成都市不同地区在数字化乡村社区治理程度上还存在较大发展差异。本章通过聚类结果将成都市 11 个区的数字化乡村社区治理指数划分为三个梯队。其中，第一梯队有新都区和锦江区，第二梯队有温江区、青羊区、龙泉驿

区、成华区和金牛区，第三梯队有双流区、郫都区、武侯区、青白江区，三大梯队之间数字化乡村社区治理指数得分都存在一定的差距，也进一步说明当前成都市数字化乡村社区治理存在区域发展不平衡和不充分的问题，区域之间的"数字治理鸿沟"仍然存在。

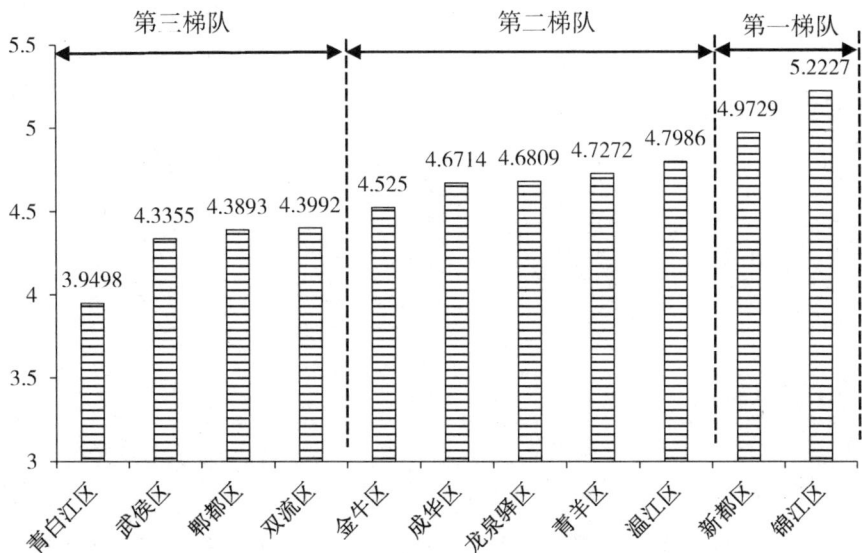

图9.1　成都市各区数字化乡村社区治理成效得分和排名情况

二、村社数字化治理分项排名分析

就社区自治指标来看（见表9.7），社区数字化治理成效最好的前五个行政区分别是锦江区、新都区、成华区、武侯区和青羊区，治理成效较弱的后6位分别是龙泉驿区、温江区、郫都区、金牛区、青白江区和双流区。就社区整合指标来看，社区数字化治理发挥作用最好的前五个区是成华区、温江区、龙泉驿区、青羊区和锦江区，发挥作用较弱的后六位是金牛区、新都区、双流区、郫都区、青白江区和武侯区。就社区服务指标来看，社区数字化治理发挥作用最好的前五位是锦江区、新都区、温江区、青羊区、龙泉驿区，发挥作用较弱的后六位是双流区、郫都区、金牛区、成华区、武侯区和青白江区。就社区保障指标来看，金牛区、新都区、龙泉驿区、温江区和成华区是社区数字化治理发挥作用最为明显的地区，而青羊区、锦江区、双流区、郫都区、武侯区和青白江区则相对较弱。就社区监督指标来看，郫都区、武侯区、金牛区、龙泉驿区、锦江区是社区数字化治理居民满意度最高的前五个行政区，后六位是青羊区、青白江区、温江区、新都区、双流区和成华区。总体而言，当前成都市不同地区在社区自治、社区整合、社区服务、社区保障和社区监督五大功能上，数字化乡村社区治理发挥的作用存在较大差异，且都存在一定程度的短板。但是，由于成都市核心主城区域（锦江区、青羊区、金牛区、武侯区、成华区），在经济发展水平和社区治理能力方面均具有一定的优势，使其各项指标得分总体均处于相对前列，而温江区和郫都区作为成都西部片区城乡融合试验区的重要区域，在数字化乡村社区整合与社区监督方面也表现优异，在数字化治理能力和体系现代化方面具有较大的优势。

表9.7 村社数字化乡村社区治理分项指标得分及排名

	社区自治	排序	社区整合	排序	社区服务	排序	社区保障	排序	社区监督	排序
温江区	3.5323	7	5.5108	2	4.4292	3	5.3521	4	4.7544	8
锦江区	5.1578	1	5.2976	5	5.2976	1	5.1952	7	4.8067	5
青羊区	3.9490	5	5.2977	4	4.2304	4	5.1952	6	4.8067	6
金牛区	3.2247	9	5.2790	6	3.4975	8	5.9527	1	4.8988	3
武侯区	4.0265	4	4.8071	11	3.3454	10	4.9061	10	5.3334	2
成华区	4.1156	3	5.6718	1	3.4857	9	5.3457	5	4.2868	11
龙泉驿区	3.5733	6	5.3684	3	4.0647	5	5.4766	3	4.8263	4
青白江区	3.2117	10	4.9133	10	2.7050	11	4.4064	11	4.7606	7
新都区	4.2238	2	5.2511	7	4.8933	2	5.5445	2	4.6945	9
双流区	2.9624	11	5.0878	8	4.0311	6	5.1912	8	4.4395	10
郫都区	3.3331	8	5.0552	9	3.6144	7	5.0707	9	5.5314	1

三、周边房价水平与村社数字化治理成效

为了进一步验证数字化乡村社区治理水平是否与经济发展差异存在关联，引入调查地乡村社区的周边商品房均价作为区域发展和治理状况的衡量指标，按照周边房价水平的不同，将乡村社区居民划分为四个梯队，分别是社区房价均价在8000元/平方米以下、8000~15000元/平方米、15000~22000元/平方米和22000元/平方米以上四个档次。利用模糊综合评价法，再次对周边不同小区房价梯队与数字化乡村社区治理成效得分进行了配对测度。由图9.2可以看到，就数字化乡村社区治理评价成效而言，房价在15000~22000元/平方米的得分最高，得分为4.7079，其次是22000元/平方米以上的社区，得分为4.7035，与房

价在 15000~22000 元/平方米的得分较为接近，同时，两者得分均高于成都市数字化乡村社区治理评价得分 4.6593。然而，房价在 8000~15000 元/平方米和 8000 元/平方米以下的社区得分较低，分别为 4.4374、4.4183，均远低于成都市数字化乡村社区治理评价得分，数字化乡村社区治理成效并不显著。可以看出，乡村社区周边商品房价格在一定程度上与数字化乡村社区治理存在一定的关联，房价越高的乡村社区数字化乡村社区治理成效越高，而房价越低的乡村社区数字化乡村社区治理成效也相对越低，而这一现象的主要原因可能是在房价越高的社区，社区将会有更多的资金、人力和资源开展数字化乡村社区治理，数字化技术覆盖越广泛，周边商品房价格越好也越能够吸引城市居民及高素质人才在周边区域购置房产，间接地带动周边区域治理效能的提升。而且，政府土地财政也会促使其更加愿意加强依靠新基建引导社区治理水平的提升，从而保障人居环境的高质量来维持较高的房价水平。而房价越低的社区，数字化乡村社区治理的引入机制越不够完善，社区在资金短缺的情况下，政府对相关区域的新基建投资动力和人居环境打造也相对较弱，进一步导致乡村社区数字化治理水平出现较低的现象。

表 9.8　不同房价下数字化乡村社区治理评价成效得分

房价 （元/平方米）	8000 元/平方米 以下	8000~15000 元/ 平方米以下	15000~22000 元/ 平方米	22000 元/ 平方米以上
社区自治	2.8929	3.1782	3.4995	3.8407
社区整合	5.1182	5.2295	5.3607	5.4059
社区服务	3.5382	3.7431	4.2922	3.9880
社区保障	5.2592	5.1517	5.3511	5.4320
社区监督	4.6759	4.8130	4.8688	4.9320
数字化乡村 社区治理 评价成效	4.4183	4.4374	4.7079	4.7035

此外，在社区自治、社区整合、社区服务、社区保障和社区监督五大指标上，房价越高的社区，五大指标得分也相对越高。从社区自治指标来看，房价在 8000 元/平方米以下、8000~15000 元/平方米、15000~22000 元/平方米和 22000 元/平方米以上的社区得分依次为 2.8929、3.1782、3.4995、3.8407，房价越高的社区往往社区居民的素质更高，对参与社区管理和治理的主人翁意识更强，再加上网络化平台的建立，扩宽了社区居民参与管理的渠道，因此，在

数字化乡村社区治理中，居民发挥主体责任的机会和程度越大。而对于房价越低的社区居民，由于缺乏有效的引导，参与社区管理的积极性并不高，居民民主和自治权利受到较大阻碍。从社区整合指标来看，房价在15000~22000元/平方米和22000元/平方米以上的社区得分明显高于房价在8000元/平方米以下和8000~15000元/平方米的社区得分，说明房价越高的社区越重视网络化的数字化乡村社区治理模式，具有更多的社区精英，在社区精英的带动下，社区能够不断实现现代信息化技术手段的引入，帮助促进社区资金、人才、信息等资源的整合，从而为社区居民提供更舒适和更便捷的生活环境与条件。

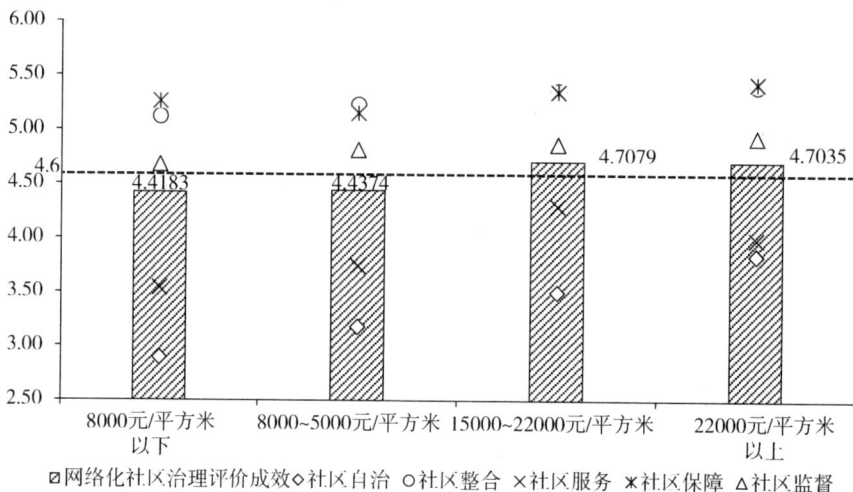

图9.2　社区周边城镇房价水平与数字化乡村社区治理得分的关联度

　　因此，对于房价较低的社区，如何利用数字化乡村社区治理手段实现社区资源的整合，是提高数字化乡村社区治理成效的重要保障。就社区服务指标来看，房价越高的社区在数字化乡村社区治理过程中越能够提供更加优质的医疗、教育、生活等服务，通过线上平台等方式，可以更加快捷地了解居民真实需求，从而实现"社区—居民"的有效对接。就社区保障和社区监督指标来看，房价越高的社区也呈现出高于的明显特征。这主要是因为相对于房价越高的社区，房价越低的社区往往在基层党组织、居委会等组织建设机制和社区管理机制建设上不完善，社区存在主体责任"悬浮"的状态，导致数字化乡村社区治理机制建设缓慢，社区居民获取社区信息和参与社区监督的渠道单一，也无法享受到数字化乡村社区治理带来的便捷和优质体验（苏岚岚、彭艳玲，2021）。

第六节　本章小结

乡村数字化治理和数字乡村建设成为助推乡村振兴发展与经济高质量的重要手段。本章基于成都市数字乡村社区治理的调查数据，采用层次分析法和模糊综合分析法，通过对数字化乡村社区治理体系的构建，测度了成都市新型乡村社区数字化治理水平及其区域差异。研究结果如下：（1）成都市在数字化乡村社区治理过程中社区自治能力得分较低，居民参与社区管理的积极性不高，主人翁意识有待提高，社区自治能力还存在较明显短板。（2）成都市数字化乡村社区工作者工作能力整体不高，缺乏专业人才培养，尤其是掌握网上办公技能的工作者还比较少，因此，社区工作者动员能力较弱和工作效率不高，从而降低了数字化乡村社区治理指数得分。（3）成都市数字化乡村社区治理成效存在一定的地区发展差距，且各地区之间存在不同的发展短板，总体可以将成都市 11 个区县的数字化乡村社区治理水平划分为三个梯队，锦江区和新都区位于第一梯队，温江区、青羊区、龙泉驿区、成华区和金牛区位于第二梯队，双流区、郫都区、武侯区、青白江区位于第三梯队。（4）周边房价水平与数字化乡村社区治理水平呈现正相关关系。由于乡村社区精英、技术优势、资金优势等的影响，房价越高的社区数字化乡村社区治理水平也相对越高，尤其在数字化社区自治、社区整合、社区服务等方面表现较为优异。而房价越低的乡村社区，由于缺乏有效的数字化社区治理引导机制，社区存在主体责任"悬浮"的状态，社区居民对参与数字化乡村社区治理的参与感和认同感偏低。

第十章

村社空间重构与居民社区"共富"融入

目前，我国易地扶贫搬迁安置已经成功实现了地理空间的转换，但农户搬迁后的可持续生计和社区融入困境成为后扶贫时代社会关注的焦点。易地扶贫搬迁农户总体上摆脱了生态环境脆弱带来的"人—地"空间矛盾，但却面临贫困人口乡城转移情境下的"人—业"空间矛盾，易地扶贫搬迁前后农户的生计资本往往存在较大的时空结构性转变，造成不同搬迁地农户迁入安置区后由于不同风俗习惯、生计能力差异、宗族社会网络等碰撞带来社区融入困境。易地扶贫搬迁安置区的空间多维相对贫困治理及农户乡城转移生计空间重构成为后扶贫时代的主要特征（唐任伍、肖彦博、唐常，2020）。搬迁移民在新社区面临生计转型、社会网络、心理适应和文化变迁在内的空间关系重塑，造成农户生计资本与生计能力的匹配差异，进而带来农户多维相对贫困的动态变迁。由于易地搬迁后人员结构杂、居民需求多、管理服务难、移民乡土观念重和社区融入难度大，进一步加剧了不同安置区农户生计空间融合，社区融入成为搬迁后面临的"最后一公里"难题。如何识别不同安置区与农户多维相对贫困耦合协同是否影响农户社区融入，揭示其形成机理、分布特征和空间效应，对于易地扶贫搬迁后农户生计空间和社会空间重塑、防范规模性返贫具有重要意义。

第一节 村社空间重构与居民"共富"融入背景

易地扶贫搬迁安置区不仅要强化区域多维相对贫困的宏观治理，也要加强区域层面农户多维相对贫困动态变迁的微观治理，以安置区微观农户有效治理来驱动空间宏观治理，成为后扶贫时代构建巩固脱贫攻坚成果长效机制的重点任务之一（汪三贵、胡骏，2020）。在现行标准下，单一的收入贫困已经全面消除，但围绕安置区农户多维相对贫困的空间治理及其时空演变存在动态变化趋势（刘彦随、周扬、李玉恒，2019），特别是在易地扶贫搬迁后的农户，面临生计能力的转型和社会空间的重构。虽然搬迁户摆脱了地理位置偏远、生态环境脆弱、经济贫困程度高等传统"人—地"矛盾束缚，但安置区农户面临着新的"人—业"生计空间矛盾制约（邢成举，2016），如何从社会、经济、生态等多维度重构安置区农户生计空间，需要科学系统地揭示安置区社会、经济、生态等不同子系统中"人""地""业"核心要素耦合失调后的形成机理，以及农户社区融入的空间重构机制（李寻欢等，2020），其成为巩固易地扶贫搬迁成果同乡村振兴有效衔接的重要前提。

首先，农户多维相对贫困具有多维性和相对性，不仅体现在农户收入、福利、就业、心理等方面的不足带来的个体贫困上（张金萍、罗媛月，2021），也体现在地理环境、交通设施、经济水平、教育水平等方面短板导致的区域贫困上（周扬等，2020）。由于易地扶贫搬迁后农户的多维相对贫困从集中连片特困区转移到非贫困区，原有生产资料处置缓慢、传统农业生产空间转型难度大，面临一个乡城贫困空间动态转移的过程和生计资本与生计能力空间转换的过渡期。农户多维相对贫困空间分异表现为人地空间矛盾、薄弱的经济整合能力和公共服务供给水平差异，导致空间贫困存在明显的空间依赖性（王永明等，2017）。纵观印度、津巴布韦、越南、埃塞俄比亚等发展中国家的空间贫困陷阱类型及形成原因，地理位置偏远和农业生态环境恶劣（Daimon，2001）、基础设施与公共服务供给不足（Kate，2003）、政治不稳定（Michael，2011）等成为主要推动因素，乡城之间的多维相对贫困强度也是制约农户不平等的重要因素（Barbier，2012）。在中国，不同区域道路基础设施、地形海拔、自然灾害、收入水平、劳动力不佳、政府政策导向等资源禀赋差异（朱磊等，2016），也成为地区空间格局形成差异的重要因素（陈烨烽，2017）。随着贫困区域多维贫困的时空演变呈现集群分布向随机离散分布格局转变，经济发展和环境资源则成为其主要驱动因素（刘新梅等，2019）。

为解决易地扶贫搬迁农户乡城转移后存在的生计脆弱和地理资本不足的问题，Brussel 等（2019）提出通过改善生态脆弱区基础设施、交通运输、供给服务、就业机会等帮扶措施，进而缓解贫困地区集中连片的问题。"业"是导致区域贫困的中介性因素，是连接"人"和"地"的重要纽带，通过以种植、生产、销售等为主的生计活动和以农业、工业、服务业等为主的社会活动，建立"投入—产出"关系对人地关系进行协调（谭雪兰等，2020）。资源的短缺和市场的制约将会限制"业"的发展，新兴产业在农村得不到有效的支持，无法吸引更多的资源要素进入农村，农户得不到较好的就业岗位机会，进而导致"人""地"要素在发展过程中缺乏有力的项目支撑和技术支持。被边缘化的贫困农户由于缺乏生计资本和地理资本，无法满足其生存和发展需要，会再次陷入贫困陷阱。此外，区域内的贫困也会对邻接地区产生外溢效应（张俊良、闫东东，2016），从而让贫困在空间上呈现集聚，从而形成"低地理资本→低生计资本→低项目支撑→低地理资本"的农村多维贫困恶性循环怪圈，较低的地理资本和较少的空间要素将会对区域贫困与农户贫困产生重要影响。

随着安置区空间多维贫困的集聚耦合与分异演变，给不同区域之间人口的动态变迁带来多维贫困空间分异的时空演变差异。已有研究大多聚焦于区域空间多维贫困的分布格局及分异特征。第一，区域多维相对贫困空间分异存在较强的经济空间关联性。邻接区域之间主要受制于经济发展水平、基础设施水平、医疗教育水平、贫困发生率等因素的影响（郑殿元等，2020）。在多维贫困空间分布格局层面，中国贫困村分布总体呈现出东部"星点"分布和中、西部"块状"分布格局，且贫困村的多维贫困存在较强的全局空间依赖性和西高东低的"阶梯状"格局（刘小鹏等，2019），中度贫困村占比最大。梁晨霞等（2019）采用 GIS 方法发现乌蒙山区的贫困村空间分布呈现"大分散小集中""散点—极核—轴带—团块"并存的空间格局，且在"区域—省—县"多尺度上各地区大部分维度的公共服务基础设施供给差距正在逐步缩小（陈烨烽，2016），而随着交通辐射距离的远近程度带来的空间贫困陷阱缓释效果也服从空间距离衰减规律（Wang，2018）。类似地，东、中、西部各省之间的相对贫困空间格局也呈现依次衰减的维度差异和地区差异（龚维进，2019），各省际农民收入水平与结构、农业经济地位等均会拉大区域贫困指数，省际多维贫困的局部空间格局存在明显的空间动态性，邻接省份之间的 MPI 也存在较强的空间动态性，且由东向西递增（杨振等，2015）。第二，地域禀赋对区域空间多维贫困的影响具有动态分异性。经济增长与农村减贫之间并不总是存在同步发展趋势（Olivia，2011；Dong，2021）。何静等（2019）发现西南地区贫困县旅游发展与多维贫困存在空间差异性，贫困县收入存在低水平的均衡，贫困县与非贫困县之间存在收入的"俱乐部收敛"（罗翔，2020），贫困状况南北地域差异明显。相比集中连片特困区或国家级贫困县，区域贫困往往形成"高—高"集聚的"空间贫困陷阱"和"低—低"集聚形成"脱贫溢出效应"的空间布局（程名望，2020）。第三，人口空间演变成为农户多维相对贫困空间分异的关键变量。潘竟虎、贾文晶（2014）采用 ESDA 和 GIS 空间分析方法，发现 2000—2010 年中国国家级贫困县分布与人口的流动带来空间差异格局的动态变迁，导致贫困县的极化与边缘化共同存在，并呈现出东西部极化与南北区域的分异（高帅，2016）。由于产业发展受限、劳动力流动性差、金融和人力资本不足等，使不同乡村贫困空间分异呈现出不同的空间模式，脱贫发展水平以县城为中心向外延伸，且多维贫困滞后型的行政村数量呈递减趋势（刘愿理、廖和平、蔡进等，2020）。在易地扶贫搬迁过程中，由于移民上楼和空间适应的局限性，移民从散居到聚居的居住方式带来了家庭结构、代际关系、社会网络和社区治理等社会结构与制度的变迁（宁静、殷浩栋、汪三贵等，2018），使移民在搬迁初期生计空间断裂，需要强化"移民上楼"后居住空间的压缩与集聚（郑娜娜，2019）、经济空间的萎缩与繁育、心理文化空间的消解与重构再造（王君涵，2020），特别是村域人口空心化带来的空间分异需要从空间、社会、经济等多维层面进行重构（郑殿元，2019）。

综上所述，由于易地扶贫搬迁农户的多维相对贫困存在乡城空间转移，区别于传统区域空间贫困的形成机理，使对农户多维相对贫困的空间分异测度需要考虑搬迁农户转移带来的多维相对贫困动态性变迁情境，特别是在巩固易地扶贫搬迁成果与乡村振兴有效衔接的大背景下，不同安置区与农户多维相对贫困空间耦合协同状况有可能导致农户社区融入存在异质性，需要关注安置区"新市民"的多维相对贫困指数构建和测度，系统科学性地优化多维生计空间重构体系和多维相对贫困治理机制设计，从传统关注致贫因素转向动态视角下农户多维生计空间重构。从耦合关系来看，由于易地扶贫搬迁安置区不同于贫困村本身存在地理资本上的欠缺，但农户传统生计资本无法在安置区有效转换、搬迁户在迁出地和安置区"两头住、两头跑"现象时有发生，农户生计空间重构不充分面临较高的返贫风险。鉴于此，基于空间多维贫困理论，以乌蒙山区易地扶贫搬迁安置区和农户多维相对贫困空间分异状况为研究对象，构建了安置区多维贫困的"社会—经济—生态"（Society-Ecology-Economy，SEE）指标体系和农户多维相对贫困"物质—能力—权利"（Material-Ability-Right，MAR）指标体系的理论分析框架，建立安置区农户多维相对贫困空间耦合协同度与农户社区融入指数模型，刻画乌蒙山区安置区和农户的多维相对贫困空间分异格局及农户社区融入的形成机理，以期为深化空间多维贫困理论微观认知、构建易地扶贫搬迁安置区后续帮扶长效机制提供理论与经验证据支撑。

第二节　村社空间重构对农户社区"共富"融入机理

由于易地扶贫搬迁后农户原有生计资本和生计能力存在空间结构性错配、产业结构与要素耦合空间失调、搬迁户社区融入与安置区"三生"空间融入困境，安置区与农户多维相对贫困空间耦合协同及农户社区融入差异。在安置区多维相对贫困层面，其核心聚焦于"人—地—业"在空间层面的耦合协调，其中，"人—地"面临土地资源禀赋限制和人口老龄化的约束，使搬迁户和安置社区之间表现出农户生计资本与原有生计能力的错配问题，直接制约搬迁农户能否"搬得出、稳得住"。在"人—业"矛盾层面，搬迁农户在安置区受制于生计空间的转换，造成围绕原有产业结构与资源要素禀赋形成的生计资本与安置区生计空间存在结构性矛盾，而人口流动与城镇化水平也在一定程度上影响到产业结构的转型。迁出的农户往往以从事传统种养殖业为主，迁入安置区后受制于土地资本的稀缺而无法再从事原有产业，使产业空间的转移带来农户生计空间的重塑。在"地—业"的结构性资源配置中，地形和气候条件有异质性，不同安置区与产业结构带来的差异也可能导致空间区域与产业发展上的错配，"人—地—业"的空间错配使安置区多维相对贫困与农户社区融入表现出空间分异特征。

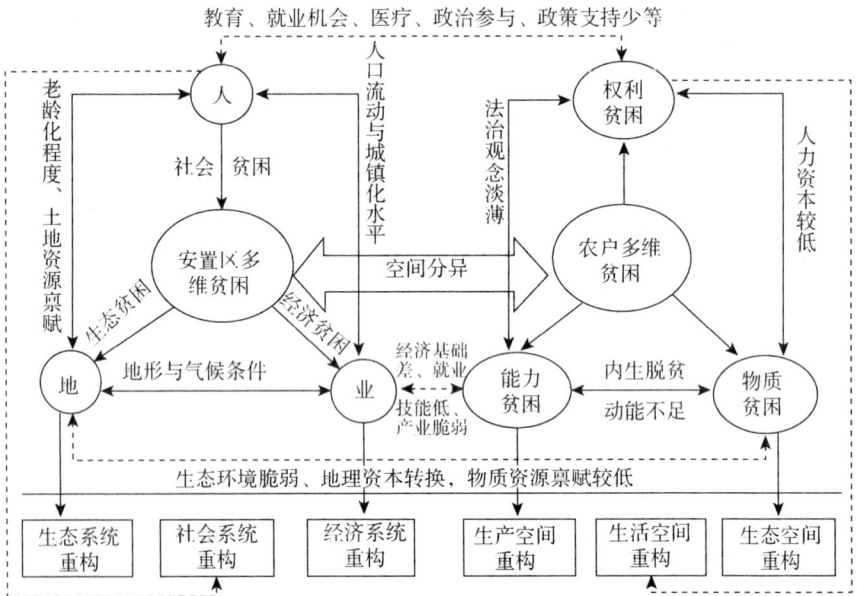

图 10.1 安置区与农户多维相对贫困空间融合机理

在农户多维相对贫困层面，农户物质贫困、能力贫困和权利贫困三者之间个体的异质性导致人力资本、法治观念、内生脱贫动能等存在差异，不同搬迁农户个体的多维相对贫困异质性对脱贫农户"稳得住、能致富"形成了巨大的挑战。如果农户个体能力贫困在经济基础较差、就业技能较低、产业脆弱性强的安置区，将进一步加剧安置区的多维相对贫困程度；如果农户物质贫困与安置区生态环境、地理资本和资源禀赋较弱形成共振，也将导致农户个体多维贫困与区域多维贫困空间协同，带来多维贫困在空间上的集聚。如果农户权利贫困在教育、就业机会、医疗保障和政策制度等相对薄弱的安置区表现出空间协同状况，将使个体多维贫困与安置区多维贫困形成空间上的集聚，加剧规模性返贫风险的形成。

为了揭示易地扶贫搬迁安置区与农户多维相对贫困空间分异特征及时空演变格局，结合易地扶贫搬迁安置区农户多维相对贫困空间分异特征、形成机理，寻找安置区农户多维相对贫困空间分异的时空演变规律及异质性作用效果。结合中国跨县易地扶贫搬迁情境下的安置区农户多维相对贫困空间耦合协同演变机制，构建安置区 SEE 多维相对贫困指标体系和农户 MAR 多维相对贫困指标体系的理论分析框架（见图 10.2），测度和评估易地扶贫搬迁安置区与农户多维相对贫困空间耦合的作用效果。在社会贫困层面，主要围绕搬迁农户生活空间的重塑，包括安置区人员就业、公共服务、政策保障等，而其微观层面重点在于人员的权利保障，特别是安置后人员的就业、医疗和教育等，侧重于社会网络的重塑和农户发展权利的保障，二者均以人为中心进行社会网络及服务的有效联结。随着农户搬迁，安置区与农户的生计空间转变导致生产空间发生了调整，使传统以务农为主的产业结构、生计能力和生产要素等发生变化，转向于以非农就业为主的人力资本和金融服务生计能力提升的阶段，聚焦于"业"的打造和重构，该过程需要破解安置区经济贫困与农户能力贫困的空间耦合。此外，通过地理空间的转换，使安置区农户摆脱了地理、自然、资源、基础设施等生态空间制约，但也使农户失去了传统务农生计资本和自然资源，在"地"的空间重塑上需要重新匹配。以上围绕安置区宏观维度的 SEE 体系和农户微观层面的 MAR 体系匹配，均建立在以"人—业—地"为核心的空间耦合协同上，需要构建安置区与农户多维相对贫困的空间分异测度与评价体系来有效揭示其作用效果。

在巩固易地扶贫搬迁成果与乡村振兴有效衔接过程中，宏观战略层面围绕"产业兴旺、生态宜居、乡风文明、治理有效、生活富裕"五个层面，依托多元产业发展、生态环境建设、人文环境打造、健全社会治理体系、提升居民幸福感和获得感等，实现"农业强、农村美、农民富"的乡村振兴目标。在空间变迁层面，由于易地扶贫搬迁带来生计空间的重构，进而引起社会网络空间、公共服务空间和居民心理空间的关系重塑。其中，地理空间转移带来居住条件改善、生态资本转化和地域特色发生转移，使传统的生计空间转变为规模产业化发展，新型农业经营主体和产业融合不断深化，从传统的农户生计资本转向产

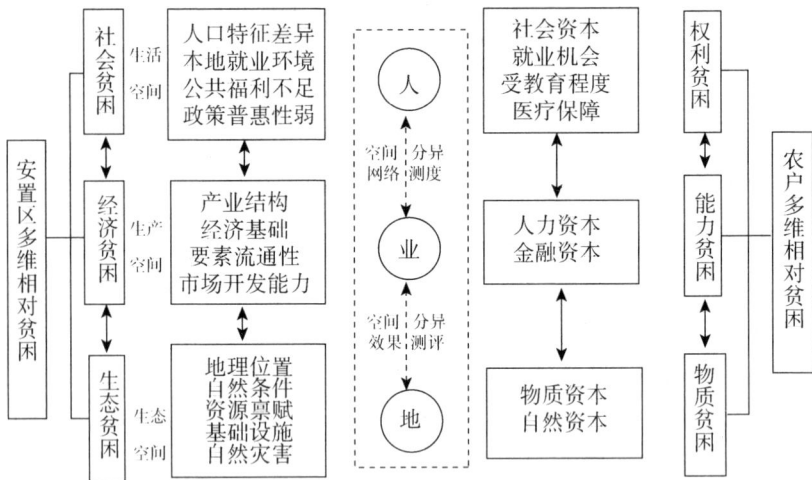

图 10.2　安置区农户多维相对贫困空间融合效果测度

业工人的生计资本转型，成为城乡融合助推新型城镇化发展的重要推动力量。然而，大量的易地扶贫搬迁农户聚集在安置区，传统村居松散式的社会空间走向了聚居式的紧凑型社会空间，使风俗习惯、文化道德、教育技能、社区融合等面临新的挑战，有效推动易地扶贫搬迁安置区农户尽快融入社区，以及强化安置区农户稳定脱贫增收。社会空间的重构必然带来公共服务空间的矛盾，比如，传统的村干部及村集体自治的模式演变成安置社区组织化管理、现代城市社区治理模式，必然造成短期内社区管理和治理上的适应难题。此外，安置区农民从不同村庄搬迁至一个社区，部分安置移民从传统村居生活习惯转变成社区生活习惯，心理空间上的不适应和心理落差需要深度缝合，比如，培育集体意识，重塑乡土社会网络，构建一些乡土情怀式的社区场景等。这种"地理空间→生计空间→社会空间→公共服务空间→居民心理空间"的重构成为易地扶贫搬迁安置区后续帮扶工作的重心。

另外，搬迁农户从原聚居地到安置区的变化带来地理空间的破裂，造成生计资本的空间分异，重塑农户社区融入空间尤为关键。安置区农户社区融入的核心在于农户的稳定脱贫及其可持续生计资本的提升，前提在于促进农户获得稳定就业，增加收入，而产业发展是解决就业的重要支撑。因此，积极发展适合本地区的产业和扩大居民就业，成为安置区后扶持政策的核心关键，生计空间重构是地理空间分异后的最根本任务。随着安置区农户生计的逐步稳定，需要强化社会空间耦合与社区空间融入，逐步提高安置区居民在教育、医疗、居住环境、生活习惯等方面的基本素养，提高社区居民的社区融入程度和幸福感，从而遵循"空间分异→空间耦合→空间再造→空间融合"的发展趋势转变（见图10.3），最终实现搬迁户"搬得出、稳得住、能致富"的稳定脱贫目标。

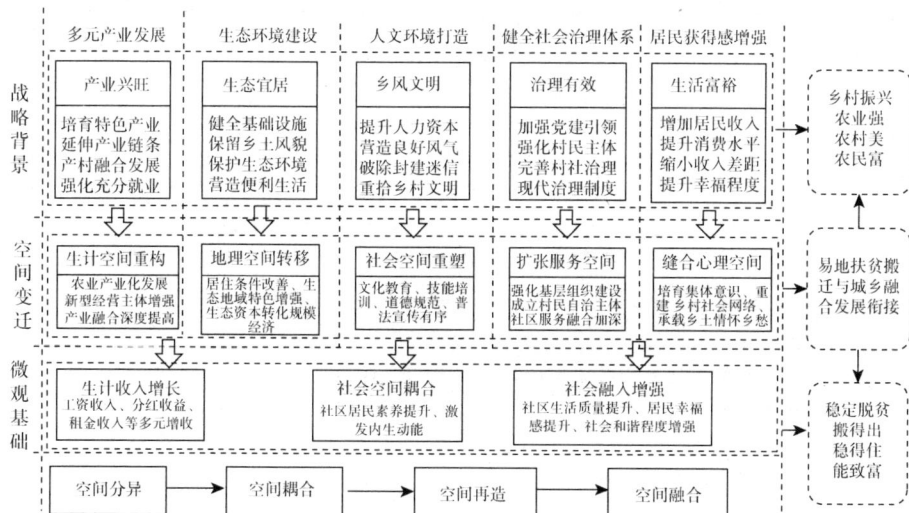

图10.3 安置区农户多维相对贫困空间耦合对农户社区融入的作用机理

第三节 数据来源、模型设计与变量说明

一、数据来源

乌蒙山区作为中国贫困人口跨县易地扶贫搬迁最大的安置区，横跨云南、贵州、四川三个省份，是巩固拓展易地扶贫搬迁成果同乡村振兴有效衔接的重点区域之一。为了揭示易地扶贫搬迁安置区农户多维相对贫困空间耦合状况，测度易地扶贫搬迁安置区和农户多维相对贫困指数，根据四川、云南和贵州三省乌蒙山区开展的贫困县脱贫摘帽第三方评估资料数据及部分农户的抽样调查数据，结合云南省精准扶贫大数据管理平台资料及各区县年度统计公报，手工整理出2014—2019年乌蒙山区38个区县易地扶贫搬迁安置区的宏观层面数据库（见表10.1）。由于不同区县脱贫摘帽退出的时间存在差异，易地扶贫搬迁安置区和农户多维相对贫困指数测度难以形成面板数据，采取不同年份脱贫摘帽县退出时的安置区和农户多维相对贫困指数为基础，测算出不同年度内安置区和农户多维相对贫困指数，以及第三方评估抽样调查农户的社区融入指数形成的

截面数据。

表 10.1 易地扶贫搬迁安置点及安置农户调查样本

年份	安置点个数	第三方评估报告调查农户样本
2014	16	160
2015	31	286
2016	52	476
2017	151	1489
2018	186	1762
2019	179	1631

资料来源：乌蒙山区贫困县脱贫摘帽退出第三方评估报告及农户抽样调查数据，由于部分区县抽样调查数据存在缺失，通过手工整理后汇总得出农户的部分资料数据。

二、模型设计

（一）多维相对贫困指数测度

为了有效测度农户多维相对贫困综合指数，采用 A-F 双界线分析法构建农户多维相对贫困指标体系。首先，将家庭 i 在指标 j 上的观测结果标记为：

$$y_{ij}(i = 1, 2, \cdots, n; j = 1, 2, \cdots, d; y_{ij} \in Y_{n \times d}) \tag{10.1}$$

其中 n 为家庭样本总数，d 为各指标的总数，$Y_{n \times d}$ 表示样本农户所在家庭不同指标所构成的观测值矩阵；其次，对各指标 j 分别界定其临界剥夺值 z_j，如果 $y_{ij} < z_j$，则反映搬迁农户 i 在指标 j 上为相对贫困，反之则不贫困，即 $g_{ij} = \begin{cases} 1, & y_{ij} < z_j \\ 0, & y_{ij} \geq z_j \end{cases}$，从而构建剥夺矩阵 (g_{ij})。同时，通过构建 BP 神经网络赋权模型客观确定各指标的权重，并测度搬迁农户 i 在维度 j 上的总相对贫困剥夺得分，从而得到 $c_i = \sum\limits_{j=1}^{d} g_{ij} w_j$，测度农户 i 在 t 时期的多维相对贫困指数（MPI）为：

$$MPI(x_{ij}, w_j, z_j, k) = \frac{1}{n} \sum_{i=1}^{n} \left[I(c_i \geq k) \sum_{j=1}^{d} w_j g_{ij}(z) \right] = \frac{1}{n} \sum_{i=1}^{n} c_i(k) \tag{10.2}$$

式（10.2）中，x_{ij} 表示目标农户 i 在第 j 项维度的取值，w_j 表示维度 j 的权重，z_j 和 k 是临界值，g_{ij} 指目标农户 i 在维度 j 上处于贫困状态，c_i 指加权贫困维度数，$c_i(k)$ 是同多维相对贫困临界值 k 比较后的加权贫困维度数。最后，将 c_i 与贫困

临界值 k 进行对比可以得出相对贫困家庭的矩阵 $[q_i^{(k)}]$，如果 $c_i < k$，则代表 $q_i^{(k)} = 0$；当 $c_i \geqslant k$ 时，则代表 $q_i^{(k)} = 1$，表示该农户为多维相对贫困户。由于贫困临界值 k 低于 20% 的条件下样本农户被识别为贫困的风险较低，当 k 超过 20% 时贫困风险逐渐上升，为此将 k 在 20% 和 40% 分别界定为轻度和深度多维相对贫困临界值。

此外，采用脱贫发展指数（PDI）用于表征安置区多维相对贫困治理程度和发展水平，其值越高代表贫困程度越低。具体公式如下：

$$PDI = \sum_{i=1}^{n} \left(\sum_{j=1}^{m} F_{ij} w_{ij} \right) w_i \qquad (10.3)$$

式（10.3）中，PDI 代表脱贫发展指数，F_{ij} 表示标准化处理后的指标值，w_{ij} 代表指标权重，w_i 代表安置区的维度权重，n 代表维度数量。

表 10.2　安置区和农户多维相对贫困耦合及农户社区融入指标体系

系统	一级指标（权重）	二级指标	性质	平均权重
安置区多维相对贫困指数	经济贫困（0.5107）	人均 GDP 增长率/%	+	0.1931
		城镇化率/%	+	0.0882
		地方财政支出/万元	+	0.1637
		城乡居民人均可支配收入比/%	−	0.2091
		亩均农业机械总动力/kW/hm²	+	0.1543
		本地非农就业率/%	+	0.1916
	社会贫困（0.3281）	人口密度/人/km²	−	0.0877
		教育支出占 GDP 的比重/%	+	0.2034
		每万人医疗机构床位数/张/万人	+	0.2468
		道路密度[①]	+	0.1519
		搬迁农户回流率/%	−	0.1407
		社保覆盖率/%	+	0.1695
	生态贫困（0.1612）	安置区坡度/%[②]	−	0.1633
		安置区距搬迁地距离/km	−	0.2092
		绿化覆盖率/%	+	0.2164
		自来水通达率/%	+	0.2069
		生活垃圾污水净化率/%	+	0.2042

系统	一级指标（权重）	二级指标	性质	平均权重
农户多维相对贫困指数	物质贫困（0.3167）	人均可支配收入/元	+	0.5219
		年人均集体经济收入/元	+	0.1637
		家庭人均消费支出/元	−	0.3144
	能力贫困（0.4622）	非农就业③	+	0.3578
		健康状况是否良好④	+	0.2916
		是否具备本地就业技能⑤	+	0.3506
	权利贫困（0.2211）	受教育年限/年	+	0.3768
		家庭养老保险参保率/%	+	0.6232
农户社区融入指数	经济融入（0.4921）	搬迁后家庭人均可支配收入/元	+	0.5219
		家庭年人均消费支出/元	−	0.2944
		宅基地退出补偿收入/元	+	0.1837
	社区融入（0.3102）	社区融入满意度状况⑥	+	0.5819
		社区活动参与状况⑦	+	0.4181
	心理融入（0.1977）	社会接纳程度⑧	+	1.0000

资料来源：易地扶贫搬迁安置区第三方评估报告经整理后的数据，部分资料来源于所在区县政府工作报告和相关统计公报资料手工整理得出。受限于评估报告资料的可获得性，部分指标仅近似替代来反映。

注：①数据来源于地理空间数据云（http://www.gscloud.cn/）；
②坡度=（高程差/路程）×100%；
③④⑤中，是=1，否=0；
⑥很满意=1，满意=0.75，一般=0.5，不满意=0.25，很不满意=0；
⑦已参与=1，未参与=0；
⑧很友好=1，友好=0.75，一般=0.5，排斥=0.25，很排斥=0。

（二）熵值法与耦合协同度的计算

根据安置区与农户多维相对贫困指数得分，首先以2014年为基准年份，确定最大值和最小值分别赋值为1和0，其次由同一维度的几个指数按照一定的权重合成维度指数，最后根据安置区和农户的多维相对贫困指数合成二者的耦合协同度指数，

$$正向指标：\lambda_{ij} = \frac{x_{ij} - \min(x_{ij})}{\max(x_{ij}) - \min(x_{ij})} \tag{10.4}$$

负向指标：$\lambda_{ij} = \dfrac{\max(x_{ij}) - x_{ij}}{\max(x_{ij}) - \min(x_{ij})}$ (10.5)

其中，x_{ij}是第i个安置区第j个指标的原始数据，$\max(x_{ij})$和$\min(x_{ij})$分别代表安置区基准年份（2014年）的第j个指标相对应的原始数据中的最大值和最小值，λ_{ij}是第i个安置区第j个指标的指数得分。经过标准化处理后，可以得到安置区与农户多维相对贫困指数。为了反映不同安置区多维相对贫困指数得分的年度变化，需要揭示安置区与农户之间的多维相对贫困指数耦合协同度状况。为此，采用Shannon熵值法计算指标权重，通过对各指标的原始数据客观赋权，避免主观赋值所产生的随机性，并处理多个指标变量的信息重叠。首先，通过对各指标进行标准化处理，形成指标矩阵$(\lambda_{ij})_{m \times n}$，$m$表示安置区的个数，$n$表示评价指标的个数。其次，计算第$j$个指标下第$i$个安置区的指标值比重$p_{ij}$

$$p_{ij} = \frac{\lambda_{ij}}{\displaystyle\sum_{i=1}^{m} \lambda_{ij}} \ ; \qquad (10.6)$$

再次，计算第j个指标的熵值

$$e_{ij} = -\frac{1}{\ln m} \sum_{i=1}^{m} p_{ij} Ln p_{ij} \qquad (10.7)$$

同时，计算各指标权重

$$\sigma_j = (1 - e_j) \Big/ \sum_{j=1}^{n} (1 - e_j) \qquad (10.8)$$

其中，$1 - e_j$为第j项指标的效用价值，该值越大指标的重要性越强。最后，计算各安置区与农户在不同年份的多维相对贫困指数

$$\mu_{ij} = \sum_{i=1}^{n} \sigma_{ij} \times \lambda_{ij} \qquad (10.9)$$

为了测度安置区与农户多维相对贫困之间的交互作用，再次引入物理中的容量耦合系数模型，测度二者之间的耦合协同度函数：

$$C = \sqrt{U_1 \times U_2} / (U_1 + U_2), \ (0 < C < 1) \qquad (10.10)$$

其中，C代表二者之间的耦合协同度的强弱，U_1和U_2分别表示安置区和农户多维相对贫困的评价函数。通过该式可以看出，C值的大小反映出二者之间的耦合强弱，但也有可能存在"伪耦合"状况，再次引入离差最小化协同度模型，更加精准地判定二者耦合协同程度：

$$D = \sqrt{C \times T} \ (\text{其中}, \ T = \alpha U_1 + \beta U_2) \qquad (10.11)$$

其中，D为安置区与农户多维相对贫困耦合协同度，T为二者系统的综合评价水平，α和β为待定系数。根据不同耦合协同度值可以进一步划分为四个等级区间

（见表10.3），并根据不同区间采取不同的帮扶策略。

表10.3 耦合协同度等级划分

区间	耦合协同度	阶段特征描述	系统特征描述
[0, 0.3)	低度协同	安置区多维相对贫困与农户多维相对贫困空间分异较弱	$U_1 - U_2 > 0.1$，空间分异转向空间融合较为滞后；
[0.3, 0.6)	中度协同	安置区多维相对贫困与农户多维相对贫困空间分异交互作用增强，且有抑制作用	$U_1 - U_2 > 0.1$，空间分异转向空间融合程度较高；
[0.6, 0.8)	高度协同	安置区多维相对贫困与农户多维相对贫困空间分异转向空间融合发展比较良性	$0 \leqslant \mid U_1 - U_2 \mid \leqslant 0.1$，系统协同发展
[0.8, 1)	极度协同	安置区农户多维相对贫困空间分异转向社区融合发展相互促进，协同共促	

注：表中的 U_1、U_2 分别代表安置区多维相对贫困指数和农户多维相对贫困指数。

（三）安置区与农户多维相对贫困耦合协同对农户社区融入的空间效应

为了检验不同安置区农户多维相对贫困耦合协同度对农户社区融入是否存在空间关联性，采用Moran'I揭示不同安置区农户社区融入的空间关联程度。具体公式如下：

$$\text{Moran'I} = \frac{y_i - \bar{y}}{\frac{1}{n} \sum (y_i - \bar{y})^2} \sum_{i \neq j}^{n} \omega_{ij}(y_i - \bar{y}) \tag{10.12}$$

其中，ω_{ij} 为空间权重值，n 为安置区的点位数，Moran'I代表局部莫兰指数，y_i 代表安置区农户多维相对贫困耦合协同度指数，$\bar{y}$ 为农户社区融入指数。通过莫兰指数的测度可以将四个象限划分为四个区域，分别为第一象限的高—高集合区域（H-H）、第二象限的低—高集合区域（L-H）、第三象限的低—低集合区域（L-L）和第四象限的高—低集合区域（H-L）。因此，将安置区划分为4个空间关联模式：H-H为深度融合区，即安置区农户多维相对贫困耦合协同度越高，农户社区融入程度也较高，呈现出正相关性。L-H为快速适应区，即所在安置区农户的相对多维贫困程度较低但社区融入程度较高，呈现出负相关性。H-L为空间融合困难区，即安置区农户的多维相对贫困耦合协同度较高，但农户社区融入较低，呈现出负相关性。L-L为空间融合过渡区，即安置区的农户多维相对贫困程度较低，且农户社区融入的程度也较低。通过以上四个象限区域，观测不同安置区农户多维相对贫困耦合协同度对农户社区融入的空间关联状况，揭示不同安置区从空间分异向空间融合的跨越程度。

第四节 村社空间重构与农户社区"共富"融入效应

一、不同安置区类型及空间分布状况

根据不同安置区分布类型来看，乌蒙山区 38 个区县易地扶贫搬迁安置区主要分布类型为：县城及县城郊区、乡镇及周边、中心村、文旅景区及特色小镇等四大类（见表 10.4）。不同安置区类型对应的安置点规模也存在较大差异，其中，县城周边普遍以特大型和大型规模安置区为主，重点以工业园区用工、扶贫车间、农产品加工、农产品商贸等多种形式的非农就业为主导。在乡镇及其周边的安置区，重点是以大型搬迁农户规模安置区和中小型农户规模安置区为主，围绕扶贫车间、农业产业园区、农业产业基地等为核心，推行就近就地农业生产经营及外出务工等为主。中心村和文旅景区等安置点以中小型安置点和微型插花式安置点为主，重点通过本地就近妥善安置农户，围绕农业产业规模化经营、合作社经营、发展村集体经济以及公益性岗位设置等方式部分解决农户可持续生计问题。

表 10.4 安置区类别及区域分布

安置区分布	产业主导类型	安置点规模类别	面临返贫风险类型	主要区县分布
县城及县城郊区	工业园区非农就业、企业帮扶用工、社区服务就业、扶贫车间就业、农产品加工、农贸市场就业、公益性岗位	特大型安置区、大型安置区，普遍安置规模在 5000 人以上	收入来源单一和疾病主导型	习水、七星关区、威宁、水城、马边、普格、布拖、金阳、昭觉、喜德、越西、会泽、宣威市、昭阳区、鲁甸、巧家、黔西、永善
乡镇及周边	扶贫车间、农业产业园区、种养殖产业基地、东西部协作劳务输出	大型安置区和中小型安置区为主，普遍在 2000~6000 人	收入来源单一和缺乏技能主导型	会泽、宣威市、昭阳区、鲁甸、巧家、桐梓、赤水、七星关区、大方、织金、纳雍、赫章、水城、沐川、马边、普格、美姑、屏山、禄劝、会泽、昭阳区、鲁甸、巧家、大关、绥江、镇雄

安置区分布	产业主导类型	安置点规模类别	面临返贫风险类型	主要区县分布
中心村	种养殖基地、东西部协作劳务输出、扶贫车间	以中小型和微型安置点为主，普遍在3000人以下	收入来源单一和缺乏技能主导型	桐梓、赤水、黔西、织金、纳雍、赫章、叙永、屏山、寻甸、大关、威信、武定
文旅景区及特色小镇	旅游专业合作社、村集体生态公益性岗位	以微型安置点插花式安置为主，普遍在1000人以下	多因素复合型	大方、盘州市、叙永、古蔺、盐津

资料来源：第三方评估报告经作者整理后得出。

二、安置区与农户多维相对贫困耦合协同度分析

从不同安置区就业类型来看（见图10.4），对安置区农户多维相对贫困空间耦合协同度也存在较大的差异。其中，农业产业基地主导型和扶贫车间就业主导型安置区带来的空间耦合协同性较强，总体上处于0.50以上的区间。由于农业产业基地和扶贫车间相对搬迁农户而言具有较强的生计适应能力，传统的农业生计资本转换相对容易，搬迁农户更容易在安置区内找到相应的工作维持生计。县域工业园区主导型安置区与农户多维相对贫困空间耦合协同度相对较低，主要受制于工业园区对安置区农户的就业能力要求较高，部分搬迁农户家

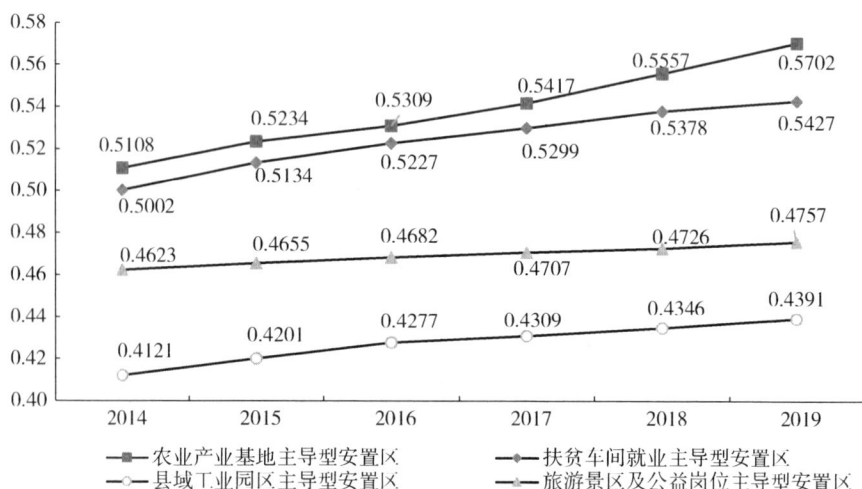

图10.4 不同安置区就业类型与多维相对贫困空间耦合协同度分析

庭至少有 1 人在县城工业园区就业，虽然可以维持全家的生计，但家庭其他成员缺乏在园区维持生计的能力，而所有相应的生活成本相对搬迁前而言大幅提升，使农户对安置区的社区融入面临较高的不稳定性。旅游景区及公益性岗位主导型安置区往往安置的农户规模相对较小，且大多数农户在生态保护区范围内，如"山上搬到山下"的农户，通过公益性岗位安置的农户适应社区融入的情况较好，但部分农户由于知识水平较低影响到公益性岗位的执行效果，也面临一定的社区融入困难，耦合协同度相对稳定在 0.46 以上。

根据安置区农户的规模来看（见图 10.5），安置区与农户多维相对贫困耦合协同度从高到低表现为：中小型安置区>大型安置区>特大型安置区>微型安置区。首先，中小型安置区与农户多维相对贫困空间耦合协同度总体偏高，处于 0.55 左右的水平。主要原因在于中小型安置区大多集中于乡镇范围和城郊接合部区域，大多以农业生产基地为主，农户可以较好适应其传统的生计资本。其次，大型安置区与农户多维相对贫困空间耦合协同度也处于 0.50 以上，处于中度协同的层面，这种安置区以扶贫车间主导型占多数，扶贫车间就地就近解决搬迁农户的就业，同时，相关就业技能相对容易适应，安置区农户社区融入难度也较低，从而使二者的耦合协同度相对较高。最后，特大型安置区和微型安置区的空间耦合协同度均低于 0.50，一方面，可能安置区规模特大或特小均会使就业和技能培训难以较好适应所有人员，造成部分安置区农户相对贫困脆弱性较高；另一方面，特大型安置区往往处于县域周边，微型安置区往往以景区或公益性岗位

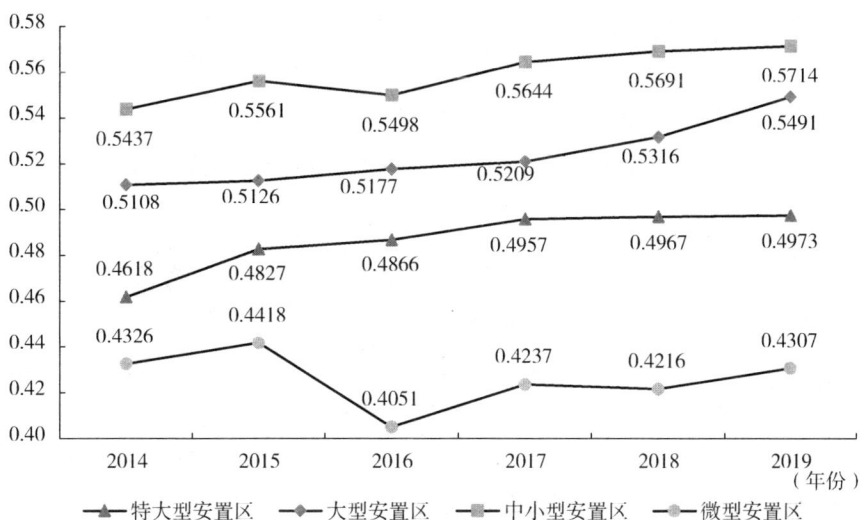

图 10.5　不同安置区农户规模与多维相对贫困空间耦合协同度分析

等乡镇、中心村为主，安置人员规模过多或过少均面临较大的社区融入难题，不同人群汇聚到一起使生计空间转向社会空间融合面临较大的困境。

此外，根据安置区与农户多维相对贫困空间耦合状况及农户社区融入协同度的关系可以发现（见图 10.6），安置区与农户多维相对贫困指数随着不同区县人均 GDP 的增加而相应增长，但安置区与农户多维相对贫困空间耦合协同度随着人均 GDP 的增长而相应呈下降趋势。反映出人均收入水平越高的区县，安置区与农户在产业发展、非农就业等方面可能具有更多的便利性，但由于人均GDP 越高的区县，往往以非农产业就业为主，易地扶贫搬迁农户往往面临着较高的生计转换及社区融入成本，造成农户和安置区的多维相对贫困指数均呈现较高的水平。此外，从农户社区融入指数来看，随着人均 GDP 的增长，不同区县之间的社区融入指数在不同区县存在一定的波动性，与经济发展水平关联度相对较弱，可能的原因在于农户社区融入不仅包括地区经济发展水平，还包括农户对未来的预期和信心状况、农户可持续生计的稳定性等多种因素的作用。

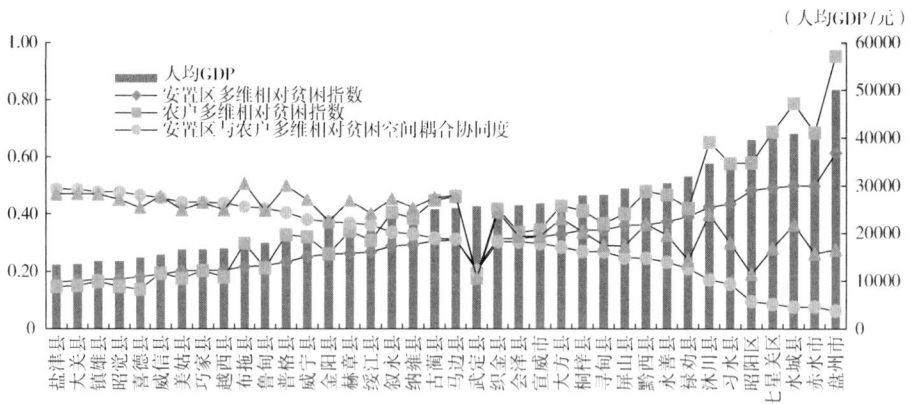

图 10.6　安置区与农户多维相对贫困耦合度与农户社区融入的关系

三、安置区农户多维相对贫困耦合协同度对农户社区融入效应

为进一步探讨安置区农户多维相对贫困耦合协同度对农户社区融入的空间影响。利用 GeoDa 095i 软件测算出乌蒙山区易地扶贫搬迁安置与农户多维贫困耦合协同度对农户社区融入指数空间影响的 Moran's I 值，发现二者的正态统计量 Z 值均超过 0.05 的置信水平，通过显著性检验。从 2014—2019 年二者多维相对贫困耦合协同度对农户社区融入状况的整体空间效应来看，乌蒙山区安置区与农户多维贫困耦合协同度对农户社区融入的空间效应呈现出先变小后小幅扩大的趋势（见图 10.7），二者的空间分异程度随着时间的推移表现出一定的空

间上的集聚性和空间上的马太效应，即安置区与农户多维相对贫困指数耦合协同度与农户社区融入指数在邻近水平层面具有一定相互影响。耦合协同度越高，农户社区融入的程度也越明显，且这种倾向随时间的作用得到强化。

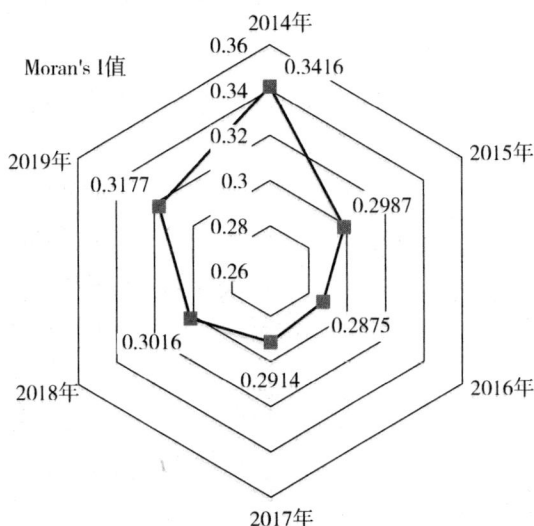

图 10.7 安置区相对贫困耦合协同度对农户社区"共富"融入空间影响

此外，从不同集聚类型来看，2014—2019 年局部 Moran'I 区域分布情况发现（见表 10.5），不同的易地扶贫搬迁安置区农户从空间分异到空间融入上表现出显著的空间关联性。H-H 深度融合安置区农户多维相对贫困耦合协同度越高，农户社区融入程度也越高，二者之间存在典型的正向集聚态势。这种集聚区域往往集中于同一区域，或农户风俗习惯及安置点与搬迁地相对临近的区域，比如，部分安置点属于山上搬山下以及周边临近中心村，农户社区融入的社会关系重塑及生计重构成本较低，空间集聚性也越强。H-L 空间融合困难区的安置区与农户多维相对贫困耦合协同度较高，但农户社区融入较低，这种区域往往属于跨县易地搬迁或地理资本较弱的区域，经济条件和民族特征差异较为明显的区域，风俗习惯和经济差异较大的农户搬迁到一起就面临较大的社区融入难题。进入安置区后的农户缺乏明显的就业技能，部分搬迁户年龄较大、常年疾病以及适应新生活的能力较弱，使安置区内农户的深度融合难度较大。L-L 空间融合过渡区集中以安置区农户多维相对贫困耦合协同度较低，农户社区融入也较为困难，该区域总体上农户本地就业和谋生技能等生计资本较高，但以特大型和大型农户规模为主的安置区即规模较大的安置区因为不同安置农户在技能、适应能力等方面存在较大的差异性，使部分年龄偏大及谋生技能较弱的农户难以较快地适应新的社区生活，从而表现出较强的负向关联性，大型安置区表现尤为突出。L-H 快速适应区反映出安置区农户生计能力较强且社区融入也较快，该区域大多集中于景区及特色小镇等以公益性岗位及周边搬迁农户依靠生态资源从事非农就业的农户为主。综合比较不同安置区的规模程度来看，特大规模安置区的农户社区融入空间分异程度较高，可能由于较大规模的安置区吸纳了较多不同民族、不同风俗习惯的农户进入一个社区集体，特别是跨县易地搬迁带来搬迁户之间以及搬迁户与本地居民之间容易产生心理排斥和社会关系空间融合困难。此外，小规模的安置区也存在较大的社区融入困难，可能的原因在于部分小规模安置区大多低于 100 人，这种插花式贫困户搬迁到当地县域或乡镇等交通便利地区，受制于国家政策需要所采取的权宜性安置，但安置地的当地居民有可能会存在本地资源被搬迁户所占有而心生嫌隙，带来社区融入在短期内的困境。而中等规模的安置区（1000～3000 人）大多属于集中连片地区多个村庄集中安置地，由政府统一划定某一块区域为安置点后配套供应产业基地、扶贫车间等，帮助当地搬迁户本地就业，这部分安置区农户社区融入程度和稳定脱贫的关联性越高。

表 10.5　安置区农户多维相对贫困耦合度与农户社区融入空间效应测度

集聚类型	2014 年	2015 年	2016 年	2017 年	2018 年	2019 年
H-H 深度融合区	0.3103	0.3025	0.2843	0.2529	0.2664	0.2598
H-L 空间融合困难区	-0.3872	-0.3927	-0.4028	-0.4015	-0.4084	-0.4116
L-L 空间融合过渡区	0.0812	0.0832	0.0715	0.0669	0.0582	0.0498
L-H 快速适应区	0.4628	0.4713	0.4825	0.4973	0.4997	0.5015

　　从时间趋势来看，基于安置区农户多维相对贫困耦合度与农户社区融入空间效应的 Moran'I 指数发现，H-H 深度融合区和 L-L 空间融合过渡区的 Moran'I 指数 2014—2019 年均呈现逐年降低的态势，但前者远远高于后者的空间效应，即安置区与农户多维相对贫困耦合协同度与农户社区融入存在"高—高"和"低—低"集聚的趋势，说明安置区后续扶持与农户社区融入方面需要加强安置区内部的生计能力和社会关系空间的重塑，并考虑安置区与农户之间空间层面的协同管理，降低不同安置区与农户社区融入在空间层面的不平等程度。此外，H-L 空间融合困难区和 L-H 快速适应区的空间效应均呈现不断增强的趋势，代表安置区农户多维相对贫困耦合协同度与农户社区融入的空间集聚效应逐渐增

强,反映出安置区多维相对贫困空间耦合协同度越低,农户社区融入效果越高,即安置区与农户多维相对贫困空间分异和空间不平等程度降低有利于增强农户的社区融入,提高社区居民的幸福程度。

第五节 本章小结

基于空间多维贫困理论,通过构建易地扶贫搬迁安置区与农户多维相对贫困空间耦合协同对农户社区融入的分析框架和评价指标体系,系统分析了乌蒙山区易地扶贫搬迁安置区与农户多维相对贫困空间耦合的作用机制,从"人—业—地"空间匹配的视角揭示不同安置区农户多维相对贫困耦合协同度与农户社区融入的空间效应,为后扶贫时代巩固易地扶贫搬迁成果同乡村振兴的有效衔接提供科学依据。研究结果表明如下:(1)易地扶贫搬迁安置区与农户多维相对贫困的空间耦合协同受到"人—业—地"等系统因素的影响,受区位条件及资源禀赋的差异,安置区社会、经济、生态与农户物质、能力、权利等生计资本空间有效融合的过程,二者之间呈现出"空间分异→空间耦合→空间再造→空间融合"的转变趋势。(2)通过测度安置区与农户多维相对贫困指数耦合协同度发现,安置区产业类型和农户规模的差异对二者的耦合协同存在异质性影响,以农业产业基地和扶贫车间为主导的中小型与较大型农户规模安置区耦合协同度较高。安置区与农户多维相对贫困耦合协同度从高到低表现为中小型安置区>大型安置区>特大型安置区>微型安置区。(3)安置区与农户多维相对贫困空间耦合协同度对农户社区融入的影响存在空间异质性效果,H-H深度融合区和L-L空间融合过渡安置区存在耦合协同度与农户社区融入之间表现出"高—高"和"低—低"集聚特征;而H-L空间融合困难区和L-H快速适应区的空间效应均呈现出不断增强的趋势,安置区多维相对贫困空间耦合协同度越低,农户社区融入效果越好,安置区与农户多维相对贫困空间分异和空间不平等程度降低有利于增强农户的社区融入。

第十一章

村社集体经济发展促进共同富裕模式镜鉴

第一节 村社集体经济发展促进共同富裕的模式概况

一、德国：政府主导多层级过渡型农业生产合作社

19世纪中后期，德国在对普鲁士农业改革中出现了粮食危机，以弗里德里希·威廉·莱弗艾森为代表的合作思想家主张兴办信用合作社，以解决农民的信贷问题为主，兼顾购销和其他涉农服务，在一定程度上形成了农业合作社的雏形，德国由此展开了轰轰烈烈的农业合作社运动。历经150多年的发展，德国走出一条既适应国情又顺应时代的农业合作社发展之路，推动德国农业经济高质量发展，促进了农民农村共同富裕。

从农业合作社的类型来看，起初德国政府将农业生产合作社分为I型、II型和III型三种形式。从I型到III型合作社，耕地和生产资料的社会化程度逐渐由低到高逐渐过渡，允许农民以过渡的方式参与集体经营，允许多种所有制并存，在一定程度上维持了农民原有的经营方式，降低了农民对合作社的抵触情绪，从而保护了农民的生产积极性，同时，将农产品价格政策作为重要的社会政治性工具，保障生产能力较弱的小农和新农户的收入，并且限制富农和中农的发展。伴随社会、经济以及技术的快速发展变化，当前德国农民合作社已经形成了基层合作社、区域性合作社协会和全国性合作社联盟之间层次分明、功能完备的组织架构体系，很好保障了不同层级、不同类型合作社功能的发挥和协同高效运转，覆盖的产业类型涉及水源电力能源原材料等不同领域，具有多样化与专业化的特点。

从经营范围来看，德国农业合作社主要包括农业生产合作社、农业信贷合作社、农业购销合作社、农村商品合作社和农村劳务合作社，其合作社系统包

含中央、地方和基层三个组织层级。农村劳务合作社主要通过吸收广大农村劳动力，促进农村劳动力就地城镇化，既可扩大家庭收入，又可促进农业劳动力的可持续性。德国以系统、全面的合作社类型构筑起现代化、专业化的农业合作社体系。近年来，农业合作社已成为德国农村地区重要的农业经济组织，出现了北威州农业职业合作社、德国联邦农民协会、德国莱弗艾森合作社联盟、德国有机农民合作社等不同类型、不同特点和不同功能的农业合作社，几乎每个德国农民都是一个或者几个农业合作社的社员。

与此同时，转变农民合作社资金分配方式，保障农民权益。德国农民合作社也由原来注重满足成员需求导向转为满足市场需求与竞争导向，并且引入了股份化持股、差别化投票以及按股分配等资本联合与现代企业管理制度，企业趋势、规模实力加强，经营团队趋于专业，盈余分配趋于多样，农民收入形式不断扩展，其收入水平也得到了相应提高。另外，完善的农民协会组织架构有效保障了农民的政治权益。德国采取了相关措施保障和促进农民合作社健康发展。在欧盟框架内，德国农民协会"自下而上"共设"城镇—城市—城市群—地区—州—德意志联邦农民协会—欧盟农民协会"七个层级。作为代表农民政治利益的非政府组织，农民协会通常采取公开谈判、诉诸法律等方式保护农民的政治利益，为农民争取扶持政策，与企业谈判以维护农民法律地位和市场主体地位，为农民提供税务与法律咨询服务，通过宣传、教育、培训为农民提供政策、技术等的支持。建立了包含农业职业教育体系、农业推广服务体系、农产品流通体系和农业金融体系等完善的农业社会化服务体系，极大地保障了农民的权益，促进农民合作社良性发展，缩小农民与城市居民之间的差距。

随着德国农业合作社的不断发展提高，1979 年，德国 1 个农民的产出营养可以供养 10 个人，到 1996 年 1 个农民可以供养 17 个人，至 2015 年 1 个农民可以供养 150 个人，农业现代化水平不断提高，农产品国际市场竞争力不断增强，同时，各农民合作社规模实力也不断增强，如始创于 1871 年的皇家菲仕兰合作社，从初期几家奶农成立的小型奶制品作坊，发展成为拥有注册社员 1.86 万个、职工 2.37 万名、联系奶农 1.86 万户、营业额超过 121 亿欧元，组织机构涵盖荷兰、德国、比利时的跨国奶农合作社，在世界奶制品行业中占据重要地位，位列世界奶业十强第五名，产品畅销全球 100 多个国家和地区，也成为世界上最大的合作制乳品企业之一。

二、日本：农协主导发展"一村一品"特色农业型

日本国土面积 37.8 万平方公里，根据其农林水产省公布的数据，2018 年年末，日本总人口为 1.26 亿，其中，农业人口为 175 万，占总人口的 14% 左右，其农业属于典型的小农制发展模式。基于分散小农户抗风险及市场博弈能力弱的现实，日本依托法律法规、政策支持等相关制度，走出了一条以农业合作组织为引领，推进小农户与现代农业有效衔接的发展之路。

首先，建立三级农协体系，加强农民生产生活引导。日本的农业合作经济组织，即日本农协（又称"农业协同组织"），其发展史可以追溯到 20 世纪初期，1915 年出现其雏形即产业组合，但建立的真正时间是在 1947 年《农业协同组合法》颁布实施之后，其建立的主要力量是在资本主义工业快速发展而农业发展相对落后的状况下，通过政府倡导、扶持而组织发展起来的。日本农协组织化程度非常高，覆盖面广，已形成了完整的合作经济组织和运行机制，在农村生产、生活中发挥着不可替代的作用。日本农协采取中央农协、县级农协以及基础农协三级组织体制，与日本政府行政体系是相对应的。据中国《农民日报》2014 年公布的数据，截至 2014 年 12 月，日本农协共有各种全国性农业协同组联合会 18 个，都道府县农协联合会 207 个，基层综合农协 708 个，各类专门农协 2011 个。日本农协以农村社区为基础，实行集约化、规模化经营，为广大农民提供销售、供应、金融、保险、生产经营、仓储运输以及福利文化等门类齐全的服务，致力于对农民会员进行农业教育、农业经营、农村生活等多方面的指导。

其次，强化对农户进行合作社知识培训和教育。日本将农业科技、推广、市场等教育作为国民教育的一部分，采取的是以正规教育方式为主、社会培训为辅的模式，为农业发展提供各类人才。为此，日本农协在政府的支持下，建立了合作教育培训体系，从农协中央全会的中央农学院到各地的农协大学，针对农户、雇员、农民开展合作知识培训和教育，增加农户的合作意识，提高合作社管理人员的专业素养。例如，由山町尚村主任领头建立的农协组织，在日本"一村一品"和六次产业化运动中一直发挥着中坚和核心的组织作用。日本"一村一品"运动是一种为缩小工农、城乡及地区差别而发起的地方经济振兴运动，提倡由农民自己主导的农工商一体化经营的经济发展模式。根据不同地区的乡村自然条件，开发农村的特色产品，并在此基础上抓住产地建设，培育品牌产品，建立各具自身优势的产业基地。如香菇产业基地、草莓产业基地、水产品产业基地等。农协对农民及其活动进行组织引导，一方面，有效防止了不正当竞争，保护了农民利益；另一方面，在农民之间建立联系，增强了农村社会运行的整体性，提高了农村和农民的自我发展能力，促进了农村的持续发展，缩小了工农、城乡及地区之间的差距。

三、美国:"市场主导+限权倒逼型"农民合作社

美国自立国起,就是一个分权制国家,也是一个限权制国家,政府在社会事务管理中基本上是"无为而治",以提供服务而非管理。对于农民合作社支持农民协同发展的政策也是如此,美国的农民合作社是在市场经济发展中成长起来的,政府基本不干预农民合作社内部事务,只提供服务及各类保障,其主要体现在法律支持,明确管理机构职权,提供金融、财税、信息等方面的服务,"自下而上"限权式倒逼型支持农民合作社发展。

专业市场部门引导,加强财政支持。一是设立专业部门支持农民合作社发展。在农业农村部下设专门的农民合作社发展局,并明确其职权,且积极加强与非政府组织的合作,比如,与美国农业合作社委员会(NFC)合作,因为该机构囊括了美国90%以上的各类农民合作社,既能够体现合作社的利益和需求,也保证了决策的广泛性和透明性。二是为合作社的发展提供法律支持,保证其自发联合发展的地位,使农民合作社获得"垄断豁免"。三是出台一系列税收优惠政策,减轻农业合作社财政负担。1990年国会通过的《合作社税则》,进一步细化了合作社免税、税收的具体优惠范围,规定对以互助为基础的经营活动,主要是农业、园艺进行全额免税;对于公司制合作社,按照净收入单一税制进行征税,也就是说,要么按照合作社整体征税,要么按照其社员户数征税,哪种税收少,就按哪种税收方式进行。四是政府积极为合作社提供信息及宣传支持。农业农村部按照该法的授权,每年发布合作社的统计资料,定期出版合作社经营管理资料,在农户中普及合作社知识,提高农民生产生活经营技能。

此外,提供完善的法律法规保障体系。美国设计完善的法律法规提供制度性保障,同时,综合运用财政和货币政策提供多样化政策支持,如建立专门针对农民群体的信贷体系,提供相关财政补贴,发放较普通工业、商业贷款低利率的优惠贷款融资渠道,建立全面的保险支持,降低税费等。同时,建立完善的合作金融体系,为合作社的外部融资提供了重要的稳定渠道。如今,美国成立了联邦土地银行、联邦居间信贷银行、合作社银行等组织机构,形成了较完备的农业信贷体系,全方位地为农民群体提供信贷支持,提高相关财政补贴标准,减轻农民的生产生活负担。

四、韩国:政府主导新乡村运动释权赋能型

为实现"富裕农民、富足故乡、繁荣祖国"的目标,韩国政府倡导和推动了建设新乡村运动。在新乡村运动中,国家始终扮演着极其重要的角色。新乡

村运动的发起、动员组织、全面推开都是政府主导的结果。在新乡村运动的倡导者时任总统朴正熙的推动下，韩国政府通过国家引导建立起了激励体系，通过国家放权促进了农民自主性的实现，通过国家支撑形成了外部支援系统，有力地推动了新乡村运动的顺利进行。

政府引导，健全激励体系。一是制订"一揽子"计划，加强农村基础设施建设。新乡村运动十分重视通过激励方式调动起农民自觉参与的积极性。1970年冬天，韩国政府启动了新乡村运动，并由内务部制订了"新农村整治美化事业"的"一揽子"计划，选定了农村基础设施建设方面的16项村庄工程。政府向全国33267个村庄免费发放了水泥，每村发放了300～350袋，并限令农民不得随意处理这批水泥，而只能用于"新农村整治美化事业"。令韩国政府意想不到的是，这些价值41亿韩元的过剩水泥，却收获了大约122亿韩元的成果。二是实行村庄分级，实施相互竞争激励政策，进一步调动农民的积极性。韩国政府将村庄分为初级阶段型、自助型和自给自足型三个等级，并按等级不同给予不同的支持力度。政府的资助，只给予较高等级的两类村庄，而最低等级的村庄则不给予资助。而且，在项目执行的过程中，村庄的表现越出色，它能获得的政府资助就越多。这三种村庄类型，不是封闭的而是开放的，村庄在评估时有可能升级，也有可能降级。随着这种差异化竞争性资助机制的引入，使村民更加积极地参加"美化"事业。

韩国新乡村运动中的激励体系，紧扣农民对利益的追求，实现了韩国农村公共物品供给的高效率，政府通过直接供给的同时，积极引入市场机制和居民合作供给机制，在充分调动农民积极性的同时，让农民更加积极投入农村建设，推动农民美好生活的实现进程。

政府放权，充分给予农民自主性。农民自主性的实现不仅直接关系到农民自身利益，还影响到农民参与农村建设的积极性。在新乡村运动的过程中，虽然政府占据着绝对的主导地位，但是其同农民之间的权责关系，是一直比较稳定和明确的。在涉及农民具体利益的选择上，韩国政府充分将权力下放到农民自己手中。一是村民对于参与新村项目拥有自主权。韩国政府在项目推进的过程中，并没有一刀切地推进某一项目，而是制订了"一揽子"计划，具体项目的选择权充分下放到农民手中，由农民自己就最关心、最迫切需要解决的问题进行选择。二是村民对于项目的开展及实施具有知情权。新乡村运动项目领导人和村发展委员会不仅要定期向上级政府以及新乡村运动指导委员会报告项目实施状况，而且要定期在村民大会上对项目的开展做详细的阐述，确保项目的开展公开透明。对村民知情权的保障，项目实施中的错误可以得到及时的修正，不仅让项目更加符合村民的实际利益，实际上，也降低了韩国政府的监管成本。

建立政府政策支援系统。一是建立了农产品价格政策支援系统。新乡村运动的成就之一是提高了农民收入，而农民收入的提高很大程度上来源于韩国政府对农产品的价格支持。韩国政府通过提高农产品的收购价，以抵御国外农产品对小农的冲击。另外，对于新村工厂以及农业产品出口企业，政府也颁布了一系列减免税收政策，鼓励农民对农产品进行深加工。二是建立智力支援系统。韩国政府通过转变国家和农民的教育观念，实现了农村基础教育、职业教育以及成人教育的协调发展，解决了农业生产中的技术问题。积极改善农业技术，投入了大量的资金发展诸如育苗技术、病虫防治、农用水管理系统等新技术，并且在第一时间内进行推广。同时，加强人才培育，不仅对各村的新村指导员进行大规模的轮训，对于农村教育也投入了大量的时间和精力，成立了专门的农业生产大学，并且对有新乡村运动背景的学生减免费用。对技术和人才的培养，客观上让新乡村运动有了持续进行的可能。这一系列支援系统不仅激发了农民的积极性，也提高了农民生产运营的能力和水平，增加了农民收入。

五、印度："政府主导+多维度扶持政策"型

印度是发展中国家中建立合作社最早的国家，其在 1904 年就成立了第一个农民合作社，当时的农民合作社主要是模仿英国体制，政府支持较少，管理也很松散。随着 1947 年独立后，政府将农民合作社发展视作反饥饿、反贫困的重要手段，农民合作社发展极快。到 2004 年，印度的农民合作社已经在生产资料供销、农作物流通和收购、农业生产、农村手工业加工等方面占据了大部分的市场份额。印度政府采取了多种支持政策支持农民合作社的发展。

政府为合作社提供专门的融资服务。印度为合作社建立的信贷支持系统是由政府主导的，也是合作社融资的主要平台。该系统是由信用合作银行和土地开发银行合作组成，信用合作银行分为初级信用社、县信用银行和邦信用银行三级，主要为合作社社员提供中短期贷款服务；土地开发合作银行分县和邦两级，专供长期贷款服务，为合作社社员提供水利兴建、土壤改良、农机购置等金额较大的农需项目贷款。

政府加大对合作社的财政投入和补贴力度。印度联邦政府每年都通过大量的财政拨款和固定资产投资，为合作社农产品的销售、运输，生产资料生产，渔业、牧业生产等提供支持，如通过农机购置补贴，合作社可以通过半价购得；政府推行的大米收购计划，对合作社实施差价补助；政府扶持农业资金由合作社等合作组织发放并负责收回，政府补助 1% 的手续费。政府补贴主要用来强化

农民合作社的管理职能,包括教育、培训和发展项目。

完善合作社多维度教育体系。印度形成了较为完备的合作社教育体系,合作社教育主要是通过在各级设立合作学院和合作社教育培训中心实现:国家级的培训针对邦级合作社职员及政府官员;邦级的培训针对地区级合作社职员及政府官员;地区级的培训针对基层合作社。在政府支持下,成立了合作社联合会,负责开展和监督各级农民合作社有关合作组织与原则的教育项目;建立合作社教育中心培养合作社的管理人员。此外,在一般的教育机构中,印度对"合作运动"的教育也很重视,初级和中级学校中,大多将合作社课程作为课外教学内容,使一般公民对合作社的基本原则及作用有所了解;一些大学将"合作运动"列为必修课,并有部分大学可授予合作学学位。

六、中国:党建引领下的村社集体经济发展型

随着村社集体经济的不断重视和快速发展,各地在不断实践中,也产生了较多具有典型代表的村社集体经济共同体的案例,在助推农民农村共同富裕过程中发挥着积极作用。通过解剖江西省永丰县坑田镇模源村的农村集体经济"党支部+产业链+利益联结"的共富模式(见图11.1),可揭示村社集体经济共同体在壮大产业和利益联结中的重要作用。

模源村在村党支部的领导下,依托本村高标准农田全面建成和全县医药产业优势,选准艾叶产业发展方向,借势发力,与当地药业企业建立了村企联盟,按照"党支部+公司+基地+农户"的经营模式,走出了一条壮大农村集体经济的新路子,实现了村级集体年经营性收入翻倍增长。具体表现如下。

一是充分发挥村支部的政治引领作用。一方面,在村党支部的领导下,成立股份经济合作社,鼓励村组农户以土地、劳动力、资金等入股,实现三变,即"资源变资产、资金变股金、农民变股东"。此外,农民合作社对财政支农资金,折股量化为股权分配至本村贫困户,吸纳更多的贫困户参与其中,从而带动贫困户和村民实现增收致富。另一方面,发挥党支部在合作社与企业之间的桥梁纽带作用,动员企业以资金入股,促成合作社与企业的合作,共同成立艾叶种植基地。

二是坚持抱团发展,拓宽产业发展规模。一方面是村企合作,在合作时,借助于企业提供的资金、技术、人才、渠道等支持,扩大生产规模,延伸产业链,拓宽增收途径;另一方面是村村合作,与其他薄弱村抱团取暖、协力发展。在模源村的带动下,石马镇、古县镇、潭城乡部分村相继种植艾叶,扩大了全县种植面积,带动各村群众脱贫致富。

三是完善的利益分配机制，激发各主体产业发展积极性。村民是"保底分红+浮动分红"，以资金入股的按入股资金8%的保底分红和2%上下的浮动分红，村集体按总收益的20%分红，企业获取剩余收益，完善的利润分配机制使企业、村集体、村民构建一个"利益共同体"，从而能够有效激发各方主体在农业生产过程中的积极性和主观能动性。

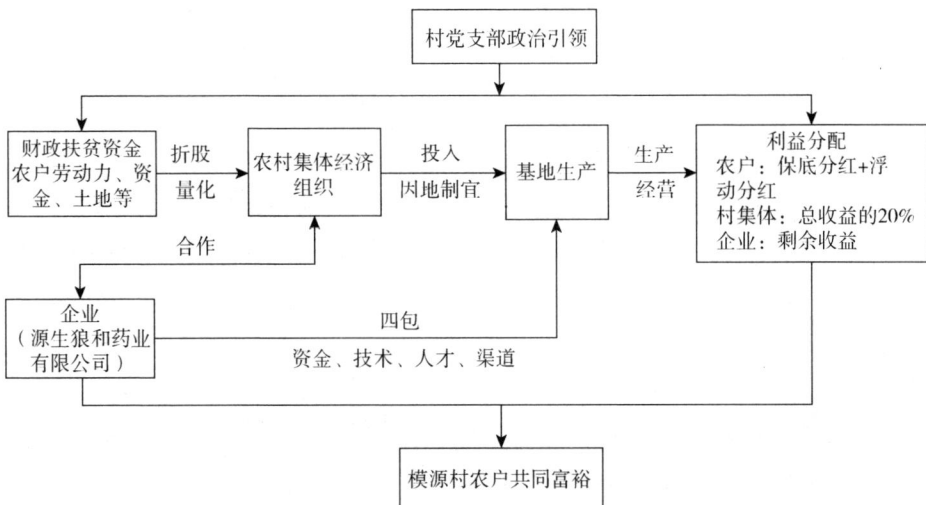

图 11.1　农村集体经济共同体促进农民农村共同富裕的模式

总体而言，模源村通过"党支部+产业链+利益联结"的共富模式，实现"党支部+公司+基地+农户"的有效经营，并实现"资源变资产、资金变股金、农民变股东"的目标，将产业链发展与经济社会效益有机结合。同时，探索将利益分配与利益共同体的新发展理念贯穿整个共同富裕的发展全过程，从而实现集体经济利益和个人利益的协同，达到农民农村共同富裕的目的。

第二节　村社集体经济发展促进共同富裕的模式比较

一、国外农民农村共同富裕模式类型

（一）激励型共同富裕发展模式

从现实情况来看，德国、美国、印度都是通过发展壮大农民合作社的形式促进农民农村共同富裕，但从不同的类型划分来看，德国和美国主要属于激励型共同富裕模式，印度属于主导型共同富裕模式。虽然德国和印度都是以政府主导，美国是通过市场机制主导，但是德国和美国的农民合作社激励机制主要都是来源于外部的激励政策扶持，这种模式主要特征为：一是政府对农民合作社没有管理的职责，其日常运营也与政府无关，政府基本上不干预农民合作社的内部事务；二是农民合作社是在市场经济发展中成长起来的，政府支持政策是"自下而上"倒逼型发展起来的；三是政府支持政策的发展经历了一个长期的完善过程。

（二）政府主导型农民合作社共同富裕发展模式

印度的农民合作社促进农民农村共同富裕发展模式属于政府主导型，政府在其中发挥着不可替代的作用。其主要特征表现为：一是政府直接参与合作社内部的管理和决策，政府干预较多。农民合作社被视为政府农村政策的执行者和助推器，合作社互助的属性和本质被弱化；二是农民合作社的成立主要是在农民自愿基础上，由政府政策支持而建立的，其政策支持体系是"自上而下"的；三是政府政策支持的周期较短，很难很好地与合作社之间形成互动，导致合作社自身内部缺乏造血功能，其生存能力也需经受巨大的考验。

（三）协会组织自主型农民农村共同富裕发展模式

日本和韩国属于自主型农民农村共同富裕发展模式，日本和韩国都是通过开展乡村运动改造促进农民农村共同富裕。日本主要是通过农协组织促进农民农村共同富裕，其操作运营具有很大的自主性。虽然韩国的新乡村运动属于政府主导，但是其农民具有较大的自主权，同样也属于自主型农民农村共同富裕发展模式。其主要特征表现为：一是政府虽大力支持其发展，但不包办，让农民自己办事、自己管事，注重激发农民的积极性、主动性和创造性；二是注重唤醒农民的自助、自立精神，发挥其主体作用，培养积极向上、奋发进取的主人翁意识、竞争意识和合作精神的职业农民，提高农民自身的生产经营技能。

二、村级集体促进农民农村共富模式的特征

（一）都不同程度地得到政府扶持

日本农协开展的"一村一品"运动以及韩国的新乡村运动是典型的政府扶持型发展模式，其在最初实施开展的时候就得到了政府的大力扶持，且一直处于政府的保护和援助之下，并对政府形成很大的依赖性。德国、美国以及印度的农民合作社尽管在建立之初曾受到政府的冷漠甚至反对，但之后也不断地得到政府的扶持和各项优惠服务。

（二）都得到了农户的广泛参与

各国在走向农民农村共同富裕的道路上都不断得到了农民的支持，农民参与生产建设的积极性和主动性都得到了不同程度的提高。其从侧面反映出农业合作经济组织对农户的吸引力以及对农业经济发展的重大影响。

（三）都比较重视农民基础教育

构建不同层次的农业教育体系，旨在培养完整系列的农业人才，包括农业师资、农业技术人员、农业科研人员等不同类型的农业技能人才。开设农业相关课程，普及农业基础知识，加强全民农业素养，为培养农业专门人才奠定基础。

第三节　村社集体经济发展促进农民农村共富的经验启示

一、要加强政府政策支持以及完善法律法规体系

从韩国以及印度政府出台的一系列政策措施可以看出，政府对农业农村合作组织的支持是十分重要的，政府政策支持力度的大小直接关系着农业合作组织的发展水平高低，甚至关系着农民收入水平的高低。结合我国农村、农业环境、农民素质以及我国农业发展模式，我国政府必须对农业进行政策性的倾斜，加大政策支持、财政资金投入以及财政补贴力度。此外，政府应多渠道扶持，从软硬件设施、产销链建设、资金帮助等多角度进行扶持，减轻农民的生产经营压力。综合运用各种政策，加强融资支持和引导，创新合作社利益分配机制，将农户间资金互助纳入法治轨道，规范、指导农村资金互助社的发展，对提供农业贷款的金融机构减少营业税。提高风险容忍度，优化精准奖补措施，综合运用财政与货币政策，引导银行、农业信贷担保公司等金融机构为农民合作社提供优惠贷款、贷款担保、信托、保险等金融服务。充分发挥中国农业银行、邮政储蓄银行、农业发展银行等涉农银行在缓解合作社约束方面的积极作用，引导合作社开展内部资金互助或成立控股公司。

二、注重农业专业人才的本土化培育及人才队伍的建设

目前，人才及年轻劳动力缺乏已成为实现农民农村共同富裕的最大障碍。

根据我国农业农村发展的实际，在实现农民农村共同富裕的进程中应汲取日本提高农民综合素质的经验。一方面，应拓宽渠道，把政治素质好、致富带富能力强、管理有经验、群众威望高的优秀人才选进领导班子。注重从农村致富能手、返乡创业人员、回乡大中专毕业生、复员退伍军人、大学生村官、农业经营大户等群体中找人才，进行重点培养，培育优秀村两委班子；多管齐下开展教育培训，培育农民专业合作社的领头人和管理者，为农民专业合作社提供智力支持，逐步增强农民自身的发展能力，增强农民专业合作社的运行效率和水平。另一方面，加强综合素质教育，开展教育培训，实践指导和课堂传授相结合，普及科学文化知识，持续提高农民的基础素质；完善农村文化设施，改善农村生活条件环境，满足农民业余文化生活的场所需求，提供良好的学习就业环境，减缓人口损失。同时，将先进文化融入农民生活，引导农民在日常接触文化中自觉汲取营养。促使农民形成自主学习能力并产生强烈的求知欲，自我完善的能动性不断增强。

三、加快完善农业组织服务体系的市场化建设

借鉴日本经验，增强农民合作社的服务功能和服务水平，向农民提供更多样化的农事扶助、技术推广、金融互助等方面的服务；完善公益性服务，稳定公益性农技推广人员队伍，建成覆盖面广的公益性农技推广体系，建立推广机构，致力于对农民会员进行农业教育、农业经营、农村生活等多方面的指导。加快培育农业经营性服务组织，出台支持农民专业合作社等开展社会化服务的扶持政策和扶持农机服务社、统防统治合作社、营销合作社等社会化服务组织的政策，把农业服务纳入政府向社会力量购买服务内容，在人口大县、民生欠账较多的地区和贫困人口量大程度深的县（市、区）推广农业生产全程、全方位服务。应当以农业合作组织、产业化经营作为现代农业改革的方向和发展路径。农民合作社要坚持市场化，充当农户与政府、农户与市场之间的媒介，为农民提供技术支持、资金信贷支持、保险支持，加强农户抵御风险能力。同时，给予生产资料以及农产品市场动向、销售途径等方面的指导与支持。实行集约化、规模化经营，为广大农民提供销售、供应、金融、保险、生产经营、仓储运输以及福利文化等门类齐全的服务。政府应为农业合作组织以及农村经济产业化经营创造良好的政策环境、法律环境，确认农业合作组织的社会地位与法律地位，为促进我国农民农村共同富裕，探索出具有中国特色的发展路径。

四、强化以合作社为载体推进农民农村共同富裕

一是要严格按照农民专业合作社法的要求，规范农民合作社的健康有序发展，尤其是在决策和分配环节，应按要求分配盈余。二是逐步改造现实中不规范的合作社。逐步引导非出资成员出资，并提高他们的出资比重，进而扩大话语权。对于做得较好、带动成员能力较强，从而获得一定政府补贴的合作社，补贴资金要严格按照法律的要求，平均量化到每个成员，实际上相当于增加了成员出资。三是促进合作社的联合与再合作。德国的合作社发展实践表明，依托合作社联合组织，不仅可以提高农业的组织化程度，增强合作社应对残酷的市场竞争，而且可以加强对合作社的培训交流、信息咨询，及时反映合作社的诉求，促进合作社的自律，抓好规范发展等工作。我国应支持合作社进一步做大做强，要允许合作社组建联合社，合作社之间可以兼并合作；鼓励组建区域性合作社联社、联合会或联盟；鼓励合作社跨区域发展；鼓励合作社自办加工企业或与龙头企业建立密切联系；鼓励合作社探索更多的合作形式，扩大合作社的开放性，比如，鼓励"农民合作社+农产品专业市场"等创新模式，组成联合社或者联合体，提高覆盖面和市场竞争力。四是切实解决合作社面临的土地、资金、人才等难题，促进其不断延长产业链，提高市场竞争力，从而提高成员收入水平、缩小城乡差距、促进共同富裕。

第十二章

村社集体经济共同体助力共同富裕的崇州模式

第一节　村社集体经济共同体建设背景

　　共同富裕既是中国特色社会主义的本质要求，也是中国式现代化的重要特征。党的十九大，十九届五中、六中全会明确提出将"乡村振兴"和"在高质量发展中促进共同富裕"作为全面建设社会主义现代化国家的重大战略举措。长期以来，中国城乡二元经济结构使城乡之间总体上经历了"城乡分离→城乡统筹→城乡融合"的发展阶段。在乡土中国迈向城乡中国的历史进程中，过去以大中城市为主的城镇化快速发展使大量农民工从挣脱土地和务农转向大中城市非农就业。国家统计局公报显示，2021 年常住人口的城镇化率跃升至 64.72%，远高于 46.7% 的户籍人口城镇化率，造成大量农民工未能在城市真正落地扎根，使城镇化的下半程将重点推进以县域为中心的城镇化，并形成新的社会空间和社会形态（焦长权，2022）。以县域为中心的城乡融合发展，将使返乡农民工长期处于"半工半耕"和"半城市化"状态，这种城乡中国的社会空间形态需要重塑新的承载主体迎合时代的发展需求。同时，县域城乡融合发展也使城乡居民消费结构转型升级，对生态旅游、休闲农业、康养农业三产融合下新产业新业态的需求日益增加，带动工商资本下乡，这些生产要素由城市转向农村为乡村振兴带来了新的发展契机，但乡村本身的资源匮乏、资源分散和城乡差距使城市资源难以有效对接乡村振兴需求（贺雪峰，2019），成为实现农民农村共同富裕面临的"最后一公里"难题。为此，2019 年，中共中央、国务院印发的《关于建立健全城乡融合发展体制机制和政策体系的意见》明确提出，发展壮大农村集体经济，实现小农户与现代农业有效衔接，将小农户重新组织起来（李武、钱贵霞，2021），破解农村资源"小散弱"的缺陷和城乡资源要素对接载体缺失的困境，成为城乡融合背景下实现农民农村共同富裕的重要途径（陈锡文，2022）。

然而，当前我国村社集体经济仍面临自身"造血"功能不足的困境，带动引领农民农村共同富裕的作用相对有限（肖华堂、王军、廖祖君，2022）。在发展壮大村社集体经济实践中，普遍存在缺乏统筹规划、产业发展困难、分红数额偏低且路径单一的问题（肖红波、陈萌萌等，2021），造成农户参与程度和积极性不高，使农村集体资产大量闲置、使用率较低。究其原因在于，村社集体经济运行缺乏有效的组织载体，即使部分地区建立了农村集体经济组织，但大多流于形式，直接由村委会代为行使村集体经济组织职能（李韬、陈丽红、杜晨玮等，2021），导致农村集体资源整合能力偏弱、集体资产管理混乱（仇叶，2018）、农民组织纪律涣散、内生发展动能不足。而农村集体产权界定不清、权责不明、法人治理结构和利益联结机制不完善等问题（张应良、徐亚东等，2019），严重侵蚀了农村集体所有制的基础，同时，村社集体治理存在弱化和虚化现象（王海娟、胡守庚等，2022），直接影响到城市要素同乡村振兴有效衔接的质量，阻碍了农业农村现代化发展和农民农村共同富裕目标的实现。随着产业融合深度不断提高，农业的内融和外延程度不断增强，农业的多功能性和三产交叉融合促使农业生产、生活、生态以及生命空间加速融合发展。因此，必须重塑"产权共有、治理共建、收益共享"的村社集体经济共同体，借助村社集体的社会、经济属性（王海娟等，2022），有效集聚城乡要素，以城乡互动发展农业4.0（周立、王彩虹、方平等，2018），推动"三产融合""四生农业"为代表的农业产业融合（方平、岳晓文旭、周立等，2020），满足农业多功能性为导向的新需求，从而助推乡村振兴和实现农民农村共同富裕。近年来，成都市通过积极统筹城乡融合发展壮大村社集体经济，特别是在成都西部片区获批国家城乡融合发展试验区后，统筹城乡融合发展极大地激发了村社集体经济发展活力，探索走出了一条村社集体经济共同体促进农民农村共同富裕的创新道路。为此，本节基于对成都城乡融合发展试验区崇州市的改革创新实践考察，探索不同主体主导下的村社集体经济共同体建设和组织再造如何影响农民农村共同富裕，揭示其运作模式和实现机制，以期为乡村资源禀赋异质性条件下的村社集体经济共同体再造和农民农村共同富裕提供经验镜鉴。

第二节　文献回顾与研究设计

一、村社集体经济促进共同富裕的文献回顾及演进历程

共同富裕是中华民族历代先贤志士的一致追求和人民群众的共同期盼。共同富裕的思想在近代可追溯至马列思想，随着马克思主义中国化，共同富裕的思想始终贯穿并蕴含于毛泽东思想、邓小平理论、"三个代表"、科学发展观以及习近平新时代中国特色社会主义思想当中（黄承伟，2018）。中国共产党自1921年成立以来，不断探索实现共同富裕的发展道路。共同富裕的百年实践历程大致可以分为新民主主义革命时期的初步探寻、社会主义革命和建设时期的艰辛探索、改革开放及社会主义现代化建设新时期的跨越式发展、中国特色社会主义新时代的全面发展四个阶段（罗明忠，2022）。党的十八大以来，党中央把逐步实现全体人民共同富裕摆在更加重要的位置，推动区域协调发展、增进民生福祉、打赢脱贫攻坚战、全面建成小康社会，为促进共同富裕创造了良好基础（习近平，2021）。在新发展阶段扎实推动共同富裕，要以社会主义市场经济为基础，切实解决人民群众反映的突出问题，不断满足人民迫切的现实需要（蒋永穆、谢强等，2021），完善宏观经济政策，解决贫困、失业、城乡发展中不平等难题，既要做大做好"蛋糕"，又要切好分好"蛋糕"，辅之以奉献分享"蛋糕"（唐任伍、孟娜、叶天希等，2022）。国外相关研究也经历了从"做大蛋糕"的经济增长主题转变为"分好蛋糕"的包容性增长、共享公平等包容性发展主题（Galasso，Nicholas V，2015），具体表现为从追求经济增长转向关注低收入群体增收（Sekabira，Qaim，2017），缩小区域差距和促进区域经济协调发展等内容（Fox，Mubarak，2017）。

为了更好地适应社会主要矛盾的转变，破解城乡发展中存在的不平衡不充分现实问题，缩小贫富差距，发展壮大村社集体经济成为时代发展的必然。村社集体经济发展大致经历了构建期（1949—1978年）、调整期（1979—2000年）、转型期（2001—2011年）、激活期（2012年至今）四个阶段（高鸣、芦千文，2019），其组织架构也从市场化程度较低的互助组、初级社、人民公社等转向市场化程度更高的农民合作社、股份制合作社（刘冠军、惠建国，2021）。村社集体经济构建期，重点通过一产融合发展为抓手，在村社生产大队党支部的带领下整合集体资源筑石坝、改良田，实现了粮食增产，依靠集体互助和初

级社联合，强化农业生产及其外延功能拓展，形成了全国农业生产学"大寨"的典型代表（郭永平，2015）。在村社集体经济调整期，重点发展工业改造传统农业，提高农业生产设施化产业化水平，推动农业产业链向上下游关联产业进行延伸，逐步形成生产、加工、运输、销售等较为完整的产业链条，逐渐将劳动力从单纯劳作中分离出来发展工业，以农业工业化和产业化来提升农业价值与促进农民致富，产生了以华西村为代表的"中国第一村"。在村社集体经济转型和激活期，重点通过三产融合为抓手，强调农户在乡村振兴中的主体地位，致力于激发乡村产业发展内生动力，在整合乡村内部资源基础上融入数字技术、社会资本等因素，实现村社集体经济发展。其中，以陕西袁家村为代表，通过市场导向发展旅游业，用三产带动二产促进一产的"逆向融合"发展思路（周立、奚云霄、马荟等，2021），壮大村社集体经济，并通过农民股份合作社调节农民收入分配，实现全体村民的共同富裕。相比于一产化和二产化为代表的村社集体经济，以生态旅游、康养农业、数字农业等为代表的三产化村社集体经济在吸纳返乡农民工就业创业和促进农民增收致富，衔接城乡生产要素和资源要素层面具有更大的包容性，特别是村社集体经济共同体可以包容性地将农村集体产权、产业多功能性以及村社有效治理层面有机衔接起来，并发挥着越来越重要的作用（陈锡文，2022）。

二、研究设计

1. 概念界定

何谓村社集体经济共同体？村社不仅包含以血缘、地缘为基础而形成的村庄社会组织细胞，也包含以公共财产运营管理为基础的农村经济组织。村社集体经济体现了村集体与农民合作社双重属性，是以集体土地所有权归属为基础，通过股份合作社等形式管理集体资产、服务集体成员（高海，2021），并以家庭联产承包责任制为基础建立互助性经济组织，注重社员财产的共有性质，且强调私有属性下的共有合作经营（耿羽，2019）。本节村社集体经济共同体是指依托农村集体经济组织这一重要载体，将村社集体经济与股份合作经营进行有效衔接，通过股权量化、基于产权共有、组织经营和治理共建、收益分配共享的共同富裕理念，将农村集体产权制度、乡村治理体系、利益联结机制等有效联结，并进行制度和模式创新，将农村集体所有的自然性资源、基础设施等资产和土地进行保值增值和资源再开发，从而提高农村集体经济资源的"三变"效率（张应良、徐亚东，2019），并把确权后农村集体资源与资产价值转化为全体成员共享，多渠道拓展集体资源价值化和财富化水平（贾晋、刘嘉琪，2022），从而壮大农村集体经济，实现农民农村的共同富裕。

2. 分析框架：共有·共建·共治·共享

为缩小城乡差距和加快城乡融合发展，打造村社集体经济共同体助推农民农村共同富裕成为新时代的必然要求。村社集体经济共同体促进农民农村共同富裕既要坚持村社集体产权共同所有、共同建设、共同治理、利益共享的原则，将农村集体资产经营与农民合作社股份经营有机结合，强调村社集体资源和资产的股权量化、灵活经营、利益共享，有效组织农民群体实现小农户权益保障，确保集体资源"共有"正义，又要通过盘活农村闲置资源促进产业"共建"融合发展，通过"共治"乡村和"共享"利益，实现农业产业兴旺、农民生活富裕、农村治理有效的局面，最终实现共同富裕的目标。为此，本节构建"共有—共建—共治—共享"为体系的村社集体经济共同体促进农民农村共同富裕理论分析框架。

第一，盘活农村闲置资源实现产业"共建"融合发展。长期以来，我国实行农村土地集体所有制，使村社组织具有土地资源要素整合的制度优势。加之村级组织领办的村集体合作社更容易得到政府的扶持，在土地流转过程中也能够利用其集体优势提高议价能力，相比新型农业经营主体直接面对分散小农户时具有更低的交易成本，从而使其流转收入更加可靠也更有保障。村社集体组织牵头领办村集体合作社等经营主体更容易得到农户的信任，特别是对于部分贫困脆弱性依然较高的脱贫农户。对于村社成员外出务工而造成的耕地抛荒、无法出租或无法集中连片经营的问题，村社集体经济共同体通过承包地流转到村办合作社或村集体经济组织代管，再由村社集体规划自行经营或者进行"二次流转"，将整治后连片转给新型农业经营主体（种田大户、家庭农场和相关农业企业）进行规模化经营，从而有效盘活土地资源，减少农地抛荒现象。此外，村社集体经济组织作为对本村情况最为熟悉的主体，能够根据农业资源现状，统筹规划农村产业布局，建立符合村社集体经济发展和城乡融合背景下城市居民新需求的专业体系，实现农业产业的多功能融合发展，是村社集体经济共建"做大蛋糕"的体现。

第二，维护小农户权益保障集体资源"共有"正义。由于农民专业合作社往往存在精英社员引领下的"精英俘获"现象和资本侵占等现象（温涛、朱炯、王小华，2016），使精英社员农户（种植大户）以及工商资本下乡更加关注自身的经营效益，普通社员农户或股份较小的农户往往缺乏话语权和经营主动权（马荟、苏毅清、王卉等，2021），小农户利益往往被忽视甚至其正当权益被侵占，其本质在于私有产权下的利益驱使和理性选择。而村社集体经济共同体再造能够强化农村集体经济的公有制和共有产权特性，增强集体资源资产在经济组织中的"统"的作用，摆脱个体私有产权下利益最大化的选择困境，通过发展集体经济实现与农户多形式的联合，提高农户组织化程度，走集体化发展道路，以集体意识克服村内少数精英谋利的冲动（李祖佩、钟涨宝，2022）。此外，村社集体经济组织领办的股份合作社通过相对完善的股权制度管理，对内保障村社成员的知情权、民主表决权、监督权、收益分配权等各项权益，促进集体资产运营管理、收益盈余分配、集体福利以及与村社成员利益密切相关的工作进一步趋向规范化、合理化；对外制定适当限制条件，如限制持股比例（比如，非本集体经济组织成员实际持股累计不高于30%）、限制参股条件（仅限于生活在本村的工作人员入股）、限制股权权能（限制非本集体成员的部分股权权利）等，避免集体经济发展被内部少数人控制，切实保护农户合法利益（高海，2021），有效体现"共有"集体产权下"分好蛋糕"的公平正义性。

第三，推进乡村治理体系和治理能力现代化的有效"共治"。大多数地区的乡村治理主体与村社集体经济组织负责人都是同一主体，即村两委。村社集体经济共同体构建过程也是对村两委增权赋能的过程，有利于塑造治理主体的合法性和权威性，在村社集体经济发展过程中，权威主体以集体经济发展为纽带能有效联动分散的农户，共同推进乡村治理体系的建设。依托村社成员代表大会、村社成员议事会、村社成员理事会、村社成员监事会等治理结构的完善，提高村社成员自我管理、自我教育、自我服务和自我监督的能力。此外，壮大村社集体经济也能够增强乡村的公共财力，提升村社集体为村民提供就业、农业社会化服务、共享集体福利等乡村治理功能，从而夯实乡村治理体系和治理能力现代化的"共治"基础。简言之，村社集体经济共同体是乡村治理体系和治理能力现代化的重要组织者和治理主体，为村社内部成员的有效管理提供了有力的经济纽带。一方面，加强了村社成员之间的利益联结，激发了村社成员积极参与乡村治理的内生动力；另一方面，村社集体内部成员依托村社经济资产收益分红及公益金，为乡村有效治理提供强有力的资金支持，是村社集体经济共同体"共治"层面的集中体现。

第四，村社集体经济利益"共享"实现农民农村共同富裕。村社集体经济共同体让农民成为村社集体经济发展的参与者、受益者，能够逐步缩小城乡之间的收入差距、福利差距，促进农民农村共同富裕。一是产业"增收"效应。通过村社集体"共建"，能够促进农业多元化经营，依托村内的农业资源延长产业链，并将小农经营纳入村社集体经济组织的生产经营过程，带动更多本地就业，从而获得经营性收入和工资性收入（崔超，2021），集体成员也能获得稳定且可观的财产性收入，实现了农户多渠道增收致富。二是反贫困"补弱"效应。由于村集体资产归集体所有，在盘活农村闲置资源实现产业"共建"融合发展后，其集体收益可用于农村公共资源供给的投入程度以及提高农村社会福利水平。同时，农村集体成员对其资产收益分配具有共享权（李怀，2022），有效避免贫富差距的代际传递，巩固脱贫攻坚成果从而实现农民农村共同富裕。

3. 案例选取

由于村社集体经济的再造不仅需要城乡融合发展催生乡村"三产融合"，还需要围绕农业生产为基础，不断外延出农业农村在生活、生态及生命等多功能形态，体现村社集体经济共同体的多元价值。崇州市在城乡融合发展试验区建设过程中，通过探索围绕农业的多功能性和多元主体联动，将村社集体经济再造作为城乡融合资源对接和共同富裕载体进行体制机制创新，探索出村社集体经济共同体促进农民农村共同富裕的实践路径。相比于传统农业内部融合（一产化）与外部延伸（二产化或三产化），村社集体经济共同体再造的融合范围更广，体现出"农业+"和"+农业"的双重内涵。具体体现如下：一是作为国家城乡融合发展试验区成都西部片区的核心区域，崇州市率先创新土地"三权"分置改革，探索出"农业共营制"模式（申云、贾晋，2016），为改造和重塑村社集体经济共同体承载城乡资源对接渠道提供了有利的制度创新基础，其运作经验对于城乡融合背景下村社集体经济发展也具有较好的代表性。二是崇州市通过整合村内农业资源、集聚城乡要素、融入互联网技术、激发市场主体活力等方式，多途径发展壮大村社集体经济，催生了一批乡村新产业新业态，并不断探索农业的多功能性，促进"四生农业"与小农户有效衔接来壮大村社集体资源，进而为保障村社共治和成果共享提供了经济支撑。比如，崇州市大雨村依托本土自然资源，探索"林盘+"治理模式，发展出兼具美食餐饮、休闲民宿等宜人宜居的新型产业社区；联义村基于其独有的川西盆景文化，大力推进农商文旅融合发展，强调农业生态本底下的"+农业"模式并引入社会资本参与实现多元产业融合；五星村不仅大力发展认养农业、观光农业、体验农业、创意农业等多功能性，还进一步通过村社集体经济联合体将资源整合及利益分配制度设计有机协同。崇州市通过"四生农业"打造和村社集体经济再造有机衔接，突出农业三产化和多功能性的有效融合，推进价值链提升和农户利益链的均衡发展。三是崇州市不同村社初始资源禀赋差异和领办主体的不同，村社集体经济共同体运作模式也有所差异，对其不同模式进行对比分析，有利于对乡村资源禀赋异质性条件下广大村庄通过村社集体经济共同体再造实现农民农村共同富裕贡献有益的经验参考。此外，在资料收集过程中，本节案例采用半结构化访谈和问卷调查相结合的方式，针对村社集体经济领办主体（外部力量：驻村书记、工商资本企业主、乡镇政府人员、城市群体等。内部力量：村社农民、村支部书记、村社集体经济负责人等）等进行深度访谈，同时，结合相关村社集体经济共同体建设的新闻报道和微信公众号推文进行资料整理。

第三节　村社集体经济共同体助力共同富裕的崇州实践创新

一、不同主体领办下的村社集体经济共同体促进农民农村共同富裕的实践创新

按照村社集体经济共同体的建设主体进行分类，将其分为村社党支部主导、村社能人（企业）主导、乡镇政府主导三种类型。在此基础上，本节拟从村社集体经济共同体的运营特征与经营方式、组织架构及运作流程以及对农民农村共同富裕的影响等几方面进行阐释。

1. 村社党支部主导型

村社党支部主导型是指在实行集体经济占主导的统分结合双层经营体制下，村党支部领导集体经济组织发挥党的组织优势和政策优势，在"自愿、有偿、公平、有序"的基础上，将分散在农户手中的资源通过组织再造联结成为村社集体联合资产，成立股份经济合作社，统一经营村社集体土地或壮大形成村社集体资产。村社党支部主导的村社集体经济共同体在发展农村集体经济过程中突出公平共享理念，更容易得到村民的拥护和支持，能够更好地引导群众参与集体经济的发展，让村社集体经济发展成果惠及更多集体成员，但在集体资产运行过程中，缺乏有经营能力和投资能力的乡贤能人参与，村社集体经济共同体对接农户需求和社会资源能人相对偏弱，运行效率相对较低。

案例1。大雨村位于崇州市白头镇，地处崇州都市农业功能区产业核心区域。大雨村坚持党建引领产业社区建设，确立"林盘+"经济发展定位，以川西林盘生态价值转换为核心，探索建设农商文旅体融合发展的标志性产业社区。通过"区社合一"改革制度，探索零星散乱建设用地综合利用模式，深化"投资商+村集体"利益联结机制，集聚产业发展高端要素。通过成立"产业发展党建联盟"，由"党组织+集体经济组织+社会组织+非公自治组织+自治组织"构成，通过产业落地考评、产业问题联解、社区活动联建等方式让产业、资源、

服务"联"起来。通过注册"鲜道·幸福里"统一运营管理,吸引崇州市餐饮带头人返乡投资,每年负责 700 万元的保底营收,通过"保底承租、二次分红"社企合作模式运营,并不断营造主题氛围,打造集餐饮、民宿、旅游、研学于一体的新产业新业态,发挥企业资源优势,不断强化产业融合与村社治理的协同。大雨村在党建引领下,党支部书记担任领头雁,号召村民多次开会成立村集体经济股份合作社,建立"33211"利益分配机制,合作社收益的 30% 上交集体、30% 用于入社农户分红、20% 作为管理成本、10% 作为产业发展公积金、10% 作为公益金,构建起企业、村集体、农户三方利益共同体,带动群众致富增收。依托本土自然资源,探索"林盘+"治理模式,发展出兼具美食餐饮、休闲民宿等宜人宜居的新型产业社区,完美诠释"大美田园"的公园城市示范区。经过多年的发展,大雨村从 2013 年精准脱贫阶段的末位贫困村逐渐跃升为乡村振兴示范村,并被授予"成都市先进基层党组织"称号。

2. 村社能人(企业)主导型

村社能人(企业)主导型是指在土地经营所有权细分并物权化、生产资料向少数人集中的前提下,由乡村精英、龙头企业牵头联合农户建立专业合作社,该模式更加注重运行效率,经营方式更加灵活,具有更强的市场竞争能力和市场适应力。并且,农民专业合作社的民主管理、盈余分配与出资制度更具多样性(高海,2021),有利于吸引有经营能力的能人参与,从而提高经济收益。但该模式下,农户对能人、龙头企业的信任度较低,从而导致组织农户成本过高。并且,农户缺乏组织性,其违约成本也较低,导致农户与企业合作过程中常常出现农户临时收回土地的现状,造成农户与合作社关系稳定性较差。此外,村社能人(企业)主导村社集体经济共同体容易忽视农户剩余索取权,进而带来村社集体资产经营权与分配权均逐步向少数人集中,精英社员农户与普通社员农户之间的利益分配差距受村社能人对剩余索取权的占有份额决定了共富成果分配的差异性。

案例 2。联义村位于四川省崇州市观胜镇西北面,离成都市主城区约 40 千米,临近旅游胜地都江堰市。联义村集体经济发展的核心领办主体是以村社集体经济为载体,村社家庭农场或专业大户为核心的能人及农业企业为主导。该村自 2008 年汶川地震受灾之后,由于村社集体资源非常有限,村社能人张某通过成立花卉苗木专业合作社,依托受灾捐赠物资和部分建设款项作为村社集体初始资源,将成都市温江区和郫都区等地的花卉苗木种植引入联义村,并邀请相关专业种植大户和农技人员进行技术指导与培训。自 2015 年之后,张某等还积极邀请本村在外务工人员返乡创业,特别是在外地具备一定经营规模和资本的企业老板，村社能人在当地建立生产基地，吸纳本地村民从事花卉苗木的种植、生产、盆景设计、电商销售等就业，促使当地村民经营性收入和工资性收入均保持年均10%以上的增速。另外，村社集体还在能人的带头引领下，将本地的闲置村落林盘、宅院、农业用房等统一规划设计，并逐步将部分微盆景、直播带货等方式引入村社集体经营销售过程，同时，通过统一的盆景品牌和地域标识集中打造微盆景IP，带动当地乡村旅游的发展。在分红和利益分配层面，村社集体采用7:2:1的方式，即70%的经营收益归个人，20%的收益归村社集体统筹分配，10%的收益作为公益金纳入村社集体经济的长期发展。此外，村社集体还将成都市的耕保基金补贴和公服基金等纳入村社集体经济的公共服务配套，村社集体经济共同体议事会在利益分配中发挥更大的作用。经营管理权由村社能人引领，而剩余索取权则由村社集体协商分配，但受限于村社能人对村社集体发展的贡献和话语权，使村社集体剩余索取权益的分配存在一定的差异。此外，村社集体经济共同体还采取公益金、项目激励和村社熟人网络的信誉等作为激励措施，强化村社集体经济的壮大和村社间的良性竞争。

3. 乡镇政府主导型

乡镇政府主导型是以乡镇为单位统筹组织各村社集体经济组织，形成村社集体经济联合共同体，将股权量化扩大到乡镇集体经济层面，不断壮大村社集体经济规模，进而加强乡镇的统筹协调和提高市场的抗风险能力。该模式强调以联村共建为前提，以乡镇政府进行统筹引领，整合村级现有资源，联合成立以各村社集体经济组织为主体的社会资本参与乡村振兴村投公司。该模式有利于利用村投公司的平台功能，多方融资发展壮大各村集体经济，推动各村资源整合，实现乡镇范围内乡村集体资源要素的优化整合配置、村集体资产的统一经营、村社成员的统一服务。但是，该模式发展对各村产业发展规模化、标准化要求较高，投资的资产也具有较强的资产专用性，难以用作他途或进行转移，导致其经营风险相对较高。乡镇政府主导型村社集体经济共同体，大多是建立在乡镇政府前期已经进行统筹规划好的区域，例如，农业产业示范区、田园综合体等区域，各村村社集体经济组织本身具备一定的经济组织能力和前期发展基础。

案例3。五星村位于崇州市白头镇，离成都市城区约30千米路程，五星村的发展大致经历了"起步—发展—壮大"的过程。在起步阶段（2008—2013），由于五星村紧邻桤木河湿地公园，为了打造桤木河湿地公园成为生态休闲旅游4A级景区，白头镇政府主导将五星村纳入产村融合的新村建设，并成立"五星土地股份合作社"，以"景农一体村庄、产村相融单元"的规划定位，通过统一规划整合林盘和村落宅院等资源。受制于缺乏主导产业支撑，白头镇政府联系村干部积极引进"盘古"和"柏萃"两个农业项目，流转当地上千亩土地发展现代农业，搭建"农民就业超市"，解决当地农民本地就业问题。该土地股份合作社采取农民职业经理人的管理模式，将土地入股和经营绩效联动起来，并建立粮食规模种植、种养循环、立体养殖、育秧中心、农机、粮食烘干加工中心数个经营小组。在发展阶段（2014—2018年），五星村在原有农业产业联结的基础上，注册"白头五星"农产品牌，推行O2O模式，形成完整的产业链，并逐步扩大土地股份合作社的范围，毗邻村庄农户也可以加入，通过新一轮的入股分红，新开发的项目包括特色餐饮、技能培训、党建基地建设、休闲度假、快乐体验项目，形成完整丰富的有机产业链，逐渐形成以三产为主导带动一产的"逆向产业融合"发展之路。在壮大阶段（2019年至今），随着五星村社集体经济规模不断壮大，五星村联合周边毗邻村社集体经济，以公司运营方式通过股份联合，形成村社集体经济共同体，并不断承接国家和地方政府项目，甚至让社会资本参与村社集体经济运营，公司化的运营使五星村摆脱了乡村本身的地域限制，村民实际上成为公司运营的股东，在"三权"分置的基础上形成经营权和所有权的分离，村社集体的性质保证了村民剩余索取权的利益。

表12.1　不同主体领办下的村社集体经济共同体比较

类型	村社党支部主导型	村社能人（企业）主导型	乡镇政府主导型
产生条件	资源禀赋较弱，选优配强村党支部成员，领头雁资源整合能力较强	村社乡贤资源和经营主体较好，村社集体资源组织管理和市场经营禀赋具有一定优势	乡镇不同村社集体经济组织能够发挥"统"的作用，农业产业初具规模，具有联村共建的可能性
村社集体资源禀赋	资源禀赋较弱，政府项目资源充实，土地整治和内部调整改革比较顺利	资源禀赋中等，能人社会资源较好，村社集体社会网络关系较好	资源禀赋中等偏上，乡镇发展基础较好，政府输入资源不断壮大
组织形式	村社党支部引领集体经济组织+合作社+农户	村社能人/乡贤（企业）+农户	乡镇政府+各村社集体经济组织+农户
产权结构	村社集体产权共同所有+个人收益分配权+剩余索取权相结合	村社集体产权共同所有+个人收益分配权+剩余索取权相结合+村社能人激励收益权	各村社集体产权共同所有+个人收益分配权+剩余索取权相结合+村社能人激励收益权+乡镇统筹公益金分配权

续表

类型	村社党支部主导型	村社能人（企业）主导型	乡镇政府主导型
利润分配	股权分配+剩余索取权分配	股权分配+剩余索取权分配+集体资产增值收益激励分配	各村社按"股权+剩余索取权+集体增值收益+乡镇统筹公益金"分配
集体与农民关系紧密度	高	较高	高
优势	利于发挥党组织的凝聚力，强化农户与村社间的利益联结，发展成果惠及更多集体成员	利于吸引并集聚能人参与，提高运行效率和收益；经营灵活，具有更强的市场竞争能力和适应力	利于整合各村资源，优化乡镇村集体资源配置；利用和壮大村投公司平台赋能城乡深度融合发展和提升融资能力
困境	运行效率较低；集体资产增收渠道匮乏	精英社员与普通社员农户之间的贫富差距依然较大；组织农户成本偏高，违约风险较大，稳定性较弱	对各村产业发展规模化、标准化要求较高，村社集体经营管理难度较大

资料来源：作者根据实地调研资料进行整理得出。

二、村社集体经济共同体的运作流程及趋势

综合崇州市不同主体领办下的村社集体经济共同体实践，各村社集体经济共同体主要遵循村社代表大会、村民理事会、村民监督委员会以及农村集体经济股份合作社下设的"一社 N 部"的组织架构运行（见图 12.1）。村社集体代表大会为最高权力机构，由村两委成员和村民代表组成，对村集体股份合作社的运行具有集体表决权。村民理事会为执行机构，由社员代表大会推选具有经营头脑、有管理能力、有奉献精神、德才兼备的社员农户代表组成，对村集体股份合作社具有实际经营权，执行各项经营决策。村民监督委员会由社员代表大会选举产生，对村集体股份合作社经营情况以及运行的财务活动等进行监督，及时反馈村民的意见建议，坚决维护集体利益。所有村社成员都享有剩余索取权，在村社集体经济的增值过程中产生的净收益（剩余索取权），村社成员均会获得属于他们的份额利润。此外，农村集体经济股份合作社可因地制宜内设土

地合作部、资金互助部、社会服务部等多个部门，拓展土地、资金、生产技术、保险、社会服务等合作领域，多环节联结分散小农户共同组建村社集体经济共同体。

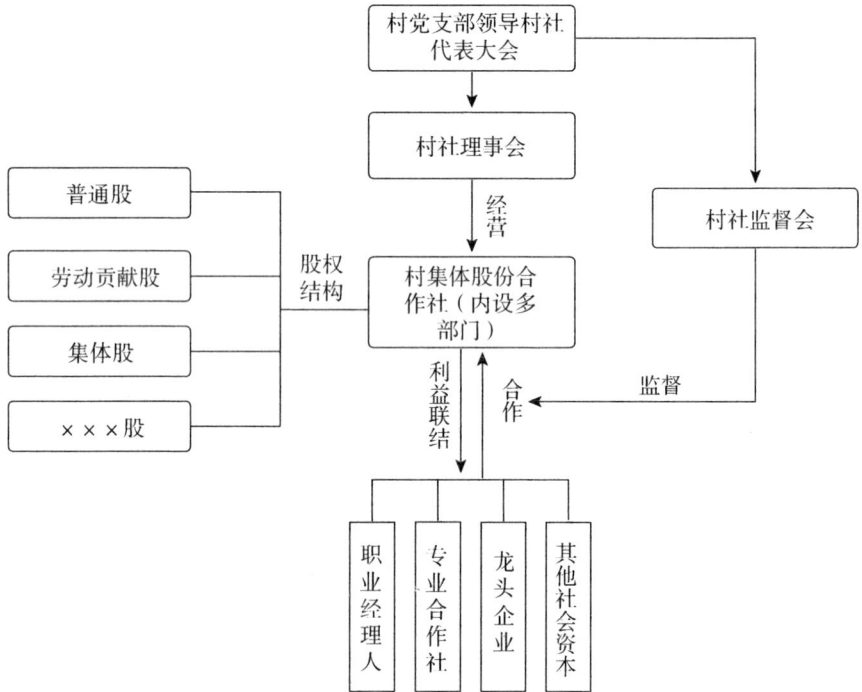

图 12.1　村社集体经济共同体的组织框架

在运作流程方面，首先，建立健全村社集体经济共同体的内部框架。由村党支部牵头或者村社能人（企业）牵头成立股份经济合作社，并规范管理股份合作社，健全"村社代表大会、村社理事会、村社监督会"的三会组织架构，成立内部工作例会、工作督办等配套制度，构建协同治理的共治共商机制，形成多元主体的共商共治平台。完善股份合作社制度，一方面，在股权结构上，设立普通股、劳动贡献股、集体股等多种类型股权，赋予村社成员对集体资产的收益、分配等多项权能，从而有效调动多元主体参与集体资产的经营、管理、监督权利的积极性。其中，普通股突出公平原则，指村民以土地、劳动力、资金等入股村集体股份合作社而量化形成的股份；劳动贡献股突出效率、共享原则，指依据劳动年限（劳龄）或农龄（村龄）以及对村社集体经济发展贡献值而设立的股份；集体股突出公平原则，通常以壮大村集体经济、扩大集体福利为主要目的。另一方面，在股权管理上，与村社成员民主协商完善股份合作社股权管理制度，进一步明确股权增发、非本集体成员股权限制、股份转让以及有偿退出方式、集体新增收益股权量化、股权权能具体设置、股份抵押贷款等问题，确保村社集体成员与社会资本参与村社集体经济发展相关成员（比如村社集体经济组织聘请的农民职业经理人、技术人员、城市工商资本下乡创业人员等）的合法权益。发挥各方主体的积极作用。比如，五星村设立"人口股""农龄股"，实施多元化股权管理模式，通过预备社员制度（户口报入本村持续一段时间后才能转为正式社员），解决新增人员成员资格认定问题。联义村村社集体根据新增社员取消"集体股"，将集体资产增值收益部分重新计算纳入多元"个人股"，实施静态股权管理（股权不随人口变动而立刻调整），保障集体收益不外溢，集体成员可以以村集体资产股份向其他机构进行抵押和担保贷款。

其次，整合乡村内部劳动力、土地等资源以及政府的财政资金等外来输入资源。一是清产核资厘清集体所有的资产，摸清区域内资源底数，明确村内的山水林田湖草沙等生态资源、历史文化遗产资源、农村闲置宅基地、村集体经营性土地、可用于经营的公益性资产等集体资产的位置及数量大小；二是凭借村社集体经济共同体的"二合一"社会优势和政治优势动员村民积极以土地、劳动力、资金等入股参与村社集体经济发展，从而整合村民手中的资源；三是由村社领办的股份合作社整合财政资金等资源或者承接上级扶贫项目，破解分散农户无法有效配置外来输入资源的难题。

再次，创新资源利用模式，多渠道壮大集体资产。一是集中整治，实现资源合理配置；由村集体经济组织或者借助农林院校、农业规划设计院、扶贫资金协会等第三方外部智力资源在村域范围内对村内资源利用进行合理规划。通过集中闲置土地资源，运用互联网等数字技术实行农业生产经营管理，实现农业产业的增值增收，并基于本村已有的自然资源、产业、历史文化遗产，发展具有本村特色的生态旅游、休闲农业、文化体验等新产业。二是借助外部资源，发展新产业新业态；通过建立职业经理人聘请机制和科学合理的村集体经营管理人员年薪制度，搭建广阔平台，吸引更多有经营管理能力、有奉献精神的乡贤能人加入村股份合作社运营的队伍中，以此带动农村集体经济的高质量发展；通过政府优惠政策以及完善的利益分配机制，促进农业龙头企业、金融企业与村股份合作社紧密合作，延长农业产业链，推动农村产业融合发展（王长征、冉曦、冉光和等，2022）。

最后，联村共建，实现产业升级。当村社集体经济发展具有一定成效后，逐步建立乡镇政府主导下以行政村为单位的乡镇级村集体合营公司，将各村从单一发展转变为抱团发展，一方面，强村通过产业转移、技术支持、信息共享、经验共享等多方面带动弱势村经济发展，逐步实现先富带动后富；另一方面，通过统一规划管理各村集体经济资产，充分整合各村的资金、产业基础、农产品品牌、劳动力、技术等生产资源，实现村与村之间的优势互补，从而实现乡镇内的产业升级，最终通过三产融合逐步实现"四生共赢"，即走向一条集生产、生活、生态、生命于一体的农村产业化融合发展新路。

崇州市不同主体领办下的村社集体经济共同体创新实践，虽然呈现出不同的运作模式和发展路径，但不同主体领办下的村社集体经济共同体也可以进行优势互补和精准共建。以村社党支部为主导成立股份合作社，对村集体集中土地整治或建设形成村集体共有资产，并聘请能人（职业经理人）经营管理或者以集体资产入股参与龙头企业等经营组织进行委托经营管理（李东建、余劲，2022），多渠道发展壮大村社集体经济。党支部领办型村社集体经济共同体在村社初始资源禀赋较弱的条件下，往往能够先搭建村社集体经济共同体载体平台对接农户需求和国家资源（2021年11月农业农村部发布的《关于拓展农业多种功能 促进乡村产业高质量发展的指导意见》提出建立统筹协调、多方参与、分工协作的推进机制，聚焦主导产业、聚集资源要素、聚合服务功能，打造优势特色产业集群、现代农业产业园、农业产业强镇等农业产业融合发展项目引领和畅通现代要素向乡村流动，从而对接国家和社会资源），且当本村社集体经济发展具有一定成效后，再通过聘请具有一定经营管理能力和市场开拓能力的能人（乡贤/职业经理人）负责经营管理。针对部分具备一定资源禀赋优势和乡贤能人较多的村社，也可以采取由村社党支部引领与村社能人共同参与的方式，带领村社集体经济共同体协同发展，特别是村社党支部和村社能人分别在对接政府资源及社会资源方面各具特色。随着村社集体经济规模的不断壮大，需要乡镇政府对城乡村社集体资源进行统筹协调甚至统一规划设计，再由乡镇政府主导形成乡镇层面的村社集体经济共同体或联合成立村投公司，将村投公司作为统筹乡镇村社集体经济规模化运营主体，更好地对接县域城镇化推进中的国家和社会资源，增强项目资金多方融资、要素资源统筹配置、产业结构整体规划、基础设施布局优化的能力（陆雷、赵黎，2021），确保先富村的集体资产不断保值增值增效，并联农带农实现后富村集体经济共同发展。为此，针对村社集体资源禀赋的差异性，村社集体经济发展总体上呈现出"村社党支部主导→村社能人（企业）主导或与村社党支部共建→乡镇政府主导"的演进趋势（见图12.2），通过渐进发展逐步壮大村社集体产业，真正做到各村集体经济可持续发展和资源的优化整合，从而实现农民农村共同富裕。

村社资源
禀赋强

初始资源
禀赋弱

选优配强村
干部，增强
村社利益联
结程度

选拔优秀乡
贤能人（企
业）领头雁
对毗邻村社
具有一定辐
射带动能力

强化乡镇统
筹规划，提
高对接村社
农户需求和
国家资源能
力

阶段一：村社　　阶段二：村社能人　　阶段三：乡镇政　村社集体经济共
党支部主导型　　（企业）主导型　　府统筹协调型　　同体发展趋势

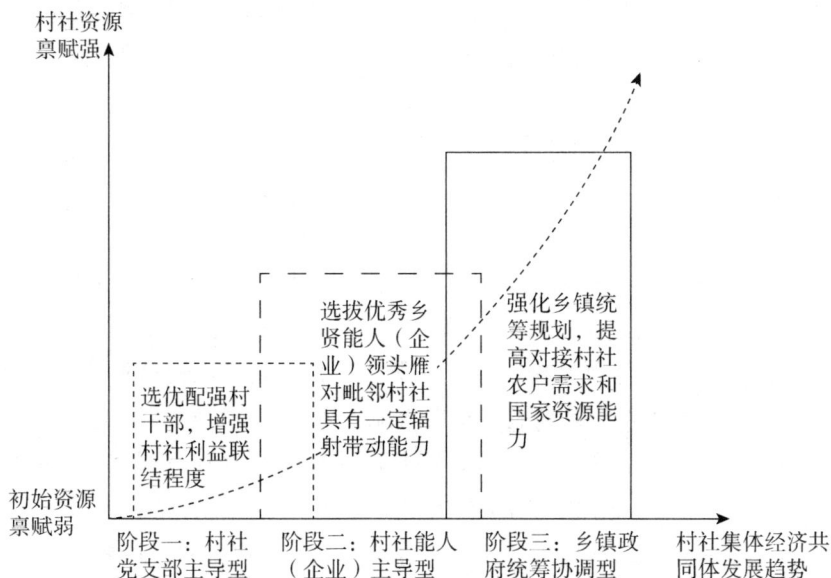

图 12.2　村社集体经济共同体发展趋势

第四节　村社集体经济共同体促进农民农村
共同富裕的实现机制

通过对崇州市的实践考察，在村社集体资源"共有"的基础上，建立村社集体股份合作社，通过村社集体经济利益共享作为纽带联动村社成员，尤其是内生动力不足的农户，创新集体经济发展模式，让村社成员形成"共同所有、共同建设、共同治理、成果共享"的良好社会形态，从而摆脱村社集体经济发展"小散弱"和集体资源"精英俘获"的困局，最终实现农民农村的共同富裕。在村社集体经济共同体内部，产权共有是多边主体共建共治的前提，多边主体共建是实现乡村产业发展的重要基础，多边主体共治是促进共建实现共享的重要保障，村社集体经济共同体促使发展成果共享是多元主体共建共治的原始动力，"共有、共建、共治、共享"机制联动成为实现农民农村共同富裕有效运行的核心关键。

一、村社集体经济共同体的产权共有机制

崇州市在城乡融合发展实践中，以村社集体经济共同体再造将集体产权共

同所有为基础，发挥集体产权与经营管理的"适度分离"，以及剩余索取权（剩余利润分配）与示范引领激励的相互协同，这种"统分结合"的协同机制有效激发了村社成员共同参与村社集体经济的内生动力。首先，针对村社资源禀赋相对稀缺的现实条件，大雨村以村社党支部建设为抓手，借助地震受灾援建的契机，挑选当地干部中的"精兵强将"担任村支部书记，引领村社集体经济共同体通过清资核产厘清村社集体资产，明晰村社集体产权的边界、范围以及资产共有者的人数，同时对接国家资源项目，并通过资产"股份"量化形式和扶困济弱相结合的方式分配给村社集体成员；同时，各成员可自愿通过"土地、劳动、资金、技术"等要素作价资产入股合作社，其不仅包括集体资产产权，也包括村社成员个人产权及其剩余索取权能，由此重塑以村社集体所有权为基础的村社成员产权共有关系。其次，针对村社具备一定资源禀赋条件的村庄，村社能人（企业）主导型的村社集体经济共同体可以在集体产权共有的基础上进一步放活经营权，尤其是在当前农村劳动力大量流出农村、进城务工经商背景下，有越来越多的土地经营权退回村社集体，村社集体经济共同体再造可以多渠道盘活农村不动产与动产资源，增加农民财产性收入与经营性收入。一方面，盘活村内不动产资源，在乡村熟人社会中，村集体经济组织的介入更易获得农户的信任，能够有效助力土地的顺利流转或在村社间实现"二次流转"，确保农户土地流转收益稳定。同时，随着乡镇政府统筹下的村社集体经济共同体将农业整体长远发展目标和农业产业布局规划纳入整体谋划，整合新建农村居民聚居点，并将农户闲置耕地向村集体流转，实行"两分两换"的改革（宅基地和承包地分开、搬迁和土地流转分开，以宅基地置换城镇或者新村房产，以土地承包经营权置换社会保障权或养老权），从而推动农户在聚居点集中居住，更好地整合资源集约利用土地（简新华、王懂礼，2020）。另一方面，盘活村社集体动产资源，强化农村集体农产品、林木、机器设备、畜牧产品、农村知识产权等动产资源的合理配置，甚至乡镇统筹村社集体经济共同体牵头推广家畜、农用机具等动产抵押信贷业务，丰富集体经济发展的融资渠道。

二、村社集体经济共同体的农村共建机制

崇州市各村初始发展状态同中国大部分乡村类似，存在村集体经济薄弱、劳动力大量外流、"农业边缘化"等现实问题。为破解集体经济谁来发展、如何发展的难题，崇州市立足于村庄本身资源禀赋，构建村社集体经济共同体，基于利益联结机制联动乡村多元主体共同参与村社集体经济发展，促进乡村产业融合发展。第一，在构建村社集体经济共同体的初始阶段，村干部和村社能人助推是农村集体经济股份合作社发展的关键。大雨村由于资源禀赋基础较差，初期只能依靠"选优配强"村社党支部领导干部，并身体力行地将村社集体经济共同体再造作为三产融合发展和村社治理的关键。在村党支部的领导下，全面梳理村内集体建设用地、宅基地、历史文化等资源，构建村社集体资源资产项目清单。联义村依托该村在外务工人员较多和个体工商户较多的资源禀赋，以当地返乡创业的乡贤能人为纽带构建村社集体经济共同体，在具有专业技术、人脉资源、工作经验的村社能人带领下，部分本地村民开始从事花卉苗木的种植，并逐步拓展到微盆景设计、电商直播销售以及艺术景观打造康养旅游等领域实现产业的深度融合。第二，在村社集体经济共同体运行阶段，大雨村、联义村都充分调动村民积极性参与村社集体经济发展。一方面，鼓励农户通过个体"土地、劳动力、资金、技术"等生产要素资源作价资产入股合作社增加股份份额，以集体资产收益激励农户积极参与；另一方面，通过管理参与完善农村集体经济股份合作社的"三会"制度，引入普通社员、脱贫户代表进入监事会或理事会，代表社员对合作社的经营管理进行监督，增强合作社运行的透明度，确保股份合作社共同参与下的规范化运行。第三，在村社集体经济壮大阶段，促进村社集体经济共同体在集体资产经营管理上实行所有权与经营权分离，创造良好的村内投资环境，鼓励村社集体经济组织与社会资本嵌入进行有效对接，创新探索形成乡村新产业新业态发展新路径。大雨村坚持规划先行，以保护传统村落和乡村空间形态为原则，对整合的川西林盘等资源进行集中整治，通过注册"鲜道·幸福里"统一运营管理，并不断创造良好的村内投资环境，吸引崇州市带头人返乡投资文创、民宿、餐饮等项目，形成了集生态旅游、农业体验、特色民宿、美食餐饮等都市农业功能和宜人宜居品质于一体的新产业新业态。联义村依托其独具特色的川西盆景文化，整合现有的院落、巷道和林盘，发展农产品电商，通过直播带货等方式创新村社集体经营销售模式，同时，积极探索川西林盘盆景文化价值转换的可持续发展路径，引入成都市观竹文化有限公司、蜀州书院文化产业发展有限公司等企业的参与，促进川西盆景文化与生态旅游、文化体验等新业态跨界融合发展，逐步满足了城乡在中国背景下城市居民农业观赏、生态旅游、文化体验、休闲娱乐等产品和服务的新需求。

三、村社集体经济共同体的协作共治机制

村社集体经济共同体通过不断强化村社内部的治理能力和治理水平，发挥村社集体目标导向与村社内部成员的共治共享的作用，不断增强和优化乡村治理体系和治理能力的现代化。一是村委内部治理的法治规范。比如，村社党支

产权共有机制 — 集体动产资源 / 集体不动产资源 — 坚持公有制基础 — 乡村资源优化 / 构建产权共有关系

农村共建机制 — 村干部的参与 / 村民的参与 / 经营主体的参与 / 社会资本的参与 — 做大"蛋糕" — 乡村产业兴旺 / 重塑村民主体性

村社集体经济共同体的内在机制

协作共治机制 — 村委内部法治 / 村社成员自治 / 乡贤德治 — 多元主体协同 — 乡村治理有效 / 保障村民权利

成果共享机制 — 集体资产增值收益共享 / 农村社会公共服务的福利共享 — 利益联结机制 — 乡村社会富裕 / 增进村民利益

农民农村共同富裕

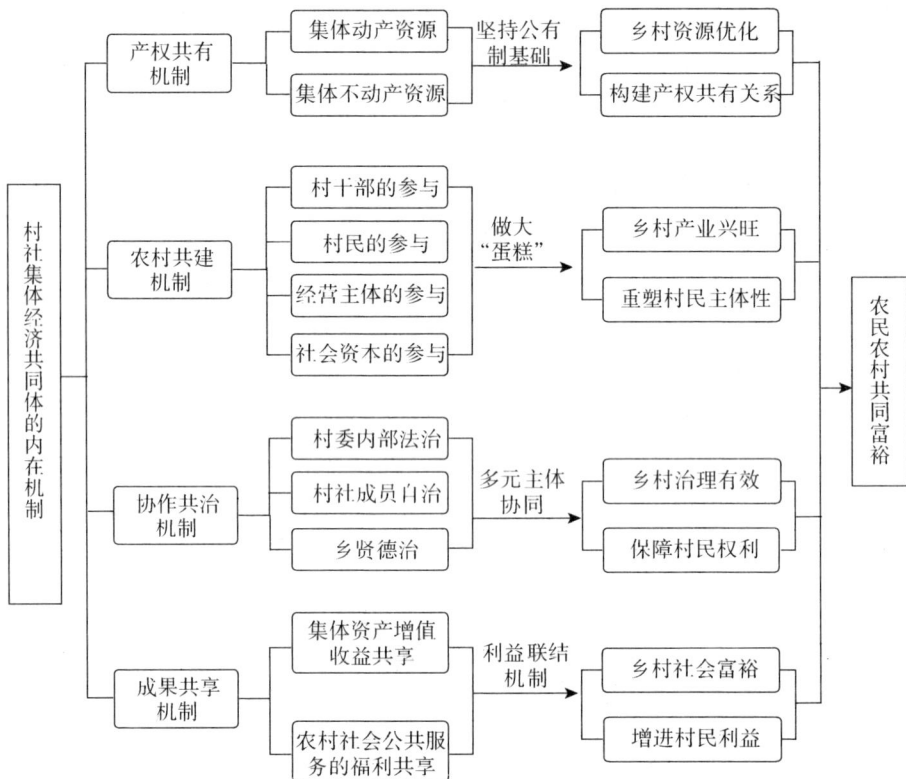

图 12.3　村社集体经济共同体促进农民农村共同富裕的实现机制

部主导下的大雨村集体经济共同体集合村内各种社会资源和经济关系，村干部以身作则，通过建立村社集体经济共同体章程和社员内部法治规范化治理细则，并以村社集体 IP 统一对外宣传，将违规和屡次不遵守的社员加入集体惩戒黑名单，在餐饮、民宿、农民培训等多种渠道进行公告，提高违约成本和强化村社集体经济共同体的凝聚力，这种协作共治有效保障了村社集体经济管理和治理体系的规范化和常态化。二是村社成员自治的有力衔接。在村社集体经济共同体再造过程中，会围绕村社成员切身利益等重要事项，从农民的知情权、决策权、监督权和收益权入手，建立健全村社成员民主管理、信息公开、农户监督投诉等权利保障机制，能够有效增强农民的治理话语权。比如，五星村在乡镇政府主导下，不同村社集体经济组织与村社成员个体结成紧密的利益联结关系，五星村带动毗邻乡村联合共治发展壮大村社集体经济共同体，品牌凝聚力和知名度越高，村社集体成员获得经济收益也越高，村民对村集体的荣誉感、归属感和责任感越强，其乡村自治的主动性与积极性也就越高，陕西省袁家村的实践也证实了类似的现象（周立、奚云霄、马荟等，2021）。三是发挥乡贤德治的激励约束相容作用。比如，联义村的村社集体经济共同体通过动员发掘本村乡贤能人，以完善利益分配机制激励他们积极参与本村的公共事务及村社集体经济的发展。乡贤能人作为乡村发展的智囊团，在乡村治理中往往可以作为村民自治的补充，借助其在血缘、地缘及宗族网络关系中的影响力，在济困扶弱、维护公共秩序、处理集体纠纷等方面有的放矢，促进村社集体经济发展和社会稳定和谐。此外，村社能人（企业）主导下的村社集体经济共同体在引导社会资本稳妥有序进入、建立健全监管机制和法律法规制度、有效规避资本过度侵入等方面也扮演着重要角色，有利于协同共治促进乡村治理体系和治理能力的提升。

四、村社集体经济共同体的成果共享机制

村社集体经济共同体在产权共有基础上整合集体本身资产规模，凭借村农集体经济股份合作社平台通过村企合作、村村合作等方式做大做强村社集体经济，再依托集体经济内部资源的共同股和个体股的有效分配，实现村社集体经济发展成果的共享。一是集体资产增值收益共享。崇州市的实践表明，村社集体经济共同体坚持把经营收益多方共享、分配方式灵活多样作为共同富裕建设的基本原则，实现村社成员、村集体、龙头企业（或专业合作社）等多方主体的成果收益共享。比如，大雨村按照"33211"收益分配方式，联义村按照"721"收益分配方式，五星村按照"3322"收益分配方式，保障各方参与主体的利益。同时，在村社集体经济收益的分配上，注重相对贫困帮扶导向，集体利益适度向相对贫困群体倾斜，保障相对贫困户能够持续共享集体经济发展的实惠。如大雨村将集体部分净收益设立"幸福基金"，专项用于帮扶村内相对贫困户；五星村设立"奖扶金"，用于奖励贡献突出村社成员以及帮扶各类困难群体。此外，为防止外部人损害农村集体内部成员的权益，保障集体成员的合法权益，在股权管理上也设置了适度的限制门槛。如大雨村、联义村制定了非本集体成员参股条件、持股累计比例及其股份权能，规定了当非本集体成员转让股份时，本集体成员享有优先购买权等。二是农村社会公共服务的福利共享。村社集体经济共同体不仅具有经济属性也具有社会属性，集体经济发展壮大后其部分收益会用作集体提留，与政府财政投入相互补充共同用于完善村内各项基础设施、公共服务体系的建设以及乡村各项公益性支出。一方面，提供就业服务，为农户提供职业技能培训、资金支持与就业指导。比如，五星村引进"盘古"和"柏萃"两个农业项目，流转当地上千亩土地发展现代农业，搭建"农民就业超市"带动了当地农民就近就业。同时，由农业产业带动发展的民

宿、餐饮等产业不仅吸纳更多农户就业，也可以在村集体统一管理、培训下农户以自家宅基地"入股"，承接住宿、餐饮订单。另一方面，村社集体经济壮大后在一定程度上可补齐农村社会福利的短板，比如，五星村将集体收益的20%用于完善图书阅览室、老年活动中心、文艺活动室等公共服务设施，改善人居环境，极大地提升了居民的幸福指数。大雨村将集体收益的10%用于社会公益救助，为孤寡老人、病残弱等群体购买大病医疗保险，保障家庭经济困难儿童顺利入学。

第五节　村社集体经济共同体促进共同富裕的经验镜鉴

目前，中国正处于全面推进乡村振兴与实现农民农村共同富裕的关键阶段，通过再造村社集体经济共同体发展壮大集体经济资产，通过产权共有、多方主体共建共治、集体经济发展成果共享的机制，加快集体经济高质量发展是实现乡村振兴和农民农村共同富裕的重要途径。

一、深化村社集体经济产权"共有制+分配制"改革，促进集体资产保值增值

开展多元化的集体资产股权设置探索，建立村社集体经济"共有"产权的制度顶层设计，通过基本股、土地股、贡献股、资金股、老龄股等形式，赋予农村集体成员对集体资产股份的收益分配权和剩余索取权，并强化村社集体资产管理的内部监督职能。抓好清资核产和股份合作制改革两个关键环节，探索村社集体资产的"分配制"改革，将村社集体经营性资产折股量化到人、确权到户，发展多种形式股份合作。经营管理上的"两权分离"（村社集体所有权与经营权分离）和利益联结上的"两权协同"（农民个体股份收益与集体剩余索取权的协同），部分集体经济发展较好的村社可以委托农民职业经理人加强集体资产的规范化运营管理，构建集体经营性资产保值增值和集体成员财产权益联结机制，让集体成员共享经营性资产收益。健全和完善集体资产股份的价值评估机制，开展农村集体资产产权、股权的抵押、担保及有偿退出，最大限度提升农村集体成员财产权能。

二、创新村社集体经营管理模式，增强村社集体资源整合与组织保障能力

村社集体经济共同体再造的核心在于对接农户需求、市场和国家资源，使盘活农村各类资源及利用效率、推动土地有序流转、创新村社集体经济合作模

式、完善群众利益联结机制显得尤为关键。针对资源禀赋稀缺的村社，通过强化村社党支部选优配强领头雁，再造村社集体经济共同体来增强土地股份合作和土地流转管理，采取投资、入股龙头企业等方式，通过撂荒地整治和土地流转方式，按照土地类型和区域招引业主，并与村集体经济组织签订流转协议，集体组织向业主收取适量管理费（王博、王亚华，2022），打造村社集体产业和发展入股分红型集体经济，将村社集体所有的山地、山林等资源优势转化为经济优势。针对资源禀赋较好、产业基础雄厚的村社，通过乡镇政府统筹规划走产业主导型村社集体经济之路，在耕地较多、适合发展规模化生产经营的地方，引导农民成立以集体经济组织为龙头的合作服务实体。对闲置村办公用房、学校、加工房等不动产，山坪塘、水库等资源，采取出租、入股分红、联合经营等方式，依托本地山岭、河流、滩涂等独特自然资源优势，与龙头企业等进行合作经营，增加集体收入。以村集体盈余资金作为启动资金，在项目支持下加大与公司企业合作力度，采取"村集体+村股份合作社+公司+农户"形式强化农户与村社集体经济的利益联结。对村社集体所有的经营性资产，采取村社集体直营、承包、租赁、外租、参股、税收分成、资产置换和 BOT 模式等，提高村级集体资源变现能力。

三、强化村社集体"共建共治"人才培育赋能村社集体经济发展

以培育和吸引村社集体经济领头雁为抓手，强化职业农民技能培训，增强村社集体经济共同体引领能力。通过培育一支"一懂两爱"并愿意驻扎乡村建设的村社集体经济工作队伍，探索村社集体管理人才和村干部的适度结合与分离机制，打造一批高素质的村社集体经济经营管理人才队伍和领头雁。比如，建立乡贤能人聘请机制和科学合理的村集体经营管理人员年薪制，储备乡贤人才库，吸引更多有经营头脑、有管理能力、有奉献精神的年轻职业农民充实村社集体经济组织队伍，并在教育、医疗、社会保障等多维度提供配套人才扎根乡村振兴的土壤。建立以"政府主导+企业参与+院校与专合社协同"为主的新型职业农民培育模式，利用"工学一体化""职业培训包""互联网+"等先进培训方式，积极搭建网络和移动学习培训平台，开展农民工专业技能培训、返乡创业培训过程监管，提升培训质效。

四、优化村社集体经济资产的经营管理与利益共享机制

充分发挥基层村社党组织的领导作用，加快研究出台村社集体经济组织法，健全集体经济组织的特殊法人治理结构，加快提升集体经济运营的合作化水平。

创新混合所有制形式，采用抱团发展模式以集体资产入股参与乡村振兴龙头企业的村企合作、跨行政区域的村社集体经济合作（郝文强、王佳璐、张道林等，2022），将村民利益、集体利益和其他社会参与主体利益捆绑在一起，形成村社集体经济利益共同体。健全公务公开和民主管理制度，村集体经济组织运用互联网技术和信息化手段推进政务公开、事务公开以及财务公开；将涉及村社集体经济发展相关的政策文件、法律法规、经营情况以及财务状况，及时、准确地向全体成员公开；健全村社集体经济共同体内部的问责机制；确定农村集体经济组织的问责对象、内容和程序，明确各方责任的依据和大小；对于集体经济组织工作人员不履行职责、利用职务之便谋取私利、损害农户权益的行为，严格落实责任追究制度。在财富分配共享机制方面，探索分配方式更加灵活的集体收益分配机制，在公平和效率兼顾的条件下，协调村民的股权收益和剩余索取权的分配，不断改善农村生产生活条件和环境，让农民在更好的公共服务、更有品质生活的共享中激发内生活力。

第六节　本章小结

高质量发展壮大村社集体经济是全面推进乡村振兴和实现农民农村共同富裕的重要途径。基于成都市崇州市城乡融合发展实践创新，通过构建以"共有·共建·共治·共享"为体系的村社集体经济共同体促进农民农村共同富裕分析框架，比较分析了不同主体主导下的村社集体经济共同体促进农民农村共同富裕的运作模式、实现机制及其经验镜鉴。研究发现，不同主体主导下的村社集体经济共同体，在对接农户需求和国家社会资源能力上各具特色，且有利于盘活农村集体资源、强化村社集体与农户之间的利益联结，实现村社治理现代化。受村社资源禀赋差异性影响，其运营主体总体上呈现"村社党支部主导→村社能人（企业）主导或与村社党支部共建→乡镇政府主导"的演进趋势。村社集体经济共同体通过产权共有机制、共建共治机制、利益共享机制等实现乡村资源整合、产业兴旺和治理有效。为此，地方政府需要进一步深化村社集体经济产权"共有制+分配制"改革，增强村社集体资源整合与组织保障能力，强化村社集体"共建共治"人才培育，优化村社集体经济运营管理与利益共享机制，统筹好各方利益"平衡账"，助力农民农村共同富裕。

第十三章

农业农村现代化协同推进的"共富"
机制与策略

第一节　农业农村现代化协同推进的"共富"背景

农业农村现代化构成了中国式现代化的重要组成部分，也是实现中华民族伟大复兴的重要体现。长期以来，传统小农、分散化的农业家庭经营阻碍了现代农业生产要素的采纳和农业生产效率的改进（罗必良，2022），使农业的生产经营体系构建与转型开始从产业维度向空间维度转变，即从农业产业发展本身的现代化转向农业农村产业发展与生活空间协同治理的现代化。然而，中国的农业现代化与农村现代化往往存在时空的错位现象，二者表现出明显的发展阶段不同步、发展质量和效益不匹配问题（涂圣伟，2023），尚未实现有效的连接、转换和相互支持（王春光，2021）。党的二十大报告提出，坚持农业农村优先发展和城乡融合发展，畅通城乡要素流动，发展新型农村集体经济，走全体人民共同富裕的现代化之路。纵观2000—2022年中国城乡居民收入差距、城镇和农村的内部收入差距以及收入差距基尼系数的变化（见图13.1），可以看出我国城市和农村居民内部收入差距均居高不下，而农村居民内部收入差距明显高于城市居民，且收入差距基尼系数常年超过0.4的国际警戒线，加快推进农业农村现代化协同对于缓解区域差异、城乡差距和居民收入分配不均导致的各种社会问题，实现中国式现代化具有重要战略意义。

新中国成立以来，中国的城乡关系从对立、分离开始走向融合，但农业现代化与农村现代化发展水平相互错位的现象依然非常明显。对标发达国家的农业农村现代化协同发展指标不难看出（见表13.1），中国相比美国、德国、日本、澳大利亚等国家，在人均GDP、农业增加值占GDP比重、劳均农业增加值、农业就业人数、乡村人口占比、恩格尔系数等核心指标层面均存在较大的差距。在农业现代化指标方面，农业增加值占GDP比重相比发达国家门槛值高

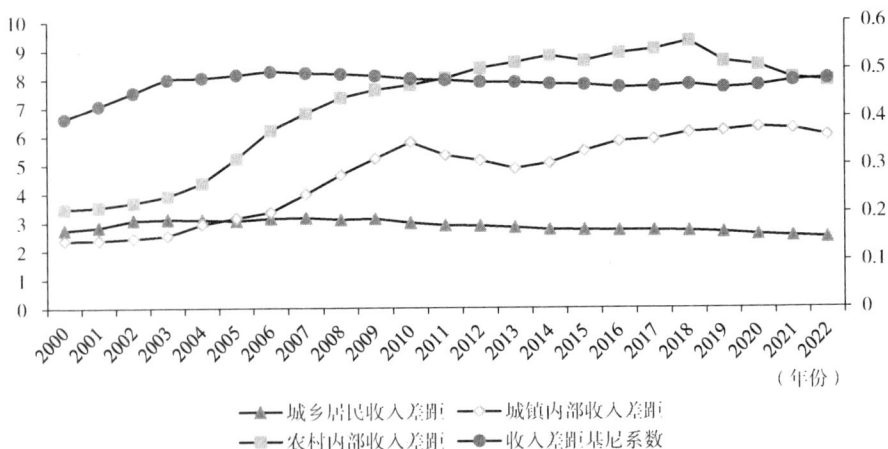

图 13.1　2000—2022 年中国不同层面收入差距变动趋势

注：城乡收入差距用城镇居民人均可支配收入/农村居民人均可支配收入；城镇或农村内部收入差距用最高和最低 20% 的人群人均可支配收入之比来衡量。

资料来源：基尼系数测算数据由中国住户调查年鉴统计分析得出，其余指标由中国统计年鉴数据计算得出。

出 45.8%，比占比最高的澳大利亚高出 3.15 倍；劳均农业增加值仅为最低值日本的 26.43%，为最高值澳大利亚的 6.6%；农业就业人数高于发达国家门槛值 2.36 倍，是德国的 19.5 倍。在农村现代化指标方面，乡村人口占比是发达国家门槛值的 1.16 倍，是日本的 4.23 倍；恩格尔系数与发达国家门槛值几乎相当，但仍远高于美国的 8.1%。相较而言，农业现代化水平和农村现代化水平较发达国家的差距要更大些，反映出中国与国际发达国家农业农村强国建设方面存在较大差距，国内农业现代化水平与农村现代化发展水平不同步、发展阶段错位的现象也依然较大，一定程度上制约了农业农村现代化的协同转型和迈向农业强国的发展进程。农业的现代化不仅需要农业物质生产能力的大幅提升，夯实城乡融合发展的物质基础，还需要农业生产效率和城乡生活水平的不断趋同，逐步缩小城乡公共服务差距和不均等程度。总体而言，我国农业现代化建设正处在由农业现代化向农业农村现代化加速拓展的"交汇期"，发展驱动力正处于由要素驱动向创新驱动的"转换期"。该阶段往往面临城市发展动力不足和乡村衰退的"两难困境"（周立，2022），为保障城乡共享发展成果，高质量促进城乡融合发展，有必要总结梳理新中国成立以来农业现代化向农业农村现代化协同发展的转型历程，从历史和战略的视角来审视其转型的科学内涵，探寻新发展理念下的农业现代化向农业农村现代化的驱动逻辑、实践创新探索及有效推进策略。

表 13.1 中国农业农村现代化重要指标与发达国家对比（2021 年）

序号	指标	发达国家门槛值	中国	美国	德国	日本	澳大利亚
1	人均 GDP（美元）	≥12500	12741	63027.68	46252.69	39918.17	51680.32
2	农业增加值占 GDP 比重（%）	≤5	7.29	0.84	0.66	1.04	2.31
3	劳均农业增加值（万美元）	≥4	0.6	8.97	5.89	2.27	9.06
4	农业就业人数（%）	≤10	23.6	1.36	1.21	3.38	2.56
5	乡村人口占比（%）	≤30	34.8	17.34	22.55	8.22	13.76
6	恩格尔系数（%）	≤30	30.5	8.1	13.9	18.2	12.8

数据来源：《中华人民共和国 2022 年国民经济和社会发展统计公报》《中国统计年鉴2022》。

第二节　新中国成立以来农业农村现代化协同共富的政策变迁

中国式农业农村现代化探索，其核心主轴在于农业农村发展过程中政府与市场关系的角色定位问题。从新中国成立以来，在追求中国特色社会主义道路上，农业农村的现代化发展也经历了不同的发展阶段，具体划分为四个时期。第一阶段为统购统销公社合营时期，其特征是建立在生产资料公有、集体共同劳作、成果平均分配的基础上，实现计划式农业的供需平衡，强调政府和农村集体在农业农村现代化发展中的绝对主导地位。第二阶段为城乡双轨制度并行时期，该阶段特征强调家庭联产承包"分营"制度体系，通过农业的高投入、高消耗、高产出，实现农村家庭分散经营、成果按劳分配，农业的分工以及城镇化和工业化的快速发展导致农业农村要素外流严重，但制度红利释放有效解决了农民温饱问题。第三阶段为取税增补惠民增收时期，该阶段通过推动农业适度规模经营，优化农业生产经营体系，以农业的多元化"合营"激活农村发展动能，实现资源节约、环境友好、生态保育的质量兴农目标。第四阶段为农民农村共同富裕时期，强调农业农村的统筹协调关系，强化农业的现代化向农业农村现代化有效协同的转变，助力农民农村共同富裕，缩小城乡差距、区域差距和居民收入差距问题（见图13.2）。不同发展阶段的农业农村现代化均具有较强的时代特性，符合当时生产力和生产关系发展的需要。

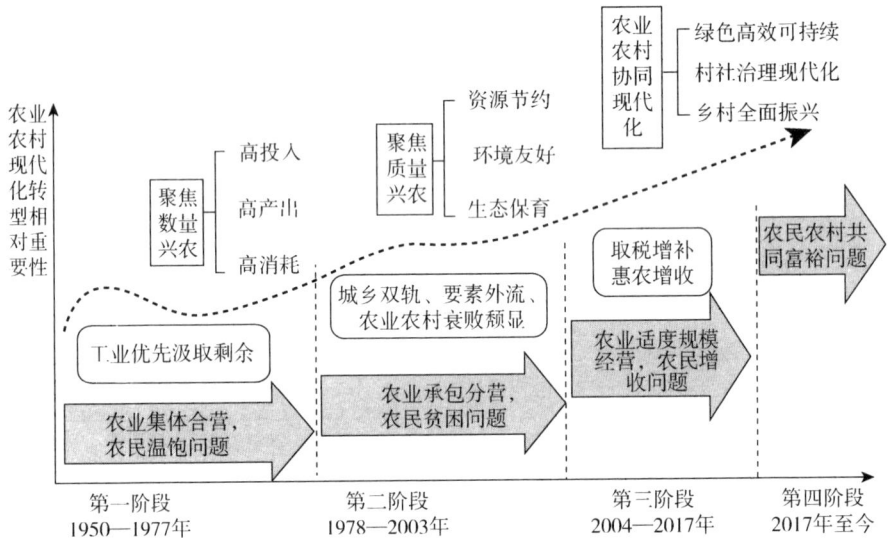

图 13.2 中国农业现代化向农业农村现代化协同共富的政策变迁历程

一、统购统销公社合营时期（1950—1977 年）

1949 年新中国成立初期，百废待兴。1950 年中央颁布了《中华人民共和国土地改革法》，废除了地主土地所有制，实行农民土地所有制（郑淋议，2020），极大地调动了农民生产积极性。但由于当时生产资料和物资相对匮乏，单个农户开展农业生产经营相对困难，中央开始逐步鼓励农户在自愿的前提下进行合作经营，该时期农户在生产工具、劳动力方面形成互补，公社合营极大地提高了农业生产效率，农民合作的意愿和积极性也普遍较高（钟甫宁，2021）。截至1956 年年底，"社会主义三大改造"基本完成，"人民公社制度"作为社会主义计划经济体制下经济的主要形态，通过高级农业生产合作社升级而成，其特点是"一大二公、政社合一"（王国刚、刘合光、钱静斐等，2017），生产资料所有权从私有变成公有。在此期间，农村集体资产共同经营，计划体制下的农业生产、公共事业投入均比较均衡，但总体水平偏低。土地边际生产率和劳动生产率的差异，让部分农民在土改后不久又因为各种原因再次卖掉土地成为失地农民（何文强，2007），使农民间的贫富差距再次扩大，从而违背了社会主义改造的初衷，此后将农村集体所有制作为农业农村社会主义改造的重要手段。到1958年，农业被彻底改造为社会主义集体所有制，人民公社制度也随之推广，有效促进了农村基础设施的完善和农村公共服务水平的提升。但由于当时生产条件的落后，这种小农生产以及要素的碎片化，不利于激活农村要素资源的重组来释权赋能，无法让农民获得真正意义上的经济解放（徐俊忠，2017）。虽然这一时期的平均分配制度极大损伤了农民生产的积极性，但农村公共资源的高度整合，有效保障了农村公共产品供给（孔祥智，2020a）。总体而言，新中国成立至改革开放时期，我国农业现代化和农村现代化水平总体偏低，长期处于"低水平均衡陷阱"阶段，二者并未表现出较大的差异性和发展错位现象。

二、城乡双轨制度并行时期（1978—2003年）

1978年后，在坚持农村集体经济制度的基础上实行家庭联产承包责任制，通过家庭承包分散经营取代集体共同经营，社会化分工和市场化资源配置极大地调动了农民生产积极性，1978—1984年，中国农产品产值以不变价格增长了42.23%，其中46.89%的贡献归功于体制改革（李宁、李增元，2022）。随着人民公社合营制度和计划经济难以适应生产力的发展需要，导致农民主体性被弱化，农村基层发展缺乏自治空间，农民生活日渐贫困，农村发展滞后，可持续发展能力受限（史亚峰，2017）。家庭联产承包责任制与人民公社制度最大的不同在于实现了所有权与承包经营权的"两权"分离，实现了在坚持集体所有的前提下，农户拥有自主经营决策权，改善产权的排他性，提高农业生产效率，并诱致出巨大的经济溢出效应（罗必良，2019），但只解决了农村地区的温饱问题，在促进农民增收致富上作用仍相对有限。比如，2003年农村家庭人均纯收入只比1984年增长了1.35倍，中国农业现代化进程被迫陷入低水平锁定状态（曾祥凤、蒋永穆，2006），需要通过制度的再次变革改变农业生产的低效经营状态。随着城市化和工业化的快速推进，家庭联产承包分营通过解放农村剩余劳动力，极大提升了劳均生产效率和人均土地资源，使农业农村要素大量外流。工业品下乡、农民工进城，农业现代化生产要素和经营效益不断提升，农村劳动力的流失和农村治理人才的流失导致农村现代化进程几乎处于停滞状态，从而进一步扩大了农业现代化与农村现代化水平差距，发展不同步和发展错位现象不断扩大。

三、取税增补、惠民增收时期（2004—2017 年）

随着工业化、城镇化的快速发展，家庭联产承包责任制小农生产的特征越来越不能适应经济社会发展的需要（许庆，2008）。农民生产积极性受老龄化、空心化、增收难困境的影响，使粮食安全风险越发凸显，家庭联产承包责任制也间接削弱了集体经济力量和组织能力，导致具有鲜明公共产品性质的农业基础设施不能得到及时有效的供给和维护；农业生产管理成本居高不下，经营规模过于分散难以形成规模经济效益，同时，农业技术进步进一步扩大了适度规模种植面积，家庭联产承包责任制包产到户过于分散的弊端进一步扩大（李停，2021）。2013 年，中央一号文件提出，围绕现代农业建设，充分发挥农村基本经营制度的优越性，着力构建集约化、专业化、组织化、社会化相结合的新型农业经营体系，鼓励和支持承包土地向专业大户、家庭农场、农民合作社流转，发展多种形式的适度规模经营，鼓励和引导城市工商资本到农村发展适合企业化经营的种养业，通过激活农村资源要素活力，一些集体经济"空壳村"在一定程度上降低了依靠上级政府拨款的依赖，为村庄发展和农业生产的公共服务提供了有力保障（贺雪峰，2019）。此外，要有效扩大土地生产规模，将农民重新组织起来，成为乡村建设的主体，进而增加农民收入、促进产业发展、增加农户间凝聚力，有效助推乡村振兴。新型农业经营主体的壮大和农村集体经济的逐步恢复开始逐渐为农业现代化向农业农村现代化协同转型提供重要的经济基础，二者之间的不同步和错位现象开始收敛。

四、农民农村共同富裕时期（2017 年至今）

随着人口逐渐向城市群、都市圈集聚，乡村人口规模和从业人员不断下降，合村并居越演越烈，使农业现代化和农业农村现代化有机衔接的基础不断增强。乡村空间重构，农业农村资源空间配置将出现两极分化趋势，即农业农村资源集聚区和流失区并存且差距不断扩大，而农业生产效率的提升也间接带动农村现代化发展，激活乡村并逐步实现二者的协同发展。在乡村全面振兴过程中，不断强化农地整理和农业机械化，农业的科技应用将小农现代化与乡村集聚形成新型社区，有效平衡多元化的农业农村协同发展目标。总体而言，农业现代化向农业农村现代化转型既是农业从粗放式发展到精细化发展及农业绿色转型的体现，也是农村从城乡分割下的落后地区转向城乡融合发展下的和美乡村的转型突破。农业的现代化转型驱使农业农村现代化协同耦合不断加强，农业的绿色高质量发展带动农村的生态宜居美丽，将生态资源有效转化为经济价值，带动农民农村共同富裕。

第三节 农业农村现代化协同"共富"的驱动逻辑

中国式小农改造向现代农业转型,重点需要将小农户纳入现代农业生产、经营、流通体系,推动小农组织化、农业融合化、农村治理现代化的合力改造。在小农组织化层面,马克思合作经济理论认为小农生产方式阻碍了生产力发展,生产合作社是从资本主义制度向社会主义制度过渡的有效途径(马克思,2004),而改造传统小农经济的有效措施在于采取合作经营的方式,并在推进农民合作化的过程中,注重保护农民利益,使他们实实在在地看到合作优势,走农民自主合作的道路,坚持以按劳分配为主,推进农民农村共同富裕(孔祥智,2020b)。在实践中,马克思合作经济思想与中国国情相结合,不断丰富和创新合作经济理论,创造了具有中国特色的集体合作经济理论(苑鹏,2015),即发展集体经济实现多样化的联合与合作,坚持走村社集体化发展道路,提升小农户组织化程度,有效引导高度分散的农户有效融入现代市场。同时,在推动农村经济发展的过程中把保障农民利益放在第一位,不断创新利益分配方式,增加农民收入。

在农业的多功能融合化层面,加快农业的多功能融合是促进农业产业链价值链提升的重要路径。农业作为国民经济的基础部门,在农业经济时代,人们对于农业生产功能尤为重视,工业经济时代农业产业的主要功能是不断提高农产品质量与效率(苏毅清、游玉婷、王志刚,2016),强调农业的经济功能。随着城镇化的不断推进,有效耕地面积受到严重挤压,粮食安全难以得到保障,农村环境污染加剧,可持续发展能力变弱,农村劳动力流失严重,与此同时,农村的乡土文化也在不断地被城市文化同化或取代,这些问题引发人们对农业现代化如何向农业农村现代化转型的高度关注。农业由生产功能、经济功能逐步向生态功能、文化功能拓展。传统农业走向现代农业的关键不仅在于农业多功能性的开发(罗必良,2020),还需要充分发挥农业多功能性来促进城乡深度融合,实现农业现代化与农村现代化有效协同,激发制度创新活力和驱动力。

城乡融合本质在于相对发达的城市与相对落后的农村通过打破彼此间分割的壁垒,实现生产要素在城乡之间合理流动,减少城乡差距的过程。马克思和恩格斯认为,人类社会的城乡关系发展要经历从"城乡一体"到"城乡对立"再到"城乡融合"的历史过程,城乡对立阶段是私有制与社会分工双重作用的结果，资本主义社会不仅不能消除这种对立，反而会让这种对立更加尖锐（宗海勇，2021），城乡融合阶段具有历史必然性（李红玉，2020）。历史与制度原因，我国城乡间差距一直较大，这也就造成农业现代化与农村现代化不同步、发展不匹配的矛盾困境，其突破口在于实现城乡高质量融合发展（申云、李京蓉、杨晶等，2021）。一方面，要做好顶层设计，统一规划城乡间的要素配置、产业发展、基础设施、公共服务体系；另一方面，要发挥好县域联结城市群和乡村振兴的作用，以县域为载体，实现城乡功能衔接与互补，实现城乡融合发展，促进农民共同富裕。

此外，在农业现代化与农村现代化协同过程中，也是城乡互动实现城乡结构转型的过程。其驱动逻辑是：城市化工业化驱动农业农村要素流入城市，并将工业资本和技术嵌入农业现代化发展过程，使农业劳动生产率和生产规模不断扩张，进一步促使农业农村剩余劳动力向工业部门和城市转移，直接或间接增加农业生产效益和农业增加值，加快农业的产业分工和产业链融合，从而培育出一批专业的新型农业经营主体，并吸引农业技能人才和乡贤加入，成为农村现代化的重要力量，进而逐渐拉平城乡要素边际生产率和收益，使城乡经济社会发展趋于均衡。农业现代化转向农业农村现代化的动力在于城乡要素的双向流动及合理配置，促进城乡产业协同发展，并依托现代农业产业园区将城市资本、技术、人才等向农村流动，城乡要素的融合带动产业资源配置的融合，同时，驱使城乡公共服务及制度配套体制的融合，最终带动农民农村实现共同富裕。

纵观中国式农业农村现代化协同转型历程，其核心要素仍然是明晰产权和农地"三权"分置，实现股份合作、农业共营及土地托管等多种形式的制度创新释权赋能，实现农业经营主体从小农户向新型农业经营主体的转型过渡，逐渐从家庭分散经营向家庭农场、农民合作社等集约组织经营转变，但家庭经营基础仍是大国小农的不变底色（见图 13.3）。在具体形态方面，不断培育新型农业经营主体、职业农民和专业化服务组织，推动农业的组织化、产业化和规模化经营，逐步将小农经营过渡到现代农业适度规模经营转型。随着经营主体的多元化，农业经营方式也开始不断创新，逐渐实现集约高效现代农业经营体系。将统分结合双层经营体制与市场化现代农业生产有效结合，采取因地制宜、多元经营和社会服务市场化等多种手段，逐渐改造传统农业生产经营方式。农业生产经营及产权制度不断创新适应现代农业发展需要，带来乡村治理及其生态资源价值转化和重塑，农业现代化带来乡村治理结构的不断转变，使农村治理形态也不断多元化。随着农村数字化治理能力和治理体系的现代化，"三治合一"、乡贤返乡提升治理效能、基层党建引领等促使乡村治理水平也不断现代化。

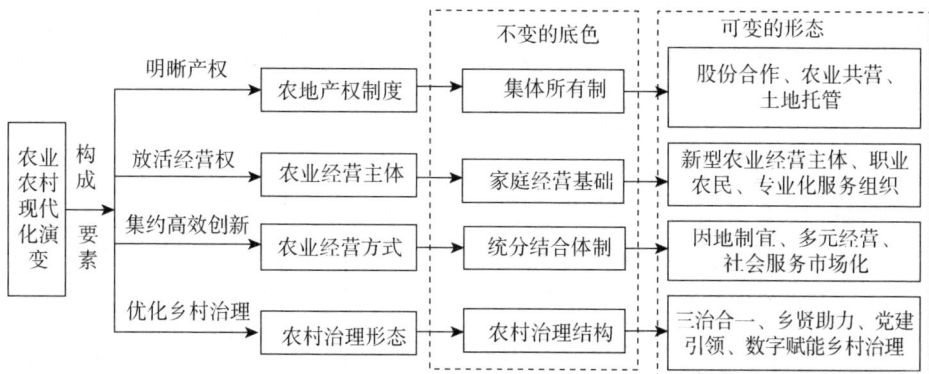

图13.3 农业农村现代化演变及构成要素

第四节 农业农村现代化协同转型创新实践

一、研究方法与资料来源

为了揭示农业现代化向农业农村现代化协同转型逻辑,本文通过实地案例调查采用参与式观察和半结构式访谈的方法,以成都市崇州市的农业农村现代化协同转型实践探索为例,剖析崇州市农业农村现代化改革创新的全貌和发展规律。通过对崇州市农业共营制探索起步,逐步转向村社共营制,最终走向全民共富制的创新实践探索,重点调查和访谈了崇州市部分市级领导干部、农业农村局领导、乡镇及村组干部、新型农业经营主体、在村农民等,访谈内容涉及农地"三权"分置改革、农业经营主体、农业社会化服务、农民生计、农村数字化治理、农民合作社联农带农机制建设等多个层面。通过田野观察和深度访谈,获取了丰富的经验资料,这对于理解当地农业农村现代化协同转型具有重要价值。

二、崇州农业现代化起步:"农业共营制"的创新基础

崇州"农业共营制"最初的目的在于解决"谁来种地"和"怎样种地"的难题,通过制度创新,引导农户以土地经营权入股,成立土地股份合作社,聘请种田能手担任职业经理人,负责农业生产经营管理,构建生产性社会化服务体系,打造"一站式"的农业全产业链服务平台,最终不断实现农地的适度规模经营,建立农业的专业化和组织化运行机制,打造"土地股份合作社+职业经

理人+农业综合服务"三位一体的"农业共营制"创新模式。

(一)农业生产经营体系的调适和优化破解土地细碎化问题

长期以来,土地细碎化造成农业不能享受到规模化、机械化带来的增值收益。随着县域城镇化的快速推进,一、二、三产业融合发展进程加快,农民出于理性选择,将更多劳动力投入效益更高的二、三产业,农村劳动力弱质化、农业副业化的现象和矛盾逐步凸显。同时,种粮的农民特别是位于大城市郊区的农民,更乐意将劳动、土地投入附加值更高的蔬菜、水果产业,使粮食安全成为严重隐患(罗必良,2013)。为此,崇州市在坚持"三权"分置改革的要求下,充分发挥集体土地所有权的管理权能(印子,2021),加强农业生产经营体系的改革创新和权能调整,逐步调适和优化农业现代化生产经营体系,推动小农户融入现代农业市场化社会服务分工,解决土地细碎化带来的"无人种地"的问题。

(二)以"三权"分置和土地股份量化推动农户利益联结

崇州市经过多年的探索后,创新性地提出了"农业共营制"的制度创新模式,其核心在于以家庭联产承包责任制为基础,以农户为核心主体,推行农业职业经理人、土地股份合作社、社会化服务组织等多元主体共同经营模式,实现了粮食生产经营的规模化、机械化、标准化、品牌化(孙东升、孔凡丕、钱静斐,2017),让多元主体形成"共建、共营、共享、共赢"的局面(罗必良、李玉勤,2014)。其中,共建是农户按照"入户自愿、退社自由、风险共担"的原则,将自己的土地承包经营权投资入股,按每0.01亩折成一股,成立股份合作社,同时,每股出资一元,作为股份合作社的启动资金并选举产生监事会与理事会;共营是由理事会主要负责日常事务的运营,其中包括决定"种什么""如何种"以及选择为本合作社服务的职业经理人,被聘任的职业经理人负责对合作社下一年度的工作任务进行计划,并将方案交由理事会处理,由理事会交予村民代表大会通过后于下一年度执行;共享是相对合作收益而言的,土地股份合作社、社员农户、职业经理人三方之间在利益分配上形成了超产分成、纯利润分成、二次分红三大模式(申云、贾晋,2016),农业社会化服务组织的利润来源则是通过承接农业生产性服务的外包获得更高的规模化收入,最终实现多元主体共赢的目标。

(三)通过创新三大交易平台助力农业共营行稳致远

通过引导农户以土地承包经营权入股,成立"土地股份合作社",形成土地产权交易平台。聘请懂技术、会经营的种田能手担任职业经理人,负责合作社土地的生产经营管理,形成企业家能力交易平台。引导适应规模化种植的专业化服务体系的建立,并打造"一站式"的农业服务超市平台,强化社会化服务,形成服务外包与托管的交易平台。通过制度创新引进市场机制,减少交易成本,最终打造出"1+1+1"(合作社+职业经理人+服务超市)的"农业共营制"模式。

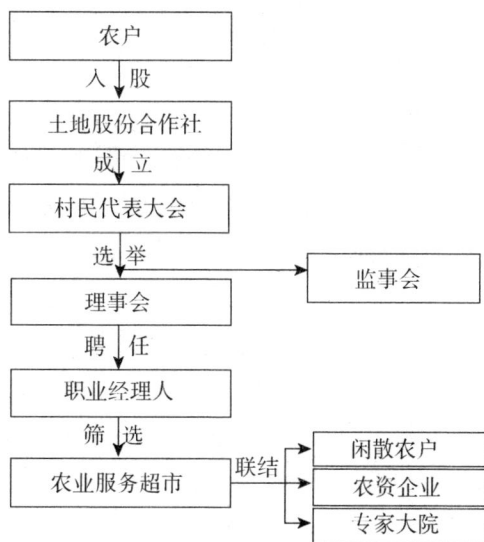

图13.4 崇州"农业共营制"生产经营模式

此外,崇州"农业共营制"在农业生产经营过程中,创新性地将农业生产经营主体与农业生产经营方式有效结合,并将农地产权进行分割量化,实现了统分结合下的多元主体共营体系。其制度创新体现为将股份合作与社会化服务有机融合,实现社会化服务的三大交易机制统筹协调小农户进行规模化生产经营。与一般的合作社独立经营不同,崇州市的合作社是以交易装置方式出现的,一方面通过土地入股将分散的农户联结起来,形成土地规模化经营;另一方面充分发挥市场机制的作用,以规模化的土地优势,吸引职业经理人与社会化组织竞争进入,将分散的小农户卷入分工经济,优化了资源配置,为我国农业制度的转型提供了示范。但崇州市现行的农业经营制度仍有改进的空间,现有激励机制的利益分配和风险分担不对等,对部分职业经理人的激励不充分,在缺乏足够财政补贴情况下,职业经理人可能会为了业绩考核而削弱粮食生产;此外,农民职业经理人与农民土地股份合作社、农户之间的合作目标和利益诉求也不太一致,导致不同主体之间的多边契约关系不够稳定,合作收益也趋于递减,农民收入增长速度开始放缓。

三、农业现代化撬动农业农村现代化转型

随着"农业共营制"的不断深化和成熟运作,"村社共赢"成为县域乡村振兴发展的趋势所在。通过多元主体、专业服务、市场运作实现农业"一站式"服务难以有效带动农村的现代化发展,以及实现乡村治理体系和治理能力的现代化。"农业共营制"更多的是强调农业生产领域的竞争与合作,而"村社共赢"则是一个地域空间的概念,涉及一个区域资源的整合利用及优化配置问题,乡村资源既包括乡村的自然资源、社会资源和文化资源,也包括乡村空间资源和人力资源。崇州"农业共营制"创新性地将少部分自然资源与人力资源进行整合利用,但无法充分利用村社集体要素资源,带动区域协调发展,对农民农村共同富裕的推动作用较为有限,所以必须对现有的农业生产经营制度体系进行转型升级,朝着"生产、生活、生态、生命"空间形态不断融合发展。不管是农业生产经营制度的转型还是村社要素的整合利用,都是为了促进社会生产力发展、不断做大农业"蛋糕"成果的过程。为此,崇州市在推动"农业共营制"的基础上,探索构建将乡村治理和农民合作社进行有效联合,实现政社合一,将经济组织与行政机构进行有效衔接,并探索基层党建引领带动村社集体经济发展作为"村社共营制"推进的重要载体,并通过村社集体经济共同体的打造逐步将农村集体经济资产保值增值及发展纳入县域经济发展来进行统筹,壮大公有制经济,进而积累更多的公共资本推动乡村治理和提供更多的乡村公共服务,助力农村现代化。

(一)农业生产经营向农业农村要素的有机融合转型

农业生产经营由单一农户向合作社"能人"转变,提高劳动力要素的质量。农民加入专业合作社,突破了家庭承包经营带来的分散格局,有利于农业生产规模经营的实现。在现行的"农业共营制"下,由于农民合作社的发展模式相对单一,拓展方向由单一土地合作社到多样化的合作社共同发展。同时,不断优化合作社的内部治理结构和股权结构,在对外来资本给予比例限制条件下,吸收社会资本并给予非社员农户相同的投票权,允许外来股份的转让与买卖。优化合作社的治理结构,崇州市目前已经实现了合作社所有权与经营权的适度分离,实现了合作社能人治理,从而不断完善内部激励机制和监督体系,提高合作社的运行效率。比如,与农业社会化生产服务超市进行合作,降低内部成员购买社会化服务的价格,为成员提供特别服务等,激发社员的生产积极性,根据资本的利用方式和程度返利与分红,探索多元化分配。作为共营制体系的

关键一环，职业经理人的素质和能力在农业发展与农民利益分配层面紧密相关。目前，崇州市构建起了"一主多元"的新型职业农民教育体系，涉及资格准入机制、培训体系、管理机制，同时，为职业经理人的当前收益与未来发展能力出台了相应的政策措施。但当前职业经理人大多数是由农业生产者转型而来的，对其能力要求不仅取决于其对生产技能，还取决于其整个生产经营体系的管理能力，以及对农产品市场的把控能力，这些能力的构建需要较强的知识储备进行支撑。一方面，崇州市强化原有职业经理人现代企业经营管理能力提升；另一方面，做好同高校、农业企业的联合，做好农业"领头雁人才"、农民职业经理人、企业专家、乡贤等人才信息的收集，方便按村社及时匹配专家和人才的动态管理。将村社治理纳入"农业共营制"体系的延伸，拓展县域范围内农业农村经营体系的边界，并嵌入农业经营企业和社会化服务组织、社区治理三方平台（梁伟，2022），以更专业化的方式对农业农村生产经营管理进行优化升级。

（二）农业生产功能拓展边界不断延伸释放村社产业融合红利

农业多功能性使农业能够在横向和纵向进行多元融合发展。在横向拓展上，一是拓展农业生产加工链条，农村发展加工流通的形式多样。通过引进农业企业，开展"龙头企业+农户"多元合作模式，延伸农业产业链增加农产品附加值，当农民合作社发展到一定规模后，合作社之间或者合作社与加工企业、物流企业进一步加强供应链合作，以当地特色农产品为基础，成立农产品加工及物流企业，让加工、流通环节带来的利润尽可能留在农民手里。二是拓展农业生产储备能力，粮食安全问题关系到我国经济发展的稳定，目前我国的粮食储备面临社会储备较少的问题，崇州市作为"天府粮仓"建设核心区，具有较强的示范引领作用。通过新建粮仓和升级原有粮仓，从政策角度对新型农业经营主体参与粮食储备给予支持，培育他们的服务意识，提高储粮质量。三是农业流通物流体系的标准化建设。完善农村道路等基础设施的建设，加快补齐流通基础设施短板，建立完备的物流网络服务体系。合作社可以拿出留存基金的一部分作为新建与道路维护。四是打造高端优质农产品品牌。品质决定市场，要打造合作社自身的品牌。建立地域公共品牌，以母子品牌与细分市场的方式，打响自身的名气。例如，崇州市五星村的稻米以白领阶层为目标客户人群，通过包装设计，点明自身大米优势（富硒米），突出富硒功效，同时，针对白领人群的特点设计出比常见袋装大米偏小、更便携的包装，提升天府粮油产品的品牌价值。在纵向拓展上，推动产业链融合发展。一是严守耕地红线。崇州市地处成都平原腹地，是全国粮食生产功能试点县、新增千亿斤粮食生产能力建设县，在保障国家粮食安全、守护成都平原天府粮仓上具有重要的战略价值。二是以公园城市乡村表达重塑崇州市产业融合发展价值。严守耕地红线与乡村融合发展并不冲突，崇州市围绕天府绿道、古镇打造"菜地公园+教育基地"的新型一、三产业融合发展模式，将农业教育与示范旅游观光、休闲体验农业有机结合，实现三次产业融合发展与农村服务业的提质增效。三是大力发展农业新型业态。打造"产业功能区+川西林盘+乡村旅游"的农商文旅体融合发展，充分融入文创体验、大地艺术展览、商业会展、研学旅游、培育孵化等消费业态，打造一批精品旅游产品。打造特色乡镇产业集群，助力乡村产业生态圈和产业链整合。打造"特色镇+林盘+农业园区""特色镇+林盘+景区""特色镇+林盘+产业园"的产业集群，根据主导产业发展布局谋划特色镇建设，引导资金向特色镇流动、产业向特色镇集聚、人口向特色镇转移，形成产业集聚、功能复合、连城带村的特色镇（刘源、王斌、朱炜，2019）。加快社会服务专业化水平提升全产业链效能，深化"五良"和"五优"联动发展机制，推进社会化服务向专业化、科技化、集团化转型。

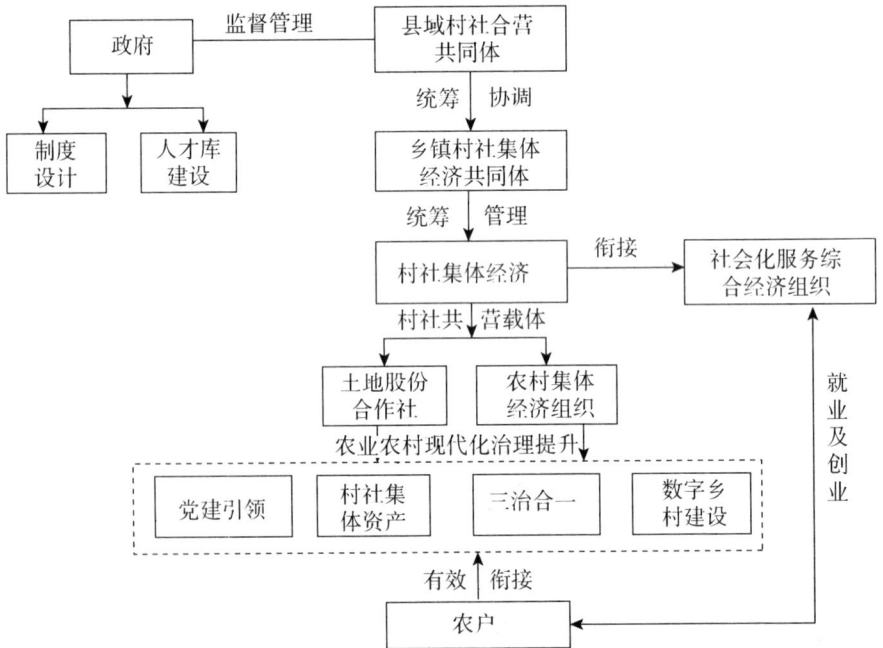

图 13.5 崇州"农业共营制"向"村社共营制"转型示意图

总体而言，崇州"农业共营制"向"村社共营制"的转型体现出崇州农业现代化的发展定位逐步转向农业农村现代化协同融合发展的定位,其核心在于农业的全产业链融合及社会分工实现价值链横向和纵向体系的增值,并依托村社集体经济将土地股份合作社和农村集体经济组织有效衔接起来,通过党建引领村社集体资产的发展壮大,实现法治规范、德治约束、乡贤与村民自治的统一,并依托数字化乡村建设实现村社集体发展与农业产业链价值链协同发展的目的。农业农村现代化协同转型突破了传统农业本身的发展,上升到村社经济功能和生产生态生活空间的集成融合,是农业农村现代化协同发展的重要路径。

四、城乡融合驱动农业农村现代化协同转型

(一)优化顶层制度设计推动城乡融合提质增效

在崇州"村社共营制"向"全民共富制"实践过程中,通过县域层面顶层设计建立实现农民农村共同富裕的基本框架,"全民共富制"逐渐成为部分镇村引领共同富裕建设的重要制度创新。"农业共营制"将农业共营拓展至"三产共营",而"村社共营制"则拓展至"全域共营","全民共富制"则依托构建村社集体经济共同体,实现了"产权激励、要素匹配、产业融合、功能联动、三治合一"的协同发展。在此基础上,崇州市进一步通过深化村社集体资源的改革力度,将资源变资产、资金变股金、农民变股民,通过探索农地流转、抵押融资等集体建设用地开发利用机制和"点状供地+组合供地"用地模式,构建"龙头企业+合作社+经营联合体"运营机制,带动农民分享产业链增值收益。同时,将村域打造成田园旅游综合体,实现村庄变景区、农产品变名产品、农民变股东的共享经济发展成果等制度创新转型。深入探索拓展"林盘经济+"与"农业+"的内涵与外延,加强对科技型、科教型、生产服务型等主题林盘的思考和谋划,培育新业态新场景,加强乡村整体规划建设、完善镇村便民服务体系、加强乡村基层组织建设,完善体制、机制改革的"顶层设计"(葛笑如,2023),将共同富裕的理念和实践融入全民生产生活生态生命空间,实现民众幸福感和获得感的显著提升。

(二)农业产业融合向农业农村治理体系的交叉融合驱动城乡公共服务均衡发展

在崇州"村社共营制"向"全民共富制"的农业农村现代化协同转型过程中,通过精准摸排全域产业基础、企业布局、人力资源等要素信息,统筹布局,制订近、中、远三期建设规划,充分发挥先发试点的示范带动作用。集中资源优先发展试点村落,再逐步带动周围村落的发展。引导鼓励农村依托当地优势

资源、积极引进优势产业，开展差异化良性竞争。避免出现功能重叠、建设重复等情况。"村社共营制"的建立离不开村社集体经济发展壮大及村社政府的大力支持，特别是党建引领推动村社集体经济发展壮大，其具体步骤如下。第一，多样化发展村社集体经济合作社。对农业生产经营体系而言，土地股份合作社的建立把分散的土地重新整合了起来，有利于农业规模化经营。职业经理人制度在一定程度上缓解了农村地区高素质劳动力问题，社会化服务解决了部分农村闲散农户的就业难题。通过农民合作社引入数字农业供应链金融，建立合作社内部信用资金融资约束；以农村集体经济股份合作社将村民手中闲置农房及其他资源进行统一规划打造，为下一个发展阶段做好铺垫。第二，建立乡镇级合营公司。当专业合作社发展具有一定成效后，逐步建立乡镇政府主导下以行政村为单位的乡镇级村社集体合营公司（王海娟、胡守庚，2022），将各村从单一发展转变为抱团发展。第一，通过产业转移、技术支持、信息共享、经验共享等多方面带动弱势村社集体经济发展，逐步实现先富村带动后富村发展。第二，通过统一规划管理各村集体经济资产，充分整合各村资金和产业条件，发挥农产品品牌、劳动力、技术等生产资源优势，实现村与村之间优势互补，从而实现乡镇内的产业升级，最终通过三产融合逐步实现"四生共赢"，即走一条集"生产、生活、生态、生命"与"四生空间"于一体的农村产业化融合发展道路。第三，以县域产业融合发展助力全面乡村振兴。建立县域村社集体经济共同体的方式，促进城乡要素融合、产业链供应链整合、财政金融资金协同互促，实现农业农村公共服务供给与资源配套的城乡均衡发展，助力农民农村共同富裕。

总体而言，崇州市的农业农村现代化制度转型实践创新具有较强的典型性和示范性，该实践创新兼具农业发展和产业链融合，并以此为基础将党建、村社治理、生态保护及修复、利益联结与共享等有机结合。崇州市探索"农业共营制"改造了传统小农规模化经营不足和农业经营主体缺失的困境，通过农村"土地股份合作社+农业治理经理人+社会化综合服务"实现农业的适度规模经营和组织化生产。随着"农业共营制"的深入，"村社共营制"成为其制度转型升级的必然，产业融合发展和集体经济发展成为提升"农业共营制"发展质量的基础，崇州市通过打造村社集体经济共同体将农业共营拓展至村域共营，将村社集体经济建设作为村域共营的重要手段，实现农业效率提升和农村善治有机衔接。农业农村现代化最终目标在于实现全体人民的共同富裕，村社共营制从农业现代化转向农业农村现代化，推动了农村经济的高质量发展，但全民共富制的探索进一步将县域城镇化与城乡融合有机衔接，加速村镇产业融合发展和城乡融合发展，缩小城乡收入差距和要素价格差距，将小农户纳入现代农业产业体系，并构建有效的利益联结机制和分配机制，实现全体农民的共同富裕。崇州市通过"农业共营制"创新起步，推动现有的农业生产经营制度转型升级，从"农业共营"走向村社共营再到"全民共富"，是全面推动乡村振兴发展制度创新需要，也是农民农村共同富裕的需要，更是中国农业农村现代化的必然要求。

第五节　农业农村现代化协同转型推动策略

面对当前我国区域、城乡之间经济发展不平衡不充分的现状，加大力度补齐乡村这块短板，最重要的问题是不仅要促进农民可持续增收，还要强化全民共富和成果的共享发展。如何在保证农业农村可持续发展的前提下，实现村社集体资源的壮大和丰富，强调村社集体经济发展效率问题，同时注重资源共享公平与村社集体发展效率的有效协同，实现全民共享富裕，成为农业农村现代化协同转型的核心任务。

一、推动农业农村现代化协同空间重构

以县域城镇化与城乡融合盘活农村资源资产及产业链价值链的惠民共享。开展县域为核心的新型城镇化，将农业多功能拓展与农村生态保护及乡村治理有机融合。优化村社空间布局，构建"县—中心镇—中心村"为空间布局的村社与产业功能组团，并以村社集体经济撬动社会资本参与农业现代产业发展和乡村现代化治理，促进农业农村现代化协同融合发展。进一步打造产业链供应链价值链增值收益的普惠体系建设，构建农商文旅体建设与农户利益联结分配机制，不断夯实全民共同富裕的制度基础。

（一）不断优化城乡融合发展驱动农业农村现代化空间组合

农业现代化与农村现代化既相互衔接又相互独立。农业进入现代化发展轨道之后，往往会带来农业劳动生产效率的极大提升，有利于大幅度地解放农村劳动力，从而实现农业经营规模的扩大和要素资源配置的优化。但也面临农村空心化和农村治理人才的流失等问题，使农村不同人群之间收入差距也呈现扩大趋势，甚至城市内部人群差距低于乡村内部成员之间的差距。农业现代化助推农村现代化的边际贡献表现出先递增后递减的趋势。为此，城乡融合发展成

为农业现代化与农村现代化协同发展"两难悖论"的重要路径，城乡空间重构将使农业农村现代化衍生出"都市现代农业圈"和"中小城市+商品化农业主产区"两种空间组合形态。在"都市现代农业圈"形态上，纵观发达国家的农业农村现代化历程，随着城市化的不断提升，围绕都市圈发展而梯次布局形成现代农业发展形态，这种城乡融合布局表现出农业高附加值与农村新型社区的嵌入，都市现代农业和新型社区治理形态伴随着城市化的进程也不断融合发展，促使都市农业为城市提供高品质高效益的农产品，满足市场的多样化需求，并将现代农业技术和资源嵌入农业农村现代化的升级迭代中。在"中小城市+商品化农业主产区"形态层面，这种农业生产相对分散，主要以专业化和规模化的农业商品化生产，并逐步形成产村融合、一村一品、一县一业的小城市与大农村商品生产格局，这种"农业兼业化+城市就业空间拓展"组合的重要特征为：农业产业链不断延伸，城乡融合带来农村就业形态的拓展与转变，县域城乡融合发展驱动乡村产业振兴和乡村特色化发展（陈磊、姜海、田双清等，2022）。

（二）充分认识"小农经济"与农业强国建设需要将长期伴随农业农村现代化协同转型

农业强是农村和美的重要基础和保障，而小农经济是中国农业现代化发展面临的重要国情。一方面，加强人均农业生产效益与农村人口适配性成为协调推进农业农村现代化的重要任务。由于农业就业人口占比与农业增加值占GDP的比重差异明显，这一反常现象需要加快推进城乡融合发展步伐和新型工业化、城镇化，将集聚在土地上的小农户逐步引到现代化的城镇工业和服务业就业轨道上来，从而间接提升劳均生产效率和土地资源配置规模，巩固农业现代化的人力资本结构性潜能。另一方面，加快农业强国建设步伐，推进农业供给保障能力强、农业科技创新能力强、农业可持续发展能力强、农业竞争力强和农业发展水平高（以下简称"四强一高"）的农业强国向农业农村现代化的进程（魏后凯、崔凯，2022）。

二、加强村社集体经济共同体建设与农户利益联结

农业利益联结机制是农业各经营主体实现风险共担、利益共享而进行合作的一种紧密关系。利益联结机制的构建一直是我国农业产业化发展面临的难题，构建紧密型农业产业化利益联结机制对于促进农业经济增长和农民稳定增收具有重要意义（钟真、涂圣伟、张照新，2021）。我国的利益联结机制模式演变从20世纪80年代初期的"订单农业""专业合作"（王乐君、寇广增、王斯烈，

2019)，再到党的二十大报告提出的发展新型农业经营主体，其形式从"公司+农户"到"公司+新型农业经营主体+农户"，新型农业经营主体这一媒介的产生减少了企业对接农户的交易成本，有利于加强企业与小农户实现优势互补，实现专业化分工，让农民更多地分享产业发展带来的增值收益。

（一）构建村社集体经济利益共同体，保障农业农村现代化协同转型利益基础

第一，完善农业规模经营主体的利益联结机制。规模化经营已经成为我国农业生产的主要趋势，要完善农业规模经营主体利益联结机制（方国柱、祁春节、贺钰，2022)，提高粮食生产考核在新型农业经营主体评优创先和政策扶持中的占比，发挥好新型农业经营主体带动作用。针对当前快速发展的复合型涉农组织，要统筹构建新型经营主体与农户之间"梯次联动"的利益联结机制，发挥好领军型新型经营主体核心带动作用（姜长云，2019)，强化农村现代供应链主体关联，鼓励探索建立以链主企业为引领的农业产业化联合体（刘振中，2022)。第二，健全农业规模经营主体生产经营补贴机制。加大乡镇集体经济组织政策激励力度，提高农民集体荣誉感与耕地保护的积极性。加大补贴资金监管力度，保证资金足额精准发放。提高粮食作物的保险水平，增强农业生产抵抗自然灾害和市场风险的能力，增强职业经理人的种粮意愿。充分考虑当期农业生产资料价格，尽量减少农民种粮负担，制定种粮补贴标准动态调整机制，并根据耕地的质量进行区别对待，同时向种粮大户倾斜（李景刚、臧俊梅、高艳梅等，2009)。第三，完善财政支农补助资金股权量化制度设计。构建利益联结机制促推城乡融合发展。通过宅基地腾退及集体经营性建设用地入市流转发展乡村旅游项目，构建"村集体经济组织+企业+合作社+农户"的乡村旅游项目支撑集体经济发展利益联结机制，持续壮大农村集体经济。推进特色镇建设与川西林盘保护修复，以促进生态价值转化、做精做细乡村旅游推动城乡融合发展（贾晋、刘嘉琪，2022)。第四，建立匹配的成果共享分配机制。产业融合的过程也是各经济主体融合的过程，产业融合的最终目的是实现产业链供应链价值链的可持续发展提质增效，利益分配是产业融合不同主体利益诉求最关注的现实问题。

（二）加强村社集体经济促农增收及分配体系创新

首先，合作经济组织建立合理的薪资福利制度。允许职业经理人、农业管理公司以"保底+分红"的形式获取投资收益，搭建广阔平台，吸引更多有经营头脑、有管理能力的农民、农业企业加入农村经济发展。其次，完善表彰奖励

机制。开展评先定级工作，将集体经济发展情况作为村党组织工作考核的重要依据，明确从当年村集体经营性净收益中提取一定比例的资金，为参与壮大村社集体经济发展做出较大贡献的村委、党员干部给予表彰奖励，以此调动村社集体经济组织人员发展村集体经济的主动性（赵黎，2022）。对于农户利益分配，通过采用"入股分红+劳动报酬+村民福利"的形式，确保农民切实享受集体经济发展的实惠。一是入股分红，集体经济资产归集体所有，以股份或份额的形式量化到集体成员，同时，将集体资产的一部分收益根据入股比例进行分红。二是按劳取酬。农户根据自身情况自由选择长期或临时参与力所能及的劳动（同等条件下贫困户优先），所得报酬参照同期同类工作的平均薪酬。三是福利共享，集体收益一部分作为集体提留，用于完善相关村、组集体社区的各项基础设施和公共服务体系的建设。最后，农村集体组织承接的财政专项支农资金形成的经营性资产，按照一定比例设立集体扶贫股，并以优先股的形式量化给贫困户（见图13.6）。在精神激励方面，结合实际成立党支部或党小组，发挥党组织的政治优势，进行思想宣传，分享农民专业合作社建办的成功案例，以及村集体转变农户对村社集体经济发展的思想认识，打消农户的思想顾虑，从而提高农户参与村社集体经济发展的积极性。

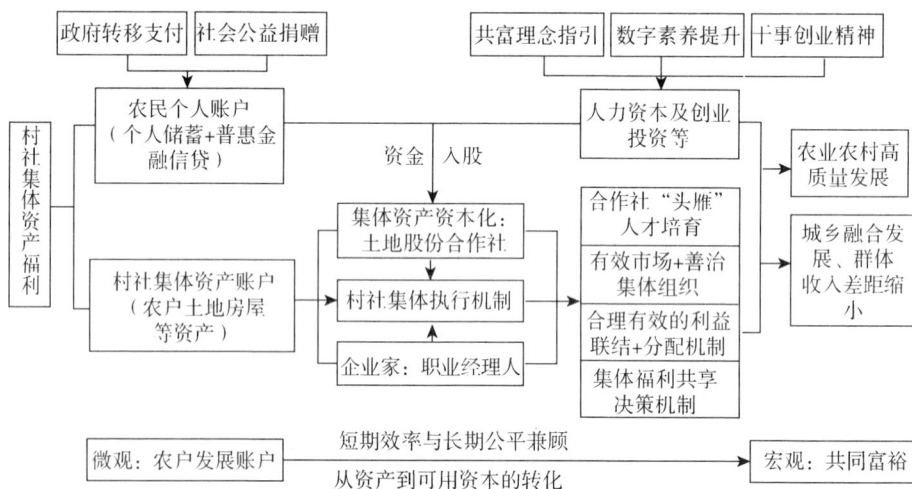

图13.6 村社集体经济助推农业农村现代化的转型路径策略

三、加快村社治理与生态宜居的现代化转型

首先，不断完善村域治理体系。自治是基础，法治是保障，德治是根本。村民自治的主体是村委会，随着农村经济的不断发展，要进一步扩大自治组织

的权力范围，同时，健全村务公开制度，完善监督体系。对于基层工作人员能力不足的情况，定期对基层服务人员进行培训。定期举行活动培养村民的自治、监督意识。村民之间纠纷常有，政府要加强普法宣传，提高村民的法治意识，同时，强化法律在解决农村事务时的权威地位，形成守法、用法、普法的局面。充分挖掘优秀传统文化，弘扬社会主义核心价值观，营造优良的文化学习氛围，实现乡村善治的目标。"三治合一"充分体现了以人为本和乡村有效治理的高度统一。其次，有效转化乡村生态价值。乡村有着明显区别于城市的自然风景、民俗民风等要素，坚持好"绿水青山就是金山银山"理念的前提下，充分利用好农村的这些要素，推动农民增收致富。"绿水青山就是金山银山"理念给农村的发展打开了一个新的要素空间，新的要素空间自然也要求有新的分配格局，要加快实施三变改革"资金变股金、资源变资产、村民变股东"，促进村民的共同开发，共同增收，实现生态资源开发的"空间正义"。最后，加快宜居环境和美。改善农村人居环境、建设美丽乡村是乡村振兴战略的重点任务之一。强化乡村振兴规划引领作用，充分考虑区位优势与发展的可持续性。坚持生态本底可持续的前提下，充分挖掘本地特色优质资源做有效开发，避免同质化竞争（罗必良、钟文晶、谢琳，2022），将绿水青山与本村的人文相结合。在发挥自身特色的同时，避免二次拆建。同时，在宜居乡村的建设中要充分尊重农民的意愿，充分考虑所在地区的文化习俗。

此外，乡村数字化治理赋能新型农村社区推动农业农村现代化治理能力提升。乡村治理现代化作为农业农村现代化的"最后一步"，乡村治理数字化将传统治理与现代科技赋能有效结合，成为城乡治理融合的集中体现。随着消除绝对贫困和全面乡村振兴的有力推进，乡村治理从区域性整体贫困治理向乡村现代化治理水平不断迈进，城乡基层社会治理从过去的分割状态开始趋于空间同构，城市治理体制通过新型农村社区的推广应用和适度优化调整，将乡村人口小规模居民点与适度规模人口的农村社区进行区分，分别配套不同的基础设施和公共服务，围绕乡村人口的需要做出前瞻性的公共服务配套和治理结构的调整。另外，专业化的城乡治理体系融合衍生到农业现代化的专业分工领域，农业的结构性分工促使乡村治理体系和治理结构由公共财政与村集体经济留成来提供，这也必将促使村集体经济发展好与差的村庄形成治理水平的分化。

四、加强党建引领推进要素和制度体系融合

高质量党建引领是高质量推进农业现代化发展的核心。坚持党建引领和党的领导贯穿于乡村振兴各领域工作，不断健全完善农业农村优先发展的制度安

排。做好核心"头雁"人才培育工作，培育新经济人才支撑格局。农业快速发展，乡村经济充满活力，农民外出务工的距离逐渐缩短，就近非农就业已成为新的趋势。农业劳动力转移的新特征，为县域城镇化，特别是以县城为载体的农村城镇化提供了新机遇，为全面推进崇州市乡村振兴提供了新契机。首先，重视党建引领下的村社集体经济发展与"头雁"人才培育，推动全域乡村振兴。一方面，着力打造行政主体与经济组织的联合，构建村社集体经济共同体，并探索"县—镇—村"集体经济的联合与共同体的打造，将村社集体经济发展作为促进产业融合及乡村治理建设的重要力量，从而优化镇村一体化功能布局和产业分工，提高村社治理体系和治理能力的现代化；另一方面，积极培育村社"头雁"人才，通过乡村人才振兴撬动社会资本和投资，拓展资金筹集渠道并加大投资力度，以村社集体经济共同体逐步探索"集体资产资本+民营资本"的公司化合营，建立"产业集聚—村社集体资本联动社会资本—城乡要素融合—村社治理现代化"的新发展格局，以部分中心镇和中心村集体经济共同体联结毗邻村社治理现代化。其次，提高全要素生产率实现农业高质量发展。加快推动农业产业数字化转型。从城乡一体化角度出发，加快补齐数字化基础设施短板，做好农业全产业链数字化协同，加快供销经营服务网点的数字化改造，打造"数字供销"为农服务综合平台。优化资源配置效率，处理好政府与市场之间的关系，减少政府对于微观经济的干预，同时，要做好市场监管、社会管理等服务工作。消除制度壁垒，促进资源要素在城乡之间流动，把城乡一体化的要素市场真正建立起来。最后，健全农业产业体系，提高农业发展效益。以数字化农业产业链建设为基础，打造链主企业。支持"链主"企业建设特色产业园，完善产业生态；发挥"链主"企业龙头带动作用，通过集中采购、信息共享等模式，降低合作社生产经营成本。

第六节　本章小结

中国式农业现代化向农业农村现代化协同转型不仅关系到乡村振兴和共同富裕的战略部署，也是实现中华民族伟大复兴的必然要求。本文构建了一个农业农村现代化协同转型分析框架，探讨了中国式农业现代化向农业农村现代化协同转型的政策变迁、驱动逻辑及推进策略，并基于成都崇州市农业农村现代化协同转型实践，探讨了崇州市"农业共营制→村社共营制→全民共富制"的农业农村现代化协同转型逻辑。研究表明，新中国成立以来，中国农业现代化向农业农村现代化协同转型总体经历了统购统销公社合营、城乡双轨制度并行、取税增补惠民增收、农民农村共同富裕四个阶段,二者之间的发展差距呈现出低水平均衡转向发展水平错位不断扩大再到逐渐融合缩小的"倒 U 形"演变特征。驱动农业农村现代化协同转型的核心动力在于县域城乡融合发展,以农业共营起步,依托"三大平台+市场交易装置"驱动小农户融入现代市场,逐步形成党建引领下的村社集体经济共同体主导农村三产融合,并逐步向村社治理能力和治理体系现代化协同转型,发挥乡贤治理与数字化治理协同作用,实现农民农村共同富裕。在协同转型推进策略上,需要进一步优化农业农村现代化协同空间重构,构建城乡融合驱动村社集体经济共同体多元利益联结和分配机制,推进村社集体资产分类账户统筹和兼顾村社总体"平衡账"。

第十四章

研究结论与政策建议

第一节　研究结论

共同富裕是社会主义的本质要求，而农民农村共同富裕不仅是乡村振兴的主战场，也是农业农村现代化发展的前沿阵地，更是中国式现代化最大的难点和挑战。实现共同富裕既是解决新时代社会经济发展不平衡、区域发展不充分问题的重要抓手，也是中国共产党带领全国人民顺利推进现代化进程的内在要求。村社集体经济作为农村集体经济公有制形态和带动农民增收的重要载体，对于缩小城乡发展差距、改善农民生活水平、推动实现共同富裕发挥着重要作用。

本书基于马克思主义关于共同富裕的相关阐述，并以合作经济理论、委托代理理论、交易费用理论和增权赋能理论等为支撑，重点基于中国特色社会主义关于共同富裕的科学内涵出发，构建了以"共有—共建—共享"为核心框架的村社集体经济发展促进农民农村共同富裕的理论分析框架，重点聚焦村社集体经济在产业融合、制度嵌入、区域协同等方面的运作机理，并分别从包容性发展机制、激励约束机制、区域协调机制、社会保障机制等层面探讨了村社集体经济共同体发展促进农民农村共同富裕的实现机制。同时，分别从村社集体经济发展现状、历程、金融扶持、产业融合、区域协同、效果测度以及实现路径等层面进行了深入的理论和实证分析，为科学有效地推进村社集体经济共同体建设来促进农民农村共同富裕提供理论支撑和科学依据。本书的主要结论如下。

（1）基于共同富裕的理论内涵，构建了"共有—共建—共享—共富"的理论分析框架，揭示了村社集体经济发展促进农民农村共同富裕的有效形式和实现机制，并分析了村社集体经济发展分别通过包容性发展机制、激励约束机制、区域协调机制、社会保障机制等来发挥作用促进农民农村共同富裕。研究发现，村社集体经济通过产业链供应链价值链融合促进农业产业转型升级，并将农业多功能性与村社集体经济建设有机衔接以提升产业融合深度，进而实现产业互促。同时，将村社集体基础设施互联互通和要素流通作为打通城乡融合通道，提升村社集体经济包容性发展的基础。村社集体经济也是产业融合发展的重要抓手，产业融合发展通过以"内聚"和"外延"为核心，通过农民合作社等经济组织发挥产业内部融合与外部拓展延伸的功能，实现产业组织和供应链价值链的数字化转型及多功能性的拓展，打造多业态多功能性的产业链价值链的融合模式。村社集体经济共同体通过党建引领下的物质激励和精神激励实现村社集体经济的"共建"价值，既能有效地将集体经济的共有属性充分调动起来，不断壮大村社集体经济价值，还能将村社内部治理与利益共享分配功能有效衔接，加快村社利益共同体的实现，促进农民农村共同富裕。村社集体经济在实现区域协作帮扶、资源对接、对口帮扶、县域要素统筹等层面有利于区域间和县域内发挥公共资源优化分配、城乡居民权益均等化、收入分配格局改善等实现城乡居民利益格局的变革，最终实现农民农村的共同富裕。

（2）以普惠金融高质量发展助力城乡产业融合发展，实现农民农村共同富裕，提高金融服务广大农民农村资本要素投入、人力资本积累、农业技术效率提升和生产组织模式创新的质效，重点帮助低收入群体迈入中等收入行列。普惠金融提高了农民农村资源要素配置效率和农业劳动生产率，而且通过构建合理的利益分享机制，使农民在参与产业链建设中提高了创富能力、实现了收入增长。同时，通过村社集体经济共同体加快农业的反向定制，带动农业产业化模式创新和产业链供应链的耦合协同，加强技术成果在村社集体层面的转化和扩散，激活村社集体经济组织的再造和促进农民增收致富。受制于普惠金融在服务城乡要素跨界配置和农村市场功能缺陷上的制度性障碍，应加快突破制度性和市场性的功能利益分配机制，深度融合村社集体经济产业和村社功能综合体，强化产业融合的兴农富民带动效应。

（3）农村产业融合发展是缩小城乡收入差距、促进农民农村共同富裕的重要体现。通过对成渝地区双城经济圈2011—2020年的面板数据分析，采用熵权TOPSIS法测度了不同区县农村产业融合发展水平，并从融合广度和深度分别比较了农村产业融合发展质量。同时，采用SAM和SEM探讨了成渝地区双城经济圈内农村产业融合发展水平在不同区县层面的空间演进及其空间分布格局。研究发现，农村产业融合发展水平总体上呈逐渐上升趋势，且农村产业融合深度高于融合广度。农村产业融合发展水平存在空间集聚效应，县域内产业融合深度显著提升，且整体呈现非均衡发展态势。农村产业融合发展水平呈现出由带状分布向块状分布集聚，高值集聚区（H-H，"高-高"集聚）稳定在经济相对发达地区，而低值集聚区（L-L，"低-低"集聚）分布在山地和丘陵地区，极核都市圈扩散效应和毗邻都市圈区域的虹吸效应并存，且这种趋势在短期内表现出较强的"马太效应"。农村产业融合发展对城乡收入差距的影响在空间层面表现出点状分散分布向集中块状分布格局演变，且本地区的农村产业融合发展对城乡收入差距的影响大于毗邻地区，农村产业融合发展缩小城乡收入差距的空间外溢效果较小。

（4）村社集体经济共同体促进农民农村共同富裕的成效测度层面，通过构建"共同"和"富裕"维度下农村居民生活质量测度的评价指标体系，基于熵权 TOPSIS 法从农户个体和省域层面测度了 2008—2020 年中国农村居民生活质量水平，采用核密度函数估计、Moran's I 指数和 Dagum 基尼系数刻画其时空演变及其区域差异。研究发现，共同富裕视域下中国农村居民生活质量总体划分为生活福祉优越型、生活福祉满足型、生活福祉温饱型三类；不同省份之间，农村居民生活质量存在显著的空间依赖性，且随时间的发展空间差异较大，呈现出"东强西弱、南高北低，华东为龙头，华北、中南为两翼，东北、西南、西北做尾翼"的空间分布格局。重视不同省份之间居民生活质量的空间差异，特别是物质生活富裕与精神生活富足需要与生活环境宜居有效协同，不同区域因地制宜地推进"共建→共享→共富"的生活质量提升策略，并妥善处理好共同性和差异性的关系，协同推进经济高质量发展与民生质量改善。

（5）村社集体经济依托数字乡村建设和数字化乡村社区治理，成为助推村社有效治理和经济高质量发展实现共同富裕的重要体现。通过采用层次分析法和模糊综合评价法比较分析了村社集体经济在数字化乡村社区治理成效及其区域差异。发现农民参与数字化乡村社区治理意愿和数字化治理能力总体不高，数字化乡村社区治理有利于提升社区治理效率，且不同区域存在数字化乡村治理鸿沟。村社集体经济发展在加快数字化社区治理的作用效果得分方面存在"数字化社区整合>数字化社区保障>数字化社区监督>数字化社区服务>数字化社区自治"的现象。乡村社区周边城镇房价水平与数字化治理成效存在显著正相关，周边城镇房价越高的乡村社区在数字化乡村社区自治、社区整合、社区服务等层面表现更为优异。为此，加强乡村社区治理能力建设和数字化治理平台建设，构建数字村社集体社区治理责任共同体，积极缩小数字乡村社区治理鸿沟尤为关键。

（6）农业生产要素错配会直接或间接影响农户资源配置效能，引起农户收入流动及收入极化现象。改革开放以来，农户收入流动在缓解村社集体内部长期收入差距方面的作用呈现先下降后小幅上升的特征，但总体呈下降趋势，农户收入阶层固化现象仍较为严峻。农村劳动力流动使就业结构发生较大变化。其中，兼业农户和外出务工农户的收入极化程度较高，而规模种植农户及小规模农户的收入极化程度变化较小。就业结构的改变一定程度上导致了流动人口收入极化水平上升，家庭就业结构的差异可以解释收入极化水平的90%。在农业生产要素错配中，劳动力资源错配占据主导地位，外出务工劳动力流动越多，农村内部基尼系数也随之下降，但其作用效果呈边际递减趋势；农业生产资本、土地和中间品投入的资源错配程度总体呈现小幅下降的趋势。政府补贴、家庭禀赋（劳动力或土地）、学校教育、社会资本（党员身份或干部身份）等均有利于提高农户收入流动水平，但其对农户阶层跃迁的作用效果呈下降趋势。

第二节　村社集体经济发展促进共同富裕的有效路径

　　村社集体经济的高质量发展目的不仅仅在于促进农民物质生活层面的可持续增长，强化富民增收的内生动力和农民生活品质及生活便利性的提升，更要加强对农民健康状况和精神生活层面多元保障及社会公共服务的有效供给，提高农村居民生活质量，进而提升居民幸福感和获得感。由于不同发展阶段的省份农民生活质量需求也存在较大差异，需要根据不同经济发展阶段生活需求提供相应的生活质量选择，加快城乡产业融合发展与城乡体制机制融合的协同，推动城乡要素市场的双向流动，进一步为农村经济高质量发展提供有力的外部环境。在农民生计福利保障和城乡收入差距缩小层面，进行整体推进区域协同发展，实现农民收入增长和收入分配二者之间的有机协同，降低区域发展不平衡、不充分的现实困境。强化农民收入增长内生动力和居民获得感的量化考核。通过积极引导农民由追求农产品数量增长收益转向追求农产品效益，提高农民生产性收入。落实惠民政策，深化改革、创新机制，切实增加农民政策性收入，公共财政要更大力度向"三农"倾斜，促进农民持续增收，不断提升农民的获得感、幸福感、安全感。

一、优化行政区划和创新村社经营管理体制机制，打造村社集体经济文旅融合体

　　在积极推进乡镇行政区划和村（社区）体制机制改革过程中，壮大村社集体经济综合体，创新探索将农村闲置宅基地变为集体经营性建设用地入市流转，让"沉睡"的宅基地"流动"起来，用于发展民宿、康养、休闲度假等乡村旅游新产业新业态，有力破解乡村旅游新产业新业态项目落地瓶颈，实现土地资源变资本的目标。积极推进"农业+"产业融合发展，加快农商文旅体等方面的深度融合，加大财政支持以推进休闲农业和乡村旅游产业转型升级。依托自然风光、特色农业及民族聚落资源，开发利用农耕文化。利用独特的旅游资源优势大力发展立体农业和观光农业，深入发掘农业农村的休闲旅游、文化体验、生态养老等多种功能，推动农村交叉融合发展。

　　首先，优化行政区划和村社体制机制。从宅基地申请放弃、不动产注销登记、使用权流转及不动产登记、集体经营性建设用地变更及收益分配决议、用地规划条件及红线图、报规报建、项目建设及验收等程序制定了明确的实施流程。打造"产业功能区+村社集体经济共同体+乡村旅游"的农商文旅体融合发展，充分融入文创体验、大地艺术展览、商业会展、研学旅游、培育孵化等消费业态，打造一批精品旅游产品。其次，构建利益联结机制促推城乡融合发展。通过宅基地腾退及集体经营性建设用地入市流转发展乡村旅游项目，构建"村集体经济组织+企业+合作社+农户"的乡村旅游项目支撑集体经济发展利益联结机制，持续壮大农村集体经济。推进特色镇建设与村社集体经济共同体保护修复，以促进生态价值转化、做精做细乡村旅游推动城乡融合发展。再次，打造特色乡镇产业集群助力乡村产业生态圈和产业链整合。打造"特色镇+村社集体经济综合体+农业园区""特色镇+村社集体经济综合体+景区""特色镇+村社集体经济综合体+产业园"的产业集群，根据主导产业发展布局谋划特色镇建设，引导资金向特色镇（街区）流动、产业向特色镇（街区）集聚、人口向特色镇（街区）转移，形成产业集聚、功能复合、连城带村的特色镇（街区）；深入挖掘村社集体经济共同体生态价值、美学价值、文化价值，在提升其基础设施的基础上植入现代产业功能，营造高品质生活场景、新经济消费场景，让林盘宜居、宜业又宜游，重塑城乡经济地理、促进生产生活生态空间有机融合、推动形成产业生态圈和创新生态链。最后，坚持"政府主导、市场主体、商业化逻辑"，政府、企业、村集体与村民多方主体共建共享，实现特色镇与村社集体经济共同体可持续发展。按照"数字经济、高端制造、金融商贸、文化创意、运动康养、现代农业"等主导产业类型，指导区（市）县对特色镇（街区）和村社集体经济共同体进行梳理分类，从"优规划、精筑城、广聚人、强功能、兴产业、建机制"六方面着力，构建强有力的政策支撑体系和效能监督体系。

二、加快村社集体经济生态价值转化的社会化服务体系建设

　　加快农地经营集约流转和服务规模经营，由村社集体负责统一经营管理，优化和分类推进现代农业产业体系构建，引进培育农业社会化服务组织，提升产业融合深度与质量，助力集体经济发展，夯实农民农村共同富裕基础。积极

发挥党员先锋带头作用，推动农村集体经济的先行先试探索，在"自愿、有偿、公平、有序"的基础上，将分散在农户手中的资源有效转化为集体资产。针对性开展对村民的教育，强化村民的致富意识与创新意识。在充分尊重农民意愿的前提下，积极做好引导与示范工作，增强农村集体经济的凝聚力，让农民自觉自愿参与村社集体经济发展。强化乡村振兴规划引领功能，充分考虑区位优势与发展的可持续性。坚持生态本底可持续的前提下，充分挖掘本地特色优质资源做有效开发，避免同质化竞争，将绿水青山与本村的人文相结合。在发挥自身特色的同时，避免二次拆建，节约资金成本。

强化文创农旅人才培育建设，助推乡村人才振兴，夯实农民农村共同富裕的基石。以培育乡村人才为抓手，强化职业农民技能更好地服务村集体经济高质量发展，通过培养一支懂农业、爱农业、爱农民的工作队伍，"引留并用"，不拘一格降人才，探索村社集体经济管理人才与村干部的适度结合和分离机制，打造一支高素质的村社集体经济经营管理人才队伍。积极开展农民职业技能培训，培养一批高素质的技术人才和管理人才，高质量推动农民工市民化，逐步探索农民退休机制。建立"政府主导+企业参与+院校与专合社协同"的新型职业农民培育模式。大力推广"工学一体化""职业培训包""互联网+"等先进培训方式，积极搭建网络和移动学习培训平台，开展农民工专业技能培训、返乡创业培训过程监管，提升培训质效。推动农民工与用工企业精准对接，解决农民工就业问题；大力发展廉租房，以安居房建设为抓手，加快农民工的市民化，每年兴建一定数量的安居房，帮助农民工在城市安家落户，使农民工子女在城镇能够平等参加中考高考。优先为获得资格证书的新型职业农民提供城镇职保补贴，给予自愿停止经营或转让土地经营权的农户适当退休金或生活补贴，推动土地适度规模经营。建立基层公共就业创业服务平台，降低供求双方岗位搜寻成本；培育和引进龙头企业，继续强化东西部协作及劳务输出，积极承接经济发达地区的产业转移，加强区域间、企业间经济合作。政府应充分发挥东西部之间的区域劳务协作，提高劳务输出的组织化、市场化、规模化程度。

此外，继续加大技能培训力度，培养一批乡村社区数字化治理的能人，提升乡村社区治理能力。由于信息化技术在推进过程中，要求社区工作人员和居民需要掌握一定的互联网信息技术，通过举办各类社区活动和学校教育，强化对工作人员和居民的技能培训，组织和培养一支具有高素质和高技术操作能力的志愿者团队，为数字化乡村社区治理网络参与机制建设注入源源不断的动力。引入第三方服务机构，构建数字社区治理责任共同体。由于社区数字化治理在推广的过程中，需要大量资金、人才和技术的支持，因此，仅依靠社区或者政府的支持还不够，可以通过引入市场机制、支付服务费用吸引更多的企业自愿进入社区数字化治理进程，以市场化利益驱使推进乡村社区数字化治理建设。同时，居委会通过开展调研、评议会等手段将社区中存在的问题汇总起来，实现信息在政府、企业之间的数字化互享，进而促进政府、社区、社区组织、居民和企业等主体协同参与社区网络治理。多网融合，实现数字化乡村社区治理智能化。积极构建"一网通办"，通过网上办事大厅、微信群、微信公众号、App 服务平台等预约、办理居民医保、就业、救助、教育等事务，将所有政务数据集中到网络平台，同时，实现信息在"单元网格—社区—街道—区（市）级"的传递，逐步做到一网通办、一次办成。因地制宜补齐短板，缩小数字乡村社区治理差距。继续加大数字化乡村社区治理支持力度，强化网络机制社区自治、整合和服务上的运用，进一步增强居民的幸福感和满意度；充分利用当地社区经济、资源、人才等优势，加强网络化机制在社区自治和社区监督等功能上的运用，提高社区居民参与数字化乡村社区治理的积极性。积极推进社区网络化基础设施建设，完善数字化乡村社区治理机制，提升网络化社区服务供给能力质量和效率，进一步激发网络化机制对数字化乡村社区治理现代化建设的强大动力。

三、加快城乡产业融合促进村社集体经济高质量发展基础

第一，促进农村产业融合整体均衡高质量发展，尤其要注重提升县域城乡内部产业交叉、渗透融合。积极推进生态本底下的"农业+"和"+农业"形态的深度融合。比如，加大财政支持力度，依托自然风光、民族聚落等资源，催生乡村旅游、立体农业等新产业新业态持续健康发展，深入挖掘农业农村的文化体验、生态养老等多种功能，推动农村交叉融合发展。大力发展绿色的融合产业技术，带动县域内城乡产业融合发展。同时，加强科技创新赋能农村产业园区的规模化和数字化转型，推进高技术对农业的渗透。针对农村产业融合发展较差的县域，因地制宜地发展现代高效农业，促进农业现代化。

第二，健全农村产业融合发展的市场环境。利用财政资金投入吸引生产要素向农村靠拢，形成以第一产业为基础的产业融合。大力推进新型城镇化进程，高效利用各县域优势资源，形成合理分工的产业格局，使产业和市场集聚，推动生产要素转移，助推农村产业融合进程。同时，构建吸引各级各类专业人才服务农村的激励机制，鼓励大学生返乡创业，加大对高科技人才在农村创业的扶持力度。加大人才集聚和农民技能提高，为农村产业融合注入新鲜血液，有效提高农业生产率，破解城乡收入差距不断扩大的现实问题。进一步构建城乡

融合发展新格局，引导农村居民转移就业，创造良好的市场环境，使农民收入持续增加，进一步促进农民共同富裕，缩小城乡收入差距。

第三，加强科技创新，赋能农村产业园区的规模化和数字化转型。规范有序引导新型农业经营主体统筹协调，有序引导和组织散户，重点依托龙头企业、农民专业合作社等进行规模化、专业化经营，形成品牌和市场影响力，推进高技术对农业的渗透型融合发展。针对农村产业融合水平较低的县域，应加大扶持和引导力度，因地制宜地采取有效措施发展现代高效农业。坚持农业农村改革主攻方向不动摇，以放活土地经营权为突破口，培育新型农业经营主体，提高农业劳动生产率和农业现代化水平。

第四，发挥金融市场手段，构建和完善农业产业链延长制。创新金融产品以满足农民的投资需求，提高普惠增强农村金融的可得性和金融机构距离的可及性，满足各类主体合理的融资诉求；引导农民积极加入农村产业融合进程，积极探索各种因地制宜的融合模式，让农户分享到收益，切切实实增收。有序引导新型农业经营主体统筹协调，组织散户，重点依托龙头企业、农民专业合作社等进行专业化经营，形成品牌，扩大市场影响力，增加农产品附加值。以放活土地经营权为突破口，培育新型农业经营主体，提高农业劳动生产率，以进一步缩小城乡收入差距。

四、创新农村集体经济运行机制和财富分配共享机制

加快推动集体资产清产核资和集体经济组织成员身份确认工作，着力推进经营性资产确权到户和股份合作制改革，激励农民充分利用现有的经营性资产成立各种专业合作组织，发展合作经济。积极探索和创新发展集体经济新的实现形式与运行机制。稳妥推进资源性和非经营性的集体资产产权改革，将不宜折股到户的集体资产作为发展集体经济的重要资源和载体，探索保值和增值的有效途径。加快提升集体经济运营的专业化水平。充分发挥基层党组织的领导作用，加快研究出台农村集体经济组织法，健全集体经济组织的特殊法人治理结构，带领广大村民共同致富；加快提升集体经济运营的合作化水平。创新混合所有制形式，采用集体资产入股参与乡村振兴龙头企业的村企合作、跨行政区域的村村合作形式，将村民利益、集体利益和其他社会参与主体利益捆绑在一起，形成利益共同体，激发集体经济的增长活力；增强广大农民的获得感，使集体经济对广大农民实现共同富裕发挥更大作用。另外，加强安置区公共服务能力和承载能力的提升。在新型城镇化与移民搬迁深度融合的同时，大力提高安置区的公共服务均等化水平，持续完善公共服务和基础设施，做好安置区

基础设施配套，预防和降低弱势群体及家庭因病致贫、因事返贫的风险。加强移民安置区村规民约的制定，大力推行"户长制""积分制""道德超市""爱心银行""负面清单"等管理方式，建立相应的激励惩戒机制，旨在引导移民尽快适应搬迁后的生活，激发其长效脱贫内生动力。合理分配就业、医疗、教育等资源，保障移民平等参与空间生产与分配的机会，提升移民社区参与的主体性，促进社区秩序的维护和社区共同体的建设。

五、完善县域内城乡集体经济共同体的空间协同，缩小城乡空间差距

完善农村产业空间融合的基础设施建设。完善的基础设施是产业渗透融合和产业交叉融合发展的基础。加快交通、信息网络、休闲娱乐设施等的建设。交通便利有利于农业生产的要素资源运输、农产品加工和配送，同时，便于游客前往，带动休闲农业、观光农业的发展。良好的休闲娱乐设施可以提高游客满意度，促进旅游业持续发展。从软件服务来看，政府应予以财政支持农业机械化、集约化、数字化。增强搬迁农户的社区融入感。构建友好包容型社区和居民自治机制，引导搬迁农户积极融入社区公共事务管理。营造开放包容的社区文化，做好村社文化传承与保护工作，结合移民群众和当地居民风俗习惯，组织开展群众喜闻乐见的文化活动，推动各民族搬迁群众交往交流交融，提升搬迁群众获得感、幸福感、安全感、归属感和社会融合度。广泛运用大数据技术提升社区服务。搭建就业服务大数据平台，匹配移民就业招聘供求信息，为供给双方节约信息搜寻成本提供便利；在提升服务质量上，通过数据共享与信息整合实现便捷化和差异化的服务供给；在心理服务上，通过大数据平台，为移民提供多维度咨询服务，利用大数据平台精准掌握社区居民的思想意识和心理状况，并及时做出干预。完善乡村网络系统，构建电商平台，发展智慧农业。加快交通系统升级和完善休闲娱乐设施，方便游客进入观赏旅游，助推乡村旅游发展。强化农产品流通体系建设。促进农业生产资源的运输、农产品的配送，即将"工业品下乡"与"农产品进城"紧密结合，拓展农产品销售渠道，促进农民增收。构筑信息网络，建设电商平台，完善农业信息化服务体系，科学高效安排农业生产，发展智慧农业。此外，完善农村产业融合发展的市场环境。农村产业融合首先要促进城镇化，使产业在农村或者城镇集聚，财政资金投入吸引生产要素向农村靠拢，从而形成以第一产业为基础、在农村及城镇地区进行三产融合。市场扩散和市场集聚都能推动生产要素，加快农村产业融合发展进程，从而加快城乡融合发展新格局，更好地促进就业和营造良好的外部市场环境，进一步提高农民共同富裕程度。

参考文献

[1] 马克思. 资本论: 第1卷 [M]. 中共中央马克思恩格斯列宁斯大林著作编译局, 译. 北京: 人民出版社, 2004.

[2] 艾明江. 共同民主治理: 互联网数字化乡村社区治理分析——以新浪微博社区为例 [J]. 电子政务, 2014 (8).

[3] 蔡洁, 刘斐, 夏显力. 农村产业融合、非农就业与农户增收——基于六盘水的微观实证 [J]. 干旱区资源与环境, 2020, 34 (2).

[4] 曹菲, 聂颖. 产业融合、农业产业结构升级与农民收入增长——基于海南省县域面板数据的经验分析 [J]. 农业经济问题, 2021 (8).

[5] 曹海军, 刘少博. 社区公共服务合作网络模式辨析——以 "三社联动" 为例 [J]. 中国行政管理, 2020 (8).

[6] 曹红. 农民收入增长: 分化与均衡 [J]. 华北电力大学学报 (社会科学版), 2022 (2).

[7] 曾润喜, 罗俊杰, 朱美玲. 网络社会安全风险评估指标体系研究 [J]. 电子政务, 2019 (3).

[8] 曾祥凤, 蒋永穆. 中国农业制度锁定及其解锁 [J]. 农村经济, 2006 (6).

[9] 曾亿武, 宋逸香, 林夏珍, 等. 中国数字乡村建设若干问题刍议 [J]. 中国农村经济, 2021 (4).

[10] 陈伯君, 邓立新, 余梦秋, 等. 成都农村土地产权制度改革与农民增收关系的实证分析 [J]. 探索, 2009 (3).

[11] 陈东平, 丁力人, 高名姿. 共同富裕背景下数字金融与城乡收入差距——基于地级市面板数据的实证研究 [J]. 南京农业大学学报 (社会科学版), 2022, 22 (6).

[12] 陈光普. 数字化乡村社区治理绩效: 评估指标体系与实证分析 [J]. 宁夏社会科学, 2020 (1).

[13] 陈红霞, 雷佳. 农村一二三产业融合水平测度及时空耦合特征分析 [J]. 中国软科学, 2021 (S1).

[14] 陈慧卿, 陈国生, 魏晓博, 等. 数字普惠金融的增收减贫效应——基

于省际面板数据的实证分析 [J]. 经济地理，2021，41（3）.

[15] 陈磊，姜海，田双清. 县域城乡融合发展与农村土地制度改革：理论逻辑与实现路径 [J]. 中国土地科学，2022，36（9）.

[16] 陈立文，赵士雯. 智慧社区运营管理体系及平台构建研究——基于利益相关者视角 [J]. 当代经济管理，2018，40（8）.

[17] 陈丽君，郁建兴，徐铱娜. 共同富裕指数模型的构建 [J]. 治理研究，2021，37（4）.

[18] 陈全功. 西部民族地区农村集体经济发展差距及形成原因调查 [J]. 中国集体经济，2021（31）.

[19] 陈盛伟，冯叶. 基于熵值法和 TOPSIS 法的农村三产融合发展综合评价研究——以山东省为例 [J]. 东岳论丛，2020，41（5）.

[20] 陈堂，陈光. 数字化转型对产业融合发展的空间效应——基于省域空间面板数据 [J]. 科技管理研究，2021，41（4）.

[21] 陈文. 利益个体组织化与利益组织政治化的逻辑理路 [J]. 政治学研究，2017（4）.

[22] 陈锡文. 充分发挥农村集体经济组织在共同富裕中的作用 [J]. 农业经济问题，2022（5）.

[23] 陈湘满，喻科. 村社产业融合对农村居民收入的影响——基于空间杜宾模型实证分析 [J]. 湘潭大学学报（哲学社会科学版），2022，46（2）.

[24] 陈晓华. 突出扶持重点，切实增强新型农业经营主体发展带动能力 [J]. 农业经济问题，2020（11）.

[25] 陈学法，王传彬. 论企业与农户间利益联结机制的变迁 [J]. 理论探讨，2010（1）.

[26] 陈学云，程长明. 乡村振兴战略的三产融合路径：逻辑必然与实证判定 [J]. 农业经济问题，2018（11）.

[27] 陈烨烽，王艳慧，王小林. 中国贫困村测度与空间分布特征分析 [J]. 地理研究，2016，35（12）.

[28] 陈烨烽，王艳慧，赵文吉，等. 中国贫困村致贫因素分析及贫困类型划分 [J]. 地理学报，2017，72（10）.

[29] 陈一明. 数字经济与乡村产业融合发展的机制创新 [J]. 农业经济问题，2021（12）.

[30] 程名望，李礼连，张家平. 空间贫困分异特征、陷阱形成与致贫因素分析 [J]. 中国人口·资源与环境，2020，30（2）.

[31] 程明洋，刘彦随，蒋宁. 黄淮海地区乡村人—地—业协调发展格局与机制 [J]. 地理学报，2019，74（8）.

[32] 程玉鸿，程驰．城乡收入差距对产业结构升级的影响机制研究——基于发展阶段转变视角［J］．经济问题探索，2021（11）．

[33] 迟铭，毕新华，李金秋，等．关系质量视角下移动虚拟数字化乡村社区治理对组织公民行为影响研究——以知识型移动虚拟社区为例［J］．管理评论，2020，32（1）．

[34] 仇叶．集体资产管理的市场化路径与实践悖论——兼论集体资产及其管理制度的基本性质［J］．农业经济问题，2018（8）．

[35] 崔超．发展新型集体经济：全面推进乡村振兴的路径选择［J］．马克思主义研究，2021（2）．

[36] 崔建军，赵丹玉．数字普惠金融能够促进城乡融合发展吗？——基于门槛效应模型的实证检验［J］．经济问题探索，2023（3）．

[37] 邱俊鹏，惠浩，张明元．上海分配制度发展指数及演进研究［J］．上海经济研究，2021（9）．

[38] 丁任重，李标．提高对新时代共同富裕的理论认识［N］．中国社会科学报，2021-12-31．

[39] 丁元竹．构建中国特色基层社会治理新格局：实践、理论和政策逻辑［J］．行政管理改革，2021（11）．

[40] 丁忠兵．农村集体经济组织与农民专业合作社协同扶贫模式创新：重庆例证［J］．改革，2020（5）．

[41] 樊宇航，何华沙，陈毅．网络综合治理评估指标体系构建研究［J］．理论导刊，2019（10）．

[42] 樊增增，邹薇．从脱贫攻坚走向共同富裕：中国相对贫困的动态识别与贫困变化的量化分解［J］．中国工业经济，2021（10）．

[43] 方国柱，祁春节，贺钰．保障粮食和重要农产品有效供给的理论逻辑与治理机制——基于集体行动理论视角［J］．农业经济问题，2022（12）．

[44] 方平，岳晓文旭，周立．农业多功能性、四生农业与小农户前景——基于巴西三类农场调研的反思［J］．中国农业大学学报（社会科学版），2020，37（3）．

[45] 方世南．新时代共同富裕：内涵、价值和路径［J］．学术探索，2021（11）．

[46] 冯贺霞，王小林．基于六次产业理论的农村产业融合发展机制研究——对新型经营主体的微观数据和案例分析［J］．农业经济问题，2020（9）．

[47] 傅辉煌．我国居民消费结构的区域差异研究——基于 ELES 模型的实证分析［J］．消费经济，2020，36（4）．

[48] 高海．农村集体经济组织与农民专业合作社融合发展——以党支部领

办合作社为例［J］.南京农业大学学报（社会科学版），2021，21（5）.

［49］高鸣，芦千文.中国农村集体经济：70年发展历程与启示［J］.中国农村经济，2019（10）.

［50］高鸣，魏佳朔，宋洪远.新型农村集体经济创新发展的战略构想与政策优化［J］.改革，2021（9）.

［51］高强，鞠可心.农村集体产权制度的改革阻点与破解路径——基于江苏溧阳的案例观察［J］.南京农业大学学报（社会科学版），2021，21（2）.

［52］高帅，毕洁颖.农村人口动态多维贫困：状态持续与转变［J］.中国人口·资源与环境，2016，26（2）.

［53］葛道顺.新时代共同富裕的理论内涵和观察指标［J］.国家治理，2021（30）.

［54］葛继红，王猛，汤颖梅.农村三产融合、城乡居民消费与收入差距——效率与公平能否兼得？［J］.中国农村经济，2022（3）.

［55］葛笑如.20世纪上半叶关于农业农村现代化的思想论争及其对当代的启示［J］.南京农业大学学报（社会科学版），2023，23（3）.

［56］耿羽.壮大集体经济助推乡村振兴——习近平关于农村集体经济重要论述研究［J］.毛泽东邓小平理论研究，2019（2）.

［57］龚维进，覃成林，徐海东.交通扶贫破解空间贫困陷阱的效果及机制分析——以滇桂黔石漠化区为例［J］.中国人口科学，2019（6）.

［58］龚翔荣，陈天祥.基于粗糙集的城市数字化乡村社区治理绩效指标分析——A市50个样本社区的调查数据［J］.北京行政学院学报，2018（5）.

［59］郭峰，王靖一，王芳，等.测度中国数字普惠金融发展：指数编制与空间特征［J］.经济学（季刊），2020，19（4）.

［60］郭军，张效榕，孔祥智.农村一二三产业融合与农民增收——基于河南省农村一二三产业融合案例［J］.农业经济问题，2019（3）.

［61］郭晓鸣，张耀文.农村集体经济组织与农民合作社融合发展的逻辑理路与实现路径［J］.中州学刊，2022（5）.

［62］郭晓鸣，丁延武，王蔷.以城乡融合发展促进共同富裕的实现路径［N］.四川日报，2022-04-24.

［63］郭永平."典型"产生：对集体化时代山西大寨的考察［J］.北方民族大学学报（哲学社会科学版），2015（6）.

［64］郝爱民，谭家银.农村产业融合赋能农业韧性的机理及效应测度［J］.农业技术经济，2023（7）.

［65］郝文强，王佳璐，张道林.抱团发展：共同富裕视阈下农村集体经济的模式创新——来自浙北桐乡市的经验［J］.农业经济问题，2022（8）.

[66] 郝云平，张兵．数字金融发展的共同富裕效应研究——基于281个地级市的经验证据 [J]．经济问题探索，2023 (3).

[67] 何静，汪侠，刘丹丽，等．国家级贫困县旅游发展与多维贫困的脱钩关系研究——以西南地区为例 [J]．地理研究，2019，38 (5).

[68] 何平立．冲突、困境、反思：数字化乡村社区治理基本主体与公民社会构建 [J]．上海大学学报 (社会科学版)，2009 (4).

[69] 何文强．从农民私人所有到集体所有——以毛泽东土地法律思想变迁为视角 [J]．毛泽东思想研究，2007 (6).

[70] 何颖，刘洪．乡村振兴战略背景下劳动力回流机制与引导对策 [J]．云南民族大学学报 (哲学社会科学版)，2020，37 (5).

[71] 贺文华．马克思主义合作经济理论及其当代价值探寻 [J]．人民论坛，2013 (18).

[72] 贺雪峰．如何再造村社集体 [J]．南京农业大学学报 (社会科学版)，2019，19 (3).

[73] 贺雪峰．乡村振兴与农村集体经济 [J]．武汉大学学报 (哲学社会科学版)，2019，72 (4).

[74] 侯风云，张凤兵．农村人力资本投资及外溢与城乡差距实证研究 [J]．财经研究，2007 (8).

[75] 胡海，庄天慧．共生理论视域下农村产业融合发展：共生机制、现实困境与推进策略 [J]．农业经济问题，2020 (8).

[76] 黄承伟．论习近平新时代中国特色社会主义扶贫思想 [J]．南京农业大学学报 (社会科学版)，2018，18 (3).

[77] 黄承伟．论乡村振兴与共同富裕的内在逻辑及理论议题 [J]．南京农业大学学报 (社会科学版)，2021，21 (6).

[78] 黄徐强，张勇杰．技术治理驱动的社区协商：效果及其限度——以第一批"全国社区治理和服务创新实验区"为例 [J]．中国行政管理，2020 (8).

[79] 黄延信．发展农村集体经济的几个问题 [J]．农业经济问题，2015，36 (7).

[80] 惠宁，霍丽．城乡人力资本的投资差距及其制度设计 [J]．改革，2008 (9).

[81] 贾晋，刘嘉琪．唤醒沉睡资源：乡村生态资源价值实现机制——基于川西林盘跨案例研究 [J]．农业经济问题，2022 (11).

[82] 简新华，聂长飞．新中国70年农地制度、农业经营方式的演进和农村集体经济发展 [J]．经济研究参考，2019 (21).

[83] 简新华，王懂礼．农地流转、农业规模经营和农村集体经济发展的创

新［J］. 马克思主义研究, 2020 (5).

　　［84］江亚洲, 郁建兴. 第三次分配推动共同富裕的作用与机制［J］. 浙江社会科学, 2021 (9).

　　［85］姜建清. 改革开放四十年中国金融业的发展成就与未来之路［J］. 上海交通大学学报 (哲学社会科学版), 2019, 27 (2).

　　［86］姜晓萍, 焦艳. 从 "网格化管理" 到 "网格化治理" 的内涵式提升［J］. 理论探讨, 2015 (6).

　　［87］姜晓萍, 张璇. 智慧社区的关键问题: 内涵、维度与质量标准［J］. 上海行政学院学报, 2017, 18 (6).

　　［88］姜秀敏. 数字化乡村社区治理: 典型模式及 "一核多元" 新模式构建［J］. 天津行政学院学报, 2019, 21 (1).

　　［89］姜长云. 新时代创新完善农户利益联结机制研究［J］. 社会科学战线, 2019 (7).

　　［90］蒋辉, 张康洁, 张怀英, 等. 我国三次产业融合发展的时空分异特征［J］. 经济地理, 2017, 37 (7).

　　［91］蒋永穆, 谢强. 扎实推动共同富裕: 逻辑理路与实现路径［J］. 经济纵横, 2021 (4).

　　［92］焦瑾璞, 黄亭亭, 汪天都, 等. 中国普惠金融发展进程及实证研究［J］. 上海金融, 2015 (4).

　　［93］焦长权. 从乡土中国到城乡中国: 上半程与下半程［J］. 中国农业大学学报 (社会科学版), 2022, 39 (2).

　　［94］孔祥智, 高强. 改革开放以来我国农村集体经济的发展与当前亟须解决的问题［J］. 农村经营管理, 2017 (5).

　　［95］孔祥智, 穆娜娜. 农村集体产权制度改革对农民增收的影响研究——以六盘水市的 "三变" 改革为例［J］. 新疆农垦经济, 2016 (6).

　　［96］孔祥智. 产权制度改革与农村集体经济发展——基于 "产权清晰+制度激励" 理论框架的研究［J］. 经济纵横, 2020 (7).

　　［97］孔祥智. 合作经济与集体经济: 形态转换与发展方向［J］. 政治经济学评论, 2021, 12 (4).

　　［98］孔祥智. 全面小康视域下的农村公共产品供给［J］. 中国人民大学学报, 2020, 34 (6).

　　［99］兰旭凌. 风险社会中的社区智慧治理: 动因分析、价值场景和系统变革［J］. 中国行政管理, 2019 (1).

　　［100］雷晓康, 张田. 数字化治理: 公众参与社会治理精细化的政策路径研究［J］. 理论学刊, 2021 (3).

[101] 李东建, 余劲. 村党支部领办型合作社治村逻辑与现实检验——以陕西省留坝县扶贫互助合作社为例 [J]. 农业经济问题, 2022 (8).

[102] 李红玉. 马克思恩格斯城乡融合发展理论研究 [J]. 中国社会科学院研究生院学报, 2020 (5).

[103] 李怀. 农地"三权分置"下乡村振兴实现的理论、困境与路径 [J]. 农业经济问题, 2022 (2).

[104] 李景刚, 臧俊梅, 高艳梅, 等. 完善种粮补贴标准及其发放方式探讨——以广东省为例 [J]. 地理与地理信息科学, 2009, 25 (5).

[105] 李军鹏. 共同富裕: 概念辨析、百年探索与现代化目标 [J]. 改革, 2021 (10).

[106] 李俊岭. 我国多功能农业发展研究——基于产业融合的研究 [J]. 农业经济问题, 2009 (3).

[107] 李明贤, 刘宸璠. 农村一二三产业融合利益联结机制带动农民增收研究——以农民专业合作社带动型产业融合为例 [J]. 湖南社会科学, 2019 (3).

[108] 李宁, 李增元. 新型集体经济赋能农民农村共同富裕的机理与路径 [J]. 经济学家, 2022 (10).

[109] 李萍, 王军. 财政支农资金转为农村集体资产股权量化改革、资源禀赋与农民增收——基于广元市572份农户问卷调查的实证研究 [J]. 社会科学研究, 2018 (3).

[110] 李乾, 芦千文, 王玉斌. 农村一二三产业融合发展与农民增收的互动机制研究 [J]. 经济体制改革, 2018 (4).

[111] 李实, 沈扬扬. 中国的减贫经验与展望 [J]. 农业经济问题, 2021 (5).

[112] 李实. 充分认识实现共同富裕的长期性 [J]. 治理研究, 2022, 38 (3).

[113] 李实. 共同富裕的目标和实现路径选择 [J]. 经济研究, 2021, 56 (11).

[114] 李韬, 陈丽红, 杜晨玮, 等. 农村集体经济壮大的障碍、成因与建议——以陕西省为例 [J]. 农业经济问题, 2021 (2).

[115] 李停. 从两"分"到两"合": 新中国成立以来农村土地制度演变的内在逻辑——兼评"三权分置"的时代正当性 [J]. 理论月刊, 2021 (1).

[116] 李武, 钱贵霞. 农村集体经济发展助推乡村振兴的理论逻辑与实践模式 [J]. 农业经济与管理, 2021 (1).

[117] 李晓龙, 冉光和. 农村产业融合发展如何影响城乡收入差距——基

于农村经济增长与城镇化的双重视角 [J]. 农业技术经济, 2019 (8).

[118] 李寻欢, 周扬, 陈玉福. 区域多维贫困测量的理论与方法 [J]. 地理学报, 2020, 75 (4).

[119] 李云新, 戴紫芸, 丁士军. 农村一二三产业融合的农户增收效应研究——基于对 345 个农户调查的 PSM 分析 [J]. 华中农业大学学报 (社会科学版), 2017 (4).

[120] 李芸, 陈俊红, 陈慈. 农业产业融合评价指标体系研究及对北京市的应用 [J]. 科技管理研究, 2017, 37 (4).

[121] 李治, 王一杰, 胡志全. 农村一、二、三产业融合评价体系的构建与评价——以北京市为例 [J]. 中国农业资源与区划, 2019, 40 (11).

[122] 李祖佩, 钟涨宝. 乡村振兴战略背景下的村社集体: 实践境遇与再造路径——治理视角下对四类发展典型村的实证分析 [J]. 公共管理学报, 2022, 19 (4).

[123] 梁晨霞, 王艳慧, 徐海涛, 等. 贫困村空间分布及影响因素分析——以乌蒙山连片特困区为例 [J]. 地理研究, 2019, 38 (6).

[124] 梁昊. 中国农村集体经济发展: 问题及对策 [J]. 财政研究, 2016 (3).

[125] 梁树广, 马中东. 农业产业融合的关联度、路径与效应分析 [J]. 经济体制改革, 2017 (6).

[126] 梁伟. 农业转型的社区实践与驱动逻辑——基于湘中鹊山村的经验研究 [J]. 中国农村经济, 2022 (11).

[127] 梁伟军. 产业融合视角下的中国农业与相关产业融合发展研究 [J]. 科学·经济·社会, 2011, 29 (4).

[128] 刘冠军, 惠建国. 中国农村集体经济的实现形式与创新发展 [J]. 甘肃社会科学, 2021 (3).

[129] 刘俊祥, 曾森. 中国乡村数字治理的智理属性、顶层设计与探索实践 [J]. 兰州大学学报 (社会科学版), 2020, 48 (1).

[130] 刘培林, 钱滔, 黄先海, 等. 共同富裕的内涵、实现路径与测度方法 [J]. 管理世界, 2021, 37 (8).

[131] 刘圻, 应畅, 王春芳. 供应链融资模式在农业企业中的应用研究 [J]. 农业经济问题, 2011, 32 (4).

[132] 刘赛红, 杨颖, 陈修谦. 信贷支持、农村三产融合与农民收入增长——基于湖南省县域面板数据的门槛模型分析 [J]. 云南财经大学学报, 2021, 37 (6).

[133] 刘守英. 刘守英: 解剖新土改中政策滞后现象 [N]. 社会科学报,

2014-02-27（2）.

[134] 刘伟，陈彦斌．"两个一百年"奋斗目标之间的经济发展：任务、挑战与应对方略［J］．中国社会科学，2021（3）．

[135] 刘小鹏，李伟华．王鹏，等．发展地理学视角下欠发达地区贫困的地方分异与治理［J］．地理学报，2019，74（10）．

[136] 刘心怡，黄颖，黄思睿，等．数字普惠金融与共同富裕：理论机制与经验事实［J］．金融经济学研究，2022，37（1）．

[137] 刘新梅，韩林芝，郑江华，等．贫困县多维综合贫困度时空分异特征及其驱动机制——以南疆四地州深度贫困地区贫困县为例［J］．经济地理，2019，39（7）．

[138] 刘彦随，周扬，李玉恒．中国乡村地域系统与乡村振兴战略［J］．地理学报，2019，74（12）．

[139] 刘瑛，杨伯溆．互联网与虚拟社区［J］．社会学研究，2003（5）．

[140] 刘源，王斌，朱炜．纵向一体化模式与农业龙头企业价值实现——基于圣农和温氏的双案例研究［J］．农业技术经济，2019（10）．

[141] 刘愿理，廖和平，蔡进，等．西南山区土地利用多功能与多维贫困的时空耦合关系［J］．中国人口·资源与环境，2020，30（10）．

[142] 刘振中．乡村振兴战略背景下优化农村现代供应链与扩大农村内需研究［J］．贵州社会科学，2022（6）．

[143] 柳晓明，段学慧．马克思主义共同富裕思想演化历程及启示——以人民为中心的视角［J］．改革与战略，2021，37（9）．

[144] 龙静云．农民的发展能力与乡村美好生活——以乡村振兴为视角［J］．湖南师范大学社会科学学报，2019，48（6）．

[145] 龙献忠，邱真．网络治理视野下的社区志愿组织发展［J］．求索，2013（5）．

[146] 楼宇杰，张本效，王真真．村级集体经济经营性收入影响因素分析——基于浙江省金华市的调查数据［J］．浙江农业学报，2020，32（8）．

[147] 芦千文，杨义武．农村集体产权制度改革是否壮大了农村集体经济——基于中国乡村振兴调查数据的实证检验［J］．中国农村经济，2022（3）．

[148] 陆军，丁凡琳．多元主体的城市数字化乡村社区治理能力评价——方法、框架与指标体系［J］．中共中央党校（国家行政学院）学报，2019，23（3）．

[149] 陆雷，赵黎．从特殊到一般：中国农村集体经济现代化的省思与前瞻［J］．中国农村经济，2021（12）．

[150] 罗必良，李玉勤．农业经营制度：制度底线、性质辨识与创新空

间——基于"农村家庭经营制度研讨会"的思考 [J]. 农业经济问题, 2014, 35 (01).

[151] 罗必良, 钟文晶, 谢琳. 走向"全域共营制"——从农业经营到乡村振兴的转型升级 [J]. 农村经济, 2022 (1).

[152] 罗必良. 从产权界定到产权实施——中国农地经营制度变革的过去与未来 [J]. 农业经济问题, 2019 (1).

[153] 罗必良. 基要性变革: 理解农业现代化的中国道路 [J]. 华中农业大学学报 (社会科学版), 2022 (4).

[154] 罗必良. 农地保障和退出条件下的制度变革: 福利功能让渡财产功能 [J]. 改革, 2013 (1).

[155] 罗必良. 小农经营、功能转换与策略选择——兼论小农户与现代农业融合发展的"第三条道路" [J]. 农业经济问题, 2020 (1).

[156] 罗明忠. 共同富裕: 理论脉络、主要难题及现实路径 [J]. 求索, 2022 (1).

[157] 罗翔, 李崇明, 万庆, 等. 贫困的"物以类聚": 中国的农村空间贫困陷阱及其识别 [J]. 自然资源学报, 2020, 35 (10).

[158] 吕小亮, 李正图. 中国共产党推进全民共同富裕思想演进研究 [J]. 消费经济, 2021, 37 (4).

[159] 马荟, 庞欣, 奚云霄, 等. 熟人社会、村庄动员与内源式发展——以陕西省袁家村为例 [J]. 中国农村观察, 2020 (3).

[160] 马荟, 苏毅清, 王卉, 等. 从成员个体理性到村社集体理性: 乡村精英的作用机制分析——以 S 省 Y 村为例 [J]. 经济社会体制比较, 2021 (4).

[161] 马晓河. 推进农村一二三产业深度融合发展 [J]. 中国合作经济, 2015 (2).

[162] 毛一敬, 刘建平. 农民城市化视角下县域城乡融合发展的实践机制研究 [J]. 暨南学报 (哲学社会科学版), 2021 (10).

[163] 孟天广, 赵娟. 大数据驱动的智能化社会治理: 理论建构与治理体系 [J]. 电子政务, 2018 (08).

[164] 倪咸林. 城市核心区数字化乡村社区治理模式创新研究 [J]. 行政管理改革, 2018 (01).

[165] 宁静, 殷浩栋, 汪三贵, 等. 易地扶贫搬迁减少了贫困脆弱性吗?——基于 8 省 16 县易地扶贫搬迁准实验研究的 PSM-DID 分析 [J]. 中国人口·资源与环境, 2018, 28 (11).

[166] 潘竟虎, 贾文晶. 中国国家级贫困县经济差异的空间计量分析 [J]. 中国人口·资源与环境, 2014 (5).

[167] 潘文轩，王付敏．改革开放后农民收入增长的结构性特征及启示 [J]．西北农林科技大学学报（社会科学版），2018（3）．

[168] 彭澎，徐志刚．数字普惠金融能降低农户的脆弱性吗？[J]．经济评论，2021（1）．

[169] 齐文浩，李佳俊，曹建民，等．农村产业融合提高农户收入的机理与路径研究——基于农村异质性的新视角 [J]．农业技术经济，2021（8）．

[170] 邱海平．马克思主义关于共同富裕的理论及其现实意义 [J]．思想理论教育导刊，2016（7）．

[171] 任碧云，刘佳鑫．数字普惠金融发展与区域创新水平提升——基于内部供给与外部需求视角的分析 [J]．西南民族大学学报（人文社会科学版），2021，42（2）．

[172] 邵新哲，计国君．城市网格化管理与智慧社区协同运作机制研究——以四川省S市社区网格化管理为例 [J]．软科学，2021，35（2）．

[173] 申悦，柴彦威，马修军．人本导向的智慧社区的概念、模式与架构 [J]．现代城市研究，2014（10）．

[174] 申云，何祥．农社利益联结与农户信贷满足度 [J]．华南农业大学学报（社会科学版），2020，19（2）．

[175] 申云，贾晋．土地股份合作社的作用及其内部利益联结机制研究——以崇州"农业共营制"为例 [J]．上海经济研究，2016（8）．

[176] 申云，李京蓉，杨晶，等．城乡高质量融合发展研究 [M]．北京：光明日报出版社，2021．

[177] 申云，李京蓉，杨晶．乡村振兴背景下农业供应链金融信贷减贫机制研究——基于社员农户脱贫能力的视角 [J]．西南大学学报（社会科学版），2019，45（2）．

[178] 史亚峰．规模与利益：中国农村村民自治基本单元的空间基础 [J]．东南学术，2017（6）．

[179] 宋煜．数字化乡村社区治理视角下的智慧社区的理论与实践研究 [J]．电子政务，2015（6）．

[180] 苏岚岚，彭艳玲．数字乡村建设视域下农民实践参与度评估及驱动因素研究 [J]．华中农业大学学报（社会科学版），2021（5）．

[181] 苏毅清，游玉婷，王志刚．农村一二三产业融合发展：理论探讨、现状分析与对策建议 [J]．中国软科学，2016（8）．

[182] 孙东升，孔凡丕，钱静斐．发展土地股份合作与三产融合是保障粮食安全和粮农增收的有效途径 [J]．农业经济问题，2017（12）．

[183] 孙迎联．收入分配机制：共享发展视野下的理论新思 [J]．理论与

改革, 2016 (5).

[184] 孙玉环, 张汀昱, 王雪妮, 等. 中国数字普惠金融发展的现状、问题及前景 [J]. 数量经济技术经济研究, 2021, 38 (2).

[185] 孙正林, 贾琳. 我国统筹城乡发展的财税政策研究 [J]. 求是学刊, 2014, 41 (4).

[186] 覃朝晖, 潘昱辰. 数字普惠金融促进乡村产业高质量发展的效应分析 [J]. 华南农业大学学报 (社会科学版), 2022, 21 (5).

[187] 谭秋成. 农村集体经济的特征、存在的问题及改革 [J]. 北京大学学报 (哲学社会科学版), 2018, 55 (3).

[188] 谭雪兰, 蒋凌霄, 王振凯, 等. 地理学视角下的中国乡村贫困——源起、进展与展望 [J]. 地理科学进展, 2020, 39 (6).

[189] 谭燕芝, 姚海琼. 农村产业融合发展的农户增收效应研究 [J]. 上海经济研究, 2021 (9).

[190] 唐超, 胡宜挺, 冀一凡. 农村产业融合的收入效应分析——来自北京市的经验数据 [J]. 新疆农垦经济, 2016 (11).

[191] 唐建军, 龚教伟, 宋清华. 数字普惠金融与农业全要素生产率——基于要素流动与技术扩散的视角 [J]. 中国农村经济, 2022 (7).

[192] 唐任伍, 李楚翘. 共同富裕的实现逻辑: 基于市场、政府与社会"三轮驱动"的考察 [J]. 新疆师范大学学报 (哲学社会科学版), 2022, 43 (1).

[193] 唐任伍, 孟娜, 叶天希. 共同富裕思想演进、现实价值与实现路径 [J]. 改革, 2022 (1).

[194] 唐任伍, 肖彦博, 唐常. 后精准扶贫时代的贫困治理——制度安排和路径选择 [J]. 北京师范大学学报 (社会科学版), 2020 (1).

[195] 滕玉成, 牟维伟. 我国农村社区建设的主要模式及其完善的基本方向 [J]. 中国行政管理, 2010 (12).

[196] 田超伟. 马克思恩格斯共同富裕思想及其当代价值 [J]. 马克思主义研究, 2022 (1).

[197] 涂圣伟. 产业融合促进农民共同富裕: 作用机理与政策选择 [J]. 南京农业大学学报 (社会科学版), 2022, 22 (1).

[198] 涂圣伟. 中国式农业现代化的基本特征、动力机制与实现路径 [J]. 经济纵横, 2023 (1).

[199] 万宝瑞. 我国农业三产融合沿革及其现实意义 [J]. 农业经济问题, 2019 (8).

[200] 汪三贵, 胡骏. 从生存到发展: 新中国七十年反贫困的实践 [J].

农业经济问题，2020（2）.

[201] 王博，王亚华. 县域乡村振兴与共同富裕：内在逻辑、驱动机制和路径 [J]. 农业经济问题，2022（12）.

[202] 王春光. 迈向共同富裕——农业农村现代化实践行动和路径的社会学思考 [J]. 社会学研究，2021，36（2）.

[203] 王定祥，冉希美. 农村数字化、人力资本与农村产业融合发展——基于中国省域面板数据的经验证据 [J]. 重庆大学学报（社会科学版），2022，28（2）.

[204] 王法硕. 智能化数字化乡村社区治理：分析框架与多案例比较 [J]. 中国行政管理，2020（12）.

[205] 王刚贞，陈梦洁. 数字普惠金融影响经济高质量发展的渠道机理与异质特征 [J]. 财贸研究，2022，33（10）.

[206] 王桂芹，郑颜悦. 我国城乡融合存在的问题及对策 [J]. 江淮论坛，2020（5）.

[207] 王国刚，刘合光，钱静斐，等. 中国农业生产经营主体变迁及其影响效应 [J]. 地理研究，2017，36（6）.

[208] 王海娟，胡守庚. 村社集体再造与中国式农业现代化道路 [J]. 武汉大学学报（哲学社会科学版），2022，75（4）.

[209] 王宏波，李天姿，金栋昌. 论新型集体经济在欠发达地区农村市场化中的作用 [J]. 西安交通大学学报（社会科学版），2017，37（4）.

[210] 王菁. 城市社区民主治理绩效评估体系的构建与指标设计 [J]. 华东经济管理，2016，30（3）.

[211] 王君涵，李文，冷淦潇，等. 易地扶贫搬迁对贫困户生计资本和生计策略的影响——基于 8 省 16 县的 3 期微观数据分析 [J]. 中国人口·资源与环境，2020，30（10）.

[212] 王凯，岳国喆. 智慧社区公共服务精准响应平台的理论逻辑、构建思路和运作机制 [J]. 电子政务，2019（6）.

[213] 王乐君，寇广增，王斯烈. 构建新型农业经营主体与小农户利益联结机制 [J]. 中国农业大学学报（社会科学版），2019，36（2）.

[214] 王丽纳，李玉山. 农村一二三产业融合发展对农民收入的影响及其区域异质性分析 [J]. 改革，2019（12）.

[215] 王木森. 数字化乡村社区治理：理论渊源、发展特征与创新走向——基于我国数字化乡村社区治理研究文献的分析 [J]. 理论月刊，2017（9）.

[216] 王泉基. 关于基础设施建设对农村扶贫工作的作用的探索研究——

以广西融水县雨卜村为例 [J].传承,2008 (10).

[217] 王素侠,朱方霞.新型城镇化时期社区治理绩效的测度 [J].统计与决策,2016 (21).

[218] 王小华,温涛.农民收入超常规增长的要素优化配置目标、模式与实施 [J].农业经济问题,2017,38 (11).

[219] 王晓飞,岳晓文旭,周立.村企统合:经营村庄的新模式——以浙江省湖州市 L 村为例 [J].农业经济问题,2021 (10).

[220] 王永明,王美霞,吴殿廷,等.贵州省乡村贫困空间格局与形成机制分析 [J].地理科学,2017,37 (2).

[221] 王长征,冉曦,冉光和.农民合作社推进农村产业融合的机制研究——基于生产传统与现代市场的共生视角 [J].农业经济问题,2022 (10).

[222] 卫志民.中国城市社区协同治理模式的构建与创新——以北京市东城区交道口街道社区为例 [J].中国行政管理,2014 (3).

[223] 魏后凯,崔凯.建设农业强国的中国道路:基本逻辑、进程研判与战略支撑 [J].中国农村经济,2022 (1).

[224] 魏娜.我国城市数字化乡村社区治理模式:发展演变与制度创新 [J].中国人民大学学报,2003,17 (1).

[225] 温涛,何茜,王煜宇.改革开放 40 年中国农民收入增长的总体格局与未来展望 [J].西南大学学报 (社会科学版),2018,44 (4).

[226] 温涛,朱炯,王小华.中国农贷的"精英俘获"机制:贫困县与非贫困县的分层比较 [J].经济研究,2016,51 (2).

[227] 吴敬伟、江静.产业融合、空间溢出与地区经济增长 [J].现代经济探讨,2021 (2).

[228] 吴军,黄涛.乡村振兴与善治的政治经济学分析 [J].现代经济探讨,2020 (11).

[229] 吴晓林,郝丽娜."社区复兴运动"以来国外数字化乡村社区治理研究的理论考察 [J].政治学研究,2015 (1).

[230] 吴晓求.改革开放四十年:中国金融的变革与发展 [J].经济理论与经济管理,2018 (11).

[231] 习近平.扎实推动共同富裕 [J].求是,2021 (20).

[232] 肖红波,陈萌萌.新型农村集体经济发展形势、典型案例剖析及思路举措 [J].农业经济问题,2021 (12).

[233] 肖华堂,王军,廖祖君.农民农村共同富裕:现实困境与推动路径 [J].财经科学,2022 (3).

[234] 肖卫东,杜志雄.农村一二三产业融合:内涵要解、发展现状与未

来思路 [J]. 西北农林科技大学学报（社会科学版），2019，19（6）.

[235] 星焱. 农村数字普惠金融的"红利"与"鸿沟" [J]. 经济学家，2021（2）.

[236] 星焱. 普惠金融：一个基本理论框架 [J]. 国际金融研究，2016（9）.

[237] 邢成举. 搬迁扶贫与移民生计重塑：陕省证据 [J]. 改革，2016（11）.

[238] 邢乐成，赵建. 多维视角下的中国普惠金融：概念梳理与理论框架 [J]. 清华大学学报（哲学社会科学版），2019，34（1）.

[239] 徐俊忠. 土地农民集体所有是农村基本经营制度之魂 [J]. 马克思主义与现实，2017（4）.

[240] 徐维莉. 农业与二、三产业融合发展评价指标体系构建与验证——以苏州市为实证 [J]. 中国农业资源与区划，2019，40（4）.

[241] 徐秀英. 村级集体经济发展面临的困境、路径及对策建议——以浙江省杭州市为例 [J]. 财政科学，2018（3）.

[242] 许庆. 家庭联产承包责任制的变迁、特点及改革方向 [J]. 世界经济文汇，2008（1）.

[243] 薛永基，杨晨钰婧，贾廷灿. 区域产业融合与农民收入协调发展及互动关系研究——基于省级面板数据的分析 [J]. 统计与信息论坛，2021，36（2）.

[244] 闫臻. 共生型数字化乡村社区治理的制度框架与模式建构——以天津 KC 社区三社联动为例 [J]. 中国行政管理，2019（7）.

[245] 杨琛，王宾，李群. 国家治理体系和治理能力现代化的指标体系构建 [J]. 长白学刊，2016（2）.

[246] 杨晶，孙飞，申云. 收入不平等会剥夺农民幸福感吗——基于社会资本调节效应的分析 [J]. 山西财经大学学报，2019，41（7）.

[247] 杨宜勇，王明姬. 共同富裕：演进历程、阶段目标与评价体系 [J]. 江海学刊，2021（5）.

[248] 杨振，江琪，刘会敏，等. 中国农村居民多维贫困测度与空间格局 [J]. 经济地理，2015（12）.

[249] 姚树荣，周诗雨. 乡村振兴的共建共治共享路径研究 [J]. 中国农村经济，2020（2）：14-29.

[250] 叶林，宋星洲，邵梓捷. 协同治理视角下的"互联网+"城市数字化乡村社区治理创新——以 G 省 D 区为例 [J]. 中国行政管理，2018（1）.

[251] 叶南客. 苏南城乡居民生活质量评估与提高战略 [J]. 中国社会科

学，1992（3）.

[252] 印子."三权分置"下农业经营的实践形态与农地制度创新[J].农业经济问题，2021（2）.

[253] 于伟宣，戴云.基于乡村振兴视角的农村集体经济发展模式探究[J].中国集体经济，2021（5）.

[254] 袁浩，谢可心，王体基.城市居民的互联网行为对城市居民社区参与的影响[J].城市问题，2019（4）.

[255] 袁萍，廖欣瑞，陈世礼.集体资产运用视角下信贷支持农村集体经济的主要模式、存在问题及政策建议[J].金融会计，2021（6）.

[256] 袁媛.新时代共同富裕的科学内涵、本质特征与实现路径[J].重庆大学学报（社会科学版），2022，28（4）.

[257] 袁竹.完善中国特色社会主义收入分配机制研究[D].长春：东北师范大学，2013.

[258] 苑鹏.对马克思恩格斯有关合作制与集体所有制关系的再认识[J].中国农村观察，2015（5）.

[259] 张浩，冯淑怡，曲福田."权释"农村集体产权制度改革：理论逻辑和案例证据[J].管理世界，2021，37（2）.

[260] 张红宇.中国现代农业经营体系的制度特征与发展取向[J].中国农村经济，2018（1）.

[261] 张会萍，罗媛月.易地扶贫搬迁的促就业效果研究——基于劳动力非农转移和就业质量的双重视角[J].中国人口科学，2021（2）.

[262] 张晶，杨颖，崔小妹.从金融抑制到高质量均衡——改革开放40年农村金融政策优化的中国逻辑[J].兰州大学学报（社会科学版），2018，46（5）.

[263] 张俊良，闫东东.多维禀赋条件、地理空间溢出与区域贫困治理——以龙门山断裂带区域为例[J].中国人口科学，2016（5）.

[264] 张开云，叶浣儿，徐玉霞.多元联动治理：逻辑、困境及其消解[J].中国行政管理，2017（6）.

[265] 张来武.产业融合背景下六次产业的理论与实践[J].中国软科学，2018（5）.

[266] 张林，罗新雨，王新月.县域农村产业融合发展与农民生活质量——来自重庆市37个区县的经验证据[J].宏观质量研究，2021，9（2）.

[267] 张林，温涛，刘渊博.农村产业融合发展与农民收入增长：理论机理与实证判定[J].西南大学学报（社会科学版），2020，46（5）.

[268] 张林，温涛.数字普惠金融如何影响农村产业融合发展[J].中国

农村经济, 2022 (7).

[269] 张林, 张雯卿. 普惠金融与农村产业融合发展的耦合协同关系及动态演进 [J]. 财经理论与实践, 2021, 42 (2).

[270] 张龙耀, 邢朝辉. 中国农村数字普惠金融发展的分布动态、地区差异与收敛性研究 [J]. 数量经济技术经济研究, 2021, 38 (3).

[271] 张庆亮. 农业价值链融资: 解决农业融资难的新探索 [J]. 财贸研究, 2014, 25 (5).

[272] 张社梅. 西部地区推进农村农民共同富裕的内在逻辑与实现路径 [J]. 四川农业大学学报, 2022, 40 (2).

[273] 张向达, 林洪羽. 东北粮食主产区三产融合的耦合协调分析 [J]. 财经问题研究, 2019 (9).

[274] 张新月, 师博, 甄俊杰. 高质量发展中数字普惠金融促进共同富裕的机制研究 [J]. 财经论丛, 2022 (9).

[275] 张艳红, 陈政, 萧烽, 等. 高质量发展背景下湖南农村产业融合发展水平测度与空间分异研究 [J]. 经济地理, 2021.

[276] 张应良, 徐亚东. 农村"三变"改革与集体经济增长: 理论逻辑与实践启示 [J]. 农业经济问题, 2019 (5).

[277] 张应良, 杨芳. 农村集体产权制度改革的实践例证与理论逻辑 [J]. 改革, 2017 (3).

[278] 张岳, 周应恒. 数字普惠金融、传统金融竞争与农村产业融合 [J]. 农业技术经济, 2021 (9).

[279] 张正平, 任康萍, 谭秋云. 数字金融发展与城乡家庭债务风险差异 [J]. 财经问题研究, 2023 (3).

[280] 赵德起, 陈娜. 中国城乡融合发展水平测度研究 [J]. 经济问题探索, 2019 (12).

[281] 赵黎. 集体回归何以可能? 村社合一型合作社发展集体经济的逻辑 [J]. 中国农村经济, 2022 (12).

[282] 赵霞, 韩一军, 姜楠. 农村三产融合: 内涵界定、现实意义及驱动因素分析 [J]. 农业经济问题, 2017 (4).

[283] 赵峥, 张亮亮, 陈志. 技术创新、城市化与城乡收入差距——基于城市面板数据的实证分析 [J]. 中国科技论坛, 2018 (10).

[284] 郑殿元, 文琦, 黄晓军. 农村贫困化与空心化耦合发展的空间分异及影响因素研究 [J]. 人文地理, 2020, 35 (4).

[285] 郑殿元, 文琦, 王银, 等. 中国村域人口空心化分异机制及重构策略 [J]. 经济地理, 2019, 39 (2).

[286] 郑淋议. 中国农业经营制度：演变历程、问题聚焦与变革取向 [J]. 农村经济，2020（1）.

[287] 郑娜娜，许佳君. 易地扶贫搬迁移民社区的空间再造与社会融入——基于陕西省西乡县的田野考察 [J]. 南京农业大学学报（社会科学版），2019，19（1）.

[288] 郑万吉，叶阿忠. 城乡收入差距、产业结构升级与经济增长——基于半参数空间面板 VAR 模型的研究 [J]. 经济学家，2015（10）.

[289] 郑志龙，侯帅. 县级政府社会治理能力的测量模型建构 [J]. 中国行政管理，2020（8）.

[290] 钟甫宁. 从要素配置角度看中国农业经营制度的历史变迁 [J]. 中国农村经济，2021（6）.

[291] 钟真，涂圣伟，张照新. 紧密型农业产业化利益联结机制的构建 [J]. 改革，2021（4）.

[292] 周国富，陈菡彬. 产业结构升级对城乡收入差距的门槛效应分析 [J]. 统计研究，2021，38（2）.

[293] 周娟. 农村集体经济组织在乡村产业振兴中的作用机制研究——以"企业+农村集体经济组织+农户"模式为例 [J]. 农业经济问题，2020（11）.

[294] 周立，陈彦羽. 数字普惠金融与城乡居民收支差距：理论机制、经验证据及政策选择 [J]. 世界经济研究，2022（5）.

[295] 周立，王彩虹，方平. 供给侧改革中农业多功能性、农业 4.0 与生态农业发展创新 [J]. 新疆师范大学学报（汉文哲学社会科学版），2018，39（1）.

[296] 周立，奚云霄，马荟，等. 资源匮乏型村庄如何发展新型集体经济？——基于公共治说的陕西袁家村案例分析 [J]. 中国农村经济，2021（1）.

[297] 周立. 乡村振兴的中国之谜与中国道路 [J]. 江苏社会科学，2022（3）.

[298] 周利，廖婧琳，张浩. 数字普惠金融、信贷可得性与居民贫困减缓——来自中国家庭调查的微观证据 [J]. 经济科学，2021（1）.

[299] 周延飞. 农村集体经济研究述评与展望 [J]. 湖北经济学院学报，2018，16（5）.

[300] 周扬，李寻欢，童春阳，等. 中国村域贫困地理格局及其分异机理 [J]. 地理学报，2021，76（4）.

[301] 周长城. 生活质量的指标构建及其现状研究 [M]. 北京：经济科学出版社，2009.

[302] 朱磊,胡静,许贤棠,等. 中国旅游扶贫地空间分布格局及成因 [J]. 中国人口·资源与环境, 2016, 26 (11).

[303] 朱琳,万远英,戴小文. 大数据时代的城市数字化乡村社区治理创新研究 [J]. 长白学刊, 2017 (6).

[304] 朱信凯,徐星美. 一二三产业融合发展的问题与对策研究 [J]. 华中农业大学学报 (社会科学版), 2017 (4).

[305] 庄龙玉. 农村数字化乡村社区治理:模式演进、方法转变与联动机制 [J]. 行政论坛, 2018, 25 (4).

[306] 宗成峰. 中国 "互联网+" 城市数字化乡村社区治理:挑战、趋势与模式 [J]. 城市发展研究, 2020, 27 (10).

[307] 宗海勇. 城乡对立融合的哲学审视及价值指认 [J]. 南通大学学报 (社会科学版), 2021, 37 (2).

[308] 姜峥. 农村一二三产业融合发展水平评价、经济效应与对策研究 [D]. 哈尔滨:东北农业大学, 2018.

[309] AABERGE R, BJÖRKLUND A, JÄNTTI M, et al. Income inequality and income mobility in the Scandinavian countries compared to the United States [J]. Review of Income and Wealth, 2002, 48 (4).

[310] ADAMOPOULOS T, RESTUCCIA D. The Size Distribution of Farms and International Productivity Differences [J]. American Economic Review, 2014, 104 (6).

[311] ADAMOPOULOS T, BRANDT L, LEIGHT J, et al. Misallocation, Selection, and Productivity:A Quantitative Analysis with Panel Data from China [J]. Econometrica, 2022, 90 (3).

[312] ANSELIN L. Spatial Econometrics:Methods and Models [M]. Springer Science&Business Media, 2013.

[313] ARNER D W, BUCKLEY R P, ZETZSCHE D A, et al. Sustainability, FinTech and Financial Inclusion [J]. European Business Organization Law Review, 2020, 21.

[314] AYERST S, BRANDT L, RESTUCCIA D. Market Constraints, Misallocation, and Productivity in Vietnam Agriculture [J]. Food Policy, 2020, 94.

[315] CHONG-EN B, ZHENJIE Q. The factor income distribution in China:1978—2007 [J]. China Economic Review, 2010, 21 (4).

[316] BARBIER E B. Natural capital, ecological scarcity and rural poverty [J]. World Bank Policy Research Working Paper, 2012 (6232).

[317] BARROR R J. Quality and quantity of economic growth [M]. Banco

Central de Chile, 2002.

[318] LAW S, BINGHAM – HALL J. Connected or informed?: Local Twitter networking in a London neighbourhood [J]. Big Data & Society, 2015, 2 (2).

[319] BRANDT L, VAN BIESEBROECK J, ZHANG Y. Creative Accounting or Creative Destruction? Firm-Level Productivity Growth in Chinese Manufacturing [J]. Journal of Development Economics, 2012, 97 (2).

[320] BRUSSEL M, ZUIDGEST M, VAN DEN BOSCH, et al. Can the urban poor reach their jobs? Evaluating equity effects of relocation and public transport projects in Ahmedabad, India [M] //Measuring Transport Equity. Elsevier, 2019.

[321] CAO K H, BIRCHENALL J A. Agricultural Productivity, Structural Change, and Economic Growth in Post-reform China [J]. Journal of Development Economics, 2013, 104.

[322] CHARI A, LIU E M, WANG S Y, et al. Property Rights, Land Misallocation and Agricultural Efficiency in China [J]. The Review of Economic Studies, 2021, 88 (4).

[323] CHEN X, ZHANG X. The distribution of income and well-being in rural China: a survey of panel data sets, studies and new directions [J]. Rising China in the Changing World Economy, 2012.

[324] CHETTY R, HENDREN N, KLINE P, et al. Where is the Land of Opportunity? The Geography of Intergenerational Mobility in the United States [J]. The Quarterly Journal of Economics, 2014, 129 (4).

[325] CLARK G. The Son Also Rises: Surnames and the History of Social Mobility: Surnames and the History of Social Mobility [M]. Princeton: Princeton University Press, 2015.

[326] DAGUM C. A new approach to the decomposition of the Gini income inequality ratio [J]. Empirical Economics, 1997, 22 (4).

[327] DAIMON T. The spatial dimension of welfare and poverty: Lessons from a regional targeting programme in indonesia [J]. Asian Economic Journal, 2001, 15 (4).

[328] DAVID COX. Social development: the developmental perspective in social welfare by James Midgley 1995, Sage Publications, London [J]. Children Australia, 1996.

[329] DIENER E D, DIENER CAROL. The Wealth of Nations Revisited: Income and Quality of Life [J]. Social Indicators Research, 1995, 36.

[330] DONG Y, JIN G, DENG X, et al. Multidimensional measurement of

poverty and its spatio temporal dynamics in China from the perspective of development geography [J]. Journal of Geographical Sciences, 2021, 31 (1).

[331] DUCLOS J Y, MAKDISSI P. Restricted and unrestricted dominance for welfare, inequality, and poverty orderings [J]. Journal of Public Economic Theory, 2004, 6 (1).

[332] EISENMAN D P, GLIK D, GONZALEZ L, et al. Improving Latino disaster preparedness using social networks [J]. American journal of preventive medicine, 2009, 37 (6).

[333] EMERICK K, DE JANVRY A, SADOULET E, et al. Technological innovations, downside risk, and the modernization of agriculture [J]. American Economic Review, 2016, 106 (6).

[334] FEILDS G S. The Many Facets of Economic Mobility [M] //Inequality, poverty and well-being. London: Palgrave Macmillan UK, 2006.

[335] FIELDS G S, LEARY J B, OK E A. Stochastic Dominance in Mobility Analysis [J]. Economics Letters, 2002, 75 (3).

[336] FIELDS G S. Distribution and Development: A New Look at the Developing World [M]. Cambridge: MIT Press, 2001.

[337] FIELDS G S. Does Income Mobility Equalize Longer-Term Incomes? New Measures of an Old Concept [J]. The Journal of Economic Inequality, 2010, 8.

[338] FORMBY J P, SMITH W J, ZHENG B. Mobility Measurement, Transition Matrices and Statistical Inference [J]. Journal of Econometrics, 2004, 120 (1).

[339] FOSTER L, HALTIWANGER J, SYVERSON C. Reallocation, firm turnover, and efficiency: selection on productivity or profitability? [J]. American Economic Review, 2008, 98 (1).

[340] FOX S, MUBARAK Y M. Moveable Social Manufacturing: Making for Shared Peace and Prosperity in Fragile Regions [J]. Technology in Society, 2017, 51.

[341] GALASSO V N. The World Bank is Getting "Shared Prosperity" Wrong: The Bank Should Measure the Tails [J]. Not the Average. Global Policy, 2015, 6 (3).

[342] GENG N, JIN X S, QI W, et al. Broadband infrastructure and digital financial inclusion in rural China [J]. China Economic Review, 2022, 76.

[343] GENG Z, HE G. Digital financial inclusion and sustainable employment: Evidence from countries along the belt and road [J]. Borsa Istanbul Review, 2022,

21（3）.

［344］GONG B. Agricultural Reforms and Production in China： Changes in Pro-
vincial Production Function and Productivity in 1978—2015 ［J］. Journal of Develop-
ment Economics, 2018, 132.

［345］GOULD D M, MELECKY M PANTEROV G. Finance, Growth and
Shared Prosperity： Beyond Credit Deepening ［J］. Journal of Policy Modeling, 2016,
38（4）.

［346］AIAAITI G, LIU L, YANG J, et al. An Empirical Analysis of Rural
Farmers' Financing Intention of Inclusive Finance in China： The Moderating Role of
Digital Finance and Social Enterprise Embeddedness ［J］. Industrial Management &
Data Systems, 2019, 119（7）.

［347］HANSEN M N. Change in intergenerational economic mobility in Norway：
conventional versus joint classifications of economic origin ［J］. The Journal of Eco-
nomic Inequality, 2010, 8.

［348］JARVIS S, JENKINS S. How Much Income Mobility Is There in Britain?
［J］. The Economic Journal, 1998, 108（447）.

［349］JORGENSON A K, CLARK B. Are the economy and the environment de-
coupling? A comparative international study, 1960—2005 ［J］. American journal of
sociology, 2012, 118（1）.

［350］JORGENSON A K. Inequality and the carbon intensity of human well-
being ［J］. Journal of environmental studies and sciences, 2015, 5.

［351］BIRD K, SHEPHERD A. Livelihoods and chronic poverty in semi-arid
Zimbabwe ［J］. World Development, 2003, 31（3）.

［352］KHOR N, PENCAVEL J H. Evolution of Income Mobility in the People's
Republic of China： 1991—2002 ［J］. Asian Development Bank Economics Working
Paper Series, 2010（204）.

［353］KHOR N, PENCAVEL J. Income mobility of individuals in China and the
United States ［J］. Economics of Transition, 2006, 14（3）.

［354］KNIGHT K W, SCHOR J B. Economic growth and climate change： a
cross-national analysis of territorial and consumption-based carbon emissions in high-
income countries ［J］. Sustainability, 2014, 6（6）.

［355］KREBS T, KRISHNA P, MALONEY W F. Income Mobility and Welfare
［J］. Working Papers, 2013.

［356］LEE C I, SOLON G. Trends in Intergenerational Income Mobility ［J］.
The Review of Economics and Statistics, 2009, 91（4）.

［357］LI F, WU Y, LIU J, et al. Does Digital Inclusive Finance Promote Industrial Transformation? New Evidence from 115 Resourcebased Cities in China ［J］. Plos one, 2022, 17 (8).

［358］LI J, LIU Y, YANG Y, et al. County－rural revitalization spatial differences and model optimization in Miyun District of Beijing－Tianjin－Hebei region ［J］. Journal of Rural Studies, 2021, 86.

［359］LIU H, LI G, WANG K. "Homestead reduction, economic agglomeration and rural economic development: evidence from Shanghai, China" ［J］. China Agricultural Economic Review, 2022, 14 (2).

［360］LIU Y, LU S, CHEN Y. Spatio－temporal change of urban－rural equalized development patterns in China and its driving factors ［J］. Journal of Rural Studies, 2013, 32.

［361］LIU Y, LIU C, ZHOU M. Does Digital Inclusive Finance Promote Agricultural Production for Rural Households in China? Research based on the Chinese Family Database (CFD) ［J］. China Agricultural Economic Review, 2021, 13 (2).

［362］LUO C, LI S, SICULAR T. The long-term evolution of national income inequality and rural poverty in China ［J］. China Economic Review, 2020, 62.

［363］MA W, JIANG G, CHEN Y, et al. How feasible is regional integration for reconciling land use conflicts across the urban－rural interface? Evidence from Beijing－Tianjin－Hebei metropolitan region in China ［J］. Land Use Policy, 2020, 92.

［364］EPPRECHT M, MüLLER D, MINOT N. How remote are Vietnam's ethnic minorities? an Analysis of spatial patterns of poverty and inequality ［J］. The Annals of Regional Science, 2011, 46 (2).

［365］MIDGLEY J O. Social Development: The Developmental Perspective in Social Welfare ［M］. London: Social Development, 1995.

［366］MLACHILA M, TAPSOBA R, TAPSOBA S J A . A quality of growth index for developing countries: a proposal ［ J ］. Social indicators Research, 2017, 134.

［367］MULLIGAN C B. Parental Priorities and Economic Inequality ［M］. Chicago: University of Chicago Press, 1997.

［368］NEE V. The Emergence of a Market Society: Changing Mechanisms of Stratification in China ［J］. American Journal of Sociology, 1994, 101 (4).

［369］NICHOLS A. Income inequality, volatility, and mobility risk in China and the US ［J］. China Economic Review, 2010, 21.

［370］OLIVIA S, GIBSON J, ROZELLE S, et al. Mapping Poverty in Rural

China: How Much Does the Environment Matter? [J]. Environment and Development Economics, 2011, 16 (2).

[371] PIKETTY T, YANG L, ZUCMAN G. Capital Accumulation, Private Property and Rising Inequality in China, 1978—2015 [J]. American Economic Review, 2019, 109 (7).

[372] PIKETTY T, SAEZ E. The Evolution of Top Incomes: A Historical and International Perspective [J]. American Economic Review: Papers and Proceedings, 2006, 96 (2).

[373] PIRAINO P. Comparable Estimates of Intergenerational Income Mobility in Italy [J]. The BE Journal of Economical Analysis & Policy, 2007, 7 (2).

[374] PLATTEAU J P, SOMVILLE V. Elite Capture Through Information Distortion: Uniformly Distributed Signal [R]. 2009.

[375] QIN X F, LI Y R, LU Z, et al. What makes better village economic development in traditional agricultural areas of China? Evidence from 338 villages [J]. Habitat International, 2020, 106.

[376] RAVALLION M, CHEN S. Weakly Relative Poverty [J]. Review of Economics and Statistics, 2011, 93 (4).

[377] RAVALLION M, CHEN S. China's (Uneven) Progress Against Poverty [M] //Governing rapid growth in China. Routledge, 2009.

[378] RICCI C A, SCICCHITANO S. Decomposing changes in income polarization by population group: what happened during the crisis? [J]. Economia Politica, 2021, 38 (1).

[379] MUSHTAQ R, BRUNEAU C. Microfinance, financial inclusion and ICT: Implications for poverty and inequality [J]. Technology in Society, 2019, 59.

[380] ROSENBERG N. Technological Changes in the Machine tool Industry: 1840—1910 [J]. The Journal of Economic History, 1963, 23 (4).

[381] SCHNELL P, KOHLBACHER J, REEGER U. Neighbourhood embeddedness in six European cities: Differences between types of neighbourhoods and immigrant background [J]. Polish Sociological Review, 2012 (180).

[382] SEHRAWAT M, GIRI A K. Financial development, poverty and rural-urban income inequality: evidence from South Asian countries [J]. Quality and Quantity, 2016, 50.

[383] SEKABIRA H, QAIM M. Mobile Money, Agricultural Marketing, and Off-Farm Income in Uganda [J]. Agricultural Economics, 2017, 48 (5).

[384] SHI X, LIU X, NUETAH A, et al. Determinants of Household Income

Mobility in Rural China [J]. China & World Economy, 2010, 18 (2).

[385] SHORROCKS A F. The Measurement of Mobility [J]. Econometrica: Journal of the Econometric Society, 1978, 46 (5).

[386] SHORROCKS A F. Inequality Decomposition by Population Subgroups [J]. Econometrica: Journal of the Econometric Society, 1984.

[387] SICULAR T, XIMING Y, GUSTAFSSON B, et al. The urban-rural income gap and inequality in China [J]. Review of income and wealth, 2007, 53 (1).

[388] SOLON G. A model of intergenerational mobility variation over time and place [J]. Generational income mobility in North America and Europe, 2004.

[389] SUN Y, TANG X. The impact of digital inclusive finance on sustainable economic growth in China [J]. Finance Research Letters, 2022, 50.

[390] TIAN X, WU M, MA L, et al. Rural finance, scale management and rural industrial integration [J]. China Agricultural Economic Review, 2020, 12 (2).

[391] TIAN Y, QIAN J, WANG L. Village classification in metropolitan suburbs from the perspective of urban-rural integration and improvement strategies: A case study of Wuhan, central China [J]. Land Use Policy, 2021, 111.

[392] TREIMAN D J. The Difference Between Heaven and Earth: Urban-rural Disparities in Well-being in China [J]. Research in Social Stratification and Mobility, 2012, 30 (1).

[393] VAN KERM P. What lies behind income mobility? Reranking and distributional change in Belgium, Western Germany and the USA [J]. Economica, 2004, 71 (282).

[394] WAN G, ZHOU Z. Income inequality in rural China: Regression - based decomposition using household data [J]. Review of development economics, 2005, 9 (1).

[395] WANG X, ZHU Y, REN X, et al. The impact of digital inclusive finance on the spatial convergence of the green total factor productivity in the Chinese cities [J]. Applied Economics, 2023, 55 (42).

[396] CHI Y, WANG Y, FANG N. Spatio - temporal pattern of rural basic public services and county economy in poverty - stricken contiguous destitute areas of China [J]. Geogr. Res. Aust, 2016, 35.

[397] YU C, JIA N, LI W, et al. Digital Inclusive Finance and Rural Consumption Structure-Evidence from Peking University Digital Inclusive Financial Index

and China Household Finance Survey [J]. China Agricultural Economic Review, 2022, 14 (1).

[398] YU N, WANG Y. Can Digital Inclusive Finance Narrow the Chinese Urban – Rural Income Gap? The Perspective of the Regional Urban – Rural Income Structure [J]. Sustainability, 2021, 13 (11).

[399] ZHANG J, L GAN, L C XU, et al. Health Shocks, Village Elections and Household Income: Evidence from Rural China [J]. China Economic Review, 2014, 30.

[400] ZHAO X. Land and Labor Allocation under Communal Tenure: Theory and Evidence from China [J]. Journal of Development Economics, 2020, 147 (11).

[401] ZHOU Y, GUO Y Z, LIU Y S, et al. Targeted poverty alleviation and land policy innovation: Some practice and policy implications from China [J]. Land Use Policy, 2018, 74 (3).

后　记

　　村社集体经济发展助力农民农村共同富裕不仅事关全面推进乡村振兴的进程，也是中华民族伟大复兴道路上面临的重要问题。本书系我主持的国家社会科学基金一般项目"数字普惠金融助力乡村产业高质量融合发展机理、效应与政策研究"（项目批准号23BJL103）等相关课题的阶段性研究成果。本书将课题研究成果付梓成书，以期能够为关注、关心、参与发展壮大村社集体经济助力共同富裕的人们提供参考和启发，为中国乃至广大发展中国家创新农村经济发展模式、推动农民农村共同富裕尽绵薄之力。在此，非常感谢国家社会科学基金、国家留学基金委、中国博士后管理办公室、四川省委组织部、四川省科技厅、四川省社科规划办公室等相关单位的资助和大力支持。

　　在课题研究过程中，部分研究成果发表在《农业经济问题》《中国人口·资源与环境》《财经科学》《西南民族大学学报（人文社会科学版）》、*Frontiers in Environment Science*、*Journal of Rural Studies*等CSSCI、SSCI核心期刊发表论文30余篇，其中2篇论文得到人大复印报刊资料和高等学校文科学术文摘的全文转载，得到学界广泛关注。此外，研究成果还得到四川省委领导批示2份，并在四川省委政研室《智库成果要报》刊发2篇，在成都市社科联《社科成果要报》刊发2篇，部分研究成果得到四川广播电视台乡村频道《乡村会客厅》的积极宣传报道和评价，并得到四川省10多个县市政府的采纳和实践应用。

　　本书得以面世，除了编者的努力外，还得到众多良师益友和机构的悉心指导、无私帮助和倾力支持。包括但不限于西南财经大学贾晋教授、李雪峰副教授，四川农业大学蒋远胜教授、曾维忠教授、吴平教授、刘艳副教授、郭丽丽副教授、张华泉副教授等领导和同事的大力支持和帮助，他们为本研究成果的修改、完善和发表提出了宝贵的意见。此外，在澳大利亚阿德莱德大学访学期间，部分研究成果得到阿德莱德大学Alec Zuo教授、Patrick O'Connor副教授、Zeng Di博士的宝贵修改意见。同时还得到四川省社科联、成都市社科联、四川农业大学科技处等单位领导和负责同志的关心支持。同时，四川省社科院钟鑫副教授、尹业兴博士，西南财经大学高远卓博士、王锐硕士等多位研究生也给予了大力支持和帮助，并付出了辛勤劳动。在此，我们谨向以上单位及相关领导、具体负责同志和专家教授、同学们等表示衷心的感谢！此外，本书参考了很多专家学者的论文和著作，我们尽可能以注释和参考文献的方式予以标注。在此，我们对所有提供意见建议的专家学者、资料来源的作者和出版单位表示感谢！由于共同富裕本身是一个大课题，范围很广，壮大村社集体经济发展模式和路径也千差万别，本书仅仅将笔者主持的多个国家级和省部级课题初步成果系统性整理后付梓成书，错误遗漏及不足之处在所难免，也敬请各位同仁和读者批评指正。

申云

2024 年 3 月于成都